第六辑

香港中文大学／中国文化研究所／翻译研究中心◎主办

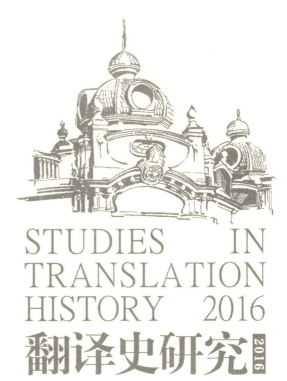

STUDIES IN TRANSLATION HISTORY 2016
翻译史研究 2016

王宏志 ◎ 主编

复旦大学出版社　翻譯研究中心 Research Centre for Translation

翻译史研究

Studies in Translation History

主办单位　香港中文大学中国文化研究所翻译研究中心

出版及发行　复旦大学出版社有限公司

主　编

王宏志　WONG Wang Chi Lawrence
香港中文大学翻译系及翻译研究中心

学术委员会（以姓氏拼音排序）

陈力卫　CHEN Liwei
日本成城大学经济学部

陈思和　CHEN Sihe
复旦大学中文系

黄克武　HUANG Ko-wu
台湾中研院近代史研究所

胡志德　Theodore D HUTERS
加州大学洛杉矶校区亚洲语文及文化系

沈国威　SHEN Guowei
关西大学外国语学部

王德威　David Der-wei WANG
哈佛大学东亚文化研究系

王晓明　WANG Xiaoming
上海大学当代文化研究中心

王宏志　WONG Wang Chi Lawrence
香港中文大学翻译系及翻译研究中心

邹振环　ZOU Zhenhuan
复旦大学历史系

编辑委员会（以姓氏拼音排序）

朱志瑜　CHU Chi Yu
哈尔滨工业大学深圳研究生院

顾　钧　GU Jun
北京外国语大学海外汉学研究中心

李奭学　LI Sher-shiueh
台湾中研院中国文哲研究所

潘光哲　PAN Kuang-che
台湾中研院近代史研究所

沈安德　James ST. ANDRÉ
香港中文大学翻译系

王宏志　WONG Wang Chi Lawrence
香港中文大学翻译系及翻译研究中心

出版助理

王　琤　WANG Cheng

目　录

清朝部院衙门的翻译考试　　　　　　　　　　　　　　　　叶高树　　1

翻译家的自我培训之道

　　——论马若瑟与中国文学传统的关系　　　　　　　　李奭学　40

日译西书《解体新书》中的"直译"和"义译"　　　　　　陶　磊　59

广东通事"老汤姆"及其宽和通事馆考　　　　　　　　　　叶霭云　96

金字塔的认识及其意象形成　　　　　　　　　　　　　　　陈力卫　120

"岂有城内城外之分？"

　　——"广州入城事件"与〈南京条约〉的翻译问题　　　王宏志　153

严复译词引发的若干思考　　　　　　　　　　　　　　　　沈国威　190

在小说中翻译"地理"

　　——包天笑的《秘密使者》转译史　　　　　　　　　陈宏淑　216

"闹得乌烟瘴气"

　　——《女性中心说》的翻译和接受　　　　　　　　　唐欣玉　239

外国翻译史论文选译

汤姆斯、粤语地域主义与中国文学外译的肇始　　　　　　　夏　颂　著

　　　　　　　　　　　　　　　　　　　　　　　　　　　陈胤全　译　270

稿约　　　　　　　　　　　　　　　　　　　　　　　　　　　　　295
撰稿体例　　　　　　　　　　　　　　　　　　　　　　　　　　　296

清朝部院衙门的翻译考试

叶高树*

摘　要：清朝日常公文行政采多种文字并行的形式，以满洲语文为中心的文书翻译，便成为维持政务运作的关键。在担任翻译事务官吏的进用办法中，考试是一般旗人的主要选择，也是国家选拔真才的重要管道。这项考试的特点，在于与科举制度、官僚制度、旗人教育结合，也反映出国家对旗人的教育、考试、任用三个系统的整合。因此，与考试相关的各种规范，便在借镜科举考试相关规定的过程中逐渐建立。

关键词：满文；翻译；考试；部院衙门；旗人

Imperial Translation Exams of the Government Office in the Qing Dynasty

Yeh Kao-shu

Abstract: In the Qing Dynasty, official documents were written in multi-languages. Translation works that centred on the Manchu language hence became the key link to the performance of governmental operation. Among the approaches to the employment of translation officials, participation in government exams would be the main choice for the bannermen as well as a crucial gateway for the government to conduct talent selection. The feature of the exam consisted in the combination of the imperial examination system, the bureaucracy and the bannerman education, which reflected the fact of the governmental integration of the bannermen's education, exams, and employment. Drawing upon the regulations of the imperial examination, the

---

* 叶高树，台湾师范大学历史系，电邮地址：t23003@ntnu.edu.tw。

Manchus therefore had built the rules related to the exams.

Key words: Manchu; translation; exams; government office; bannermen

一、前　言

同治八年（1869），总理各国事务衙门因东北"各将军、大臣来文往往只用清书（满文）"，便以"收到时须先将清书译汉，不能立时即办，每至耽延时日，或有泄漏舛错，关系匪轻"为由，要求"径用汉字"，"倘因原呈文系清文，希即先由贵处译汉，再咨本衙门核办，以免延误"。[1]究其所以，全因该机关并无专司满、汉文翻译的人员编制，故有此主张。事实上，国家日常行政广泛使用满文，推动政务也有赖公文书的翻译。例如：皇帝颁发满、汉文谕旨，系由内阁将清字译汉，或将汉文翻清；[2]部院本章兼用清、汉文，直省本章以汉文书写者，则由通政司送内阁，发汉本房翻译，再交满本房誊写、校对。[3]是以部院衙门率皆设有翻译、抄写的职缺，总理各国事务衙门的情形实属特例。

自己亥年（1599）努尔哈齐（nurgaci, 1559-1626，1616-1626在位）命额尔德尼（erdeni, 1592-1634）巴克什（baksi, 儒者）、噶盖（g'ag'ai, ?-1600）扎尔固齐（jargūci, 理事官）创制满文以来，凡有书写，即以满文行之；形成于天命年间（1616-1626）的"文馆"，则是为大汗处理文书事务的机构。[4]皇太极（hong taiji, 1592-1643，1627-1643在位）继位后，"欲以历代帝王得失为鉴，并以记己躬之得失"，自天聪三年（1629）起，将"儒臣分为两直"，一翻译汉字书籍，一记注本朝政

---

[1]〈咨行各将军大臣等嗣后与本衙门行文须兼用汉字以免迟误由〉，同治八年八月十六日，发吉林将军、察哈尔都统、黑龙江将军文各一件，收《近史所档案馆资料库·外交部门·总理各国事务衙门》（台北：中研院近代史研究所），馆藏号：01-17-036-01-001。

[2] 允裪等（撰）：〈内阁〉，《钦定大清会典则例》，收《景印文渊阁四库全书》（台北：台湾商务印书馆，1983），第620册，卷二，页27a。

[3] 同上，页4a。

[4] 关于"文馆"的设置时间，据神田信夫考证，乾隆朝（1736-1795）以前的官书都笼统地说"国初置文馆"，嘉庆朝（1796-1820）以后，才明确指出设于天聪三年（1629），因此推论当始于天命年间；迨崇德改元（1636），则更名为"内三院（内国史院、内秘书院、内弘文院）"。又"文馆"原称"书房"，满文转写罗马拼音作"bithei boo"，音译为"笔帖赫包"；因名称俚俗，乾隆朝修订《太宗实录》时，便润饰为"文馆"。参见神田信夫：〈清初の文馆について〉，《东洋史研究》第19卷第3号（1960年12月），页350-366。

事，[1]"文馆"遂有职司翻译的专门人员。天聪五年（1631），皇太极为应统治的需要而创立六部，在各部贝勒（beile）、承政、参政之下，"为启迪诸贝勒、大臣，设立笔帖式（bithesi）诸申（jušen，女真，此处指'满洲'）各二员、汉各二员，其下办事笔帖式，视事之轻重酌设"。其中，"笔帖式两名称某部启心郎（mujilen bahabukū），其下写书者八名称某部笔帖式"，自是"文人称巴克什者俱停止，称为笔帖式，若特赐名巴克什者，则仍称巴克什"。[2]笔帖式系巴克什的改称，乃担任文书记录之官；笔帖式称启心郎者，则负责掌理册籍、随事规谏、充当翻译等，其作用、地位亦与"文馆"诸臣相当。[3]

早期在"文馆"任职的巴克什，大多来自主动归顺或被征服的海西女真。海西诸部（叶赫、哈达、乌喇、辉发，又称"扈伦四部"）的生活领域与建州女真、明辽东都司毗邻，且地近科尔沁蒙古，系多元族群与多元文化汇聚之处，居民常兼通满、蒙、汉多种语文，[4]故能胜任翻译工作。其次，依附于满洲政权的汉官为求立足，必须勤习满文，否则即面临"只因未谙满语，尝被讪笑，或致凌辱至伤心堕泪"的窘境，[5]遂不乏通晓满、汉文可备"文馆"、六部之选者。国家也留意语文人才的考选，例如：天聪八年（1634），"初命礼部考取通满洲、蒙古、汉书文义者为举人"，[6]以及崇德三年（1638）、六年（1641）举行的授予功名、分派官职的考试，都与之相关。[7]这些为

---

[1] 翻译汉字书籍者，为巴克什达海（dahai, 1595-1632）同笔帖式刚林（garin, ?-1651）、苏开（suk'ai）、顾尔马浑（gūlmahūn）、托布戚等四人；记注本朝政事者，为巴克什库尔缠（kūrcan, ?-1633）同笔帖式吴巴什（ubasi）、查素喀、胡球（hūkio）、詹霸（jamba）等四人。见鄂尔泰等（修）：《清实录·太宗文皇帝实录》（北京：中华书局，1985），卷五，页8b，天聪三年四月丙戌条。

[2] 关孝廉：〈天聪五年八旗值月档（二）〉，《历史档案》2001年第1期（2001年3月），页15，天聪五年七月初八日。关于启心郎设置情形，以及满、汉差异的讨论，参见沈一民：〈启心郎与清初政治〉，《史学月刊》2006年第6期（2006年6月），页31-33。

[3] 参见邱永君：〈启心郎考〉，《历史研究》2006年第1期（2006年1月），页175-176。

[4] 参见张丹卉：〈论满族文化先驱——巴克什〉，《史学集刊》2004年第1期（2004年1月），页21-23。

[5] 鄂尔泰等（修）：《清实录·太宗文皇帝实录》，卷十，页24b，天聪五年十二月壬辰条。

[6] 这次考试取中满洲习满书者二人，满洲习汉书者二人，汉人习满书者一人，汉人习汉书者八人，蒙古习蒙古者三人，共十六人。见同上，卷一八，页12a，天聪八年四月辛巳条。

[7] 崇德三年（1638），取中举人十名、一等生员十五名、二等生员二十八名、三等生员十八名；崇德六年（1641），取中举人七名（满洲二、蒙古一、汉人四）、一等生员十一名（满洲二、汉人九）、二等生员十六名（满洲三、蒙古一、汉人十二）、三等生员十八名（满洲四、蒙古一、汉人十三）。虽然《太宗实录》未记录两次取中者的语文专长，但是顺治元年（1644）因翻译《辽》、《金》、《元》三史受赏的十六人中，七人拥有举人、生员头衔，其中六人来自这两次考试。分见鄂尔泰等（修）：《清实录·太宗文皇帝实录》，卷四三，页11b-12a，崇德三年八月戊申条；同书，卷五六，页12a-13a，崇德六年七月戊寅条；鄂尔泰（修）：《清实录·世祖章皇帝实录》（北京：中华书局，1986），卷三，页16a-16b，顺治元年三月甲寅条。

政权服务的各族群成员,随着八旗制度的形成与扩大,陆续被编入八旗之中。

清朝以满洲语言(*manju gisun*)为"国语",[1]皇帝视"八旗人员乃国家根本",[2]官员则有"清语为旗人根本"的认知。[3]身为旗人,无论满洲、蒙古、汉军,"自应熟习清语";[4]为求有效治理汉地,统治者也赋予他们"兼通满、汉,足充任用"的使命。[5]值得注意的是,关外时期的笔帖式之职,在入关后的部院衙门中普遍设置,而业务性质类似的职缺也快速扩充。这类必须具备翻译能力的工作,都是从旗人群体中考选、进用,以维持文书翻译的正常运作。

二、部院衙门的翻译员缺

有清一代,国家优遇旗人,"故所以教之、养之、取之、任之",[6]他们"上则服官,下则披甲"。[7]欲仕宦为官的八旗子弟,"俊秀者,入于官学;应岁科试者,入于顺天府学;翻译则设科,其进身之阶各有差"。[8]另有部院衙门考选的途径,"曰中书,曰助教,曰笔帖式,曰库使,各试以翻译而甄录焉。若外郎,若教习,若翻译、誊录官,亦如之"。[9]兹据官书所载翻译员缺,分述如下。

---

[1] 称满洲语言为"国语",系汉文的用法,最早见于崇德元年(1636)成书的汉文本《太祖武皇帝实录》,曰:"太祖欲以蒙古字编成国语",满文转写罗马拼音作:"taizu sure beile monggo bithe be kūbulime.(太祖淑勒贝勒改革蒙古文书)*manju gisun i araki seci.*(欲作为满洲语言)"。分见希福等(修):《清太祖武皇帝实录》,《故宫图书季刊》第1卷第1期(1970年7月),卷二,页1a,己亥年二月条;希福等(修):《*daicing gurun i taidzu horonggo enduringge hūwangdi i yargiyan kooli*(大清太祖武皇帝实录)》,收天理大学おやさと研究所(编):《东方学纪要》,第二号(1967年3月),卷二,页1。

[2] 允禄(编):《世宗宪皇帝上谕八旗》,收《景印文渊阁四库全书》,第413册,卷五,页57b,雍正五年八月二十七日,八旗佐领奉上谕。

[3] 〈湖广襄阳总兵立柱·奏请刊颁钦定清语折〉,《宫中档乾隆朝奏折》(台北:故宫博物院,1984),第24辑,页336,乾隆三十年三月初十日。

[4] 庆桂等(修):《清实录·高宗纯皇帝实录(一)》(北京:中华书局,1985),卷一六,页6a,乾隆元年四月丁卯条。

[5] 鄂尔泰等(修):《清实录·世祖章皇帝实录》,卷九〇,页6a,顺治十二年三月丙申条。

[6] 庆桂等(修):《清实录·高宗纯皇帝实录(一)》,卷五〇,页20a,乾隆二年九月壬辰条。

[7] 贺长龄(辑):〈户政·八旗生计·八旗屯种疏·乾隆五年·御史范咸〉,《皇朝经世文编》,收《近代中国史料丛刊》,第74辑(台北:文海出版社,1972),第731册,卷三五,页4b。

[8] 托津等(撰):〈八旗都统〉,《钦定大清会典(嘉庆朝)》,收《近代中国史料丛刊·三编》,第64辑(台北:文海出版社,1991),第639册,卷六八,页6b-7a。

[9] 同上,页8b-9b。

（一）中书（dorgi bithesi）

中书一职，系仿行明朝内阁中，职专奉旨书写册籍、册宝、图书等项的中书舍人而来。[1]顺治元年（1644）五月，清廷宣布故明"各衙门官员俱照旧录用"，[2]出现清制的内三院与明制的内阁并存的现象；次年，内三院与内阁合并，而以内三院为主；其后，两种体制互有取代，直到康熙九年（1670），康熙皇帝（1654-1722，1662-1722在位）下令将内三院改为内阁，遂为定制。[3]内阁为"机务要地，掌宣纶纶，赞理庶政"，[4]"凡内外衙门启奏本章，并各官条奏，有满文者，大学士、学士公同票拟进呈请旨。如止有汉文、蒙古文者，发中书翻译，或全译，或止译贴黄。侍读学士、侍读校正对阅，送大学士等票拟，进呈请旨"。[5]

内阁中书，从七品，顺治十六年（1659）置，[6]《增订清文鉴》曰："dorgi yamun i wesimbure bithe be ubaliyambure arara hafasa be.（内阁本章翻译、书写的官员们）dorgi bithesi sembi.（称中书）"，[7]分别隶属专司缮写清字、校正清文的"满本房"，专司翻译清、汉文的"汉本房"，以及专司翻译外藩章奏、缮写颁行西番属国诏敕的"蒙古本房"。[8]其员额编制变化如下：

表1　历朝《会典》所载内阁中书、贴写中书员额表

时间 职缺	康熙朝	雍正朝	乾隆朝	嘉庆朝	光绪朝
满洲中书	75	64	70	90	90
蒙古中书	19	16	16	18	18

---

［1］申时行等（重修）：〈中书舍人〉，《明会典（万历朝）》（北京：中华书局，1988），卷二一二，页1059。
［2］鄂尔泰等（修）：《清实录·世祖章皇帝实录》，卷五，页2a，顺治元年五月己丑条。
［3］在内阁制度取代内三院之前，历经顺治十五年（1658），改内三院为内阁；顺治十八年（1661），停罢内阁，复设内三院等变化，其背后涉及满、汉两种文化的消长和竞争。参陈捷先：〈从清初中央建置看满洲汉化〉，收陈捷先：《清史论集》（台北：东大图书公司，1997），页123-126。
［4］伊桑阿等（纂修）：〈内阁〉，《大清会典（康熙朝）》，收《近代中国史料丛刊·三编》，第72辑（台北：文海出版社，1993），第711册，卷二，页1a。
［5］同上，页7a。
［6］满洲中书有满文撰文、满汉文撰文、办事等三种，蒙古和汉军则只分撰文、办事。嵇璜等（撰）：〈职官·内阁·中书〉，《皇朝通典》，收《景印文渊阁四库全书》，第642册，卷二三，页12b-13a。
［7］傅恒等（撰）：〈设官部·臣宰类·中书〉，《御制增订清文鉴》，收《景印文渊阁四库全书》，第232册，卷四，页9a。
［8］允裪等（撰）：〈内阁〉，《钦定大清会典则例》，卷二，页3a-3b。另有满票签处，由满、汉本房中书和蒙古房中书兼任；汉票签处，则全为汉人中书，专司缮写清、汉票签、记载谕旨，及撰文之事。

续表

时间 职缺	康熙朝	雍正朝	乾隆朝	嘉庆朝	光绪朝
汉军中书	13	8	8	8	8
小　计	107	88	94	116	116
满洲贴写中书	—	—	40	48	48
蒙古贴写中书	—	—	6	6	6
小　计	—	—	46	54	54
合　计	107	88	140	170	170

说　明：《大清会典》共有五部：一、康熙朝，康熙二十三年（1684）始修，康熙二十九年（1690）完成，记事止于康熙二十五年（1686）；二、雍正朝，雍正五年（1727）始修，雍正十年（1732）完成，记事止于雍正五年；三、乾隆朝，乾隆十二年（1747）始修，乾隆二十九年（1764）完成，记事止于乾隆二十七年（1762）；四、嘉庆朝，嘉庆六年（1801）始修，嘉庆二十三年（1818）完成，记事止于嘉庆十七年（1812）；五、光绪朝，光绪十二年（1886）始修，光绪二十五年（1899）完成，记事止于光绪二十二年（1896）。

资料来源：伊桑阿等（纂修）：《大清会典（康熙朝）》，收《近代中国史料丛刊·三编》，第72辑（台北：文海出版社，1993），第711册。

允禄等（监修）：《大清会典（雍正朝）》，收《近代中国史料丛刊·三编》，第77辑（台北：文海出版社，1995），第761册。

允裪等（奉敕撰）：《钦定大清会典（乾隆朝）》，收《景印文渊阁四库全书》（台北：台湾商务印书馆，1983），第619册。

托津等（奉敕撰）：《钦定大清会典（嘉庆朝）》，收《近代中国史料丛刊·三编》，第64辑（台北：文海出版社，1991），第631册。

昆冈等（奉敕修）：《清会典（光绪朝）》（北京：中华书局，1991）。

雍正朝《会典》所载的员额大幅减少，系因康熙三十八年（1699）御史郭金城（1660-1700）条奏冗员宜裁，奉旨酌减各部院衙门冗员所致。[1]其次，自雍正七年（1729）军机处正式成立之后，"威命所寄，不于内阁而于军机处"，[2]但是内阁经办文书各单位的规模仍继续维持，也由于"满、汉本房事务繁多，额设中书不敷应用"，经大学士鄂尔泰（ortai, 1677-1745）等奏请，乃有雍、乾之际满洲贴写中书的增设；[3]

[1] 分见勒库纳等（撰）：《清代起居注册·康熙朝》（台北：联经出版公司，2009），第13册，页T07248，康熙三十八年七月初六日癸酉；同上，第13册，页T07265，康熙三十八年七月十七日甲申。这次分别裁减满洲中书十一员、蒙古中书三员、汉军中书五员，共十九员。见马齐等（修）：《清实录·圣祖仁皇帝实录（二）》（北京：中华书局，1985），卷一九四，页3b，康熙三十八年七月甲申条。

[2] 〈军机大臣年表·序〉,《清史稿校注》（台北：台湾商务印书馆，1999），第7册，卷一八三，页5382。

[3] 嵇璜等（撰）：〈选举考·举士〉，《皇朝文献通考》，收《景印文渊阁四库全书》，第633册，卷五〇，页15b-16a。所谓"贴写"，满文转写罗马拼音为"aisilambi"，原意为"帮助"。见祥亨（主编）、志宽、培宽（编）："aisilambi"条，《清文总汇》（台北：中国边疆历史语文学会，据清光绪二十三年荆州驻防翻译总学藏板），卷一，页17b。

至于蒙古贴写中书,则于乾隆九年(1744)议准新设。[1]

(二) 笔帖式(bithesi)

笔帖式,《增订清文鉴》曰:"jurgan yamun i bithe dangse de afaha hafan be.(担任部院文书、档案的官员)bithesi sembi.(称笔帖式)"。[2]京师各部院、盛京五部,以及外省将军、都统、副都统各署,俱设笔帖式额缺,名目有翻译、缮本、贴写,阶级自七品至九品;[3]又有委署主事、掌稿、缮折、牌子之分,"所以供笔札、司收掌、任奔走,而实则学习部务,以备司员之选,分吏胥之权也"。[4]其员额编制变化如下:

表2 历朝《会典》所载笔帖式员额表

机构\职缺	康熙朝 满洲	蒙古	汉军	不分	雍正朝 满洲	蒙古	汉军	不分	乾隆朝 满洲	蒙古	汉军	不分	嘉庆朝 满洲	蒙古	汉军	不分	光绪朝 满洲	蒙古	汉军	不分
内阁	16	—	—	—	16	—	—	—	10	—	—	—	—	—	—	22	—	—	—	22
吏部	65	2	16	—	65	2	12	—	57	4	12	—	57	4	12	12	57	4	12	12
户部	139	—	32	—	139	—	32	—	118	—	16	—	125	4	16	26	125	4	16	26
礼部	39	—	4	—	39	—	4	—	34	2	2	—	34	2	4	—	34	2	4	—
兵部	101	8	27	—	67	8	11	—	62	8	8	—	62	8	—	15	62	8	—	15
刑部	96	—	19	—	104	—	23	—	105	4	15	—	105	4	15	12	105	4	15	12
工部	90	—	15	—	95	—	15	—	83	2	10	—	85	2	10	6	85	2	10	6
宗人府	26	—	—	—	26	—	—	—	12	—	—	12	—	—	—	8	—	—	—	8
理藩院	11	41	2	—	19	41	6	—	38	59	6	—	38	55	6	—	34	55	6	—
都察院	158	—	7	—	142	—	5	—	115	2	5	—	—	—	—	122	—	—	—	122
内务府	—	—	—	198	—	—	—	342	—	—	—	410	2	2	—	448	2	2	—	443
通政使司	11	—	3	—	9	—	3	—	7	—	3	—	7	—	3	—	7	—	3	—
大理寺	6	—	2	—	6	—	2	—	4	—	2	—	4	—	2	—	4	—	2	—
翰林院	62	—	12	—	56	—	6	—	54	—	6	—	54	—	6	—	54	—	6	—
司经局	10	—	—	—	—	—	—	—	—	—	—	—	—	—	—	—	—	—	—	—
詹事府	—	—	—	—	—	—	—	—	6	—	—	—	6	—	—	—	6	—	—	—
太常寺	18	—	2	—	9	—	1	—	9	—	1	—	9	—	1	—	9	—	1	—
光禄寺	21	—	2	—	21	—	2	—	18	—	—	—	18	—	—	—	18	—	—	—
太仆寺	11	—	2	—	11	—	2	—	8	—	—	—	—	—	—	16	—	—	—	16

[1] 铁保等(撰):〈职官·内阁中书·蒙古中书〉,《钦定八旗通志》,收《景印文渊阁四库全书》,第665册,卷五一,页18a。
[2] 傅恒等(撰):〈设官部·臣宰类·笔帖式〉,《御制增订清文鉴》,卷四,页16a。
[3] 〈选举志·推选〉,《清史稿校注》,第4册,卷一一七,页3220。
[4] 震钧:《天咫偶闻》,收《近代中国史料丛刊》,第22辑(台北:文海出版社,1968),第219册,卷二,页9a。

续表

机构\职缺	康熙朝 满洲	蒙古	汉军	不分	雍正朝 满洲	蒙古	汉军	不分	乾隆朝 满洲	蒙古	汉军	不分	嘉庆朝 满洲	蒙古	汉军	不分	光绪朝 满洲	蒙古	汉军	不分
鸿胪寺	10	—	2	—	10	—	2	—	4	—	—	—	4	—	—	—	4	—	—	—
国子监	5	—	4	—	5	—	2	—	4	2	—	—	4	2	—	—	4	2	2	—
钦天监	12	2	6	—	12	4	6	—	11	4	2	—	11	4	2	—	11	4	2	—
銮仪卫	7	—	3	—	7	—	3	—	7	—	3	—	7	—	3	—	7	—	3	—
内禁门	—	—	—	84	—	—	—	30	—	—	—	—	—	—	—	—	—	—	—	—
领侍卫府	—	—	—	12	—	—	—	12	—	—	—	12	—	—	—	27	—	—	—	27
陵寝	38	—	—	—	51	—	—	—	71	—	—	—	54	—	—	—	36	—	—	—
盛京户部	15	—	—	—	23	—	—	—	21	2	—	—	21	2	—	—	21	2	—	—
盛京礼部	12	—	—	—	12	—	—	—	10	—	—	—	10	—	—	—	10	—	—	—
盛京兵部	—	—	—	—	12	—	—	—	12	—	—	—	12	—	—	—	12	—	—	—
盛京刑部	13	—	2	—	27	—	2	—	24	2	5	—	23	2	5	—	23	2	5	—
盛京工部	16	—	—	—	16	—	—	—	16	—	1	—	16	—	1	—	16	—	1	—
盛京内务府	—	—	—	—	—	—	—	—	—	—	—	—	—	—	—	25	—	—	—	25
管理关口	—	—	—	18	—	—	—	18	—	—	—	6	—	—	—	—	16	—	1	—
东北驻防	42	3	—	—	44	4	—	—	43	—	—	—	—	—	—	—	—	—	—	—
各省驻防	142	—	23	—	59	—	4	—	88	—	—	—	—	—	—	—	—	—	—	—
八旗都统	112	16	32	—	32	16	16	—	64	32	48	—	64	32	48	—	64	32	48	—
各营处	4	—	—	10	8	—	—	20	—	—	—	64	—	—	—	153	—	—	—	153
小计	1308	72	194	345	1148	73	155	426	984	133	149	635	880	121	146	892	874	121	147	887
合计	1 919				1 802				1 901				2 039				2 029			

说　　明：1. 内阁笔帖式，嘉庆、光绪两朝《会典》为22名，其中10名为"中书科"，12名为"上谕处"。
2. 宗人府笔帖式，为"宗室缺"，列入"满洲"中；乾隆朝《会典》载，分宗室缺12、旗缺12。
3. 领侍卫府笔帖式，康熙、雍正两朝《会典》称上三旗侍卫笔帖式。
4. 各省驻防笔帖式，康熙朝《会典》载，各省汉军、汉人总督下笔帖式各2员，直省满巡抚下笔帖式各4员。由于满、汉官员常有变动，为方便计算，此处以康熙二十九年(1690)《会典》编成前设有6总督、18巡抚，总督以汉人计，巡抚以满人计，所属笔帖式分别为16员(川陕总督所属6员)、72员。雍正朝《会典》载，直省督、抚下笔帖式，听督、抚提请随带，俱满缺，因"无定员"，故未予计入。另乾隆朝《会典》载，外省驻防笔帖式为"京官"。
5. 各营处笔帖式，包括前锋营、护军营、步军营、健锐营、火器营、圆明园护军营、虎枪营、善扑营、养鹰鹞处、养狗处等。

资料来源：伊桑阿等(纂修)：《大清会典(康熙朝)》，收《近代中国史料丛刊·三编》，第72辑(台北：文海出版社，1993)，第711册。
允禄等(监修)：《大清会典(雍正朝)》，收《近代中国史料丛刊·三编》，第77辑(台北：文海出版社，1995)，第761册。
允裪等(奉敕撰)：《钦定大清会典(乾隆朝)》，收《景印文渊阁四库全书》(台北：台湾商务印书馆，1983)，第619册。
托津等(奉敕撰)：《钦定大清会典(嘉庆朝)》，收《近代中国史料丛刊·三编》，第64辑(台北：文海出版社，1991)，第631—640册。
昆冈等(奉敕修)：《清会典(光绪朝)》(北京：中华书局，1991)。

虽说笔帖式"为文臣储材之地,是以将相大僚,多由此途历阶",[1]惟"堂官不甚介怀,司官亦羞与为伍,彼亦自侪于书吏、舆僮之列";[2]加以员额既多,时日一久,"候补者又盈千累万,视为不足轻重矣"。[3]

(三) 库使(ulin i niyalma)

库使,隶属部院者,不列于九品,曰"未入流";[4]隶属内务府者,则无品级。[5]官书又作"乌林人",系由"ulin(财帛)"的音译和"niyalma(人)"的意译组合而成,《增订清文鉴》曰:"menggun. suje i jergi namun i baita de afaha niyalma be.(担任银、缎等库房事务的人)ulin i niyalma sembi.(称库使)"。[6]由于历朝《会典》所载员额详简不一,仅就所见,整理如下:

表3　历朝《会典》所载库使员额表

职缺\机构	康熙朝				雍正朝				乾隆朝				嘉庆朝				光绪朝			
	满洲	蒙古	汉军	不分	满洲	蒙古	汉军	不分	满洲	蒙古	汉军	不分	满洲	蒙古	汉军	不分	满洲	蒙古	汉军	不分
户部	—	—	—	32	—	—	—	21	—	—	—	26	26	—	—	—	26	—	—	—
刑部												2				2				2
工部												33				34				34
理藩院												2				2				2
太常寺												2				2				2
内务府								126				12				102				97
盛京五部												26				2				
盛京内务府												16				16				16
小计	—	—	—	32	—	—	—	147	6	—	—	113	32	—	—	154	34	—	—	147
合计	32				147				119				186				181			

说　明:康熙朝《会典》无"库使"相关记载,其户部员额数系据雍正朝《会典》补入。

资料来源:允禄等(监修):《大清会典(雍正朝)》,收《近代中国史料丛刊·三编》,第77辑(台北:文海出版社,1995),第761册。

允祹等(奉敕撰):《钦定大清会典(乾隆朝)》,收《景印文渊阁四库全书》(台北:台湾商务印书馆,

---

[1] 福格:〈笔帖式〉,《听雨丛谈》(北京:中华书局,1997),卷一,页22。
[2] 震钧:《天咫偶闻》,卷二,页10a。
[3] 陈康祺:〈笔帖式〉,《郎潜纪闻·初笔》(北京:中华书局,1997),卷五,页98。
[4] 托津等(撰):〈吏部·文选清吏司〉,《钦定大清会典(嘉庆朝)》,收《近代中国史料丛刊·三编》,第64辑,第631册,卷六,页2b。
[5] 托津等(撰):〈内府·总管大臣职掌〉,《钦定大清会典(嘉庆朝)》,同上,第640册,卷七二,页4b-5a。
[6] 傅恒等(撰):〈设官部·臣宰类·库使〉,《御制增订清文鉴》,卷四,页16a-16b。

1983），第619册。

托津等（奉敕撰）：《钦定大清会典（嘉庆朝）》，收《近代中国史料丛刊·三编》，第64辑（台北：文海出版社，1991），第631-640册。

昆冈等（奉敕修）：《清会典（光绪朝）》（北京：中华书局，1991）。

表3员额数并非反映实际情形，以内务府库使为例，雍正朝《会典》所记，包括三织造（江宁2、苏州2、杭州2）、广储司六库（银18、裘15、缎15、衣24、磁15、茶15）、织染局（6）、内管领（12），共一二六名；乾隆朝《会典》只记三织造（江宁2、苏州2、杭州2）、织染局（6），共十二名；嘉庆朝《会典》则记三织造（江宁2、苏州2、杭州2）、广储司六库（银16、皮13、磁13、缎13、衣23、茶13）、织染局（5），共一〇二名；光绪朝《会典》与嘉庆朝同，但未记织染局库使，故而差异甚大。

（四）外郎（wailan）

外郎，原指吏员或小官吏，[1]满洲、蒙古、汉军外郎员缺，须考试翻译始得补用；查有固定编制者，则为八旗都统衙门的"印房外郎"。[2]乾隆六年（1741），奏准补授八旗随印协理事务等官，其中印房外郎属汉军缺，员额为"满洲每旗一人，蒙古每旗二人，汉军每旗一人"，共三十二人，遂为定制。[3]

（五）助教（aisilame tacibure hafan）、教习（tacibukū）

助教，国子监属官，从八品，"职在教诲"，[4]《增订清文鉴》曰："silgasi alban i tacikūi juse be tacibure hafan be.（教导贡生、官学生们的官员）aisilame taciburu hafan sembi.（称助教）"；[5]教习，无品级，《增订清文鉴》曰："yaya bithe coohai erdemu be taciburu niyalma be.（凡教导文书、武艺的人）gemu tacibukū sembi.（都称教习）"，[6]须具备翻译能力者，则属八旗官学、义学的职缺。自顺治朝（1644-1661）

---

[1]《大清全书》曰："吏员"；《清文总汇》曰："外郎乃今之小官吏名"。分见沈启亮："wailan"条，《大清全书》（沈阳：辽宁民族出版社，2008），卷一四，页41a；祥亨（主编）、志宽、培宽（编）："wailan"条，《清文总汇》，卷一二，页58a。

[2] 允裪等（撰）：〈八旗都统·授官〉，《钦定大清会典则例》，收《景印文渊阁四库全书》，第625册，卷一七五，页67a。

[3] 分见允裪等（撰）：〈八旗都统·授官〉，同上；托津等（撰）：〈八旗都统〉，第639册，卷六九，页17a；昆冈等（修）：〈八旗都统〉，《清会典（光绪朝）》，卷八六，页784上。

[4] 伊桑阿等（纂修）：〈国子监·监规〉，《大清会典（康熙朝）》，第730册，卷一六〇，页4a。

[5] 傅恒等（撰）：〈设官部·臣宰类·助教〉，《御制增订清文鉴》，卷四，页13a。

[6] 傅恒等（撰）：〈设官部·臣宰类·教习〉，《御制增订清文鉴》，卷四，页13b。

以降,国家为旗人兴办各种学校,举凡"国学、顺天、奉天二府学,分派八旗生监外,又有八旗两翼咸安宫、景山诸官学、宗人府宗学、觉罗学,并盛京、黑龙江两翼义学"等,"规模次第加详",令满洲、蒙古、汉军子弟入学学习满文、蒙文或汉文、翻译、骑射等科目。[1] 兹就官书所载北京、盛京情形,整理如下:

表4 八旗学校助教、教习员额表

学校 \ 职缺	助教 满文	助教 蒙古	教习 清书	教习 蒙古	教习 汉书	教习 翻译	备注
国子监八旗官学	16	8	8	8	32	—	顺治元年设。弓箭教习8名。
宗学	—	—	—	—	—	9	顺治九年设;康熙二十四年停办。雍正二年复开,设清、汉书教习各4名,改为翻译教习;弓箭教习4名。
景山官学	—	—	9	—	—	—	康熙二十五年设。弓箭教习9名。
盛京八旗官学	4	—	8	—	8	—	康熙三十年设。
黑龙江官学	2	—	2	—	—	—	康熙三十四年设。
康熙朝小计	22	8	27	8	40	9	
康熙朝合计	30		84				
八旗教场官学	—	—	16	—	—	—	雍正元年设。
咸安宫官学	—	—	9	—	12	3	雍正七年设。弓箭教习6名。
觉罗学	—	—	8	—	8	—	雍正七年设。弓箭教习8名。
清文学	—	—	16	—	—	—	雍正七年设。弓箭教习8-16名。
盛京八旗义学	—	—	4	—	4	—	雍正八年设。弓箭教习4名。
圆明园学	—	—	6	—	—	—	雍正十年设。
雍正朝小计	22	8	86	8	64	12	
雍正朝合计	30		170				
盛京宗学觉罗学	—	—	—	—	4	4	乾隆二年设。弓箭教习4名。
八旗世职官学	—	—	4	—	—	—	乾隆十七年设。弓箭教习4名。
健锐营学	—	—	8	—	—	—	乾隆四十年设。弓箭教习8名。
乾隆朝小计	22	8	98	8	68	16	
乾隆朝合计	30		190				

---

[1] 鄂尔泰等(修):〈学校志·序〉,《八旗通志·初集》(长春:东北师范大学出版社,1986),卷四六,页895。

续表

学校\职缺	助教		教习				备 注
	满文	蒙古	清书	蒙古	汉书	翻译	
外火器营学	—	—	4	—	—	—	嘉庆二十一年设。
嘉庆朝小计	22	8	102	8	68	16	
嘉庆朝合计	30		194				

说　明：1. 康熙三十年(1691)，曾设"八旗义学"，后为雍正元年(1723)新设的"礼部义学"取代；乾隆二十三年(1758)，"礼部义学"停办。另雍正元年，曾设"蒙古语学（八旗蒙古官学）"，雍正六年(1728)裁撤。
　　　　2. "汉书教习"一职，亦可由汉人充任。
　　　　3. 乾隆年间设"东陵官学"，官书只记有内务府人员内遴选派充教习，而无员额数。
　　　　4. "雍正朝小计"，系由"康熙朝小计"和雍正朝新设员额加总得出；"乾隆朝小计"，则由"雍正朝小计"和乾隆朝新设员额加总得出，嘉庆朝的算法亦同。

资料来源：鄂尔泰等（修）：《八旗通志·初集》(长春：东北师范大学出版社, 1986)。
　　　　铁保等（奉敕撰）：《钦定八旗通志》，收《景印文渊阁四库全书》(台北：台湾商务印书馆, 1983)，第665册。
　　　　昆冈等（奉敕修）：《钦定大清会典事例（光绪朝）》，收《续修四库全书》(上海：上海古籍出版社, 1997)，第804册。

八旗官学、义学的规模，大约在乾隆朝(1736-1795)趋于完备，其后各学的教习员额虽略有变动，[1]但表4呈现的数字，仍可供参考。又各地八旗驻防陆续开办的旗学，亦称官学或义学，唯其教习的选任并非通过考试翻译而来，[2]也不隶属于中央，故未予计入。

（六）翻译官（ubaliyambure hafan）、眷录官（sarkiyame arara hafan）

翻译官，《增订清文鉴》曰："acabume arara hafan i sirame（纂修官之次）bithe ubaliyambure hafan be.（翻译文书的官员）ubaliyabure hafan sembi.（称翻译官）"；[3]眷录官，则为："manju nikan bithe be doolame arara hafan be.（抄写满、汉文书的官员）sakiyame arara hafan sembi.（称眷录官）simnere kūwaran de inu ere hafan bi.（在考场也有此官）"。[4]两种职缺之设，主要与官方的开馆修书活动有

---

[1] 关于各种八旗学校的设置期情形及其编制的变化，参见叶高树：〈清朝的旗学与旗人的翻译教育〉，《台湾师大历史学报》第48期(2012年12月)，页74-103、页117-121。
[2] 例如：乾隆三十七年(1772)，两广总督兼署将军李侍尧(? -1788)奏准设立"两翼清书总官学"，于前锋、领催内，"挑选能清语者为教习"。见长善等（修）：〈建置志·官学〉，《驻粤八旗志》，收《续修四库全书》，第859册(上海：上海古籍出版社, 1997)，卷三，页15a-15b。
[3] 傅恒等（撰）：〈设官部·臣宰类·翻译官〉，《御制增订清文鉴》，卷四，页26a-26b。
[4] 傅恒等（撰）：〈设官部·臣宰类·眷录官〉，《御制增订清文鉴》，卷四，页26b。

关,[1]无品级,亦无定员。以历朝《实录》的纂修人员为例,兹表列如下:

表5　历朝《实录》修纂官人数表

书名、卷数\职衔	太祖实录	太宗实录	世祖实录	圣祖实录	世宗实录	高宗实录	仁宗实录	宣宗实录	文宗实录	穆宗实录	德宗实录	宣统政纪
	10	65	144	300	159	1 500	374	476	356	374	597	70
监修总裁	—	1	1	3	1	1	1	4	3	1	1	1
总　裁	3	5	5	1	4	7	5	11	6	7	7	4
蒙古总裁	—	—	—	—	—	—	—	—	—	2	1	—
副总裁	6	4	10	6	5	12	8	15	11	8	9	6
清文总校	—	—	—	—	—	—	—	—	—	—	2	—
总校兼纂修	—	—	—	—	—	—	—	—	—	—	1	—
总　纂	—	—	—	—	—	2	9	15	10	21	8	—
总　校	—	—	—	—	—	1	4	14	10	38	2	—
提调 满汉	2	—	—	—	2	5	11	17	15	9	3	—
提调 蒙古						7						
纂修 满文	—	27	24	19	33	32	87	97	85	46	32	—
纂修 汉文						45						
纂修 蒙文	—	3	8	8	12	32						
协修 满文	—	—	—	—	—	102	29	40	88	20	22	—
协修 汉文						31						
协修 蒙文						28						
收掌 满汉	8	7	8	8	8	24	33	42	36	30	11	—
收掌 蒙古						6						
校对 满文	34	—	—	—	—	46	126	152	138	133	63	—
校对 汉文						56						
校对 蒙文	12	—	—	—	—	31						
小　计	65	47	56	45	65	468	313	407	402	317	160	11

---

[1] 关于开馆修史人员的来源,参见乔治忠:《清朝官方史学研究》(台北:文津出版社,1994),页1—5。另有关"誊录官"的来源,参见张升:《四库全书馆研究》(北京:北京师范大学出版社,2012),页223—230。

续表

	书名 卷数	太祖实录	太宗实录	世祖实录	圣祖实录	世宗实录	高宗实录	仁宗实录	宣宗实录	文宗实录	穆宗实录	德宗实录	宣统政纪
职衔		10	65	144	300	159	1 500	374	476	356	374	597	70
翻译	满文	22	20	12	22	22	78	88	68	67	83	—	—
	蒙文	22			20	22	35						
小　　计		44	20	12	42	44	113	88	68	67	83	—	—
誊录	满文	52	18	20	52	41	192	347	388	310	432	—	—
	蒙文	33	16	21	37	32	125						
	汉文	40	20	20	43	40	304						
小　　计		125	54	61	132	113	621	347	388	310	432	—	—
合　　计		234	121	129	219	222	1 202	748	863	779	832	160	11

说　　明：1. "卷数"不含序、表、目录等。
　　　　　2. 太祖、太宗、世祖三朝《实录》为雍正、乾隆间校订本；《德宗实录》无"翻译官"、"誊录官"，《宣统政纪》只列"监修总裁"、"正总裁"、"副总裁"。

资料来源：《清实录》(北京：中华书局，1985-1986)。

《实录》定稿之后，各写五份，其中大型红绫封面本四套，分藏在大内、皇史宬、内阁、盛京崇谟阁；另有小型黄绫封面本一套，供皇帝随时御览，并有满、蒙、汉三种文本，[1] 加以卷帙浩繁，故需动用大量的翻译、誊录人员。其中，翻译官约占修纂官总数的7.88%（宣宗实录）-19.82%（世宗实录），誊录官则为39.79%（文宗实录）-60.27%（圣祖实录），是官方修书时不可或缺的人力。

修书各馆的翻译官、誊录官属任务编组，俱非额缺，内翻书房（*dorgi bithe ubaliyambure boo*）则有固定的翻译官编制。内翻书房成立于康熙朝（1662-1722）初期，承担翻译谕旨、起居注、御论、讲章、经史等业务，原无定员；乾隆十五年（1750），始设委署主事二员、笔帖式十员、翻译官二十员。然因"设立以来，翻译就成者绝少，且转视为快捷方式"，故于乾隆二十七年（1762）将委署主事裁汰，笔帖

---

[1]《德宗实录》、《宣统政纪》系在清朝覆亡（1911）后才修成，满、蒙文本未及翻译成书。参见陈捷先：《满文清实录研究》(台北：大化书局，1978)，页111-113。另据《清仁宗实录馆奏折文件》记载："……例应遵照御览黄绫本，恭缮红绫本四分中，大内、皇史宬、内阁三处尊藏本，每分均应恭缮清字、蒙古字、汉字各一部；盛京尊藏本，例不缮蒙古字，应恭缮清字、汉字各一部。"见故宫博物院文献馆（编）：〈清仁宗实录馆奏折档·十三〉，《文献丛编》(台北：国风出版社，1964)，下册，页1026下。

式拨归原衙门,翻译官俟出缺时裁汰十员。[1]其后续发展,据嘉庆朝《会典》记载,翻书房设提调官二人、协办提调官二人、收掌官四人、掌档官四人,由管理大臣酌情委派,系兼职行走的性质;翻译官四十人,则为专职。[2]

上述几种必须具备满、汉文或满、蒙文翻译能力的职缺,由于官书记载详简不一,难以获得精确的数据,试略作估算如下:

表6　历朝部院衙门翻译员缺表

时间 职缺	康熙朝	雍正朝	乾隆朝	嘉庆朝	光绪朝
中书、贴写中书	104	88	140	170	170
笔帖式	1 919	1 802	1 901	2 039	2 029
库　使	32	147	119	186	181
外　郎	—	—	32	32	32
助教、教习	114	200	212	216	216
翻译官	—	—	20	40	40
合　计	2 169	2 237	2 424	2 683	2 668

资料来源:本文表1至表5。

大体上,部院衙门透过考试翻译甄选的固定编制,约在二千一百余名至二千六百余名之间。如遇开馆修书,则须另行征调、增补数十名乃至数百名的翻译官、誊录官。

三、应试资格与命题形式

顺治朝至康熙朝初期,国家对翻译人员的选任,或升用,或补授,或考试,或议叙,几经变动,是以出身颇为多样。以清初著名的满洲儒臣为例,阿什

---

[1] 庆桂等(修):《清实录・高宗纯皇帝实录(九)》,卷六六五,页5a-5b,乾隆二十七年六月己酉条。另有关内翻书房制度演变的讨论,参见赵志强:〈论清代的内翻书房〉,《清史研究》1992年第2期(1992年6月),页22-28。

[2] 托津等(撰):〈办理军机处・内翻书房〉,《钦定大清会典(嘉庆朝)》,收《近代中国史料丛刊・三编》,第64辑,第631册,卷三,页14a。

坦（?-1683），以通满、汉文，顺治二年（1645）选授内院六品他赤哈哈番（*taciha hafan*）；顾八代（*gūbadai*, ?-1708），以荫生充摆牙喇（*bayara*, 护军），因军功议叙，以部员用，遂"闭户力学"，康熙元年（1662）补户部笔帖式；牛钮（1648-1686），以监生补钦天监衙门八品笔帖式；星安，由监生考授钦天监笔帖式；达瑞，"始以监生从大兵讨吴（三桂，1612-1678）逆"，"事平叙功，补督捕衙门笔帖式"。[1]至于关外时期以语文考试选才的办法，则一度与科举考试合流。

先是，顺治元年，朝廷宣布依明制开科考，[2]时值用兵之际，作为国家"根本"的旗人，自应效力疆场，故不在与试之列。顺治八年（1651），吏部以"各旗子弟率多英才，可备循良之选"为由，建请将有通文义者，考试取入顺天府学，乡试、会试作文优者，"准其中式，照甲第除授官职"。[3]礼部即据以研议"八旗科举例"，规定取中名额、应试资格；比较特别的是，满洲、蒙古识汉字者，试以翻译，[4]成为国家选拔翻译人才的途径。惟经过顺治九年（1652）壬辰科、十二年（1655）乙未科会试之后，却发现"现年定额考取生童、乡会两试，即得升用"，造成"八旗人民崇尚文学，怠于武事，以披甲为畏途，遂致军旅较前迥别"，[5]已严重背离满洲政权尚武精神的传统，乃下令停止。

虽说"八旗仕进之阶，不泥一辙，大臣故不判其文武，下至食饷弯弓之士，亦有

---

[1] 以上分见鄂尔泰（修）：〈儒林传·阿什坦〉，《八旗通志·初集》，卷二三七，页5339；同书，〈儒林传·顾八代〉，页5336；同书，〈儒林传·牛钮〉，页5342；同书，〈儒林传·星安〉，页5343；同书，〈儒林传·达瑞〉，页5344。关于阿什坦担任的"他赤哈哈番"，此一职衔和笔帖式哈番（*bithesi hafan*）初设于顺治元年；次年，摄政王多尔衮（*dorgon*, 1612-1650）下令，选部院衙门笔帖式年久才能者，半授他赤哈哈番、半授笔帖式哈番，可知系由原有的笔帖式划分出来；顺治十五年（1658），裁撤。参见沈一民：〈清初的笔帖式〉，《历史档案》2006年第1期（2006年2月），页60-61。
[2] 鄂尔泰等（修）：《清实录·世祖章皇帝实录》，卷九，页10b-11a，顺治元年十月甲子条。
[3] 同上，卷五五，页13b-14a，顺治八年三月丙午条。
[4] 关于取中名额，满洲、蒙古、汉军分别为生员一百二十名、六十名、一百二十名，乡试五十名、二十名、五十名，会试二十五名、十名、二十五名；应试资格，系针对现任官员，各衙门无顶带笔帖式准应乡试，他赤哈哈番、笔帖式哈番准应会试。至于考试科目，应试生员、乡试的满洲、蒙古，识汉字者，翻汉字文一篇，不识汉字者，作清字文一篇；应试会试的满洲、蒙古，识汉字者，翻汉字文一篇、作文章一篇，不识汉字者，作清字文二篇；汉军文章篇数，一律比照汉人例。又顺治十一年（1654），礼部奏准："他赤哈哈番、笔帖式哈番皆系六、七品官，各有职任，优劣自有分别，况历科中式举人颇多。嗣后满洲、蒙古、汉军会试止准举人应试，其在部院衙门他赤哈哈番、笔帖式哈番等，不准会试。"分见鄂尔泰等（修）：《清实录·世祖章皇帝实录》，卷五七，页18a-18b，顺治八年六月壬申条；同书，卷八七，页13b，顺治十一年十二月戊寅条。
[5] 鄂尔泰等（修）：《清实录·世祖章皇帝实录》，卷一〇六，页17b-18a，顺治十四年正月甲子条。

文职之径",[1]对已经考取生员者而言,则面临"无上进之阶"的困境。[2]因此,在八旗科举停办两科之后,朝廷遂于康熙二年(1663)复行满洲、蒙古、汉军乡试;[3]随之而来的,则须讨论是否恢复会试。康熙六年(1667),朝廷从御史徐诰武之请,命旗人与汉人"同场一例考试"。[4]此举,不仅解决读书子弟的出路问题,且令旗、汉同场竞争,既能满足统治者自认族人资质无逊于汉人的心理,更可掌握政府中若干必须科甲出身始能担任的职位以制衡汉人,[5]部院衙门却失去选拔翻译人才的管道,只能沿用升用、补授的旧例。[6]

由于内阁为政务中枢,文书翻译甚属紧要,必须任用实才,于是康熙十年(1671)题准,"撰文、办事中书缺,内阁将翰林院孔目、七品以下笔帖式、荫监生,考取补授",[7]为部院衙门考试之始。旋因三藩战争(1673-1681)爆发,朝廷中担忧八旗子弟"偏尚读书,有惮训练"之声再起,乃自康熙十五年(1676)始,停止旗下子弟应文科举;[8]影响所及,内阁考试中书也一并停止。然而,考试中书的性质毕竟与科举不同,是以康熙十七年(1678)即行恢复。值得注意的是,康熙朝《会典》曰:"十七年题准,仍由内阁考试。二十二年(1683)题准,由吏部考试补授。二十四年(1685)题准,内阁会同吏部考取。"[9]可知这项考试最初是由内阁自行办理,再改为吏部铨选官员的业务,即纳入国家用人考选行政的管理;至于"内阁会同吏部考取"一事,可能与考试办法的扩大有关。

---

[1] 福格:〈军士录用文职〉,《听雨丛谈》,卷一,页26。
[2] 鄂尔泰等(修):〈选举表·序〉,《八旗通志·初集》,卷一二五,页3391。
[3] 马齐等(修):《清实录·圣祖仁皇帝实录(一)》,卷九,页24b,康熙二年八月乙巳条。《实录》曰:"复行满洲、蒙古、汉军翻译乡试",称"翻译乡试",似为误记,却造成若干研究者认为雍正元年(1723)研拟的"翻译科考",便是恢复顺治八年的"八旗科举",实为不确。相关检讨,参见叶高树:〈清朝的翻译科考制度〉,《台湾师大历史学报》第49期(2013年6月),页51-52。
[4] 不仅会试如此,八旗生童、乡试亦与汉人"同场一例"。见马齐等(修):《清实录·圣祖仁皇帝实录(一)》,卷二四,页3a-3b,康熙六年九月丁未条。
[5] 参见陈文石:〈清代满人政治参与〉,《明清政治社会史论》(台北:台湾学生书局,1991),下册,页659-660。
[6] 例如:内阁满洲中书,"旧例,撰文中书缺,由办事中书、六品、七品笔帖式升;办事中书缺,由荫监、乌林人、拨什库(bošokū,领催)、官学生除授"。见伊桑阿等(纂修):〈吏部·文选清吏司·满缺升补除授〉,《大清会典(康熙朝)》,收《近代中国史料丛刊·三编》,第72辑,第711册,卷七,页11b。
[7] 同上,页11b-12a。
[8] 马齐等(修):《清实录·圣祖仁皇帝实录(一)》,卷六三,页16a,康熙十五年十月己巳条。直到康熙二十六年(1687),始全面开放旗人应文科举。
[9] 伊桑阿等(纂修):〈吏部·文选清吏司·满缺升补除授〉,页12a。

康熙二十三年（1684），皇帝处理吏部题翰林院升补侍读、侍讲员缺事，认为"翰林官须用有学问人，此缺着考试"，旋即指示："中书、笔帖式乃满人进身之阶，不可不加选用。嗣后部院各衙门中书、笔帖式缺出，俱令考授。如是则人人鼓舞，勤于诵习，而学问优长之人也众矣。"[1]事实上，考试中书已行之有年，笔帖式部分则属新措施。部院衙门笔帖式，"旧例，由官学生、乌林人补授。顺治九年（1652）题准，举人、生员亦得补授笔帖式。……康熙元年（1662）题准，将荫、监生补授"。惟翰林院笔帖式员缺，自康熙十年起，由"吏部将应补之人，移送翰林院考试补授"，是唯一需要考试者。其后，是否如中书考试一度停办，不得而知，但康熙二十二年题准由吏部考补、二十四年题准由吏部会同翰林院考试的模式则相同。[2]中央机构普遍设置笔帖式，当规定缺出以考试补授时，因时间未必一致，而由有需求的部院会同吏部办理，应是合理的设计。于是，笔帖式考试之制逐渐成形，惟另有任子、捐纳、议叙等，与之并行；[3]库使、外郎、助教、教习、翻译官、誊录官等，亦陆续实施以考试翻译补用。[4]

朝廷对于各类考试翻译的职缺，依经办业务重要程度，分别规定应试资格。兹据官书所载，表列如下：

表7　各类翻译职缺应试资格表

资格＼职缺	中书	贴写中书	笔帖式	库使	外郎	助教	教习	翻译官	誊录官
文进士	B						D.E		
文举人	B.C.D.E	C.D.E	C.D.E	E		C.D.E	D.E	C.D.E	C.D.E
文生员	E	C.D.E	D.E	E	D.E		D.E	C.D.E	C.D.E

---

[1] 中国第一历史档案馆（整理）：《康熙起居注》（北京：中华书局，1984），第2册，页1160，康熙二十三年三月二十七日癸巳。
[2] 伊桑阿等（纂修）：〈吏部·文选清吏司·满缺升补除授〉，页13b-15b。
[3] 〈选举志·推选〉，《清史稿校注》，第4册，卷一一七，页3220。
[4] 库使考试，始于康熙二十三年（1684），见允祹等（撰）：〈内务府·补用笔帖式库使等阙〉，《钦定大清会典则例》，收《景印文渊阁四库全书》，第625册，卷一五九，页10a。外郎考试，始于康熙二十九年（1690）；印房外郎考试，则为乾隆六年（1741），分见允祹等（撰）：〈吏部·文选清吏司·月选〉，《钦定大清会典则例》，收《景印文渊阁四库全书》，第620册，卷四，页58b；同书，〈八旗都统·授官〉，收《景印文渊阁四库全书》，第625册，卷一七五，页67a。助教考试，始于雍正二年（1724），见允禄（监修）：〈吏部·文选清吏司·满缺升补〉，《大清会典（雍正朝）》，收《近代中国史料丛刊·三编》，第77辑，第762册，卷八，页42a。教习考试，始于雍正元年（1723），见铁保等（撰）：〈学校志·八旗官学下〉，《钦定八旗通志》，收《景印文渊阁四库全书》，第665册，卷九九，页6a。翻译官、誊录官考试，始于乾隆元年（1736），见允祹等（撰）：〈吏部·文选清吏司·月选〉，《钦定大清会典则例》，收《景印文渊阁四库全书》，第620册，卷四，页45a。

续表

资格＼职缺	中书	贴写中书	笔帖式	库使	外郎	助教	教习	翻译官	誊录官
武举人			D.E						
武生员			D.E						
翻译进士							D.E		
翻译举人	C	C	C.D.E			C	D.E		
翻译生员			C.D.E				D.E		
文举人出身笔帖式	C.D.E					C			
翻译举人出身笔帖式	C.D.E								
荫生	A.B								
贡生	E.	C.D.E	C.D.E	C.D.E		C.D.E	C.D.E	C.D.E	C.D.E
监生	A.B.E	C.D.E	A.B.C.D.E	C.D.E	D.E	A.B	C.	C.D.E	C.D.E
官学生		C.D.E	A.B.C.D.E	C.D.E	C.D.E	A.B		C.D.E	C.D.E
觉罗学生			D.E						
义学生		C	C.D.E					C.D.E	C.D.E
算学生		D.E							
天文生								D.E	D.E
候补小京官								D.E	D.E
贴写中书	C.D.E								E
候补中书								D.E	D.E
笔帖式	A.B.C.D.E				B.D.E	D.E			E
缮本笔帖式		C.D.E						D.E	D.E
候补笔帖式		C.D.E							
额外笔帖式		C							
印房笔帖式		D.E						D.E	D.E
库使		D.E	C.D.E					D.E	D.E
教习		D.E						D.E	D.E
翰林院孔目	A.B								
翻译官		D.E	D.E						
誊录官		D.E	D.E						

续表

资格\职缺	中书	贴写中书	笔帖式	库使	外郎	助教	教习	翻译官	誊录官
外　郎								D.E	D.E
兵部外郎		D.E							
废　员							D.E		
闲　散			C.D.E	C.D.E					
俊　秀			A.B						
亲　军			C.D.E						D.E
护　军			C.D.E	C.D.E					D.E
前　锋									D.E
领　催			C.D.E						D.E
骁　骑			C.D.E	C.D.E					
弓　匠									D.E

说　明：1. A. 康熙朝《会典》；B. 雍正朝《会典》；C. 乾隆朝《会典则例》；D. 嘉庆朝《会典事例》；E. 光绪朝《会典事例》。
2. 以"武举人"、"武生员"应考"笔帖式"者，仅限于汉军。
3. 以"兵部外郎"应考"贴写中书"者，须由举、贡、生、监出身而未满五年。
4. 嘉庆朝《会典》曰："无出身者，满洲、蒙古、汉军曰闲散，拜唐阿（bitangga，执事人）、亲军、前锋、护军、领催、马甲就文职者，出身与闲散同。汉曰俊秀。"唯康、雍两朝《会典》亦以"俊秀"称旗人。

资料来源：伊桑阿等（纂修）：《大清会典（康熙朝）》，收《近代中国史料丛刊·三编》，第72辑（台北：文海出版社，1993），第711–712册。
允禄等（监修）：《大清会典（雍正朝）》，收《近代中国史料丛刊·三编》，第77辑（台北：文海出版社，1995），第762–763册。
允祹等（奉敕撰）：《钦定大清会典则例》，收《景印文渊阁四库全书》（台北：台湾商务印书馆，1983），第620册。
托津等（奉敕撰）：《钦定大清会典事例（嘉庆朝）》，收《近代中国史料丛刊·三编》，第65辑（台北：文海出版社，1991），第641–650册。
昆冈等（奉敕修）：《钦定大清会典事例（光绪朝）》，收《续修四库全书》（上海：上海古籍出版社，1997），第798–799册。

从应试资格来看，这项考试与科举制度、八旗教育、官僚制度相结合；就资格限制而言，乾隆朝以前较严，嘉庆朝（1796–1820）以后则明显放宽。例如：八旗外郎员缺，原本规定"由该旗咨（吏）部行文国子监，于本旗年久官学生内，遴选一名咨送，由部考试翻译补用"，[1] 属于汉军专缺的印房外郎，则"由该旗咨报吏部行文国子监，

---

[1] 允祹等（撰）：〈吏部·文选清吏司·月选〉，《钦定大清会典则例》，收《景印文渊阁四库全书》，第620册，卷四，页58b。

于年久汉军官学生内，简选咨送吏部，考试翻译补用"，[1]最初是为在八旗官学学习表现欠佳而迟迟无法获得授职者，另辟出路，其后文生员、监生亦得与试。值得注意的是，文进士、翻译进士获准报考教习，固然可以借重其知识长才，然其背后的意义，或许是朝廷提供不愿外任州县者的另一种选择，也可能与仕途壅塞有关。

表7出现的翻译进士、翻译举人、翻译生员等资格，系因雍正皇帝（1678-1735，1723-1735在位）为激励八旗子弟勤习国语，兼通满、汉文或蒙文，乃以文科举为蓝本，于雍正元年（1723）创设翻译科考制度，[2]取中者即授予功名，他们可以等候部院衙门选补，或选择参加翻译考试。就考试的性质而言，翻译科考和翻译职缺考试都是鉴别应试者的翻译能力；就命题的范围而言，则颇有不同。例如：考试满洲、汉军翻译生员，[3]"将《四书直解》内，限三百字为题，翻满文一篇"；[4]翻译乡试，雍正朝（1723-1735）定为"章奏一道，或《四书》、或《五经》，酌量出一题"，[5]乾隆三年（1738）改作"钦定翻译一题外，再于清文《四书》内钦命一题，令士子作清文一篇"；[6]翻译会试，乾隆七年（1742）奏准，"第一场，试《四书》清文一篇，《孝经》、《性理》清字论一篇。第二场，试翻译一篇，恭请钦命题目"。[7]至于部院衙门的翻译考试，以考试笔帖式为例，乾隆元年（1736），监察御史舒赫德（šuhede，1710-1777）指出，"数年以来，俱用上谕为题，以致竟有重复数次者"，建请"量为改定，使考试之人不得蹈袭揣摩，以专心研究于翻译者也"，进而主张仿照翻译科考的形式，从经典内选拟试题。内阁大学士等则认为，考试笔帖式原以文义是否通畅

---

[1] 允祹等（撰）：〈八旗都统・授官〉，《钦定大清会典则例》，收《景印文渊阁四库全书》，第625册，卷一七五，页67a。

[2] 关于翻译科考制度的建立及其发展，参见叶高树：〈清朝的翻译科考制度〉，页53-105。

[3] 雍正元年（1723），考试翻译生员，只限八旗满洲；雍正三年（1725），准许八旗汉军与试；雍正九年（1731），始办理八旗蒙古翻译科考。汉军的考试范围，与满洲同；蒙古"考试生员题目，于清字《日讲四书》内，视汉文至三百字为准，出题一道，令其以蒙古文翻译。其考试举人、进士题目，于清字《日讲四书》内，视汉文至三百字为准，出一道为首题，又出清字奏疏一道为次题，其二道令其以蒙古文翻译"。见允禄等（编）：《世宗宪皇帝上谕旗务议覆》，收《景印文渊阁四库全书》，第413册，卷9，页14a-14b，雍正九年八月二十四日，奉旨，依议。

[4] 允禄等（监修）：《礼部・仪制清吏司・贡举・翻译国书科举通例》，《大清会典（雍正朝）》，收《近代中国史料丛刊・三编》，第77辑，第770册，卷七四，页30a。

[5] 鄂尔泰等（修）：《清实录・世宗宪皇帝实录（一）》（北京：中华书局，1985），卷二六，页2a，雍正二年十一月癸卯条。

[6] 托津等（撰）：〈礼部・贡举・翻译乡会试〉，《钦定大清会典事例（嘉庆朝）》，收《近代中国史料丛刊・三编》，第67辑（台北：文海出版社，1991），第663册，卷二九二，页11a。

[7] 同上，页14a。

为主,遂议准"于新到通本内,酌定一件考试"。[1]

惟嘉、道时期以后,部院衙门翻译考试的命题形式,已改为与翻译科考的翻译题相同。[2]兹就《翻译考试题(*ubaliyambume simnehe timu bithe*)》收录的题目,[3]节录其汉文试题,并将满文的译文解答转写罗马拼音逐句标注于后,以了解命题形式。〈初次翻译考试笔帖式题(*tuktan mudan ubaliyambure bithesi be simnehe timu*)〉:

孝弟者(*hiyoošun deocin serengge*),百行之本(*tanggū yabun i fulehe*),尝读《孝经》有曰(*kemuni tuwaci. hiyoo ging bithede*):"君子之事亲孝(*ambasa saisa i niyaman be weilerengge hiyoošun ofi*),故忠可移于君(*tuttu tondo be ejen de guribuci ombi*)。事兄弟(*ahūn be weilerengge deocin ofi*),故顺可移于长(*tuttu ijishūn be ungga de guribuci ombi sehebi*)。"盖家庭之间(*ainci booi dorgi de*),根本既立(*fulehe da be ilibuci*),……[4]

---

[1] 〈协理陕西道监察御史舒赫德·奏请酌改翻译试题(满汉合璧)〉,乾隆元年四月九日,《内阁大库档案资料库》(台北:中研院历史语言研究所),登录号:021495-001。"通本",为地方督、抚等所上题本的别称,因规定须先送通政使司收验看是否合式,故称"通本"。又康熙十二年(1673)定,"八旗汉军官学生或通清文,或通清、汉文,愿于部院衙门录用者,令国子监于策论、判语内酌试之,并令翻清、汉文一篇",惟次年即罢行此例。见梁国治等(撰):〈生徒·甄用·八旗官学生〉,《钦定国子监志》,收《景印文渊阁四库全书》,第600册,卷四○,页35b-36a。

[2] 目前所见较早的考题,为乾隆年间的考试助教翻译题,其题型已和翻译科考类似,题目为:"唐虞建官惟百,夏、商官倍,周建六官,各率其属。两汉以来,沿革殊代,而求治则一。盖官有繁简,才有短长,……" 全题共二一四字,另有汉文论题"见其大则心泰"一道。见〈上次考试助教钦命翻译试题一道〉,乾隆朝无年月日,《清代宫中档奏折及军机处折件资料库》(台北:故宫博物院),文献编号:041606。

[3] 《翻译考试题》(清刻本,东京:东洋文库藏),一函三册,未注明编印者、刊刻时间,亦无目次,一册为汉文,封面无标题;两册为满文。第一本封面题有满文,转写为罗马拼音作:"*ubaliyambume simnehe timu bithe*(翻译考试题目录)",满、汉文相互对应。书中"翻译"一词汉文皆写作"'翻'译",而非雍正朝以后官方习用的"繙"字,可以推知此书的性质,大约是晚清坊间贩卖的"翻译考试考古题大全"之类的应考用书。书中收录的试题有:〈翻译考试笔帖式题〉七道、〈考试笔帖式等第题〉三道、〈考试翻译秀才题〉七道、〈翻译考试助教题〉三道、〈内务府翻译考试笔帖式题〉一道、〈八旗考试遗才题〉一道、〈翻译考试侍卫题〉一道、〈志书馆考试翻译官题〉一道、〈考钱粮〉一道、〈翻译考试宗学教习题〉一道、〈翻译考试教习题〉七道。其中,〈考试翻译秀才题〉、〈八旗考试遗才题〉为翻译科考的试题,其余则属部院衙门考试。又满文日记《闲窗录梦》的作者穆齐贤(1801-?),曾"至护国寺肆以六十文买《考试题》一卷",从他以翻译为主的教学来看,其性质可能与《翻译考试题》相似。见松筠[穆齐贤](记)、赵令志,关康(译):《闲窗录梦译编》(北京:中央民族大学出版社,2011),页211,道光十年闰四月初八日。〈闲窗录梦·序〉的署名为"松筠",一般多认为即是嘉、道名臣松筠,关康查对日记内容,其生卒年、事迹均不符合,并考证出作者应为"穆齐贤",也是为札克丹译《清文聊斋志异》作序并协助校对的"禹范"。参见关康:〈《闲窗录梦》作者考〉,《满语研究》2010年第1期(2010年6月),页72-76。

[4] 〈初次翻译考试笔帖式题〉(汉文全题一九○字),《翻译考试题》,页1a;满文译文见〈*tuktan mudan ubaliyambure bithesi be simnehe timu*〉,《*ubaliyambume simnehe timu bithe*》,页1a。

〈二次翻译考试笔帖式题（jai mudan ubaliyabure bithesi be simnehe timu）〉：

凡人立身行己（yaya niyalma beyebe ilibure beye yabure de），首重存诚（ujude unenggi be tebure be ujen obuhabi）。盖惟内绝欺伪之私（ainci damu dorgide eiterere holtoro cisu be geterembuhe manggi），外无缘饰之弊（tulergide teni arara miyamire jemden akū ombi），故曰诚（tuttu ofi henduhengge）。诚者（unenggi serengge），五常之本（sunja enteheme i da），百行之源（tanggū yabun i sekiyen sehebi），……[1]

前者是引述经书章句，再加阐述；后者则综合经书义理，申论要旨。类似的题型，亦见于翻译生员考试，例如〈初次考试翻译秀才题（tuktan mudan ubaliyambure šusai be simnehe timu）〉：

凡人居心制行（yaya niyalma mujilen de tebure. yabun be dasara de），当以忠信为本（tondo akdun be da obuci acambi）。孔子曰（kundz i henduhengge）："主忠信（tondo akdun be da obu sehebi）。"《礼记》曰（li gi bithede henduhengge）："甘受和（nitan de amtan be alimbi），白受采（gulu de boconggo be alimbi）。"忠信之人可以学礼（tondo akdun niyalma oci, dorolon be tacici ombi sehebi），可见人必忠信以自尽（ede niyalma urunakū tondo i beyei teile be akūmbure），……[2]

〈二次考试翻译秀才题（jai mudan ubaliyambure šusai be simnehe timu）〉：

人生之大伦（niyalma jalan i amba ciktan de），莫先于君父（ejen, ama ci nendengge akū），而立身之大节（beyebe ilibure amba jurgan de），惟在忠孝（damu tondo hiyoošun de wajihabi）。事亲者（niyaman be weilere urse），必尽其爱敬恻怛之心（urunakū ini gosire ginggulere šar sere gūnin be akūmbufi），瘝瘝相依（getecibe amgacibe ishunde nikere ohode），而后可以为孝子（teni hiyoošungga jui seci ombi）。[3]

---

[1]〈二次翻译考试笔帖式题〉（汉文全题一九九字），《翻译考试题》，页2a；满文译文见〈jai mudan ubaliyabure bithesi be simnehe timu〉，《ubaliyambume simnehe timu bithe》，页3a。

[2]〈初次考试翻译秀才题〉（汉文全题一九三字），《翻译考试题》，页11a；满文译文见〈tuktan mudan ubaliyambure šusai be simnehe timu〉，《ubaliyambume simnehe timu bithe》，页21a。

[3]〈二次考试翻译秀才题〉（汉文全题二〇九字），《翻译考试题》，页12a；〈jai mudan ubaliyambure šusai be simnehe timu〉，满文译文见《ubaliyambume simnehe timu bithe》，页23a。

查对其内容,不见于《四书直解》,而是以《四书》为范围,将不同的章句或注疏重新组合,实与前引的两次笔帖式考题相近。

另一种命题形式,则是直接从典籍中摘录一段。例如〈翻译考试教习题(ubaliyambure giyoosi be simnehe timu)〉:

> 元亨利贞(amba, hafu, acabun, akdun serengge),天道之常(abkai doro i enteheme)。仁义礼智(gosin, jurgan, dorolon, mergen serengge),人性之纲(niyalmai banin i hešen)。凡此厥初(yaya terei tuktan de),无有不善(sain akūngge akū),……明命赫然(genggiyen hese umesi iletu),罔有内外(umai dorgi tulergi akū)。德崇业广(erdemu wesihun doro amba oho manggi),乃复其初(teni terei tuktan de dahūmbi)。昔非不足(seibeni tesurakūngge waka),今岂有余(te ainahai funcetele ohoni)。[1]

〈志书馆考试翻译官题(jy šu guwan i ubaliyambure hafan be simnehe timu)〉:

> 学者贪做功夫(tacire urse kicen hūsun be canggi memereci),便看得义理不精(jurgan giyan be tuwarangge uthai narhūn akū ombi)。读书须是仔细(bithe hūlara de urunakū narhūšame kimcime),……譬如饮食(uthai omire jetere adali),从容咀嚼(elhe nuhan i amtan gaime niyanggūre oci),其味必长(terei amtan urunakū tumin ombi),大咀、大咽(ainame nijanggūre ainame nunggere oci),终不知味也(dubentele amtan be baharakū ombikai)。[2]

前者节录自《小学·题辞》,后者则出自《御纂朱子全书·读书法》,而乡、会试的翻译题也采用相同形式。例如:光绪十九年(1893)癸巳恩科陕西驻防翻译乡试题目,选自北宋欧阳修(1007-1072)〈劝学诏〉:

> 儒者(bithei urse serengge),通天地人之理(abka na niyalma i giyan be hafure),

---

[1] 〈翻译考试教习题〉(汉文全题一六〇字),《翻译考试题》,页28a;满文译文见〈ubaliyambure giyoosi be simnehe timu〉,《ubaliyambume simnehe timu bithe》,页54a-55b。教习考试的题目中,也有类似笔帖式翻译考试的题型。参见叶高树:〈清朝的翻译科考制度〉,页121。

[2] 〈志书馆考试翻译官题〉(汉文全题一七九字),《翻译考试题》,页25a;满文译文见〈jy šu guwan i ubaliyambure hafan be simnehe timu〉,《ubaliyambume simnehe timu bithe》,页48a-49b。汉文出自李光地、熊赐履等(编):〈学·读书法〉,《御纂朱子全书》,收《景印文渊阁四库全书》,第720册,卷六,页11b-12a。

明古今至乱之原（*julege te i taifin facuhūn i sekiyen be getukelerengge*），可谓博矣（*yargiyan i fulu seci ombi*）。……以勉中人（*arsari niyalma be kicebure*），烦法细文一皆罢去（*largin oho buyarame hacin be bireme gemu nakabufi*），明其赏罚（*šang fafun be getukelefi*），俾各劝焉（*teisu teisu huwekiyebure ohode*）。[1]

道光二十五年（1845）乙巳恩科翻译会试题目，则为《御纂性理精义·凡例》：

性理之学（*banin giyan i tacin*），至宋而明（*sung gurun de isinjifi genggiyelebuhe*），自周、程授受（*jeo dz, ceng dz i afabuah alime gaihangge*），粹然孔、孟渊源（*terei umesi bolgo da sekiyen kungdz, mengdz ci jihebi*）。同时如张、如邵（*em forgon i jang dz, šoo dz*），又相与倡和而发明之（*geli ishunde deribume acabume getukeleme tucibuhebi*）。从游如吕、如杨、如谢、如尹（*dahame tacire lioi da lin. yang ši. siye liyang dzo. in tun*），……可以包括众论足矣（*geren i leolen be baktambume šošoci wajiha*）。[2]

部院衙门翻译考试命题方式与翻译科考趋于一致，或许可以理解为国家对旗人教、考、用三个系统的整合。

先是，翻译科系考朝廷为旗人广开仕进之途，却造成旗人热衷功名、流于虚浮的风气。乾隆十九年（1754），大学士傅恒（*fuheng*, 1720–1770）等遵旨议准，曰：

近年以来，八旗应试之人，多事镂刻字句，希图中式，于实在翻译文义，转觉相去愈远。……况八旗通晓汉文者，既可专就文闱，以博科第；而晓习翻译之人，原皆可考取内阁中书及笔帖式、库使等项，亦不必藉乡、会试以为进身之阶。嗣后，除翻译生员应仍照旧考试，留为伊等考取中书、笔帖式之地，其乡、

---

[1]〈恭缴钦命癸巳恩科陕西驻防满洲翻译乡试试题〉，光绪十九年，《清代宫中档奏折及军机处折件资料库》，文献编号：408018552。汉文全题一九七字，出自康熙皇帝（御撰）、徐乾学等（奉敕编注）：〈宋·欧阳修·劝学诏〉，《御选古文渊鉴》，收《景印文渊阁四库全书》，第1418册，卷四五，页1b–2a；满文译文见康熙皇帝（御撰）、徐乾学等（奉敕编注）：《sung gurun · o yang sio · tacin be huwekiyebuhe hesei bithe》，《gu we yuwan giyan bithe》（清康熙二十四年武英殿刊满文本，台北：故宫博物院藏），卷四五，页1b–2b。

[2]〈道光乙巳恩科八旗翻译会试题目〉，道光二十五年，《内阁大库档案资料库》，登录号：106029-001。汉文全题二六五字，出自李光地等（纂）：〈凡例〉，《御纂性理精义》，收《景印文渊阁四库全书》，第719册，卷首，页1a–1b；满文译文见李光地等（纂）：〈*šošohon kooli*〉，《*han i banjibuha sing li jing i bithe*》（清康熙五十四年武英殿刊满文本，台北：故宫博物院藏），页1a–3a。

会二试,应请永行停止。"[1]

军机大臣等复议奏:"将来考取翻译生员时,但令专作清字文论二篇,不必仍取翻译,徒滋记诵陋习。"[2]所谓的"翻译生员",实质上已是"清字生员"。

乾隆皇帝(1711-1799,1736-1795在位)一向认为,"满语系满洲自幼所习,只须汉文通顺,人人皆能翻译,且授职之后,自可令办翻译之事,清文亦不致荒废",[3]乃有停止翻译乡、会试之举,并将考试的重点改为"清字"。然而,作为进用人员的部院衙门翻译考试,考试笔帖式以"新到通本"命题,虽着眼于"即考即用",但是公文书的格式、用语有固定模式,应试者熟读公文成语便可套用,新制的"翻译生员"再应部院衙门考试时,也存在"徒滋记诵"的问题。降及乾隆四十一年(1776),皇帝察觉"近日满洲学习清文善翻译者益少",[4]不再坚持"前此翻译乡、会试未举行时,通翻译者,又岂乏人"之论,[5]宣布恢复考试翻译举人、进士。乾隆四十三年(1778),礼部奏准:"翻译乡试应照旧例,止考一场,用《四书》清字论题一道,翻译题一道。会试分为两场,第一场,用《四书》清文题一道,《孝经》清字论一道。第二场,用翻译题一道。"[6]至于部院衙门考试是否也随之调整考试形式,由于官书未载,不得其详,但是从日后的试题题型来看,应是经过一番变革,使授予功名的考试和授予职位的考试采用同一标准。

嘉庆十五年(1810),为预备翻译乡试(十五年庚午科)、会试(十六年辛未科),嘉庆皇帝(1760-1820,1796-1820在位)开列"所有翻译应用清、汉字书籍书目",包括:《圣谕广训》、《日讲易经》、《日讲书经》、《日讲春秋》、《日讲四书》、《孝经》、《性理精义》、《小学》、《通鉴纲目》、《古文渊鉴》等,清、汉各一部;清汉合璧《五经》、清汉合璧《四书》、《四体清文鉴》、《增订清文鉴》、《蒙古清文鉴》各一

---

[1] 铁保等(撰):〈八旗科第·八旗翻译科·武科缘起〉,《钦定八旗通志》,收《景印文渊阁四库全书》,第665册,卷一百三,页20a-21a。日后,乾隆皇帝也曾批评,曰:"应试人员,每以寻章摘句为事,转失翻译本义,殊属无益。"见庆桂等(修):《清实录·高宗纯皇帝实录(十三)》,卷九八〇,页17b-18a,乾隆四十年四月壬辰条。

[2] 庆桂等(修):《清实录·高宗纯皇帝实录(六)》,卷四五八,页11a,乾隆十九年三月丙辰条。

[3] 中国第一历史档案馆(编):《乾隆朝上谕档》(北京:档案出版社,1991),第1册,页190上,乾隆二年五月二十三日,总理事务王大臣奉上谕。

[4] 同上,第8册,页485下,乾隆四十一年十二月初八日,内阁奉上谕。

[5] 庆桂等(修):《清实录·高宗纯皇帝实录(十三)》,卷九八〇,页18a,乾隆四十年四月壬辰条。

[6] 托津等(撰):〈礼部·贡举·翻译乡会试〉,《钦定大清会典事例(嘉庆朝)》,收《近代中国史料丛刊·三编》,第67辑,第663册,卷二九二,页27a。

部。[1]除去几种属于字书的《清文鉴》之外,应试者不仅要熟读康、雍、乾时期敕译的各种经学译本,还须兼及《通鉴纲目》、《古文渊鉴》等。至于《圣谕广训》,是康熙皇帝颁布"圣谕十六条",经雍正皇帝广解义蕴而成,代表皇帝的统治宗旨与驭民智术,凡科考必附带默写,[2]翻译科考既为科举的一环,自应列入。这些书籍亦为八旗官学、义学的主要教材,[3]故而是学校教育与翻译科考的合一。

以报考翻译为目标的八旗子弟来说,学习满文,内容不外《四书》、《五经》;学习翻译,必须兼通清、汉,亦足以应付文科举。例如:乾隆十三年(1748)戊辰科进士三甲第十四名武纳翰(正黄旗满洲),即是翻译生员出身。[4]道光二十三年(1843),道光皇帝(1728-1850,1821-1850在位)下令:"除本科(癸卯科)各省文乡试,仍照例准其应考外,嗣后各处驻防,具着改应翻译考试。"[5]驻防旗人对这项禁令的反应如何,无法确知,但是同治元年(1862)宣布恢复旧例时,规定曰:"各省驻防取进翻译生员,应令专应翻译,不必兼应文试。文生员专应文乡试,如愿有应翻译者,准其呈改,既改之后,不得再应文闱。中式后,文举人专应文会试,翻译举人专应翻译会试。"[6]正由于各种考试的准备范围相同,应试旗人只要方向稍作调整,并不困难,[7]是以拥有文科举功名者,亦得应部院衙门翻译考试。

---

[1] 昆冈等(修):〈礼部·贡举·翻译乡会试〉,《大清会典事例(光绪朝)》,收《续修四库全书》,第803册,卷三六四,页675下-676上。

[2] 参见王尔敏:〈清廷《圣谕广训》之颁行及民间之宣讲拾遗〉,收王尔敏:《明清社会文化生态》(台北:台湾商务印书馆,1997),页3-7。

[3] 参见叶高树:〈清朝的旗学与旗人的翻译教育〉,页106-115。又雍正皇帝曾要求国子监八旗官学生"习翻译者,熟翻《古文渊鉴》、《大学衍义》等书",见允禄等(监修):〈礼部·学校·官学〉,《大清会典(雍正朝)》,收《近代中国史料丛刊·三编》,第77辑,第770册,卷七六,页41b。

[4]〈乾隆十三年会试录〉,收中国第一历史档案馆(摄制):《清代谱牒档案·缩影资料·内阁会试题名录》(北京:中国第一历史档案馆技术部,1983)。

[5] 中国第一历史档案馆(编):《嘉庆道光两朝上谕档》(桂林:广西师范大学出版社,2000),第48册,页391下,道光二十三年闰七月十四日,内阁奉上谕。这道上谕是针对驻防八旗,京营旗人仍得在顺天府应文乡试。

[6] 宝鋆等(修):《清实录·穆宗毅皇帝实录(一)》(北京:中华书局,1986),卷三八,页28b-29a,同治元年八月甲戌条。

[7] 坊间书肆常将历科考古题或佳卷编印成册,以应举子需求。乾隆二十九年(1764),刘坦之(崧云)"兹精选近科试策为当代名公所取取者(te ne jalan i gebungge saisa cohotoi gaiha hanciki anuya simnehe bodon be kimcime sonjofi),附载全题(guluhun joringga be kamcime arafi),逐一详加评点(emke emke i narhūšame pilefi tongki sindafi)","俾习举业者(simnere sū fiyelen tacire urse be),确然知所从事(teng seme kicire babe sakini sehe)",编成《试策法程》,此书特别之处,有以汉文为主体的满汉合璧本流传。道光二十五年(1845),又有穆齐贤据刘氏本重新编订,另以满文为主体的满汉合璧《翻译试策法程》刊行,〈序〉曰:"musei gurun i golotome simnere acalame simnere juwe gūwaran de·(我朝乡、[转下页]

四、考试翻译的实施情形

科举考试定期举行，部院衙门考试翻译则视需要办理。以笔帖式为例，雍正元年议准："现任笔帖式行走三年，考试一次"；[1]翻译笔帖式"每遇考试之期，由（吏）部行文各旗，查送到部，汇齐奏闻，造册备卷"，[2]并无固定时间。为避免频繁考试，亦可先行增额录取，再按成绩依序补用。例如：乾隆元年议准，修书各馆翻译、誊录由吏部"照考试笔帖式之例，考试翻译、清字好者，多取数十人注册，遇有员阙，知照到部，按考定名次，咨送补用。将次用完之时，再行照例考取"。[3]

此一办法殊为简便，可待补授完毕再行考试，其他职缺亦有采用者。例如：乾隆二十六年（1761）六月，礼部考取满教习八员，俱已陆续用完，即于次年请旨考试；乾隆二十九年（1764），再查得宗学、觉罗学满教习共有二十七缺，因乾隆二十八年（1763）十月内考取满教习十七名，俱已陆续用完，乃请旨考试。[4]教习

［接上页］　会二试）*bodon arabume fonjire joringga kamcime tucibufi*·（题标策问之条）*jakūn i manju halangga ujen coohai geren šusaide*·（八旗满、汉诸生）*šu fiyelen arara giltukan dosifi baitalabuha*·（颖脱论文之秀）……"显然是供旗人应文科举之用。其中，汉文"八旗满、汉诸生"的"汉"，满文转写罗马拼音作 *ujen coohai*，音译为"乌真超哈"，即"汉军"，非指一般汉人（*nikan*）；"诸生"，满文作"*geren šusai*"，意即"众秀才"。又〈序〉末署名"顺天府穆齐贤禹范"，此人即《闲窗录梦》的作者，参见页22注〔3〕。分见刘坦之：〈试策法程序〉，《试策法程（*simnere bodon i durum timu i bithe*）》（清满汉合璧抄本，东京：东洋文库藏），第1册，页2a-3a；穆齐贤：〈翻译试策法程序〉，《*ubaliyabuha simnehe bodon i durun kemun i bithe*》（翻译试策法程）（清道光二十五年满汉合璧写本，http://digital.staatsbibliothek-berlin.de/werkansicht/?PPN=PPN3306130788&PHYSID=PHYS_0012，检索日期：2015年7月29日），卷首，页1a-1b。

〔1〕托津等（撰）：〈吏部·满洲铨选·考试现任笔帖式〉，《钦定大清会典（嘉庆朝）》，收《近代中国史料丛刊·三编》，第65辑，第644册，卷三三，页11b。此系现任笔帖式的检定考试，"取中者留任，不中者解退，不算废官。如能学习翻译，下次应准考试"；乾隆四十九年（1784）规定：取中一等者，议叙纪录二次；二、三等者，照旧供职；不入等者，解退开缺，不算废员，下次仍准考试，如仍不入等第，即行革退，遂为定制。见同上，页12b。

〔2〕允祹等（撰）：〈吏部·文选清吏司·月选〉，《钦定大清会典则例》，收《景印文渊阁四库全书》，第620册，卷四，页36b。

〔3〕同上，页45a-45b。

〔4〕分见〈礼部·移会典籍厅礼部奏八旗咨送考试翻译教习之举人共六十七名相应将各部院送到考试满大臣并满汉监试御史职名另缮清单进呈恭请皇上钦点〉，乾隆二十七年六月，《内阁大库档案资料库》，登录号：091204-001；〈礼部·移会稽察房礼部奏报宗学觉罗教习员由八旗举人能翻译者一体考试今缺额不敷补充请照咸安宫教习之例令各部院现任笔帖式等一体考试〉，乾隆二十九年十二月，《内阁大库档案资料库》，登录号：080733-001。

由礼部考用,作业较为单纯,部院笔帖式以及修书各馆翻译、誊录等职,系吏部于考后交付各进用单位,依出缺先后,陆续顶补,易生混乱,则有赖吏部勤加查核。[1]

在翻译职缺中,以内阁中书最为重要,其遇缺考试的规定相对繁复。汉军中书缺,"每遇一缺,即应行文吏部,转咨各该旗,行取应考人员",满洲、汉人中书却是"于考试时,预为取中数员,俟有缺出,挨名补授,无庸频考"。乾隆二十七年(1762),大学士傅恒以"其间往返稽察事故,未免耽延时日,以致员缺久待"为由,奏准"嗣后考取汉军中书,亦照考取满、汉中书之例",如此则"员缺不致久悬,而于考取满、汉中书之例,亦归画一"。[2]因此,"预为取中"之法,为各种翻译职缺考试普遍实行。

满洲统治阶层始终认为旗人"专心习文,以致武备废弛",[3]康熙皇帝则主张"学习骑射,原不妨碍读书"。[4]是以在康熙二十六年(1687)宣布"八旗准同汉人一体乡试"之后,[5]旋即接纳兵科给事中能泰"考取满洲生员,宜试骑射"的建议,旗人考试文举人、文进士,亦令骑射;[6]先由兵部验看马、步箭,能射者方准入场,[7]是对应试旗人的特殊要求。雍正元年,议定开办翻译科考时,也规定应考之人先转送兵部考试马、步箭讫,始得入场。[8]部院衙门考试翻译,则以笔帖式最先实施,雍正十二年(1734)议准:"合例之人,移送兵部,照考试翻译乡试马、步射之例,先期奏请钦点大臣二人监试,较其马、步射艺之合式者,造册咨送过部,准其入场应试。"[9]其后,各翻译职缺亦陆续援例办理。

---

[1]〈吏部文选司·移会实录馆将一应满洲蒙古汉军翻译誊录并蒙古竹笔誊录等项务于三日内作速造具汉清册咨送本部以便查核〉,乾隆五年七月二日,《内阁大库档案资料库》,登录号:107742-001。
[2]〈吏部·吏部为请定考取满汉中书事〉,乾隆二十七年五月二十六日,《内阁大库档案资料库》,登录号:177862-001。
[3]马齐等(修):《清实录·圣祖仁皇帝实录(一)》,卷六三,页16a,康熙十五年十月己巳条。
[4]马齐等(修):《清实录·圣祖仁皇帝实录(二)》,卷一四〇,页11b,康熙二十八年三月丁亥条。
[5]允禄等(监修):〈礼部·贡举二·乡试通例〉,《大清会典(雍正朝)》,收《近代中国史料丛刊·三编》,第78辑,第772册,卷七三,页22a。
[6]马齐等(修):《清实录·圣祖仁皇帝实录(二)》,卷一四〇,页11a-11b,康熙二十八年三月丁亥条。
[7]铁保等(撰):〈选举志·八旗科第·八旗乡会试缘起〉,《钦定八旗通志》,收《景印文渊阁四库全书》,第665册,卷一〇二,页7b。
[8]允禄等(编):《世宗宪皇帝上谕旗务议覆》,收《景印文渊阁四库全书》,第413册,卷一,页5a,奏入于雍正元年四月初十日,奉旨,依议。
[9]允祹等(撰):〈吏部·文选清吏司·月选〉,《钦定大清会典则例》,收《景印文渊阁四库全书》,第620册,卷四,页37a-37b。

在报考人数方面,笔帖式乃"满洲进身之一途",[1]职缺亦最多,当为读书旗人入仕的首要之选;尤其自乾隆十九年停止翻译乡、会试之后,更是必争之地。目前所能掌握的应考翻译笔帖式人数有三:一、乾隆三十三年(1768),大学士尹继善(1694-1771)题报,共计九百七十八名;[2]二、乾隆四十二年(1777),兵部尚书福隆安(fulungga, 1746-1784)题报,共计六百零五名;[3]乾隆五十二年(1787),大学士阿桂(agui, 1717-1797)题报,共计五百四十人,有减少的趋势。此一现象,或许和乾隆皇帝观察到的"学习清文善翻译者益少"有关,以及取中候补者众,等待分发不免旷日废时,进而影响旗人报考意愿。

虽然不同的职缺各有应试资格限定,若遇有报考人数过少,主管部院则可奏请放宽限制。例如:乾隆二十九年考试宗学、觉罗学满教习二十七缺,各旗送到考生只有八十六名,礼部乃建请令各部院现任笔帖式与生员等一体考试,遂有现任笔帖式七十二名参加此次考试。[4]然而,应试资格要求较高的内阁中书或贴写中书,报考人数始终居高不下。例如:乾隆十九年,所有考试八旗翻译、清字贴写中书,应考人等共九百六十名;[5]乾隆朝中期,考试清字、翻译贴写中书,报考人数八百余名;[6]嘉庆五年(1800),考试满洲清字、翻译两项中书,合例人员共九百八十余名;[7]嘉庆十四年(1809),所有应考清字、翻译中书人等,计一千四百八十三名(满洲清字中书四百四十四名、满洲翻译中书五百四十名、蒙古

---

[1] 陈康祺:〈笔帖式〉,《郎潜纪闻·初笔》,卷五,页98。
[2] 〈大学士管理兵部事务尹继善·题报八旗满洲蒙古汉军应考翻译笔帖式人员九百七十八名臣等依例谨将领侍卫内大臣职名开列具题恭候皇上钦点二员监试马步箭(满汉合璧)〉,乾隆三十三年六月十八日,《内阁大库档案资料库》,登录号:084147-001。
[3] 〈兵部尚书福隆安·题请钦点大臣监试翻译笔帖式骑射(满汉合璧)〉,乾隆四十二年十一月二十三日,《内阁大库档案资料库》,登录号:047486-001。
[4] 〈礼部·移会稽察房礼部奏报宗学觉罗满教习例由八旗举人能翻译者一体考试今缺额不敷补充请照咸安宫教习之例各各部院现任笔帖式等一体考试〉,乾隆二十九年十二月,《内阁大库档案资料库》,登录号:080733-001。
[5] 〈吏部文选司·移会典籍厅考试八旗翻译清字贴写中书应考人等相应造册移送内阁查核考试并将候补翻译清字贴写中书已未完旗分数目开单一并知会内阁〉,乾隆十九年四月,《内阁大库档案资料库》,登录号:099296-001。
[6] 〈大学士刘·大学士为考试清字翻译贴写中书事〉,无年月日,《内阁大库档案资料库》,登录号055935-001。此件奏折内提到"查乾隆三十四年,经(吏)部议覆……"略可推知上奏时间为乾隆三十年代(1765-1774);具奏人"大学士刘",似为刘统勋(1700-1773)。
[7] 〈顺天府·顺天府为移覆请将清字翻译中书定于二月十日后考试由〉,嘉庆五年十二月二十五日,《内阁大库档案资料库》,登录号:229251-001。

中书一百二十五名);[1]道光二十一年(1841),报考者通共八百二十三名(清字中书四百七十五名、翻译中书三百一十三名、蒙古中书三十五名)。[2]对此,时人有诗嘲讽内阁中书,曰:

> 莫笑区区职分卑,小京官里最便宜。也随翰苑称前辈,好认中堂作老师。
> 四库书成邀议叙,六年俸满放同知。有时溜到军机处,一串朝珠项下垂。[3]

即使地位卑下,却因长官皆为当朝权贵,随时可能飞黄腾达,是以旗、汉对此职缺都趋之若鹜。

就取中率而言,道光二十一年,吏部移会内阁有关中书缺额、投考人数等事,内有附记"上次"(未注明时间)七百八十七人的考试结果,[4]试比较如下:

表8　道光朝两次考试内阁中书取中率表

人数 时间	报考人数			取中数/缺额数			取中率/预估取中率		
	清字	翻译	蒙古	清字	翻译	蒙古	清字	翻译	蒙古
上次	407	344	36	64	58	10	15.72%	16.86%	27.78%
道光 二十一年	475	313	35	38	33	10	8%	10.54%	28.57%

说　　明:1. "取中数/缺额数"栏,"上次"为实际取中数,道光二十一年则为内阁咨称缺额数。
　　　　　 2. "取中率/预估取中率"栏,由于道光二十一年尚未考试,故取中率为预估。
资料来源:〈吏部·吏部为考试八旗清字翻译并蒙古中书由〉,道光二十一年六月二十八日,《内阁大库档案资料库》,登录号:175653-001。

考试中书,"向由钦派阅卷大臣酌量录取,并无定额",仍会参考前次录取人

---

[1] 〈吏部·吏部为移送试卷事〉,嘉庆十四年八月初十日,《内阁大库档案资料库》,登录号:212719-001;〈聚奎堂·聚奎堂为收到考试中书试卷事〉,嘉庆十四年八月二十一日,《内阁大库档案资料库》,登录号:152821-001。
[2] 〈吏部·吏部为考试八旗清字翻译并蒙古中书由〉,道光二十一年六月二十八日,《内阁大库档案资料库》,登录号:175653-001。
[3] 陈其元:〈滑稽诗〉,《庸闲斋笔记》(北京:中华书局,1997),卷11,页283。
[4] 特别的是,道光十三年(1833)由工部尚书升寅(senggin, 1762-1834)、理藩院左侍郎松筠(sungyūn, 1751-1835)等主持的清字、翻译候补贴写中书和蒙古候补贴写中书考试,试卷本数、拟取本数和道光二十一年(1841)"移会"所称的"上次"相同,但进用人员的项目不同。这次考试贴写中书,"除点名不到、污墨不全应行扣除外,嗣据五公堂送考试翻译试卷三百四十四本,清字试卷四百零七本,蒙古试卷三十六本,臣升寅等公同悉心校阅。复于(十月)初七日面加覆试,取翻译贴写中书试卷五十八本,清字贴写中书试卷六十四本,蒙古贴写中书试卷十本"。见〈吏部·吏部为贴写中书名次由〉,道光十三年十月十一日,《内阁大库档案资料库》,登录号:170652-001。

数，[1]因此道光二十一年清字、翻译中书的取中率，应可推估约为15%-17%，似非太低。惟须考虑缺额中有八旗配额问题，[2]应试者因旗分的不同，考取与否的难易程度又有差别。至于蒙古中书的取中率偏高，则因八旗蒙古人数较少，挑取差使较易，故而不热中考试。[3]

各项翻译职缺中，取中笔帖式和实录馆翻译官、誊录官者，其补用有特别的规定。在笔帖式方面，应试者只要符合资格，不论有无功名，一律同场考试；由于该职有七至九品之分，是以取中之后，再视功名或出身，决定品级高低，既可精简考试场数，也不致妨害有功名者的应试动机。雍正四年（1726）题准，各按旗分，照考取名次拟补，凡由举人、恩、拔、岁、副、贡生考取者，七品；由生员、监生考取者，八品；由官学生、义学生、闲散、亲军、护军、领催、库使、骁骑考取者，九品；如有续中举人者，准改给应得品级食俸。[4]在实录馆翻译官、誊录官方面，乾隆十四年（1749）原例，各馆取中翻译、誊录有兼前锋、护军、领催、骁骑者，"补用后，其前锋、领催即行开缺，停止所食钱粮"，[5]嘉庆四年（1799）奏准，"恭修《实录》之翻译、誊录官，均月给桌饭银四两五钱。其原有本旗钱粮者，准其兼支；如未兼食本旗钱粮者，不必另加"，[6]相较于前锋、护军、领催等月支饷银四两，[7]津贴堪称优渥。

关于考试场所的安排，内阁中书、翻译笔帖式等职缺，向来在午门内考试。[8]乾

---

[1]〈吏部・吏部为考试八旗清字翻译并蒙古中书由〉，道光二十一年六月二十八日，《内阁大库档案资料库》，登录号：175653-001。

[2] 例如：这次考试满本堂每旗学习中书二缺，候补学习镶黄旗二名、正黄旗四名、正白旗一名、正红旗六名、镶白旗四名、镶红旗二名、正蓝旗三名、镶蓝旗无。见同上。

[3] 例如：嘉庆十三年（1808）戊辰科、十四年（1809）己巳恩科翻译会试，八旗蒙古皆因人数过少而停考，虽然礼部在检讨原因时，直斥系"平日俱不用心学习"，而真正的关键则是"或由别途授职，或因挑取别项差使"。见〈礼部尚书兼管乐部太常寺鸿胪寺事务景安・题报本年甲戌科举行翻译会试除蒙古主考毋庸题请钦点外谨将各部院衙门送到满洲大臣衔名缮写清单恭请钦点满洲正考官一员副考官一员〉，嘉庆十九年四月初八日，《内阁大库档案资料库》，登录号：110661-001。

[4] 允裪等（撰）：〈吏部・文选清吏司・铨政〉，《钦定大清会典（乾隆朝）》，收《景印文渊阁四库全书》，第619册，卷五，页5b；允裪等（撰）：〈吏部・文选清吏司・月选〉，《钦定大清会典则例》，收《景印文渊阁四库全书》，第620册，卷四，页46a-46b。

[5] 允裪等（撰）：〈吏部・文选清吏司・月选〉，页45b。

[6] 托津等（撰）：〈户部・俸饷・京官月费〉，《钦定大清会典事例（嘉庆朝）》，收《近代中国史料丛刊・三编》，第66辑，第657册，卷一九九，页12b-13a。

[7] 伊桑阿等（纂修）：〈户部・兵饷・在京兵饷〉，《大清会典（康熙朝）》，收《近代中国史料丛刊・三编》，第72辑，第715册，卷三七，页2a。

[8] 分见允裪等（撰）：〈内阁・满贴写中书员阙〉，《钦定大清会典则例》，收《景印文渊阁四库全书》，第620册，卷二，页40a；同上，〈吏部・文选清吏司・月选〉，卷四，页38a。

隆十八年（1753），吏部奏准，"考试翻译笔帖式，请在贡院聚奎堂后空房考试"；乾隆二十六年（1761），候补笔帖式以及修书各馆翻译、誊录等，改在贡院内考试。[1]乾隆三十四年（1769），吏部议覆贵州道监察御史五章阿（ujengge）条奏，"嗣后一切考试，酌议人数，至五十名以外，请照吏部考试笔帖式之例，在贡院考试"；[2]考试教习等项，也比照办理，"人数在五十名以内，仍照旧例，在午门内考试。若五十名以外，稽察难周，请于贡院聚奎堂考试"。[3]乾隆五十年（1785），另有满、汉杂项考试人数在五百名以内者仍在午门之议，惟虑及"午门为朝会之所，考试人数较多，不但稽查难周，且于观瞻有碍"，再调整为："人数在二百名以内者，仍在午门考试，如逾二百人，即归贡院考试，着为令"。[4]迨乾隆五十五年（1790），军机大臣阿桂等有鉴于"天安门外朝房，除吏部掣签、礼部磨勘、刑部朝审外，无人行走，殊属肃静"，"遇有面生可疑之人，无难实时拿究"，于是考试人数在二百人以内者，皆在天安门外朝房考试。[5]

随着应考人数增多，试务行政也朝向制度化发展。乾隆二十七年（1762）奏准，遇在贡院考试，"酌量人数，打扫号舍，按字归号，吏部专派司员笔帖式，稽查料理"，其承办一切事务，俱交顺天府办理。自顺治八年朝廷准许八旗参加文科举以来，无论在京或驻防满洲、蒙古、汉军子弟应童试、乡试，都归顺天府考试；[6]雍正元年兴办翻译科考之后，亦由顺天府承接，[7]已经累积相当丰富的经验。加以部院衙门考试数百人乃至千余人的应试规模，也和文科举、翻译科考相仿，[8]自然驾轻就

---

[1] 托津等（撰）：〈吏部·满洲铨选·考试翻译笔帖式〉，《钦定大清会典事例（嘉庆朝）》，收《近代中国史料丛刊·三编》，第65辑，第644册，卷三三，页2b；同上，〈吏部·满洲铨选·考取各馆翻译誊录〉，卷三三，页16a。
[2] 〈大学士刘·大学士为考试清字翻译贴写中书事〉，无年月日，《内阁大库档案资料库》，登录号055935-001。
[3] 庆桂等（修）：《清实录·高宗纯皇帝实录（十一）》，卷八三九，页11b，乾隆三十四年七月庚子条。
[4] 托津等（撰）：〈吏部·满洲铨选·考试翻译笔帖式〉，《钦定大清会典事例（嘉庆朝）》，收《近代中国史料丛刊·三编》，第65辑，第644册，卷三三，页3b-4a。
[5] 〈吏部·移会稽察房阿桂奏议应如礼部郎铁保所奏嗣后举场外一切考试俱奏派搜检弹压大臣并考试翻译中书不得派满中书考试笔帖式不得派笔帖式〉，乾隆五十五年十月，《内阁大库档案资料库》，登录号：107071-001。
[6] 铁保等（撰）：〈学校志·顺天府学生员〉，《钦定八旗通志》，收《景印文渊阁四库全书》，第665册，卷九九，页1a-5a。
[7] 允禄等（编）：《世宗宪皇帝上谕旗务议覆》，收《景印文渊阁四库全书》，第413册，卷一，页4a-6a，奏入于雍正元年四月初十日，奉旨，依议。
[8] 乾隆十三年（1748），大学士张廷玉（1672-1755）奉旨调查乾隆二年至十二年（1737-1747）旗人应科考情形，略为：满洲翻译童生八九百名至一千二三百名，蒙古翻译童生约八九十名至一百（转下页）

熟。每届考期，形式上一如科举考试，由皇帝钦派阅卷大臣、监试御史，开缺部院会同吏部司员先期一日，齐进贡院弥封料理。至考试之日，点名、散卷、封门、收卷等流程，统听派出的御史稽查办理。同时，行文步军统领，着派营弁在外围巡逻；为防止顶冒等弊，亦行文各该旗都统，分派参领、佐领各一员，查验入场。[1]

虽然有种种防弊的规定，但是考试舞弊的问题层出不穷。例如：乾隆十七年（1752），吏部奏称，前次考试翻译笔帖式有夹带、代翻等弊，此次又查获盛京礼部库使殷登额、官学生德克进在蜡烛内夹带，据彼等供称，汉字文底系德克进之父笔帖式明善烦求助教邓保住所做。再讯问送烛家人小牛儿，又牵扯出蜡烛系由开原仓官存柱和其家主库使叶布坑额指使高柱儿购买交与等情，却无法追查出翻译文卷的来源。[2]对照乾隆五十五年礼部右侍郎铁保（1752-1824）奏陈考试中书、笔帖式、库使、教习等项，易生弊情之处及其处置之道：一、应考者动辄数百人或千余人，"仅委之监试御史，以皂役数人，欲令其安坐本号，势所不能。一经紊乱，互相代倩，百弊丛生"。建请嗣后一切考试俱照八旗生童之例，奏派搜检大臣数员、弹压都统一员，先于贡院前严行搜检，入场后遇有越号乱走，不守场规之人，即行拿究，以绝代倩之弊。二、"场中承办考试人员与士子甚近，其往来奔走，又皆该衙门书役，声气易通"。主张考试翻译中书，不得派满中书入场；考试笔帖式等项，不得派笔帖式入场，以防弊窦。三、"点名从容，搜检不得草率。于次日黎明出题，尽一日之长，概不准给烛，则白日耳目易周，又有都统防范，可杜绝外传之弊"。[3]显然顶冒、徇私、夹带等，是应翻译考试者惯用的作弊手法，[4]实亦屡

（接上页）一二十名；满洲应翻译乡试五六百名，蒙古约四十名至六十名；满洲、蒙古、汉军文童每次八九百名，应文乡试者，五六百名。参见铁保等（撰）：〈学校志·翻译考试〉，《钦定八旗通志》，收《景印文渊阁四库全书》，第665册，卷一百一，页5a-6a。

[1] 相关规定，见托津等（撰）：〈吏部·满洲铨选·考试翻译笔帖式〉，《钦定大清会典事例（嘉庆朝）》，收《近代中国史料丛刊·三编》，第65辑，第644册，卷三三，页2b-3a。实际执行情形，参见〈大学士刘·大学士为考试清字翻译贴中书事〉，无年月日，《内阁大库档案资料库》，登录号：055935-001。

[2] 〈吏部·吏部为考试人等混行弊端事〉，乾隆十七年八月二十六，《内阁大库档案资料库》，登录号：141840-001。

[3] 〈铁保·奏请将举场一切考试俱照八旗生童之例办理〉，乾隆五十五年九月十八日，《清代宫中档奏折及军机处折件资料库》，文献编号：045405。铁保的建议经奏准，遂为定例。见托津等（撰）：〈吏部·满洲铨选·考试翻译笔帖式〉，《钦定大清会典事例（嘉庆朝）》，收《近代中国史料丛刊·三编》，第65辑，第644册，卷三三，页4b。

[4] 嘉庆六年（1801），都察院左副都御史继善（gišan）针对翻译考试肃清场规提出建言，指陈弊情仍不外代倩、徇私、夹带等项。见〈吏部·吏部为继善条陈请严翻译考试事〉，嘉庆六年二月初九日，《内阁大库档案资料库》，登录号：159230-001。

见于科场，[1]朝廷始终无法有效杜绝。当然，承办试务官员的漫不经心、玩忽职守，也难辞其咎。[2]

从嘉庆六年（1801）一起阴错阳差的覆试代考案始末，可以进一步了解若干考试规定。据户部左侍郎高杞（g'aoki, ?-1826）具奏案情经过：是年二月十二日考试翻译清字中书，高杞奉旨派出更换都察院左副都御史继善（gišan）入闱，彼时考生完卷出场者已将及半，仍查出族中侄孙德升，即令出场。又定例，试卷于弥封后，送考官阅看；取中"团案"只列座号，不注姓名、旗分，以致无法详查。高杞恐亲族中有志急功名、希图蒙混而未回避之人，经与众考官商议，可于亲行覆试之时，挨名查看，如有亲族取中，便立时逐去。及十五日覆试，高杞等逐人查阅，并无亲族人等曾经中式。至十六日，吏部拆去弥封、填注姓名出榜，始见有取中镶蓝旗第五名西拉布，竟是亲外甥。经诘问其亲姊，据云：希拉布交卷后，方闻高杞入场，旋即感冒风寒病倒。追出"团案"取中，适西拉布妹夫披甲广成前来探望，认为西拉布因病不能覆试，殊为可惜，曰："覆试不过查对笔迹，非代作文字可比，我与西拉布同学翻译，笔迹相同，莫若我替他入场覆试。且闻人传说，考试中书与乡、会试大场不同，可以无庸回避。"遂代为覆试。既然西拉布未亲身覆试，是以高杞未曾看见。至于高杞竟未认出广成的缘由，其姊也有一番解释，曰："广成虽系我女婿，系汝在外任时所结之亲。及汝来京，伊又以家寒，并未与汝走动，所以汝亦不能认识。"高杞自述原委，不免存有自我开脱之辞，嘉庆皇帝也未尽信，乃裁示："西拉布考取翻译中书，藉称病倩广成顶替覆试，其正场试卷恐亦非西拉布所作"，着交刑部严查；"高杞自行查出具奏，尚属秉公，所有奏请交部议处之处，着加恩宽免"。[3]

上述案件，呈现出考试翻译实施回避、覆试等措施的情形，与科举考试类似。科场回避之例，由来已久，清朝定有亲属回避、籍贯回避、阅卷回避、磨勘官

---

[1] 参见关康：《《闲窗录梦》研究》（中央民族大学历史文化学院硕士论文，2011），页95-102；叶高树：《清朝的翻译科考制度》，页101。

[2] 例如：考试入场前，严格点名、认看，可防止枪冒顶替。道光十六年（1836），考试翻译官，各旗认官不到者颇多，散卷时竟无一人在旁识认，又有漏派识认承办章京者，以致发生顶替入场情事；当各旗奉旨查取职名，交刑部议处，更逾半年之久，其懈怠情形可见一斑。见〈兵部为考试翻译官事〉，道光十七年（1837），《内阁大库档案资料库》，登录号：127242-001。关于失职人员的惩处，参见中国第一历史档案馆（编）：《嘉庆道光两朝上谕档》，第42册，页213上-213下，道光十七年六月初四日，内阁奉上谕。

[3] 〈礼部·礼部为广成顶替覆试交部审拟由〉，嘉庆六年二月二十四日，《内阁大库档案资料库》，登录号：159237-001。又所谓"团案"，原指科举县试初试合格者的名单，写成圆圈，以示不分次第。

回避、命题回避等五种；[1]部院衙门考试翻译的回避规定，则始于乾隆四十七年（1782），略为：

> 阅卷大臣、监试御史、校阅司员，有子弟、宗族、姻亲姻亲中，如翁婿、甥舅、姊妹之夫、妻之嫡兄弟考试者，应行回避。俱令本官开出姓名，知会承办衙门，并监试御史，于名册内扣除，揭示晓谕，不准与试。[2]

按高杞的说词，入闱时已有部分考生离场，虽依回避的规定认真执行，仍有疏漏；当他得知西拉布中式，因"未能先事觉察"，故而"听闻之下，不胜骇异"；[3]也借由广成之口，说明西拉布误信考试中书"无庸回避"的传闻，并非明知故犯，才会有后续的覆试代考事件发生。

清朝科举覆试之制，始于顺治十四年（1657）丁酉科顺天府乡试。是科爆发考生贿赂案，顺治皇帝（1638-1661，1644-1661在位）为彻底清查情弊，令礼部"将是年中式举人速传来京，候朕亲行覆试"，[4]此后文乡试覆试时有举行。考试翻译的覆试办法，则在乾隆八年（1743）订定，虽系按考取汉中书之例，但制度设计的防弊用意，实与科举覆试相同。是年，大学士鄂尔泰奏请更定考试贴写中书之例，曰：

> ……统照乾隆七年，臣等奏准，考取汉中书之例，将八旗愿考人员，转行咨取，汇齐人数，知会内阁。臣等定期请旨，特派阅卷大臣，在贡院内编号弥封，秉公考试，并令覆试，以防换卷、代考之弊。[5]

乾隆二十七年复奏准，考取汉军中书亦须覆试，[6]但此制未扩及至其他翻译职缺的考试。高杞认定广成将覆试的目的曲解为"不过查对笔迹，非代作文字可比"，以致误蹈法网。

科举考试为防止考官认出试卷出自何人之手，除将试卷弥封之外，又有誊录

---

[1] 参见魏秀梅：《清代之回避制度》（台北：中研院近代史研究所，1992），页168-184。
[2] 托津等（撰）：〈吏部·满洲铨选·考试翻译笔帖式〉，《钦定大清会典事例（嘉庆朝）》，收《近代中国史料丛刊·三编》，第65辑，第644册，卷三三，页3a。
[3] 〈礼部·礼部为广成顶替覆试交部审拟由〉，嘉庆六年二月二十四日，《内阁大库档案资料库》，登录号：159237-001。
[4] 鄂尔泰等（修）：《清实录·世祖章皇帝实录》，卷一一三，页2b-3a，顺治十四年十一月己酉条。
[5] 庆桂等（修）：《清实录·高宗纯皇帝实录（三）》，卷一九六，页4a-4b，乾隆八年七月癸未条。
[6] 托津等（撰）：〈吏部·满洲遴选·内阁侍读中书员缺〉，《钦定大清会典事例（嘉庆朝）》，收《近代中国史料丛刊·三编》，第65辑，第645册，卷四二，页13a。

制度；部院衙门考试翻译并无誊录的程序，惟性质与之相近的翻译科考则一度实施誊录以防弊。先是，雍正二年（1724），礼部奏请考试翻译举人，雍正皇帝特别指出："考试举子，俱系八旗内人，其翻译好者，众所共知，即字迹亦最易认，伊等试卷应行誊录"，下令"誊写挑选中式之卷，进呈时再定额数"。[1]惟翻译科考无论翻译题或清字论，皆以满文书写，乾隆皇帝认为，"满洲字与汉字不同，笔迹难于识认，本无弊可防"，"况誊录之领催于翻译文义不能尽通，誊写易于讹舛"，[2]遂于乾隆四十三年恢复翻译乡、会试时，废止誊录制度。两位皇帝的见解差异，在于雍正皇帝系以《科场条例》作为制度规划的张本，[3]乾隆皇帝则着眼于满、汉文字书写特性的不同，即如广成所说的"同学翻译，笔迹相同"。显然广成、西拉布将覆试、誊录混为一谈，且误解誊录的立意，高杞解释两人的动机，皆因"功名念切，顿忘顶替入场之罪"，[4]将犯行导向无知之过。

嘉、道年间，考场弊案频传，取中者的清字、翻译能力不免受到质疑，惟任职后的荒怠，不应与作弊考取一概而论。例如：各衙门笔帖式三年考试，"原以考验其翻译之优劣，俾知劝惩"。嘉庆二十二年（1817），江南道监察御史王允辉奏称："本年七月考试各衙门额设笔帖式一千五百余员，咨送赴考者，仅止三百八十余员，其余率注患病、出差，显系藉词规避"，乃建请嗣后遇有考试，概不准托故不到；"各衙门章奏稿件，均责令自行书写，勿许倩人替代。傥有差使怠惰、不谙清文者，该堂官随时参革，毋稍瞻徇"。[5]嘉庆二十四年（1819），山东道监察御史李远烈另奏请严禁各部院衙门翻写清字稿件私携出署，嘉庆皇帝认为，"显系倩人替代，且恐有私行泄漏情弊"，乃通谕各部院堂官，遇有"笔帖式将文稿私携出署，及书吏擅送私寓者，立即革职，呈堂参奏"。[6]虽然官员和皇帝都察觉笔帖式办事态度散漫，还不至

---

[1] 允禄等（编）、弘昼等（续编）：《世宗宪皇帝上谕内阁》，收《景印文渊阁四库全书》，第414册，卷二六，页2a-2b，雍正二年十一月初三日，礼部奏请考试翻译举人奉上谕。
[2] 中国第一历史档案馆（编）：《乾隆朝上谕档》，第9册，页216下，乾隆四十三年七月初四日，内阁奉上谕。
[3] 乾隆皇帝曰："向来翻译乡、会试墨卷亦用誊录、对读，再送内帘校阅，虽照《科场条例》办理，……"见同上。
[4] 〈礼部·礼部为广成顶替覆试交部审拟由〉，嘉庆六年二月二十四日，《内阁大库档案资料库》，登录号：159237-001。
[5] 曹振镛等（修）：《清实录·仁宗睿皇帝实录（五）》（北京：中华书局，1986），卷三三六，页6b-7a，嘉庆二十二年十一月庚戌条。
[6] 中国第一历史档案馆（编）：《嘉庆道光两朝上谕档》，第24册，页255下，嘉庆二十四年五月十六日，内阁奉上谕。

于怀疑彼等全系滥竽充数。比较嘉庆二十四年浙江道监察御史喻士藩具奏揭露翻译乡、会试弊情,曰:"往往倩人枪替,而通晓翻译者,因此牟利,转终身不愿中式",嘉庆皇帝表示:"此事朕亦颇有风闻。近科翻译取中之人,竟有不能清语者,实属冒滥",遂下令嗣后翻译乡、会试一律覆试,期能"杜幸进而核真才"。[1] 可知翻译科考作弊问题严重,甚至惊动皇帝,也无法达到有效举才的目的,而部院衙门考试翻译至少在此时尚未完全败坏。

造成担任翻译事务者能力下降的原因,道光十八年(1838),御史扎克丹(1777-?)具奏指出,在于考绩制度未落实与奔竞之风盛行,曰:

> 各部院设立中书、笔帖式办理一切清文,比及三载,考绩亦准保列一等,内则题升主政,外则补授同知,洊擢而至京堂者甚多。入此选者,必须翻译通顺、当差勤慎,方克厥职。然近来大、小衙门所保一等,通晓翻译固不乏人,而以奔竞获此选者,亦复不少。追溯其原,皆由平日不修本业,专以驱走为能。[2]

道光二十五年(1845),四川道监察御史张宝璩批评笔帖式的本职废弛情形,曰:

> 近来笔帖式一途,其赴考也,虽不乏真才,而雇倩枪替居多。及其授职,又不知奋勉学习,或性耽安逸不常进署,或惟效奔走使令之役,翻译一道每致荒废。……出资雇人代译,在考取者且如此,其捐纳出身者,更可想见。[3]

可见翻译人员的素质低落,不尽然是因考试作弊侥幸取中所致。

五、结 论

清朝定满洲语文为"国语",又以统治下的蒙古、汉、藏、维吾尔诸民族的语文为官方用语,国家日常公文行政既以多种文字并行,以满洲语文为中心的文书翻译,便成为维持政务运作的关键。在部院衙门负责翻译事务的官吏,有中书、笔帖

---

[1] 中国第一历史档案馆(编):《嘉庆道光两朝上谕档》,第24册,页238上,嘉庆二十四年闰四月二十八日,内阁奉上谕。
[2] 〈吏部·吏部为议奏考试翻译一等人员由〉,道光十八年二月二十九日,《内阁大库档案资料库》,登录号:129273-001。
[3] 〈礼部·礼部为笔帖式不谙翻译章程事〉,道光二十五年五月,《内阁大库档案资料库》,登录号:195594-001。

式、库使、外郎；在国家体系中必须具备翻译能力者，另有八旗学校的助教、教习，以及修书各馆的翻译官、誊录官，这类七品以下小京官，乃至于无品级、不入流的职缺，多达两千余名，都属于旗人的专缺。究其原因，无非皇帝视旗人为国家"根本"，必须保障其任职的权利；身为旗人"自应熟习清语"，以协助皇帝推动政务。

满洲入关之初，以升用、补授或考试等方式选任翻译人员。《清史稿·选举志》论"满人入官"，曰："或以科目，或以任子，或以捐纳、议叙，亦同汉人。其独异者，惟笔帖式，……其出身有任子、捐纳、议叙、考试。"[1]所谓的"考试"，不同于"科目"的科举考试，而是指部院衙门的翻译考试；事实上，旗人以考试入仕者，非惟笔帖式一职，举凡翻译职缺，皆可由此途径。相较于任子必须凭借家世，捐纳要有丰厚赀财，议叙仅限现职官吏，考试可说是一般旗人的主要选择，也是国家选拔真才的重要管道。基于此，与考试相关的各种规范，便在借镜文科举、翻译科考相关规定的过程中逐渐建立。

朝廷对于各类考试翻译的职缺，依经办业务重要程度，分别规定应试资格。特别的是，同一职缺的应试者，往往包括拥有科举功名者、现任低阶官吏，以及八旗官学生、义学生，甚至八旗兵丁，说明这项考试与科举制度、官僚制度、八旗教育相结合。从命题形式来看，最初是令应试者翻译公文书，以测验其文义是否通畅；嘉、道以降，题型则改为阐述经书章句、综合经书义理、节选典籍篇章等，而与翻译科考命题趋于一致。分析题目内容，不外出自《四书》、《五经》、古文，亦与应文科举的考试范围相同。因此，当授予职位的考试和授予功名的考试采用同一标准时，应可理解为国家对旗人教、考、用三个系统的整合。

部院衙门的翻译考试，采"预为取中"之法，待补授将尽，即行办理，与科举考试定期举行不同。在试务行政方面，举凡考场安排、人员派遣，以及考生入场前的验看骑射、入场时的查对身份，入场后的点名、散卷、封门、收卷等流程，乃至考试期间的外围巡逻，则与科举考试相同。科场弊案频传，向为人所诟病，翻译考试亦不例外，是以回避、弥封、覆试等防弊措施无不比照科举办理；然因满文笔迹难于辨认，故无需誊录之制。至于翻译人员的素质随着时间每况愈下，与其认定考试作弊所致，不如从其任职后态度顽劣来思考，设若维持文书运作的翻译官吏多属冒滥，则国家机器早已陷入瘫痪状态。

---

[1]〈选举志·推选〉，《清史稿校注》，第4册，卷一一七，页3220。

翻译家的自我培训之道

——论马若瑟与中国文学传统的关系

李奭学[*]

摘　要： 马若瑟（Joseph de Prémare, 1666-1736）是清初耶稣会士中的文学奇才。他撰有传教士小说〈梦美土记〉与《儒交信》，也用法文译有《诗经》八首与元人纪君祥（生卒年不详）的杂剧《赵氏孤儿》等，把中国文学推向欧洲舞台去。马若瑟何以臻此，尤其就其所译《赵氏孤儿》言之？我们由1728年马氏所撰的《汉语札记》观之，或可窥得问题的答案。此书世人多以文法书视之，我们就其论白话与修辞的部分观之，可说此书乃马若瑟学习中文，训练自己写作与翻译能力的积淀所得。检视书中例句，我们发现马若瑟征引了从元曲迄康熙中期的明清通俗说部，包含才子佳人小说与《水浒传》、《金瓶梅》等当世奇书，计达八十种之多。马若瑟多视《诗经》为孔门圣典，内蕴天主教的自然神学，当然也以这种态度视其所译。1698年，在东来的"安菲特莱特号"（*L'Amphitrite*）上，马若瑟决定抵华后要以"中国诗歌和文字"为"学术专业"，然而从《汉语札记》看来，马氏当年的决定似乎有头无尾，因为他在说部上所下的工夫远甚于诗歌。难怪马若瑟下笔创作或翻译，不是小说就是戏剧，纪君祥的《赵氏孤儿》就是欧人熟悉的例子。

关键词： 马若瑟；《赵氏孤儿》；《汉语札记》；元明清戏曲；明清小说

How Did Joseph de Prémare Become a Translator? A Preliminary Look at His *Notitia Linguæ Sinicæ*

Li Sher-shiueh

Abstract: Joseph de Prémare (1666–1736) was renowned for his French

---

[*] 李奭学，台湾中研院文哲所，电邮地址：shiueh@gate.sinica.edu.tw。

translation of Ji Junxiang's (dates unknown) *The Orphan of the Zhao* (*Le petit orphelin de la Maison de Tchao*), and also for his rendition of eight poems from the *Book of Songs*. These translations introduced Chinese literature to a European audience for the first time. What enabled Prémare to achieve so splendid an accomplishment? The answer may lie in the *Notitia Linguæ Sinicæ*, a book generally supposed to be a manual for Chinese grammar that Prémare completed in 1728. Nearly all of the 2,500 citations Prémare presents in that book as examples of Chinese grammar and rhetoric derive from Yuan dramas and Ming/Qing prose fiction. The works from which he culled his examples include masterpieces of fiction such as *Shuihu zhuan* and *Jin ping mei*. Prémare believed that poems from the *Book of Songs* conveyed overt natural theology and carried implicit Christian messages, and most of the time he thus did not take this earliest collection of poems in China as "literature." However, Prémare regarded *The Orphan of the Zhao* differently because it had been a well-known play since the Yuan Dynasty. On Prémare's eastward voyage in 1698, he decided that he would study "Chinese characters and poetry" as his "specialty" when he arrived in China. But it seems that his initial interest in poetry eventually waned, since the *Notitia Linguæ Sinicæ* draws its examples primarily from drama and fiction, not poetry. Small wonder that Prémare pioneered missionary prose fiction in China, while in the West, he was well-known for his rendition of especially Ji Junxiang's *The Orphan of the Zhao* into French.

Key words: Joseph de Prémare; *Le petit orphelin de la Maison de Tchao*; *Notitia Linguæ Sinicæ*; Yuan/Ming/Qing Drama; Ming/Qing Fiction

中国文学史上，清代（1644–1911）有别于其他时期之处不在传统说部大行，而在这个朝代的小说上承明代，下启民国，在创作与翻译上双双加入了基督宗教的质素，让天主教和基督教小说同时并现，和传统文言与白话说部合卺共饮，交杯同欢。基督信仰早在隋唐之际即因景教故而在华现身，复因罗马天主教在明末来华而益形兴盛。然而景教只有教理说明，而天主教在明代虽中译了不少欧洲宗教文学，独缺篇幅不一的小说创作。中国要见到此刻尚称"外来宗教"的说部，非得待明清易鼎，新的政权成立不可。

基督教时称"耶稣教"，天主教先其入华，其中文小说不论出以中国传统或以西方形式，当然一马当先，在历史上拔得书写头筹。就韩南（Patrick Hanan, 1927-2014）在21世纪初提出来的"传教士小说"（missionary novels）而言，[1]如果也包括短篇与翻译之作，则毫无疑问，我们不能忽略的源头滥觞，仍需从法国耶稣会谈起。清代初期，顺治与康熙二帝于欧洲学问皆感兴趣，其后遂有白晋（Joachim Bouvet, 1656-1730）与张诚（Jean-François Gerbillon, 1654-1707）等奉路易十四之命来华的所谓"国王数学家"（Mathématiciens du Roy）出现。这些出身法国皇家科学院（Academie des Sciences）的耶稣会士中，白晋又奉康熙之命西返，募得马若瑟（Joseph Henri Marie de Prémare, 1666-1736）与殷弘绪（Père Francois Xavier d'Entrecolles, 1664-1741）等人再莅震旦古国。[2]而白晋与张诚虽然在文学上几乏贡献，马若瑟与殷弘绪却不然。两人在小说创作或诗与戏曲的法译上都有过人的成就，马若瑟尤然。[3]清末基督教人士如马儒翰（John Robert Morrison, 1814-1843）所称"中国文学在欧洲的奠基人"，[4]恐怕也只有马若瑟当得上。

马若瑟尚在欧洲之时，就已经饱读西洋诗书，当代作家与本教圣师之外，还曾游目上古异教名家，荷马（Homer, 9-8 BCE）、魏吉尔（Virgil, 70-19 BCE）与西赛罗（Marcus Tullius Cicero, 106-43 BCE）等人的著作，无不在其橐囊之中。[5]马若瑟称西赛罗为"西侧隆"，因《国家篇》（De re Publica）里的名篇〈西比欧之梦〉

---

[1] Patrick Hanan, "The Missionary Novels of Nineteenth-Century China," *Harvard Journal of Asiatic Studies* 60, no. 2 (2000), pp. 413-443；又见 Patrick Hanan, *Chinese Fiction of the Nineteenth and Early Twentieth Centuries* (New York: Columbia University Press, 2004), pp. 58-84。

[2] Claudia von Collani, *P. Joachim Bouvet S.J.: Sein Leben Und Sein Werk* (Nettetal: Steyler Verlag, 1985), pp. 14-24.

[3] 马若瑟在文学上的成就，下文会提及。殷弘绪则译有数种取自《今古奇观》等书的短篇小说如〈庄子休鼓盆成大道〉等，俱收于杜赫德（Jean-Baptiste Du Halde）的《中华帝国全志》（*Description géographique, historique, chronologique, politique, et physique de l'empire de la Chine et de la Tartarie chinoise* [Paris: Mercier, 1735]）之中。这点乃冯承钧考得，见费赖之（Louis Pfister, 1833-1891）（著）、冯承钧（译）：《在华耶稣会士列传及书目》（北京：中华书局，1995），下册，页552。其他几种殷弘绪小说为〈吕大郎还金完骨肉〉与〈怀私怨狠仆告主〉。尤德（Daniel M. Youd）另又指出殷弘绪还法译了清初拟话本小说集《豆棚闲话》中第十二则〈陈长斋谈天论地〉，并有精辟析论，见尤德：〈介于小说与非小说之间：明清白话小说的全球性以及新发现的清初话本小说早期的西译〉，《中正汉学研究》第22期（2013年12月），页315-326。

[4] John Robert Morrison, "The Chinese Language," *The Chinese Repository* III, no. 1 (1834), p. 10.

[5] 马若瑟：《天学总论》，收钟鸣旦（Nicholas Standaert）、杜鼎克（Adrian Dudink）、蒙曦（Natahlie Monnet）（编）：《法国国家图书馆明清天主教文献》（台北：利氏学社，2009），第26册，页492。《法国国家图书馆明清天主教文献》以下简称《法国图》。

("Somnium Scipionis")故,他写下了生平第一篇传教士小说〈梦美土记〉,其中引述了不少中国经书,而且所写乃一类唐人传奇的文言小说。[1]尽管如此,马若瑟于中国传统说部亦不陌生,因此而有中篇之作《儒交信》(1720？)出,讲某李光者因同邑进士司马温古与江西省城某"西洋老师"故而弃道毁佛,改宗天主之教。《儒交信》共计六回,这个回数一面指出马若瑟深谙章回小说中之篇幅较短者,一面说明他已反出利玛窦(Matteo Ricci, 1552-1610)以来不重中文白话的耶稣会传统。[2]〈梦美土记〉和《儒交信》成篇,显示他于中国文学确实熟稔。

学习中文,入华耶稣会向由《四书》,甚至是《尚书》等文言著作入手,[3]而就马若瑟衡之,他特好中国上古典籍。马氏为康熙撰《天学总论》(c. 1720-1730),谈到荷马、魏吉尔与西赛罗的思想,在引述他们的嘉言名句时突然插入一句话,道:"中国古经,大宝也哉!"所著《经传众说》(1710's)里,马氏则援引李卓吾(1527-1602),认定《孟子》有人传之,又讥评孔颖达(574-648)引谶纬而乱了孔子之书。[4]开宗明义,他则征引宋儒欧阳修(1007-1072)道:"经之所书,予之所信也。经所不言,予不信也。"[5]

马若瑟所称的"经",一大部分是身为中国经籍索隐派(figurism)所重的《易经》之属,但除了这些经籍外,他也有强烈的文学倾向,显示他对另一面的中国传来的认识:所著《经传议论》(1710)的序言里,他尝谓少时在欧洲就"喜为文辞,好赋新诗",[6]以故东来时在"安菲特莱特号"(L'Amphitrite)上的漫漫航程中,他决定抵华后要以"中国诗歌和文字"(Chinese poetry and characters)为"学术专业"

---

[1] 马若瑟的〈梦美土记〉,法国国家图书馆(Bibliothèque nationale de France)典藏之抄本乃某王若翰之抄本,编号:Chinois 4989。梵蒂冈教廷图书馆皮藏的〈梦美土记〉抄本,编号为Borg. Cinese 357 (9)。相关讨论见李奭学:〈中西合璧的小说新体——清初耶稣会士马若瑟著《梦美土记》初探〉,《汉学研究》第29卷第2期(2001年6月),页81-116。本文所用者系王若翰抄本。

[2] 耶稣会不重白话恐为误解,参见李奭学:〈近代白话文・宗教启蒙・耶稣会传统——试窥贺清泰及其所译《古新圣经》的语言问题〉,《明清西学六论》(杭州:浙江大学出版社,2016),页221-233。有关《儒交信》,参见李奭学:〈"耶稣不灭孔子,孔子倒成全于耶稣"——试论马若瑟《儒交信》〉,《道风:基督教文化评论》第46期(2017年3月),页27-73。我用的《儒交信》乃法国国家图书馆所藏的抄本,编号:Chinois 7166。

[3] Liam Matthew Brockey, *Journey to the East: The Jesuit Mission to China, 1579–1724* (Cambridge: The Belknap Press of Harvard University Press, 2007), pp. 266–267.

[4] 《法国图》,第26册,页539及554。

[5] 同上,页525。

[6] 马若瑟:〈自序〉,《经传议论》(法国国家图书馆藏清抄本,编号:Chinois 7164),页1a。

(specialty)。[1]中文习之既久而人犹在北京之际,他在前述为康熙所写的《天学总论》中又称出身"极西",是故"论诗文词赋,则岂敢望东儒怀春之玉笔?"[2]后面一语有"修辞反问"(rhetorical question)的味道,言下是自己性喜前述"新诗"或"诗歌",早就已提笔试吟了! 1728年写毕的《汉语札记》(Notitia Linguæ Sinicæ)中,他所称之"经"已包括屈原(340–278 BCE)的抒情巨制〈离骚〉,[3]而这点他应因汉人王逸(c. 100–c. 150)《楚辞章句》与宋人洪兴祖(1090–1155)的《楚辞补注》而得之。[4]是以书中非仅征引"[朝]饮木兰之坠露[兮],[夕]餐秋菊之落英"等名句,还称道这些诗句读来令人愉快至极,是故下笔以拉丁文译之,极其自然。马若瑟甚至因此而为〈离骚〉计算字数,数了尾韵,探讨其中的修辞,而同类互喻,他则嘉其文采,赞不绝口。"美人香草"的隐喻,他同样一眼看出,毫不介意,虽然这又是追随洪兴祖的结果,盖洪氏在〈离骚经〉章句之前已明示"〈离骚〉之文,依《诗》取兴,引类譬谕,故善鸟香草,以配忠贞,……灵修美人,以媲于君"(NLS, p. 244)。[5]

万济国(Francisco Varo, 1627–1687)的《华语官话语法》(Arte de la lengua Mandarina)首倡以中国"小说"(siáo xuǎ)为例解释中文文法的作法,马若瑟从之,但他所称之"小说"(siaò chouě),实指传统上包括戏曲——尤其是结尾皆大欢喜(happy ending)的"喜剧"(comœdias)——在内的"说部"(NLS, p. 39)。尤德(Daniel M. Youd)尝引《华语官话语法》使用小说为例,说明《汉语札记》同样可以"文法书"视之。[6]在某一意义上,此见当然无误,马若瑟确实探讨了许多中文"实字"

---

[1] Kund Lundbæk, *Joseph de Prémare (1666–1736), S.J.: Chinese Philology and Figurism* (Aarhus: Aarhus University Press, 1991), p. 18. 这里Lundbæk的根据是E. A. Voretzsch, ed., *François Froger: Relation du premier voyage des français à la Chine fait en 1698, 1699 et 1700 sur le vaisseau L'Amphitrite* (Leipzig, 1929) 一书,不过他未标出此书页码。见Lundbæk, *Joseph de Prémare (1666–1736), S.J.: Chinese Philology and Figurism*, p. 189 n. 12 and p. 206。

[2] 《法国图》,第26册,页515。

[3] Joseph-Henri-Marie de Prémare, *Notitia Linguæ Sinicæ* (Malaccæ: Cura Academiæ Anglo-Sinensis, 1831), p. 243. *Notitia Linguæ Sinicæ* 下文简称 *NLS*, 引用页码随文夹注。

[4] 不过洪兴祖却道:"古人引〈离骚〉,未有言'经'者。盖后世之士祖述其词,尊之为经耳,非屈原意也。"见洪兴祖:《楚辞补注》(与蒋骥:《山带阁注楚词》合刊;台北:大安出版社,1991),页2。

[5] 有关〈离骚〉之以"美人香草"喻政治上的君臣关系,见洪兴祖:《楚辞补注》,页4–47中洪氏之注。有关中国诗史上的"美人香草"之说,参见康正果:《风骚与艳情:中国古典诗词的女性研究》(台北:酿出版,2016),页70–99。

[6] 尤德:〈介于小说与非小说之间:明清白话小说的全球性以及新发现的清初话本小说早期的西译〉,页309–310。

(*plenas seu solidas*)、"虚字"(*litteras vacuas*)和其他字词的词性(*NLS*, pp. 39ff.),[1]
但书中也析论中文文章中的"各种风格差异"(*diversitate styli*)和七种"修辞格"
(*figuris orationis*),因此早已超乎了所谓"文法书"的范畴(*NLS*, pp. 204–247),包括
了中文修辞学的研究在内。龙伯格(Knud Lundbæk)故谓《汉语札记》是一本介绍
中文及其文学的著作,希望引人入港,了解文言文,读"好的"通俗小说,还可因此而
教人用高雅而优美的中文创作。[2]此亦所以宋莉华说道:"《汉语札记》的'价值'已
'远远超越了语法书的范畴'"。[3]宋氏这里所指仍为《汉语札记》身为传教士中文
教科书的属性,但是她也表示"这是一本关于中国语言和文学的指南书",穷马若瑟
三十年心血始成。我想换个角度在此进一步代为说明的是,《汉语札记》最可看出马
氏和中国文学传统密切非常的关系,是他琢磨中文数十年,训练自己成为这种文字
的写手,进而法译《诗经》八首与元代曲家纪君祥(生卒年不详)的名作《赵氏孤儿》
(*Tchao chi cou ell, ou le petit orphelin de la Maison de Tchao, tragedie chinoise*, 1735)的
阅读积累。[4]若非用功若此,马若瑟无以影响伏尔泰(Voltaire, 1694–1778)撰其所著
《中国孤儿》(*L'Orphelin de la Chine: la morale de Confucius en cinq actes*, 1753),也无
以引出众多的西方语言的仿作,如三年后英人墨菲(Arthur Murphy, 1727–1805)和伏
氏同名的英文剧《中国孤儿》(*Orphan of China*, 1756)等,[5]名震全欧。[6]

---

[1] 这些地方多出现在《汉语札记》的第一及第二部分,相关研究见刘亚辉:〈清代来华传教士马若瑟《汉语札记》中的标记理论〉,《澳门语言学刊》2014年第1期(2014年6月),页58-68。此外,李贞亦谓在"显性目的"上,马若瑟写《汉语札记》志在"打造一部符合汉语自身语法规律的著作"。见李贞:《马若瑟〈汉语札记〉研究》(北京:商务印书馆,2014),页136,另见页149-211。不过李著页211之后也论述了马若瑟对中文风格及修辞的看法,又显示她不完全以"文法书"视《汉语札记》。但李著页126-138谓《汉语札记》的"隐性目的"乃耶稣会的中国经籍索隐学及天主教的正当性,我则有部分同意,也有部分保留。同意的是我们再见以"皇"表"自王"这种拆字法等索隐学(*NLS*, p. 198);保留的是相关之处占全书比例并不高。

[2] Lundbæk, *Joseph de Prémare (1666-1736), S.J.: Chinese Philology and Figurism*, pp. 64–65.

[3] 宋莉华:《传教士汉文小说研究》(上海:上海古籍出版社,2010),页24–26。

[4] Joseph-Henri-Marie de Prémare, trans., *Tchao chi cou ell, ou le petit orphelin de la Maison de Tchao*, in Jean-Baptiste Du Halde, ed., *Description géographique, historique, chronologique, politique, et physique de l'empire de la Chine et de la Tartarie chinoise*, vol. 3 (Paris: Lemercier, 1735), pp. 344–378.

[5] Cf. Liu Wu-Chi, "The Original Orphan of China," *Comparative Literature* 5, no. 3 (Summer, 1953), pp. 193–212.

[6] 马若瑟及伏尔泰影响所及的剧作之书目,参见 Theodore Foss, "A Jesuit Encyclopedia for China: A Guide to Jean-Baptiste Du Halde's *Description ... de la Chine* (1735)" (Ph.D dissertation, University of Chicago, 1979), vol. 2, pp. 544–548。

从《汉语札记》看来，马若瑟在《四书》与《五经》之外，格外欣赏《庄子》(369–286 BCE)，而且数引之，分别置于"文字游戏"(verbis luditur)和"寓言"(yu-yen)项下。〈齐物论〉有"庄周梦蝶"的名篇，另有通称"梦与觉"的佳作一段，马若瑟认为是"文字游戏"的修辞杰作，且不忌其将素来崇拜的孔子也纳入篇中调侃，于是——

> 梦饮酒者，旦而哭泣；梦哭泣者，旦而田猎。方其梦也，不知其梦也，梦之中又占其梦焉；觉而后知梦也，且有大觉而后知此其大梦也，而愚者自以为觉，窃窃然知之。君子乎！牧乎！固哉丘也，与汝皆梦也；予谓汝梦，亦梦也。
> (*NLS*, p. 212)

就文字铺排而言，我恐怕马若瑟已难仅视〈齐物论〉这段篇中名为〈吊诡〉者的文字为"文字游戏"了，因为其中有"层递"(bicolon)，用"连文"(gradatione)或"顶真"(anadiplosis)，把论点步步推高，也有所谓"梦中赋格"(dream fague)的文体美学，把重点再三陈述，精彩处不下于同篇中"庄周梦蝶"那一段。[1] 既然连孔子也可搬出嘲弄，〈吊诡〉所称之"梦"的寓意也深，马若瑟引得可比今生他界轻重有别的天主教常谭，而这点从利玛窦的《天主实义》(1595)以来，入华耶稣会士即强调不已。[2]〈吊诡〉齐梦觉，虽有调侃《周礼》显示的周人好占梦之风之意，[3] 但其身为"文字游戏"的本质，而且系其中之善者，当可进入文学的殿堂，毋庸置疑。〈吊诡〉因此也是中文广义的"寓言"之作，深意饶富，何况篇中以梦论觉，又以觉论梦，双管齐下，而其结果自是文学上的修辞佳构，令人想起《儒交信》第二回的梦境。[4]

〈梦美土记〉虽为文言短篇故事，但寓有微言大义焉。篇中语词和《汉语札记》的例句一样，几乎句句有出典，字字有来历！小说的叙述者旅人（案即马若瑟）常将《诗经》置诸案头，时而阅之。此一中国上古诗歌总集，马若瑟并非篇篇都坚持非以索隐派的方法读之不可。开篇"旅人"夜读〈桑柔〉，诗中塞蔽之景令他随即

---

[1] 俱见黄锦鋐（注释）：《新译庄子读本》（台北：三民书局，1974），页66–67。
[2] 参见李奭学：《译述：明末耶稣会翻译文学论》（香港：香港中文大学出版社及香港中文大学翻译研究中心，2012），页328。
[3] 《周礼·春官·宗伯》以大卜掌梦，其法"一曰'致梦'，二曰'觭梦'，三曰'咸陟'"，见林尹（注译）：《周礼今注今译》（台北：台湾商务印书馆，1992），页251。
[4] 马若瑟：《儒交信》，页17–18。

"默恤天下万方之乱,瘝哀下民劳勚之极",而一想到"天怒乎上,民困于下",他慨乎便"忧心以伤",诗人下笔当时的情景立即奔至脑海。旅人"忧心殷殷,念我土宇",不禁潸然泪下,而〈梦美土记〉全篇遂展开一场追寻天乡的托喻(allegory)之旅。[1]凡此都在说明读《诗》之际,马若瑟也有不从索隐思想而从个人心境出发的时刻。如此一来,就《诗经》而言,马氏已走进"文学阅读"的层次了。

〈梦美土记〉既为文言传奇,马若瑟将《诗经》大肆发挥,毋需讶异。他还如前所示,伺机法译了八首《诗经》,而在迻译〈敬之〉与〈天作〉等诗之时,马若瑟反从索隐思想下手,将之诠解成章,然后寄回欧洲,假杜赫德(Jean-Baptiste Du Halde, 1674-1743)之手而像《赵氏孤儿》一样收入所纂《中华帝国全志》(*Description géographique, historique, chronologique, politique, et physique de l'empire de la Chine et de la Tartarie chinoise*)之中。[2]〈梦美土记〉所引乃文言,我们可以思之过半,而《山海经》、《汉武内传》与其他古籍的现身,亦寻常事耳。《汉语札记》晚出,所"记"者远远超越〈梦美土记〉里的用典,事属必然。宋人陈骙(1128-1203)纂辑的《古学钩玄》、《文则》与据传为汉人韩婴(200-130 BCE)所写的《韩诗外传》等名作遂纷纷出现,正显示马若瑟笃笃于汲取中文美言佳句的问学热忱。屈原〈离骚〉中的名句,他引来已是举重若轻而又笔力千钧,可见熟稔:"吾令羲和弭节兮,望崦嵫而勿迫。……饮余马于咸池兮,总余辔乎扶桑。"(*NLS*, p. 244)马若瑟如此大量引经据典,所累积者可想绝非一蹴立就。我们也可推知他撰文之际,未必晚于《汉语札记》书成之时,而且非假数十年功力难成。[3]《经传众说》从欧阳修论经写起,我们在《汉语札记》中马上看到马若瑟补上〈醉翁亭记〉(*NLS*, p. 220),可知他确好欧阳氏。但马若瑟并未让经部走在集部之前:在他的中国文学系统中,他更大的兴趣是那些可表现自然的描绘之作,而《汉语札记》以拉丁文翻译〈醉翁亭记〉,不啻在"褒扬"〈梦美土记〉里自己于山河之美的描绘能力,说来抑且不惶

---

[1] 马若瑟:〈梦美土记〉,页[1a-1b]。

[2] Jean-Baptiste Du Halde, ed., *Description géographique, historique, chronologique, politique, et physique de l'empire de la Chine et de la Tartarie chinoise*, pp. 370-376. 有关《赵氏孤儿》和《诗经》八首收入《中华帝国全志》的经过,参见 Isabelle Landry-Deron, *La Preuve Par La Chine: La "Description" de J.-B Du Halde, jésuite, 1735* (Paris: Éditions de l'École des hautes études en sciences sociales, 2002), pp. 183-185 and 198-200. 马若瑟所译《诗经》其余六首为〈皇矣〉、〈抑〉、〈瞻卬〉、〈正月〉、〈板〉与〈荡〉等,合本文所述二首俱属《周颂》、《大雅》与《小雅》中的诗作。

[3] 参见李真:《马若瑟〈汉语札记〉研究》,页51。

多让。讽刺的是看在我们眼里,〈梦美土记〉中那有关美土的描述,乞灵的居然是〈醉翁亭记〉里欧阳文忠公所刻画的滁州山景,盖——

> 其西南诸峰,林壑尤美,望之蔚然而深秀者,琅琊也。山行六、七里,渐闻水声潺潺而泻出两峰之间者,酿泉也。……若夫日出而林霏开,云归而岩穴暝,晦明变化者,山间之朝暮也。野芳发而幽香,佳木秀而繁阴,风霜高洁,水落而石出者,山间之四时也。朝而往,暮而归,四时之景不同,而乐亦无穷也。……临溪而渔,溪深而鱼肥;酿泉为酒,泉香而酒洌,山肴野蔌,杂然而前陈者,太守宴也。……(*NLS*, p. 220)

马若瑟极美欧阳修,称之为"优雅的作家"(*elegantis scriptoris*),认为〈醉翁亭记〉的"描写"(*descriptio*)乃中文修辞中上乘的"珍宝"(*gemmas*),生怕原文让自己的拉丁译文给"玷污了"(*inquinasse*)。景仰若此(*NLS*, p. 219),马若瑟也让〈梦美土记〉纷繁描写,那"美土"的修辞手法说来并不输欧阳修:

> 潾潾其水,猗猗其花,芬芬其风,其山菀菀,其林蓁蓁,其壑窈然而鲜荫,沂湘之流也。其浊且混矣,洛阳之春也。其臭且燸矣,舞云之良也。呜呼!其漂洌之风矣,杞梓梧桐之林也。云何其毗刘而不可休矣?舞雩沂洛之景也,皆有欠焉!独我美土也,其如白玉,始无玷焉耳矣!(*NLS*, p. 218)[1]

从上引看来,马若瑟几乎白描到底,未让〈梦美土记〉动感盈然。他的故事故而以静态的叙写见长,又以"寓言"的衍述称雄。〈梦美土记〉中的"寓言",从西方的理论衡之,其实是"托喻",但是就中文的笼统性而言,也可以"寓言"呼之,系一较长而富含深义的叙述之作,包含任何比拟性的书写。就一般寓言而言,马若瑟极似晚他百年来华的基督教士丁韪良(William Alexander Parsons Martin, 1827–1916),认为这是中国文学与修辞学沦丧已久的翰林巧艺。[2]〈梦美土记〉借西赛罗来表现,倒显得长了他人志气,因为小说的形态虽隶欧洲,尤近西赛罗与但丁(Dante Alighieri, 1265–1321)的传统,但故事所呈现的寓言却近似中国固有。从清人的角度看,李渔(1610–1680)的传奇誓词说得好:"余先平所著传奇,皆属寓言",就算有其寓意,其事绝无专指。易言之,"寓言"是有深意的杜撰

---

[1] 原文见马若瑟:〈梦美土记〉,页[2a–2b]。
[2] W. A. P. Martin, *The Lore of Cathay* (New York: Fleming H. Revell, 1912), pp. 144–147.

之作。[1]

《汉语札记》里以"比拟"（conparationis）标示的四则寓言中，有三则出自《庄子》，其一抄自《外篇·山木第二十八》，讲庄周行于山中，巧遇巨木与禽类而生"材与不材"之问（NLS, p. 246）；另一寓言则渊源自《列子·黄帝》，溯及黄帝神游于花（华）胥氏之国的见闻[2]（NLS, pp. 244–245）。这两个故事都是地道震旦古国的产物，可见马若瑟除屈子外，于中国古典文学也不落人后，熟悉异常。利玛窦以还，道教每见摒于耶稣会及其信众的视界，而且常以多神教中的泥菩萨视之，[3] 然而他们于道家这哲学之属的一脉并不陌生。上述的两则寓言，都是以哲学见长的道家所写。即使后世道教兴起，变《庄子》为《南华真经》，又改《列子》为《冲虚至德真经》，且引两位作者为教中真仙，耶稣会依然不改其尊崇道家的初衷。利玛窦的《畸人十篇》伊始，连《老子》中的思想，都常连类之而变成教中常谭的中文版。[4] 庄子与列子（450–375 BCE）所志的神奇异事，耶稣会更像史上天主教对待荷马或希腊罗马神话一样，[5] 都以"寓言"二字限定之，从而化腐朽为神奇，又导邪归正，合法化了《庄子》与《列子》。况且在《汉语札记》里，马若瑟还以修辞学为前提，视之为语言典故的练习范例，是训练自己成为一代译家或传世汉学家的重要技法（NLS, pp. 240–247）。

此外，饶有意义的另有"寓言"的内涵。马若瑟用"yu-yen"这组声音对译"寓言"，没有用"fabula"这个《伊索寓言》常用的"寓言"的拉丁文对等词译之，也没有用"allegoria"这个描绘荷马式"托喻"的常见之辞，可见他对中外"寓言"之别确有认识。中国上古经典中的"寓言"二字，尤其是《庄子》"寓言十九，藉外论之"一语里的此词，一般而言，并不以故事或其体裁见长，强调的反而是某种富于寄托性的言谈，[6]〈吊诡〉属之，〈山木〉中的"材与不材"一段，也是类此"寓言"。连列子所编的"花胥氏之国"的故事性也不强，若强译之以故事性重的"fabula"一字，

---

[1] 李渔：〈誓词〉，收《李渔全集》（杭州：浙江古籍出版社，1992），第1卷，页130。
[2] 《列子·黄帝》，见庄万寿（注译）：《新译列子读本》（台北：三民书局，1989），页71–72。
[3] 例子见丘晟：《述闻编》，载于钟鸣旦、杜鼎克（编）：《耶稣会罗马档案馆明清天主教文献》（台北：利氏学社，2002），第10册，页189–264。
[4] 利玛窦：《畸人十篇》，见李之藻（辑）：《天学初函》（台北：台湾学生书局，1965），第1册，页175–196。
[5] 参见李奭学：〈阿哩原来是荷马！——明清传教士笔下的荷马及其史诗〉，《明清西学六论》，页80–114。
[6] 郭庆藩谓"寓，寄也。世人愚迷，妄为猜忌，闻道己说，则起嫌疑，寄之他人，则十言而信九矣"。见《庄子集释》（台北：木铎出版社，1983），页947。

或有"寄托"上的雷同,毕竟于体裁大异。马若瑟译音不译字,当然是某种"此无故"的体现,[1]而其辨别文体的心思确密,翻译之准确也令人击节,恐非其时一般译家可比。

明清间天主教下决心全译《圣经》,事已迟至贺清泰(Louis de Poirot, 1735–1813)所处的乾嘉之际。[2]人在熙朝的马若瑟恐怕连想都不曾想过,但他对1605年前译出的《宗徒信经》(Apostolic Creed)倒下过工夫,曾详予注解。〈梦美土记〉之后的传教士小说系《儒交信》,可谓事有必然,理有必至,因为这部六回本的白话小说书题中的"信"字,指的正是《宗徒信经》,而马氏的《信经直解》就穿插在小说中,形成某种"书中有书"的后设形式,可谓章法不凡。由于此刻《圣经》尚未译出,《宗徒信经》其时在华之重要性就崇高无比,几乎是一部具体而微的《圣经》。此外,"回前词"或"回末词"乃中国传统说部常见的叙事套式,《儒交信》这六回中,回回模仿此一传统;而章回小说特有的插诗,则演自我们熟悉的佛教俗讲,《儒交信》回回也都在模仿此一传统。[3]所以下文请容我略过小说中那些"且看下回分解"的形式问题,再因《儒交信》所用的白话体而从《汉语札记》稍谈马若瑟对中国传统说部的认识之精。若非如此,他能否从《元人百种》单挑《赵氏孤儿》,予以法译,恐怕还是一大疑问。

前谓宋莉华早已指出《汉语札记》不仅是一部文法书,而我或可再强调一句:《汉语札记》乃地道的"札记",正是马若瑟阅读中国四库及说部随手摘录的文句的集结,有如《经传众说》一般。差别在《经传众说》等书纯为"经钞",而《汉语札记》在堆栈的最后阶段加工了:马若瑟重新分类,再予编排,而最重要的是又以拉丁文加以翻译,也作了些许语法、修辞或读后感之类的穿插与简评,使全书看似系统俨然。若强以"文法书"称之,我们顶多只能说马氏先有笔记,其后再整理分类而形成所谓的"文法书"。

前述《汉语札记》的引语,几乎句句都有出处,马若瑟自己在书中指出来的,除

---

[1] 这里我指的当然是玄奘"五不翻"的论点之一,参见周敦义:〈翻译名义序〉,收罗新璋(编):《翻译论集》(北京:商务印书馆,1984),页50。

[2] 参见李奭学:〈近代白话文·宗教启蒙·耶稣会传统〉,页178-248;及〈谈天说地论神人——从《古新圣经·化成之经》前两篇看贺清泰的解经学〉,《明清西学六论》,页249-278;另见贺清泰(译注)、李奭学、郑海娟(主编):《古新圣经残稿》(北京:中华书局,2014)。

[3] 参见宋莉华:《传教士汉文小说研究》,页30-37。

了经籍外，另有《元人百种》、《水浒传》、《画图缘》、《醒风流》、《好逑传》与《玉娇梨》等说部。这些书多属"才子佳人小说"，我们或可因此再换个角度，再省马若瑟自我训练成为译家与作家所接触过的通俗之作。如果包括千叶谦悟指出来的《平山冷燕》等书，[1] 上述诸作多数乃清初的天花藏主人所撰。据沈季友（fl. 1692）辑《槜李诗系》称，天花藏主人系浙江嘉兴府人氏张匀（c. 1610-1680）。张氏另有素政堂主人、荑秋散人，甚至是"名教中人"等称号。因张氏乃《平山冷燕》具体可考的作者，而此书亦署名张匀，沈季友之说应该无讹。[2]

天花藏主人所撰的小说中，《好逑传》、《玉娇梨》与《平山冷燕》在马若瑟当时或日后，都曾经珀西（Thomas Percy, 1729-1811）、雷慕沙（Jean-Pierre Abel-Rémusat, 1788-1832）与儒莲（Stanislas Aignan Julien, 1797-1873）等有名或无名人氏——为之译为英、法或德文等欧语，而且辗转重译者再，[3] 是以这些说部尽管难以和其时金圣叹（1608-1661）评定的"六才子书"比肩而观，距再不久后现身的《红楼梦》更是形同霄壤，但从明末开始，必然名噪一时，乃广为人读的才子佳人小说，如此则东来的天主教士方能视为其时说部代表，也才在日后的欧洲，掀起圣俗两界的翻译热潮。[4]《汉语札记》封笔之前，马若瑟已经在中国典籍中开选。他既已译了《诗经》，又逐而将《赵氏孤儿》植入中欧与西欧的东方想象中，对于天花藏主人这些喧腾一时的小说怎能视若无睹？择其口语佳句而译以教会通行的拉丁文，理所当然。不过马氏身为"出家人"，何以特好天花藏主人所撰而以才子佳人为主题结构的这些"言情"之作，倒是令人好奇。

其实也无所谓"好奇"！《好逑传》、《玉娇梨》与《平山冷燕》等"言情"之

---

[1] 千叶谦悟：〈马若瑟《中国语文注解》(Notitia Linguæ Sinicæ) 例句来源考〉，收中国语学论集刊行会（编）：《太田斋、古屋昭弘两教授还历纪念集》（东京：好文出版，2013），页190。〈马若瑟《中国语文注解》(Notitia Linguæ Sinicæ) 例句来源考〉，以下以作者之姓简称之，页码随文夹注。

[2] 柳存仁认为天花藏主人是明清间张匀或张劭，见〈论小说史上的若干问题〉，《和风堂文集》（上海：上海古籍出版社，1991），第3册，页1195-1201。苏兴以为柳存仁所见不差，但更倾向张匀，见所著〈天花藏主人及其才子佳人小说〉与〈张匀、张劭非同一人〉，载于《〈西游记〉及明清小说研究》（上海：上海古籍出版社，1989），页199-236。就天花藏主人与张匀关系论述最精者，当推胡万川：〈天花藏主人到底是谁？〉，收静宜文理学院中国古典小说研究中心（编）：《中国古典小说研究专集》第6集（台北：联经出版公司，1983），页235-252。

[3] 有关《好逑传》(1761)、《玉娇梨》(1826) 与《平山冷燕》(1860) 的外译，参见马祖毅、荣任珍：《汉籍外译史》（汉口：湖北教育出版社，1997），页171-285。

[4] 《玉娇梨》又称《双美奇缘》，民国早年沪上童书勋认为撰于明代，见氏著该书〈小引〉，收广文编译所（编）：《中国近代小说史料续编》（台北：广文书局，1987），第52册，页2。

作中所谓"情",并非"淫情",而天花藏主人在《好逑传》里还以"名教中人"现身,反而又把这些"情"都导向"节欲"去了。未得媒妁之言与父母双方同意——《好逑传》中的男女主角铁中玉与水冰心,甚至得待皇帝下诏主婚——才子与佳人即使早已心仪对方,而且心曲互通,一律仍得效传统而严男女之防,[1]甚至苛刻到得行儒门礼教设下的"男女授受不亲"的规矩。[2]马若瑟出身法国,12世纪作家克里汀·德·拓阿(Chrétien de Troyes, fl. between 1160 and 1172)所写有关蓝瑟洛(Lancelot)的亚瑟王传奇故事(Arthurian romance)必然清楚,而这一系列出自法国南部骑士竞技的文学作品所强调的"宫廷爱情"(courtly love)向称文化基奠,为欧人共有。[3]克里汀的系列传奇既讲"爱",也令其发乎"情",不过定然得止乎"礼",听来实"有如"19世纪英国的"绅士之风"(gentleman-like)。[4]如此之"情",说来又合其时并后世天主教对男女婚媾的看法,尤其是其所施行于明清间的中国者。[5]马若瑟既可因才子佳人之"情"而宣扬本门男女礼法,焉能不向《好逑传》、《玉娇梨》与《平山冷燕》等书看齐,向其中自甘于为孔门礼教所捆绑的"言"与"情"借鉴?

　　李渔生当天花藏主人同时,亦即长于明末而在清初才尽情发挥其人之创作才情。马若瑟不仅喜好《笠翁十种曲》中的传奇如《风筝误》,以拉丁文译了其中48句话入《汉语札记》(千叶,页190),即使是话本小说集《十二楼》,他也青睐有加(千叶,页191),而这就有趣,因为看了《十二楼》,马氏不可能放过其中六回一体的《夏宜楼》。我们甚至可因《夏宜楼》的回数,推想《儒交信》何以设定为篇幅较短的六回。但我之所以强调马若瑟对《十二楼》的眷顾,李渔的"发明"(invention)是主因。[6]《夏宜楼》的故事实则建立在西学之上,讲某士人利用西方传来的望远镜偷窥某家千金,连她运笔行文都看得清楚,终而结为连理。望远镜引发创作

---

[1] 名教中人[天花藏主人]:《好逑传》(台北:双笛国际出版,1995),页379-393。
[2] 《孟子·离娄上》:"淳于髡曰:'男女授受不亲,礼与?'孟子曰:'礼也。'"见朱熹:《四书集注》(台北:世界书局,1956),页309-310。
[3] Andreas Capellanus, *The Art of Courtly Love*, with introduction, translation, and notes by John Jay Parry (New York: Columbia University Press, 1990), pp. 28-212.
[4] Northrop Frye, et al., eds., *The Harper Handbook to Literature* (New York: Harper & Row, 1985), p. 127.
[5] 李奭学:《译述:明末耶稣会翻译文学论》,页215-217。
[6] 这个词,我借用的是如下书名的关键字: Patrick Hanan, *The Invention of Li Yu* (Cambridge: Harvard University Press, 1988)。

热忱，这是中国首见，乃李渔阅阳玛诺（Manuel Dias, Jr, 1574-1659）译《天问略》、汤若望（Johann Adam Schall von Bell, 1591-1666）译《远镜说》与明人郑仲夔（fl. 1636）著《耳新》之后的结果，我已在他处论之，兹不赘。[1]

李笠翁称冯梦龙（1574-1646）在明末评定"四大奇书"，且甚同之，[2] 而四奇中除《西游记》因神通变化故，兼以释道色彩过浓而见摒于《汉语札记》外，余者如《三国演义》、《水浒传》与《金瓶梅》等小说，俱为《汉语札记》引文的出典。后二书征引、翻译次数尤多。马若瑟开书还提到金圣叹，引其所见赞扬《水浒传》的艺术技巧与施耐庵（1296-1372）的才能，认为秀出班行（*NLS*, p. 39），而在乾隆年间曹雪芹（1715-1763）撰《红楼梦》前，《金瓶梅》的地位稳若泰山，兰陵笑笑生（生卒年不明）在马若瑟的心中雄倨高位。千叶谦悟从《汉语札记》口语篇（"De lingua vulgari et familiari stylo"; *NLS*, pp. 38ff.）一千九百余条的例句里，查考出一千四百余条的出处，发现这些句子除了上举《水浒传》等说部之外，大多抄自《金瓶梅》、《说岳全传》、《今古奇观》、《古今小说》、《六十种曲》与《元曲选》等书，其中尤以《金瓶梅》引用次数最多，达237次，共179条（千叶，页190），马若瑟果然钟情有加。耶稣会士入会前，都要发誓"绝财"、"绝色"与"绝意"，而明代以来，中国士子概视《金瓶梅》为"淫书"之尤，小说主要人物中几乎连个"好人"也没有，马若瑟的偏好，因此难免启人疑窦，不知这个"誓绝情色"的"出家人"何以特好特重情色的"淫书"，《汉语札记》中就之所引并翻译的次数居然最多？

千叶谦悟称《金瓶梅》中充满"人情世故"，而这才是此一明人奇书和《汉语札记》结下不解之缘的缘故。此语固然，可也不尽然，盖马若瑟放眼《金瓶梅》，一毫也没放过其中的情色之语，而如此"重色"，岂是"人情世故"可以比拟？下面我且引千叶捻出的一句为例说明：

你若 &ct. [,] 我就急死了。

[S]i tu &ct. ego statim sollicitudine moriar.

（千叶，页 190; *NLS*, p. 98）

千叶指出上语出自《金瓶梅》第五十回，但却未示人小说的语境为何。他仅

---

[1] 李奭学：〈中国"文学"的现代性及其与明末耶稣会的文学翻译〉，《明清西学六论》，页155-157。
[2] 李渔：〈三国演义·序〉，《杂著》，收《李渔全集》，第18卷，页538。

仅还原了原文的删节处（&ct.），全句在小说中故为"你若不和我睡，我就急死了"。《金瓶梅》版本复杂，重要者学界咸认为有三：（一）万历四十五年（1617）刊刻的《金瓶梅词话》（通称"词话本"）；（二）崇祯年间印就的《新刻绣像批评金瓶梅》（通称"崇祯本"）；以及（三）张竹坡（1670–1698）在康熙三十四年（1695）据崇祯本刊印的《皋鹤堂批评第一奇书金瓶梅》（通称"张评本"）。这三本有文字、诗词与卷、回数之异，[1]而我翻查词话本第五十回，上语实出自西门庆之口，可见此本乃马若瑟放在手边翻阅者。第五十回指西门庆因吃了胡僧的壮阳药，"那话"变得硕大无比。他寻人一番云雨后，意犹未尽，笑着又摸向李瓶儿处求欢，从而有上引之语。[2]《金瓶梅》中，类似的"话"不少。马若瑟是传教士，《汉语札记》又是他寄回法国拟出版的著作，[3]"原文照引"有碍风化，于教会形象定然有害，不如用"等等"这类含糊之语带过去。《汉语札记》中，故连《金瓶梅》此一书名也隐讳了，可见马氏不会仅见到小说里的"人情世故"；和世情相干的情色场景，他当然一并读了。我们就其来华布道的使命所能解释者，唯马氏对文学确有所好，"淫书"之佳者，他也不排斥，故堂皇译其语句，供学者欣赏、学习。

明人的四大奇书中，几唯《金瓶梅》以语言见长，而兰陵笑笑生安身所在的兰陵乃山东峄县，小说里的对话确实间夹吴语和晋语，但却也因笑笑生故而几乎都和山东临清一带的土语有关，即使《金瓶梅词话》里的词话亦然。[4]鲁西之语因此可谓全书口语和词话的主调，[5]和水泊梁山聚义，众好汉由各地前来，南腔北调，谈吐有别自是有所不同。《水浒传》的语言重心得如此合流，况且施耐庵本即南人，而罗贯中（1320–1400）大有可能又出身山东东平。[6]施、罗师徒到处搜集《水浒传》的相关著作，用其材料，曲笔成书，写法和兰陵笑笑生自是有别。然而《金瓶梅》名气虽大，却因性属乡土文学，多的是李渔反对的"方言文字"，[7]山东以外人士不易读

---

[1] 参见王汝梅：《金瓶梅版本史》（济南：齐鲁书社，2015），页3–128。
[2] 《金瓶梅词话》（明万历本；东京：大安株式会社影印，1963），页336。
[3] 李真：《马若瑟〈汉语札记〉研究》，页53–55。
[4] 王汝涛：《〈金瓶梅〉与兰陵笑笑生》（济南：山东文艺出版社，1999），页88–94。
[5] 张鸿魁：《〈金瓶梅〉语音研究》（济南：齐鲁书社，1996），页2–215；另见太田辰夫：《中国历代口语》，新订版（京都：朋友书店，1998），页52。有关《金瓶梅》里的吴语，参见褚半农：《〈金瓶梅〉中的上海方言研究》（上海：上海古籍出版社，2005）一书，尤其是此书页3–67；有关晋语，见陈秉荣：《〈金瓶梅〉晋语浅释》（太原：三晋出版社，2012），页265–276。
[6] 陈辽：〈两个罗贯中〉，《江苏社会科学》2007年第4期（2007年7月），页179–182。
[7] 李渔：〈少用方言〉，《闲情偶寄》，收《李渔全集》，第3卷，页53–54。

得通彻,故而纵使笑笑生妙笔生花,也无法使之起死回生,令大众都解,奇书中原非阅者最多的一本。马若瑟翻读"淫书"《金瓶梅》,还得参考语境,翻译其中句法以为"文法书"之用,可也真难为他了,而我们一思及此,必然莞尔,恐怕更得放下马若瑟"耶稣会士"的身份,以他特别在意的中国文学大业为重,才解释得了《汉语札记》引译的文句何以出自《金瓶梅》者特伙。明末以来,传教士在口语上重"官话",[1]而这一点,《汉语札记》或马若瑟似乎都已抛诸脑后!

《平山冷燕》等书虽然也是通俗小说,充斥明清小说家惯用的陈腔滥调,但有些写景,已经跳脱了"白话"的苑囿,进入了"文言"的层次。马若瑟读了喜欢,其实也不介意照录照译。下引是主人公平如衡因好友计成来访,哄他由金谷迁居柳庄,听如织莺鸣而对沿途景致的白描,恐怕已非上引《金瓶梅》的对白可比了:

> 不多时,便见一带柳林在望。原来这带柳林约有里余,也有疏处,也有密处,也有几株近水,也有几株依山[……]。(*NLS*, p. 90)[2]

这些描述中,尤其是"便见一带柳林'在望'"或"近水……依山"等近"文"之"语",对中国读者而言,绝非难解之词,但对《汉语札记》所拟"教导"的欧洲入门者或对方才来华的传教士如马若瑟而言,亦非简单易解的文句。他得一一译之以拉丁文不可,否则学者难懂。职是,我们看到马若瑟写道"nostris oculis se se obtulit"以指柳树之"在望",同时也用"pars erat propter aquam pars monti videbatur inniti"指那柳树的"近水……倚山"(*NLS*, pp. 90–91)。如此一来,《平山冷燕》的原文就容易接近多了。由是再省,我们与其说《汉语札记》是为欧人学习华语而刻意编撰的"文法书",还不如说是马若瑟在训练自己时,由识得的中文佳句笔记成书。他涉猎确广,所读几达八十种通俗说部,而且俱由元经明而迤逦至清室定鼎中原后刊刻。所谓"言情"与"情色"之作,马若瑟一概不拘,但以文学的品质为准而阅之。

《汉语札记》所引诸作中,和《金瓶梅》这种"乡土文学"大异,又和"官话"此一语体有别的通俗说部乃《三国演义》。千叶谦悟从《汉语札记》查得的《三国演义》内文有二,但他在所撰中并未指出系哪两句。我一时也未及查出,虽然这里我

---

[1] 参见李奭学:《中国晚明与欧洲文学——明末耶稣会古典型证道故事考诠》,修订版(北京:生活·读书·新知三联书店,2010),页7–24。
[2] 原文见第十回,或见李致忠(点校)、佚名(著):《平山冷燕》(沈阳:春风文艺出版社,1985),页106。

仍想就后者稍加申说。《三国演义》"演义"自陈寿（233-297）的《三国志》，众所周知，然而所演虽为史事，内文却非寻常口语，嘉靖本《三国志通俗演义》卷首庸愚子蒋大器（1455-1530）的〈序〉曾如此解说其体："文不甚深，言不甚俗。"[1]换言之，这是浅近文言。即使是熙朝毛氏父子本《三国演义》，同样也出以此等文字，比上面《平山冷燕》的引文难多了。中国人凡识字者虽多半可解，初入门的异方人氏就难说。总之，不论何本，《三国演义》皆非口语说部，风格绝不类在临清语言以外而特以北方口语描摹的部分《金瓶梅》。要一蹴立解，夐夐乎其难！既然如此，《汉语札记》的口语篇却二引《三国演义》，又所为何来？

《汉语札记》口语部分令人喷然称奇者，其实还不止马礼逊（Robert Morrison, 1782-1834）之后的基督教士以"浅文理"称之的《三国演义》。[2]马若瑟在古来说部探奇访胜，其实对此书文体颇有保留，故称小说本身并"不重要"，[3]难怪《汉语札记》所用有限。虽然如此，马若瑟却连早《三国演义》有时而多撰于四百年前的元人戏曲也不放过，倒显矛盾。谈到感叹词，他还特标"兀的"一词，谓《元人百种》中，此词常用。《元人百种》今日通称《元曲选》，乃明人臧懋循（1550-1620）所编。臧氏做了不少更改，[4]然而大致仍有元人语的风味。马若瑟在《汉语札记》里举出来的《元人百种》诸例之一，是"天也兀的不穷杀我也"（NLS, p. 87）。这句话应该经过马氏加工改写，原典或出自关汉卿（1219-1301）的《感天动地窦娥冤》第三折，是窦娥央求婆婆在忌日烧点纸钱奠祭她，而她婆婆闻后反应如次："天哪，兀的不痛杀我也！"但此语更可能出自元代中叶曲家秦简夫（生卒年不详）的《宜秋山赵礼让肥》首折，原句为"兀的不穷杀俺也"。[5]"兀的"在元杂剧中通作发语词，明人小说中也用，但赵礼的语气更强，强调他贫无立锥之处，难以奉养老母。句中差异在赵礼不完全抢地呼天，而"俺"字，马若瑟也易之为清代官话中的"我"。

---

[1] 庸愚子［蒋大器］：〈《三国志通俗演义》序〉，见罗贯中：《［明弘治版］三国志通俗演义》（台北：新文丰出版公司，1979），页2。另见同书页15"晋平阳侯陈寿史传/后学罗本贯中编次"二行，以及李渔：〈三国演义·序〉，页539。

[2] 参见李奭学：〈近代白话文·宗教启蒙·耶稣会传统〉，《明清西学六论》，页225-226。

[3] Lundbæk, *Joseph de Prémare (1666-1736), S.J.: Chinese Philology and Figurism*, p. 36.

[4] 吉川幸次郎：《元杂剧研究》（东京：岩波书店，1948），页47-70。

[5] 《感天动地窦娥冤》的句子见臧晋叔（编）：《元曲选》（台北：宏业书局，1982），第2册，页1510；《宜秋山赵礼让肥》的句子，见同上，页988。《窦娥冤》第三折才开演不久，窦娥的婆婆赶到法场，也哭叫出几乎同一语："天那，兀的不是我媳妇儿？"见同上，页1509。

加上"天也"这个亦属强调的用语,拉丁文翻译中就不能采元曲更常见而谊属同义的感叹词"兀的不",不能不作"ô cælum cur me ..."(*NLS*, p. 87)了!马若瑟添上或更改的是简单的两笔,不过一改,《汉语札记》已走过了四百年,在清代把宋、元白话都拉了进来,且合《西游记》、《三国演义》、《封神演义》,甚至是《金瓶梅》中的同一发语词共冶于一炉。如果单看"兀的"这个词——或许再加上其他的例子——《汉语札记》恐会令人怀疑是本专讲熙朝中文语义的专书![1]

千叶谦悟指出纳《元曲选》的对白入《汉语札记》,马若瑟意在"优雅",教人上等中文。如此解释,我深觉有牵强之感。时间确可易通俗为古雅,但明清间白话写得上手者甚多,口语参入文语也可产生同样之效,马若瑟实无必要翻出四百年前杂和蒙古语言的元人白话而强自以为雅正!我倒觉得他引《元曲选》,依然和上举对文学的爱好有关,是不忍弃置读后所做的笔记。走过的路,总得留点痕迹,而凡此雅好,几乎可视为在"自我训练"往后《赵氏孤儿》的译才!

《汉语札记》中引用的语句——尤其是口语部分——因此有古有今;若可不顾文法问题,马若瑟几乎全面搜索通俗说部,耶稣会向所重视的"正书"或"善书"并不在他计较之中。上文显现的矛盾之一,便在他遍览文学群籍,白话说部尤无古往今来之分。当然,中国文学的认识之外,我们另可谓马若瑟笔记群籍当时,志在摸索各种体裁与风格,以为来日翻译大业之用。从"文法书"的角度看,《汉语札记》并取《元曲选》的宾白最为难解。明人所辑元曲的集子不少,《元人百种》科白与唱腔俱全,所选最富,也最为出名,但时距《汉语札记》出版已阅数百年,句型和语法相去皆远,故而如何使之调和明人的《金瓶梅》和清人的《说岳全传》,以成就我们所了解的明清间口语的范例,说来并不容易。然而马若瑟毕竟熟读《元人百种》,从中又择取《赵氏孤儿》法译,则他对元人杂剧的喜好,我们确可窥斑见豹。

《汉语札记》提过李白(701-762)与杜甫(712-770)两大诗人,但仅道其名,颂其人便罢;也提到《楚辞》中诸诗,但谈到其优美雅致后,也没了下文(*NLS*, p. 189),更提过苏东坡(1037-1101),兴趣却转到其人之文去(*NLS*, p. 203)。如此看来,前述若再加上马若瑟时人如李渔的《十二楼》或《风筝误》等说曲,则马氏在文学上实际所攻者,恐不全然是他东来时所称的"诗歌",此所以法译本《赵氏孤儿》中缺曲文,何况《经传议论》的〈自序〉里,他亦称十五岁时已感知天地奥

---

[1] 有关"兀的不"的语意,另参见李贞:《马若瑟〈汉语札记〉研究》,页171。

秘,"于是始绝意文章",[1]以故说部如《窦娥冤》或《水浒传》,甚至是《金瓶梅》等——就《汉语札记》再思——才是他性之所趋,学之所住。难怪马若瑟不创作便罢,一下笔就是〈梦美土记〉与《儒交信》,而握管一扬起象寄之才,重要者又是元杂剧《赵氏孤儿》或——在他看来乃"经部"而非"集部"的——《诗经》。凡此,多数又非说部莫属!《汉语札记》所显示者,因此是马若瑟已放弃其"文学大业"部分的初衷,虽则此书也反映出他对中国文学有其全面性的体认:这点自是失中有得,盖马若瑟认识之深,岂是清代常人能及?

---

[1] 马若瑟:《经传议论·自序》,页1a。

日译西书《解体新书》中的"直译"和"义译"*

陶 磊**

摘 要： 江户末期，日本兰学医者杉田玄白（1733–1817）及其弟子大槻玄泽（1757–1827）在德国解剖学译著《解体新书》中提出了"直译"、"义译"和"对译"三种翻译方法。除了"对译"确指音译外，杉田师徒对"直译"和"义译"的具体含义并没有作出详细、明确的界定。在充分考察了这组翻译方法在实践中的运用以及译者对相应翻译过程的描述之后可以发现："直译"是指用现成的汉语词汇替换原词中的语素（意义单位），即语素对译——如果原词的语素多于一个，则在替换后还要将汉字词连缀起来。同时，由于传统中医语汇无法与西方解剖学意义上的医学概念若合符节，为了读者理解的方便，大槻又适当放宽了"直译"的适用范围，对于相当一部分中西概念并不严格对等的术语也采用了"直译"。不过，当这种做法可能影响到《解体新书》作为一部医学著作的精确性时，大槻便会放弃"直译"而选择"义译"，即根据荷语原词所指概念的属性、特征、作用或功能创造出新的汉字词来充当译词。根据"义译"的造词逻辑，大体上又可以分为"比喻"和"借代"两种类型。

关键词： 直译；义译；《解体新书》；《重订解体新书》；杉田玄白；大槻玄泽

On "Zhiyi" and "Yiyi" in the Japanese Version of *Anatomische Tabellen*

Tao Lei

Abstract: In the end of the Edo period, a Japanese Rangaku doctor named Sugita

---

* 中国博士后科学基金资助项目。本文整理自笔者的博士学位论文〈"直译"、"意译"观念溯源：从佛经翻译到现代译学术语〉（复旦大学未出版博士论文，2015），撰写过程中得到香港中文大学王宏志教授的悉心指导和日本成城大学陈力卫教授在材料上的无私帮助，日本关西大学的徐克伟博士也多次为我查阅相关文献，谨致谢忱！

** 陶磊，复旦大学历史学系，电邮地址：ltao10@fudan.edu.cn。

Genpaku (1733–1817) and his disciple Ōtsuki Gentaku (1757–1827) proposed three methods of translation — "Zhiyi", "Yiyi" and "Duiyi" — when they translated the German anatomy work *Anatomische Tabellen* (in Japanese, *Kaitai Shinsho*, roughly meaning "New Text on Anatomy") from its Dutch version. Sugita and his disciple defined "Duiyi" as transliteration, leaving the question open as what "Zhiyi" and "Yiyi" exactly mean. Based on a thorough study on both the use of these two methods and the translators' descriptions of the corresponding translation processes, we found: "Zhiyi" meant replacing the morpheme(s) (or meaningful elements) of the original word with existing Chinese word(s), namely morpheme translation. Moreover, if the original word was multi-morphemic, the Chinese words were then linearised accordingly. But considering that the traditional Chinese medicine vocabulary was not always consistent with Western anatomy concepts and for the sake of facilitating comprehension, Ōtsuki appropriately broadened the application of "Zhiyi". "Zhiyi" was applied on a number of terms of which the Chinese meaning did not directly match the Western meaning. However, when this approach might affect the accuracy of *Kaitai Shinsho* as a medical work, Ōtsuki would choose "Yiyi" over "Zhiyi", in which case a new Chinese word would be created according to the properties, characteristics, effects or functions of the concept that the original Dutch word referred to. Based on the logic underlying the word-formation of "Yiyi", it can be roughly categorised as two types: "metaphorical" and "metonymical".

Key words: Zhiyi (direct translation); Yiyi (semantic translation); *Kaitai Shinsho* (New Text on Anatomy); *Chōtei Kaitai Shinsho*; Sugita Genpaku; Ōtsuki Gentaku

一、《解体新书》"三译"原则的提出及相关先行研究

日语中的"直译"诞生于江户时代。在兰学输入之初,由于缺少合适的汉字词来翻译荷兰语,人们便利用汉字直接记录荷语发音。兰学医者杉田玄白(1733-1817)在安永二年(1773)写给藩医建部清庵(1712-1782)的一封信里就把这种方法称为"直译":

译大抵有三种,对译、义译、直译是也。譬如,骨者,西文曰beenderen,可对译曰骨。又Kraakbeen,若鲸之芫骨,其骨脆软;此语之Krak,若鼠啮物,卡啦卡啦之音;恰如鲑之冰头骨,汉语有"软骨"二字,故义译曰软骨。又饮食入肠胃,其精气化为液汁,此液汁,汉语中无语可当,故用和兰语之音,直译曰"奇缕"[Gijl]。[1]

之所以称其为"直译",大概是因为译者把记音看成比翻译原词含义更为"直接"的翻译方式。杉田还把"直译"和"对译"、"义译"并列起来,创造出专门的翻译术语来指称三种特定的翻译手法。

次年,杉田玄白出版了从荷语底本译出的德国解剖学著作《解体新书》,他在该书〈凡例〉中对之前的说法作了调整,提出"翻译"、"义译"和"直译"三种翻译方法:

译有三等:一、曰"翻译";二、曰"义译";三、曰"直译"。如和兰呼曰"偭题验"者,即骨也,则译曰"骨",翻译是也。又如呼曰"加蜡假偭"者,谓骨而软者也。"加蜡假"者,谓如鼠啃器音然也,盖取义于脆软;"偭"者,"偭题验"之略语也。则译曰"软骨",义译是也。又如呼曰"机里尔"者,无语可当,无义可解。则译曰"机里尔",直译是也。[2]

作为例子的"骨"和"软骨"没有变,但"对译"换成了"翻译"。

后来,杉田委派弟子大槻玄泽(1757–1827)对该书进行了全面修订,于1826年正式出版《重订解体新书》(以下简称《重订》),〈凡例〉中涉及翻译方法的部分又

---

[1] 徐克伟(译),沈国威(校):〈和兰医事问答卷之下〉,《或问》第27号(2015),页147。原文为日语候文,"直译"一词用汉字书写,其云:"大抵譯は對譯義譯直譯ご三通に仕候、譬ば骨の事を蠻語ベーンデレンご申候、直に當り候故骨ご譯申候、又カラーカベーンご申物御座候、是は海鯽のかぶら骨の樣に、脆軟なる骨に御座候、此カラカご申言葉、から—こり—ご鼠の物を嚙候音の樣な事を申候、鮭のひす骨の樣なるものなり、漢語軟骨ご申候字御座候故、軟骨ご義譯仕候、又飲食腸胃に入、其精氣化して液汁ご成る、此液汁漢語可當者無御座候、夫故直譯に仕、奇縷ご申候……"录自建部清庵、杉田玄白:《和兰医事问答》,收早川纯三郎(编):《文明源流丛书》,第2册(东京:国书刊行会,1914[大正三年]),页400上。这里的"蛮语"指的是荷兰语。"奇缕"即"gyl",杉田的弟子大槻玄泽后来把它"义译"成"乳糜",详见下文。《和兰医事问答》系建部清庵与杉田玄白讨论溃疡、骨伤、脱臼、放血、包扎等外科问题的书信汇编,其中还涉及将荷兰文医学术语译成日文的翻译问题。全书分上、下两卷,现存日本宽政七年(1795)紫石斋刻本。参见裘沛然(主编):《中国医籍大辞典》(上海:上海科学技术出版社,2002),页1330–1331。

[2] 杉田玄白(译):《解体新书》,东武书林刻本(东京:东京大学医学图书馆,1774[安永三年]),叶五正。

出现了变化：

> 译例有三等：曰"直译"，曰"义译"，曰"对译"。今举其一二言之：蓁牒冷，即骨也，译曰"骨"，直译是也；泄奴，即神液通流之经也，译曰"神经"，义译是也；吉离奴，无名可充、义可取，乃音译曰"吉离卢"，对译是也。[1]

这段文字题为"旧刻解体新书凡例"（以下简称〈旧刻凡例〉）且仍署名"杉田翼"（即杉田玄白），但较之初版〈解体新书·凡例〉（以下简称〈凡例〉）已有明显不同：原来表示音译的"直译"这里改作"对译"，"翻译"称为"直译"，"义译"则一仍其旧——即：〈凡例〉中的"翻译"、"义译"、"直译"在〈旧刻凡例〉中依序作"直译"、"义译"、"对译"。大槻还专门撰写了六卷《翻译新定名义解》（以下简称《名义解》），集中阐释每个术语名称的翻译方法和具体含义，"使览者知有其名义所有本矣"。[2]《名义解》开头对〈旧刻凡例〉中的三种翻译方法作了进一步补充说明：

> 译"协卢僧"曰"脑"、译"法卢多"曰"心"之类，谓之"直译"；译"泄奴"曰"神经"、译"吉离卢"曰"滤胞"之类，谓之"义译"；直曰"劫业卢"、曰"蛤瓦机"之类，谓之"对译"（又谓之"音译"。……）。[3]

较早对《解体新书》中的"三译"原则进行研究的是日本学者松村明（1916–2001），他在1964年《国语研究室》第2号发表了〈翻譯·對譯·義譯：解體新書とその譯語（一）〉。[4]该文对《解体新书》、《和兰医事问答》和《重订解体新书》中"翻译"、"对译"、"直译"、"义译"等翻译术语的变化进行了初步的分析和归纳。1968年2月由筑摩书房发行的《言语生活》第197号"直訳·意訳"特集刊登了〈直訳·意訳の語源〉一文，指出"直译"、"意译"二词未见于中国古代

---

[1] 杉田玄白(译)、大槻玄泽(重订):〈序；旧序；附言；凡例〉,《重订解体新书》,东都书肆刻本,(京都：京都大学附属图书馆,1826[文政九年])，叶六正。以下所引《重订解体新书》均出自同一版本，不再一一注明，仅标出卷数和叶数。

[2] 《重订》,卷五,叶一背。大槻所撰〈重订·附言〉称："凡名物传译,创见编中者,不可不知其名义所由本。因作《新译名义解》,汇为六卷,附诸编后。"见〈序；旧序；附言；凡例〉,叶五正。

[3] 《重订》,卷五,叶一正背。

[4] 松村明：〈翻譯·對譯·義譯：解體新書とその譯語（一）〉,《国语研究室》1964年第2号,页76-80。作者本来可能计划写成一个系列,但只写了一篇就终止了。参见沈国威：《近代中日词汇交流研究：汉字新词的创制、容受与共享》(北京：中华书局,2010),页69。

文献,应是由杉田玄白所创制的"翻译"(《重订》改称"直译")和"义译"发展而来。[1]1973出版的《文学・語学》杂志(全国大学国语国文学会编)第66号刊载了飞田良文的〈近代語研究の資料〉,其中"翻译资料"一节引用了〈直訳・意訳の語源〉的大部分文字。[2]舒志田的〈《全体新論》と《解体新書》(重訂版を含む)との語彙について——日本の洋学から中国への影響の可能性〉和张哲嘉的〈《全体新論》と《解体新書》の漢字医学術語について〉也对《解体新书》医学名词的翻译方法有所涉及。[3]比较有启发价值的论述见于吉野政治的〈蘭書三訳法の起源とその名称〉,该文指出《重订解体新书》所用的"直译"和"义译"继承了南宋法云《翻译名义集》中佛经汉译方法的术语——"正翻"和"义译",并详细梳理了江户时代的14位兰学家对上述翻译术语的命名。[4]

中文论著方面,冯天瑜、邓新华在〈中、日、西语汇互动与近代新术语形成〉一文中较早注意到〈解体新书・凡例〉和〈重订解体新书・凡例〉中关于"直译"和"义译"的记载。[5]朱兵在论述"神经"一词的来源时也提到了杉田玄白的"翻译三原则"("直译"、"义译"和"对译")。[6]王国强、邹桂香和牛亚华则发现〈解体新书・凡例〉载有"斯书所直译文字,皆取汉人所译西洋诸国地名",牛亚华在论说大槻玄泽重订《解体新书》时"仍然坚持用汉语词汇"时还引用了"此所译定内景名物,汉人所未说,而不可以汉名直译者,皆出于新译"等段落,[7]但都没有对这里的"直译"作进一步分析。

---

[1] 佚名:〈直訳・意訳の語源〉,《言語生活》第197号(1968年2月),页20。
[2] 飞田良文:〈近代語研究の資料〉,《文学・語学》第66号(1973年[昭和四十八年]3月),页53-54。后收入土屋信一(编):《日本語研究論集15:現代語》(东京:有精堂出版株式会社,1983[昭和五十八年]),页59-60。
[3] 舒志田:〈《全体新論》と《解体新書》(重訂版を含む)との語彙について——日本の洋学から中国への影響の可能性〉,《或問》第8号(2004年10月),页53-74;张哲嘉:〈《全体新論》と《解体新書》の漢字医学術語について〉,收铃木贞美、刘建辉(编):《東アジアにおける近代諸概念の成立》(京都:国際日本文化研究センター,2012),页173-178。
[4] 吉野政治:〈蘭書三訳法の起源とその名称〉,《同志社女子大学日本語日本文学》第26号(2014),页41-57。
[5] 冯天瑜、邓新华:〈中、日、西语汇互动与近代新术语形成〉,《浙江社会科学》2002年第4期(2002年8月),页123。
[6] 朱兵:〈经络的内涵与神经的联系〉,《中华医史杂志》2004年第3期(2004年7月),页156。
[7] 王国强、邹桂香:〈西学汉籍东传日本述略〉,《图书与情报》2004年第5期(2004年10月),页54;邹桂香:〈十六至十八世纪西学文献在中国的传播〉(郑州大学未出版硕士论文,2005),页39;牛亚华:〈中日接受西方解剖学之比较研究〉(西北大学未出版博士论文,2005),页79、141-142。

比较早地对《解体新书》中的"翻译"（即《重订》中的"直译"）和"义译"给予明确界说的是钱国红，他在〈晚清中国的社会转型与日本研究——以郭嵩焘、黄遵宪、梁启超为例〉一文中指出："这里的所谓'翻译'，用现在的话说叫直译，指有相当于荷兰语的汉语表现时，使用中国或日本既存的用语表达。'义译'是说在没有与既存的词汇相对应的表达时，按照荷兰语意义造词翻译。"[1]刘力力、王育林、马燕冬〈从"大机里尔"到"胰"——荷兰语医学名词"alvleesklier"汉译探微〉一文也持类似观点，该文认为"所谓'翻译'，即以对等语传达原文涵义；所谓'义译'，即今所称之意译"，又指出大槻玄泽在重订《解体新书》时，"将'翻译'更名为'直译'，即以岐黄医典中的固有词汇日译兰医用语，是为三种译法之首选"[2]。以上二说都把《解体新书》中的"翻译"（即《重订》中的"直译"）和"义译"当作现代意义上的"直译"和"意译"来理解。

旅日学者沈国威在〈西方新概念的容受与造新字为译词——以日本兰学家与来华传教士为例〉中以《解体新书》中的"翻译"和"义译"为例，强调"兰学翻译中最为正统的方法是'翻译'，即利用中国典籍中已有的词语表达西方的新概念。'义译'即创造新的合成词，乃是不得已而为之"[3]。更为系统的论述见于沈著《近代中日词汇交流研究：汉字新词的创制、容受与共享》，该书第1章〈日本的近代汉字新词创制〉在谈到《解体新书》的译词创制原则时，对"翻译"和"义译"进行了专门论述，并着重解说了"义译"一法。[4]沈国威指出杉田玄白所说的"翻译"（即《重订》中的"直译"）是指"使用已有的汉字词直接去译外语的词"；"义译"则要求译者"在没有现成词语的情况下创制新的译词"。[5]虽然沈国威对"翻译"和"义译"的解释与前文所举诸说并无本质差别，但对于这两个概念和现代意义上的"直译"、"意译"之间的关系却提出了不同看法：他认为

---

[1] 钱国红：〈晚清中国的社会转型与日本研究——以郭嵩焘、黄遵宪、梁启超为例〉，收中国史学会、中国社会科学院近代史研究所（编）：《黄遵宪研究新论——纪念黄遵宪逝世一百周年国际学术研讨会论文集》（北京：社会科学文献出版社，2007），页147。引文中"表现"疑为"表达"。
[2] 刘力力、王育林、马燕冬：〈从"大机里尔"到"胰"——荷兰语医学名词"alvleesklier"汉译探微〉，《中西医结合学报》2011年第10期（2011年10月），页1158-1159。
[3] 沈国威：〈西方新概念的容受与造新字为译词——以日本兰学家与来华传教士为例〉，《浙江大学学报（人文社会科学版）》2010年第1期（2010年1月），页124。
[4] 沈国威：《近代中日词汇交流研究：汉字新词的创制、容受与共享》，页77、81。
[5] 同上。

"义译"同时包含了现在被称作"直译"和"意译"的方法,而"翻译"则"无专指的术语"可以对应。[1]

徐克伟的学位论文〈《翻译新定名义解》初探〉设专章探讨了《重订解体新书·翻译新定名义解》中的"翻译理论"问题,[2]他基本采纳了沈国威对"翻译三原则"内涵的界定。[3]台湾学者张哲嘉在前人研究的基础上,以"《重订解体新书》对三译原则的运用"为题,再次对该书中的"直译"、"义译"和"对译"进行了逐一检视。[4]虽然张文认可大槻在翻译术语的命名上"所采用的词汇更接近现代的用法",但对这三种翻译方法的解说则与沈国威没有太大差别,只是把沈著中提出的"义译"的两种类型——"摹借法"(相当于直译)和"汲义法"(相当于意译)进一步细分成了"组合"、"取义"、"假借"和"造字"四类。[5]可见张哲嘉亦不认可将《重订》中的"直译"和"义译"当作现代译学术语中的"直译"和"意译"来看待。此外,张哲嘉的〈《重订解体新书》译词的改定与方法〉和〈逾淮为枳:语言条件制约下的汉译解剖学名词创造〉也涉及《解体新书》(含《重订》)中的翻译方法论问题。[6]

综上,《解体新书》和《重订解体新书》中"直译"和"义译"的含义问题虽然受到了一定的关注,但存在的争议也非常明显:沈国威和张哲嘉认为《重订》中的"直译"和"义译"并不能和现代意义上的翻译术语相等同,"义译"实际上了包含了直译和意译两种方法;钱国红等人则认为"直译"和"义译"就相当于我们现在说的"直译"和"意译",或至少具有比较明确的对应关系。

那么,《重订解体新书》中的"直译"和"义译"究竟是什么意思？它们和现代译学术语中的"直译"和"意译"又有怎样的关系呢？本文试图以杉田师徒对相关翻译术语的解说以及这些术语所对应的翻译方法在实践中的运用为例,厘清"直译"和"义译"的确切意涵。

---

[1] 沈国威:《近代中日词汇交流研究:汉字新词的创制、容受与共享》,页77、86。
[2] 徐克伟:〈《翻译新定名义解》初探〉(北京大学未出版硕士论文,2012),页30-46。
[3] 同上,页31。
[4] 张哲嘉:〈《重订解体新书》对三译原则的运用〉,收黄自进(主编):《东亚世界中的日本与台湾》(台北:中研院人文社会科学研究中心,2013),页41-64。
[5] 同上,页45、47、55-56。
[6] 张哲嘉:〈《重订解体新书》译词的改定与方法〉,收铃木贞美、刘建辉(编):《東アジアにおける知的交流:キイ・コンセプトの再検討》(京都:国際日本文化研究センター,2013),页225-235;张哲嘉:〈逾淮为枳:语言条件制约下的汉译解剖学名词创造〉,收沙培德、张哲嘉(主编):《近代中国新知识的建构》(台北:中研院,2013),页32-37。

二、"直译"的基本含义和适用范围

虽然大槻玄泽并没有对"直译"作过详细、明确的定义,他只是举出具体的译词来说明"直译"的用法,但〈重订·附录〉中的一句话还是透露出了他对"直译"一法的理解:

> 此所译定内景名物,汉人所未说而不可以汉名直译者,皆出于新译。[1]

反过来说,"汉人已说"的便可"以汉名直译"。因此,一般认为《重订》所称的"直译"是指这样一种做法:当既有的汉语词汇中可以找到与荷语原词指称同一事物的汉字词时,译者直接用该词充当译词。[2]比如"骨"、"脑"、"汗"等,这些概念为中西医所共有,只是称呼不同,所以直接换用汉语名称即可。

我们还注意到大槻在一些标识为"义译"的词条释文里作了如下表述:

> 汉所未曾说者,以故无正名可以当者。[3]
> 按此物汉人未说者,故无正名可以充者。[4]

有时大槻也使用"正称"或"正义",如〈名义解·口篇〉"口盖"条载"汉无正称",[5]〈名义解·眼目篇〉"迎珠"条云:"共无由取正义,姑译云尔"。[6]所谓"取正义"就是"直译"的意思,而"正名"和"正称"就是经由"直译"得到的译词。在大槻看来,只有无法用现成的汉字词语"直译"时才能勉强采用"义译",因此有学者指出《重订》中的"直译""被认为是东西方之间最理想的意义、概念转换的方式"。[7]

---

[1]《重订》,卷十二,叶十九正。引文内着重号系笔者添加,下同。
[2] 比如沈国威的定义是:"使用已有的汉字词直接去译外语的词,通过这样的工作使两者之间建立'对译关系'。"见沈国威:《近代中日词汇交流研究:汉字新词的创制、容受与共享》,页77。张哲嘉也说:"假使汉文已经存在着相对应的名词、而为译者认为合用者,此时称为'翻译'。"见张哲嘉:《〈重订解体新书〉对三译原则的运用》,页45。这里的"翻译"是指初版〈解体新书·凡例〉所称的"翻译",对应《重订》中的"直译"。
[3]《重订》,卷五,叶十四背至叶十五正。
[4] 同上,叶十七背至叶十八正。
[5]《重订》,卷七,叶七正。
[6] 同上,叶三十二背。
[7] 沈国威:《近代中日词汇交流研究:汉字新词的创制、容受与共享》,页85。

不过，译者在实际操作中却对一些中西概念并不严格对应的词也采用了"直译"，比如：

筋(直译)：模斯鸠留斯(罗) 斯卑卢(兰) 按：此物遍缠绕布列于全身皮下骨上，且系着于诸器诸物，……汉人唯认头尾二部，名之曰"筋"。……虽随其部分稍异，其形质、作用固非可以别命名者，故总译之曰"筋"也。[1]

脉(直译)：法靱(罗) 法登 㐲牒卢斯(并兰) 按：此血液运行通流之道路。……汉所谓"经络""血脉"皆是也。虽则名与物稍同，其体质、起止、循行、主用皆与西说迥异也。……[2]

"罗"指拉丁语，"兰"指荷兰语。"筋"和"脉"这两个汉字词与荷语词"斯卑卢"（spier）、"法登"（vaten）／"㐲牒卢斯"（aders）指称的对象并不完全一致："筋"和"斯卑卢"所指的部位不同，前者系"头尾二部"之专名，后者则泛指"全身皮下骨上"；"脉"和"法登"／"㐲牒卢斯"的差别就更大了，两者的"体质、起止、循行、主用"都迥然不同。很显然，译者对中西医学术语名实不符的状况是很明白的，但"筋"和"脉"这两个译词仍然被大槻标为"直译"。[3]

类似做法在《重订》中相当普遍，实则是一种权衡再三的变通手段，其原因正如沈国威所指出的，"供兰学家们选择的词语主要是中国传统的医学术语，但是中西医是两个截然不同的医学体系，基本原理、术语都不尽相同"，[4]传统的中医语汇不可能与西方解剖学意义上的医学概念若合符节。大槻在《重订》最后的〈附录〉中称"东西彼我所建之医道，摸定与实测，霄壤悬异"，"西方内景图说之与汉土古来医说大为龃龉"——仅就最基本的人体器官而言，中医"所建人身诸器命名之义"与西方"实测所定之名称""大异小同，多有不可相当者"；即使"偶有获和汉诸说稍如与之相符者"，也常常"语而不详，及而未至"。[5]在这样的实际条件下，

---

[1]《重订》，卷五，叶二十三正背。
[2] 同上，叶二十七正背。
[3]《名义解》明确了每个译词所属的翻译类型，即"直译"、"义译"和"对译"，凡与前一词属于同种翻译类型的则不重复标注。另，音译词中间的间隔号"·"为原文所有，或系译者用以分隔荷语词各语素（意义单位）的记号；音译词的字与字之间还会用连接号"-"连接，本文从略，仅在未用连接号处用空格表示。
[4] 沈国威：《近代中日词汇交流研究：汉字新词的创制、容受与共享》，页78。
[5]《重订》，卷十一，叶一正背；卷十二，叶十六背至叶十七正。

若要强求中西医概念的严格对应,则难免如杉田玄白所感叹的那样——"汉说之所可采者,则不过十之一耳!"[1]大槻同样清醒地认识到:倘若"悉废其旧",[2]彻底放弃汉唐医籍一贯操用的术语,势必影响读者大众对原书内容的理解和接受,甚至可能被泥古的汉方医家目为异端邪说。[3]正是出于上述考量,大槻在翻译实践中适当放宽了"直译"的标准,"务以蹈袭旧称,其无可当者姑且假借他义以为之译",宁可在一定程度上"牵强旧说"——他称这种做法为"委曲翻彼西说,直为之译",目的是"令人意易会也"。[4]这种做法也得到了乃师杉田的首肯,后者在回忆这段翻译经历时就说:

> 初遇兰说,不必辨其细密之处。……早日译成此书乃第一要义,使世人早得其大概,新旧医法相较,速晓医事内核。故皆用汉土旧名译之。[5]

杉田反复强调"但求通达大意而已","当以宣明大体为要,故首倡大略",[6]和大槻

---

[1] 杉田玄白:〈解体新书·序图〉,杉田玄白(译):《解体新书》,东武书林刻本(东京:东京大学医学图书馆,1774[安永三年]),叶一背。

[2] 《重订》,卷十二,叶十九背。

[3] 大槻称:"吾侪苟业医,从来奉汉唐方法,均是薰陶其诸说者也。而今更创新译之业,专欲补其阙,则岂悉废其旧为得耶? 然其名物,逐一从彼原称下译,则观者不唯不得遽辨识之,又为可解不可解一种异说,以至俾向往者裹足也。"见《重订》,卷十二,叶十九正背。这种顾虑并非杞人忧天,而是确有所本的。初版《解体新书》问世之后曾一度激起汉方医者乃至整个日本汉学界的强烈反弹,正如张哲嘉所指出的:"《解体新书》一书强烈质疑中医为不可信,连带也摇撼了中国知识的权威性。因此不仅是汉方医者视玄白为雠寇,发出不少反对的声音。汉学家亦颇为嫉视,对其猛烈抨击,质疑汉文不够水平。相对于汉方医者与玄白之间的矛盾,会被视为仅医界中的门户之争,汉学家对于《解体新书》的批判,却是向全社会控诉玄白缺乏讨论知识的资格,因此其对玄白的伤害,比起汉方医者的攻击有过之而无不及。如果《解体新书》要在日本社会站稳阵脚,来自汉学家的正名挑战,迟早必须有所回应。"见张哲嘉:〈《重订解体新书》译词的改定与方法〉,页226。这一点在《重订·附录》里得到了充分的反映,大槻针砭时弊道:"盖吾学创业日浅,世人未及辨其真理,动辄有异而毁訾之者。"又说:"学者痼旧染之际,不能卒改面目,间或异而排斥之或奇而诽议之者多矣。"他毫不客气地指责这些人"旧染眯目",而且"不学无识"。见《重订》,卷十一,叶十背;卷十二,叶八正背、叶十六正。但另一方面,大槻也认可这是普通人接受新事物的正常过程,所谓"草造未发之业,纵有真理捷法,而不详其源委。漫生疑议,以为奇异怪僻,是人之通情、世之常态,固不足深怪也"。见《重订》,卷十二,叶十正背。

[4] 《重订》,卷十二,叶十九背至叶二十正。

[5] 杉田玄白(著)、徐克伟(译):《兰学事始》,《或问》第23号(2013),页143。原文作:"此讀み初(め)の時にあたり、細密なる所は固より辨ずべき樣もなし。……此譯をいそぎて早く其大筋を人の耳にも留(ま)り解し易くなして、人々是まで心に得し醫道に比較し、速(か)に曉り得せしめんとするを第一とせり。夫故、なるたけ漢人稱する所の舊名を用ひて譯しあげたく思ひしなれども……"录自杉田玄白(著)、野上丰一郎(校定):《兰学事始》(东京:岩波书店,1930[昭和五年]),页68。

[6] 杉田玄白(著)、野上丰一郎(校定):《兰学事始》,页68。

表达的意思是一样的。

"直译"范围的扩大,虽然是为了读者理解的方便,但其实际效果是为许多中医词汇注入了西方解剖学意义上的新意涵(这里便已经包含了由"直译"通向"义译"的可能性),其弊端显而易见:读者很可能把中西医概念混同起来,从熟稔的中医角度去理解西医——这当然是兰学家们不愿看到的。所以,大槻在《名义解》开篇即向读者宣明:"凡本编所载,其物其名,皆由解体实测而所创定也。故我邦及汉土古今未说及者居多;虽则有说及者,形状主用大差者,亦不鲜矣。于是不能以其物为其物、以其名为其名。"[1]根据《名义解》提供的译词来看,"不能以其物为其物、以其名为其名"的情况是相当普遍的,因此大槻在借用"汉土旧名"的同时也时刻不忘揭示其与原词的差异,提醒读者不要误解了西医的概念。例如:

心(直译):革卢(罗)协多·合卢多(兰) 按:即心也。汉所谓心,"其形如未敷莲华,重十二两,有七孔三毛,盛精汁三合。其官能则君主之官,神明出焉"、又"主藏神,乃为一身君主,统摄七情,总包万类,酬酢万机"、又"心,纤也,所识纤微,无物不贯"、"心,又任也,任万物,无纤巨"等诸说,与西说大异矣。盖汉则为藏神之府,兰则以为配血之原。然心与合卢多,其位置、形象全相同,则不得不直译曰"心"也。学者宜改面目而就实焉。[2]

大槻根据原书对"协多·合卢多"(het hart)这一器官的位置和外观的描述,判断该词指的就是心脏;但中医所谓的"心"与"合卢多"的功能全然不同——"盖汉则为藏神之府,兰则以为配血之原",因此大槻在"直译"之余,特别提醒读者"宜改面目而就实焉",其谆谆之情跃然纸上。

同样地,《名义解》在介绍"脾"和"肾"的这两个中西医学共有的脏器时也有类似表达:

脾(直译):力觉斯百乙冷(并罗)密鹿多(兰) 按:汉所说"脾"脏是也,如其本质官能则迥异也。《经》曰"脾胃者,仓廪之官,五味出焉。与胃并称,以为水谷消磨之官"、又"脾重三斤三两,扁广三寸,长五寸,有散脂膏半斤。主裹血,温五脏。主藏魂。又主藏意。意者,心之所之也"、《释名》"脾,裨也。

---

[1]《重订》,卷五,叶一正。
[2]《重订》,卷八,叶十六正背。

在胃下,裨助胃气,主化水谷也。所受谷味,分散以温各脏"、又曰"食入胃,则脾为布化。气味荣养,五脏百体,禀水谷气,为胃行其津液"、又"脾着胃,土之精也"、又"脾开窍于口"云云,是皆臆想妄诞,固无足取者。今不问其本质官能,姑假其字译云尔。请学者勿以"脾助胃气"之"脾"视焉。……[1]

〈重订·附录上·肾名义解〉则特意补充说:

> 盖其物与名同,而其主能则迥异。……此篇者,宜改面目,勿以所谓"藏精之肾"视焉。[2]

"五脏"中除"心"、"脾"、"肾"外,"肝"和"肺"也都被认为是物名相同而功能迥异,不能从中医的角度去理解。[3]

大槻选择"直译"以"汉土旧名"本是为了读者理解的方便,但这种做法同时成了一把双刃剑,读者很可能因此产生误解。于是,大槻一方面要为范围扩大后的"直译"提供合理性的证明("其位置、形象全相同,则不得不直译"),同时又得反反复复对中西医的差异加以申说。在《重订》最后的〈附录〉里,大槻更是花了不少篇幅来集中分析"本西说而合旧记"[4]的医学名词——这些概念表面上的"如合符节"[5]其实是经不起推敲的,所以大槻的措辞也显得格外谨慎,尽量避免过于绝对的判断:

> 汉所谓"精",和兰称靰独。按:靰独者,种子也。盖取义于播种结实,……汉亦有"调经种子",又"温脐种子方",或"种子太补丸",或"种子济阴丹"。又有"怀孕数落而不结实"等之语。盖"种子""结实"与和兰命名之

---

[1]《重订》,卷十,叶一正背。
[2]《重订》,卷十一,叶三十五正。
[3]〈名义解·肺篇〉:"肺(直译):拵鹿木(罗)笼杌(兰) 按:即肺也,但与汉所说稍差矣。然,'肺为气',又'系喉管而为气之宗',又'吸之则满,呼之则虚',又《释名》'肺,勃也,言其气勃郁也'等之说,及其位置亦同,则笼杌之为肺可知也。(按:汉所谓肺,'似人肩而为脏之盖,重三斤三两。空空相通,六叶两耳。脉脉朝会,四垂如盖。附着脊之第三椎中八叶,下无窍,叶中有二十四空,行列分布诸脏清浊之气',又'主藏魄',又'相传之官,治节出焉',注'为气之本也',又'开窍于鼻',皆无稽臆说也。)……"见《重订》,卷八,叶十二正。〈名义解·肝及胆篇〉:"肝:协八卢 嗑鸠卢(并兰)列苛卢(兰) 按:……《经》曰'肝者,将军之官,谋虑出焉。左三叶,右四叶。凡叶,主藏魂',《释名》'肝,干也。凡物以大为肝,故名曰干',又曰'肝开窍于目',又'肝主筋'等,诸说无一与西说合者。然谓'胆如悬瓠,附肝之短叶间',则列苛卢为肝脏可知也。……"见《重订》,卷十,叶二背至叶三正。
[4]《重订》,卷十一,叶十三背。
[5]同上。

义稍相似焉。[1]

  汉古以头脑为藏神之府、魂魄之穴者,……今就实物校之,脑自为四室之类,则似颇相符矣。[2]

  古所谓诸髓者,属于脑。故,上自脑,下至尾骶,皆精髓升降之道路也。与此暗合。[3]

大槻的写作目的是要"读之者若其所会熟而或有所疑,注意于其所附考证,进就本文覃思考索,则其精粗真伪自判,然可以为渐脱因循之旧染,顿悟真理之捷径",[4]所以在大部分情况下他会进一步指出这些"稍相似"、"颇相符"或"暗合"背后的实质性差异:比如中西医体系里的"汗孔与蒸气之主用而颇似",但细究起来,中医"所谓腠理者,非特指皮腠汗孔,兼指内外诸器泄气之门",而"蒸气亦泛称阳气液言之"。所以大槻建议"犹若有未审其分别者,人宜择取以与本说并考,则于治术之际,未无少补"。[5]再比如西医里的"神经液""与汉所谓'所营养生身之气血'之'气',或'元气'、'真气'、'阳气',或'营卫者,精气也'之'气'相似也",然而大槻又认为中医"视其可见而究其不可见之理",西医"则不视其可见者而推其不可见之理","其似者,特偶中暗合,不可同日而论也"。[6]类似的例子还有"胆"、[7]"骨"[8]和"眼"、"耳"、"鼻"、"舌"[9]等,这些词在《重订》中都采用了"直译",但这些中西医概念的吻合在大槻看来只是"偶中暗合",根本"不可同日而论"。

  大槻不厌其烦地写下这些文字,其实经历了一番颇为复杂的思想斗争:他起初担心读者只把注意力放在"偶中暗合"上面,不去细细分辨个中差异——"或由

---

[1] 见〈重订·附录上·子精名义解〉,《重订》,卷十一,叶四背至叶五正。
[2] 见〈重订·附录上·瘠瘵论〉,同上,叶十六背。
[3] 见〈重订·附录上·脊髓译义〉,同上,叶二十一正。
[4] 同上,叶一背。
[5] 同上,叶三背。
[6] 同上,叶五正背。
[7] 〈重订·附录上·胆液末条〉:"汉古所谓胆,形如悬瓠,附肝之短叶,间盛精汁之类。考其形状、所在本位则同,而如其'胆,敢也,有果敢决断也'等之主功,则与西说大异也。"同上,叶五背至叶六正。
[8] 〈重订·附录上·骨数补译末条〉:"汉人之说骨,皆自皮肉上按抚摸索,漫命其名,故无一骨得其真者。"同上,叶八背至叶九正。
[9] 〈名义解·附录上·五知三识〉:"'五知'与汉所谓'耳目口鼻形'之'五官'为五脏之外阅,《庄子》'耳目鼻口心知'、佛说'眼耳鼻舌身意'谓之'六根'颇相似,而异其所出。且'三识'亦为心之所主,则与之大差矣。"同上,叶十背至叶十一正。

之以令却失辨明本义之要",反倒把中西医学混为一谈,所以本打算略过不提,以免弄巧成拙;可"既而复顾旧说偶合实测者,从来古人深致思以至于此,不可不叹称也"〔1〕——这便真实地展现出了一个深受中医思想熏陶的兰学医者在接受西学时对待传统文化的理性态度和真挚情感。以上文分析过的"五脏"概念为例:一方面,大槻在指出中医"牵强附会"之处的同时,也很坦率地承认"既有五脏六腑之目,与今所实观者颇相合,则古必有其法矣",〔2〕甚至特地从古代汉文典籍里找到了零星证据;〔3〕另一方面,大槻还注意到中国"先于我殆二百年"便已有人译介过西方医学知识,比如明代方以智(密之)的《物理小识》和王宏翰(惠源)的《医学原始》便是"二百年前先我所发,而其得实者不为不多矣"——不过,尽管二书"本所取于实诣译说而实录也,然未闻世人读之能有注意而感发其诸说者",大槻认为原因就在于"无可征千古之医说者也",〔4〕亦即没有充分联系中医思想对比验证,然后去伪存真、破旧立新。〔5〕于是大槻斟酌再三,最终决定将"我邦及汉土从前

---

〔1〕 见〈重订·附录上·脊髓译义〉,《重订》,卷十一,叶一背。
〔2〕 《重订》,卷十二,叶三背至叶四正。
〔3〕 比如大槻就在〈汉书·王莽传〉里发现,王莽被活捉后,太守翟义的部下"使大医尚方与巧屠共刳剥之,量度五脏,以竹筵导其脉,知所终始,云可以治病";又从《文献通考》里找到明代崇祯年间泗州(今江苏盱眙,原文作"泗川",似误)每当有"刑贼于市",郡守就会"遣医并画工往亲决膜,摘膏肓,曲折图之,尽得纤悉。"不过,在大槻看来,"此等虽其用心可称,以其他无所适从。故为诣其所至,徒以校诸古经,取其快耳。惜矣!"他甚至还分析了中医体系"观之疏漏,说之牵强"的原因在于"尚文华之弊",而"后世医家亦第蹈袭彼五行分配之凿说,因循以为定则,莫一人出其范围者"。他在另一处则说:"今以实测所建之医流顾之,则其往昔所创立医道之本源已不免疏漏。盖承其疏漏之遗,而设方法、施治术,其所谓取其功验者,殆如未始解了也。因退察之,古来如其内景医理,则偏守古法,……"同上,叶四正背、叶十二正背。
〔4〕 《重订》,卷十一,叶二正;卷十二,叶八正。
〔5〕 他在〈重订·附录上·主用〉中也表达了类似的意思:"此古今所未曾发世也,虽有读之者,痼于旧染,不能卒晓,为可憾。"见《重订》,卷十一,叶二十六背。当然,这里也有方、王二人本身的问题。对此,大槻在〈名义解·附录〉里作了十分中肯的评价:首先,大槻指出这些人只是借助传教士的论述"略闻西方精究之说",其著作大都"取于重译,而非直就彼书记之者"。同上,叶三十二背;卷十二,叶八正。这在当时(明清之际)的中国甚至是很普遍的现象,大槻在回顾中国古代的翻译历史时说说:"挽近天文星历之诸术,取西洋所说之诸编而成者殊伙。闻是召洋人于本地,传译笔录,以所纂修(云)。"见《重订》,卷十二,叶三十一正。这样辗转译写出来的西学"未免隔一层而观焉","讹疏漏谬误之讥"也是很自然的事。见《重订》,卷十一,叶三十二背;卷十二,叶八正。大槻在〈重订·附录·三种眼液〉中说:"王氏辈传译西说,述目之视官论,有粗及其实诣者,然多误其传。虽则不足取以为证,闻其端绪则先于我。"又:"其说未为全尽,然原出于西说,学者参勘之可也。"又:"此亦传西说而所记也,然语而不详,可惜。"又:"汉所谓心,系有二:一则上与肺相通而入两大叶之间者,似指肺动血脉、肺静血脉;而谓'一则由肺叶下'云云,则牵强甚矣。……古今诸说,半上落下,此皆不识实之弊也。唯挽近王氏之书,则记传闻之译说,有'脉经之血由心炼'之论可取者,惜哉未尽其详也。"
(转下页)

诸说间有与西说暗合者"[1]专门辑录为一卷,通过中西医学概念的详细比照来证明"实测与臆度有真伪精粗之分也",期待有识之士"若能取舍之,则与发挥真理未必无小补也"。[2]

我们知道,兰学时期的日本是一个中西文化剧烈冲突的时代。大槻玄泽一方面指责保守的汉方医者"蹈袭旧说,守株胶柱,恬然不之省,舍弃本趋其末";另一方面,在翻译实践中却不得不"蹈袭旧称","有回护古经者焉,有牵强旧说者焉。要取令人意易会也"。[3] "在新旧之间、传统与现实之间、科学态度与迷信盲从之间进退维谷,前后失据"[4]的译者,煞费苦心地作出上述选择也是完全可以理解的吧!

三、另一种"直译":语素对译

值得重视的是,《名义解》中还有一种译法也被标注为"直译":

水脉(直译):法鞁・列乙模羹低蛤 (罗) 袜跕卢・法登 袜跕卢・勃乙斯 (并兰) 按:袜跕卢者,水也;法登者,脉也,与窆朕卢同义;勃乙斯者,筒管也,即脉管之谓也。因译曰"水脉"。……[5]

虫样垂(直译):窆迚日古斯 拂卢密福卢密斯 (罗) 嘛卢模汸乙泄・窆盉方杌泄鹿 (兰) 按:嘛卢模汸乙泄者,虫样也;窆盉方杌泄鹿者,悬垂也。……[6]

(接上页)见《重订》,卷十一,叶二十一背、叶二十二背、叶二十八背、叶三十背。其殷殷惋惜之情可见一斑。更重要的是,作为长期浸淫于旧学的传统知识分子,方、王二人本身也不可能完全摆脱中医思想的影响,他们在医学方面的译述"多加旧说与臆见"也是很可以理解的——这一点大槻同样认识得非常清楚,他在评价王宏翰的《医学原始》时说:"汉有医道以降三千年,医人之多、医书之伙,无一不涉阴阳五行者。而其说颇系实测者,仅此书与明方氏所著耳。犹且因循旧习,未能全脱樊篱而发挥实理。……要之,阴阳五行,汉土古今一大结构。耳目所惯,人人安其中。虽有豪杰,恬之省者,古来国俗风习令然也。"同上,叶三十二正。《重订・附录》的写作主要就是出于以上考量,大槻要以"王氏辈"为前车之鉴,"外其堂构,求其端绪,而探其本,溯其源"(同上),对中西医学"貌合神离"的部分作一番正本清源式的梳理。

[1] 〈序;旧序;附言;凡例〉,叶六正背。
[2] 《重订》,卷十一,叶三十四正背。
[3] 《重订》,卷十二,叶十九背至叶二十正、叶二十九背。
[4] 沈国威:《近代中日词汇交流研究:汉字新词的创制、容受与共享》,页80。
[5] 《重订》,卷五,叶三十一背。
[6] 《重订》,卷九,叶四十背至叶四十一正。

"水脉"（water-vaten/water-buis）等于"water"（"袜跕卢者，水也"）加"vaten"（"法登者，脉也"）/"buis"（"勃乙斯者，筒管也，即脉管之谓也"）；"虫样垂"（worm wyzn aanhangzel）等于"worm wyzn"（"鼬卢模汤乙泄者，虫样也"）加"aanhangzel"（"窑益方杌泄鹿者，悬垂也"）。这两个"直译"词都采用了类似"语素对译"（也称"仿译"）的方法——当然，大槻玄泽所处的时代还没有"语素"（morpheme）的概念，这里说的"语素对译"并不是严格意义上的一个汉语语素对译一个外语语素，大槻对外语词的切分以及对译时选用的汉语有时是大于语素的单位。为了行文的方便，我们用"语素对译"来泛指此类做法。具体而言，就是先将原语拆分成若干个意义单位，再用适当的汉语逐次译出，最后组合到一起构成一个新的汉字词——大槻每每将其表述为"如译字"、"其义如译字"或"原称如译字"。[1] 采用这种方法来翻译的大都是中国本来没有的概念，汉语中自然也没有相应的称呼——这一点好像并不符合"汉人已说"这个"直译"的标准，因此这些译词虽然被标记为"直译"，但以往的论者多视其为笔误，认为《重订》中采用语素对译法的词应归入"义译"一类。[2]

---

[1]《重订》，卷七，叶三十五正；卷八，叶十三背、叶十九正背。
[2] 比如沈国威就认为《重订》中的"义译"可以分为"摹借法"和"汲义法"两类（见沈国威：《近代中日词汇交流研究：汉字新词的创制、容受与共享》，页86），前者就是指语素对译法。沈著所列举的"摹借法"译词包括"十二指肠"、"盲肠"、"摄护液"、"口盖骨"、"小脑"等，但这五个词中除了"口盖骨"被明确标为"义译"外，其余四个词并没有作标注；而按照《名义解》的译词标记原则——"每条下记'某译'，下条亦同则不复录，直至换他译而记之"（见《重订》，卷五，叶四正），排在"十二指肠"和"盲肠"之前的最近一个注明译法的词是"食道"，排在"摄护液"和"小脑"之前的分别是"泪"和"脑"，而"食道"、"泪"和"脑"的标注都是"直译"（见《重订》，卷九，叶三十二背；卷五，叶十二背；卷七，叶八背）。那么，"十二指肠"、"盲肠"、"摄护液"和"小脑"也都应归为"直译"；沈著判定其为"义译"，故指《重订》之标注"多有舛误"。见沈国威：《近代中日词汇交流研究：汉字新词的创制、容受与共享》，页78。类似地，张哲嘉也认为"大槻在《名义解》中所标注的直译、义译，有时并不可靠"，可能是"其本人无意识状态下的笔误"。他归纳了"组合"、"取义"、"假借"和"造字"四种"义译"的具体做法，其中"组合"一法就是"将原语拆解成一个以上的元素、然后再组合而成词汇"（见张哲嘉：《重订解体新书》对三译原则的运用》，页53—56），与沈著中的"摹借法"类似，都是指广义的语素对译。然而，《名义解》中采用语素对译法的译词实际上大都列在"直译"名下，全部用笔误来解释恐怕很难令人信服。全书中用"义译"一词来指称语素对译的例子仅一处，即"胆"条："苛悉蛤·歇力斯泄乙斯苔 苛列亚（并罗）歹鹿·勃攀斯（兰） 按：是二合言也。盖歹鹿者，苦黄汁（即胆汁也）；勃攀斯者，囊也。义之则'黄液囊'也，即汉所谓胆也。"（见《重订》，卷十，叶四正）。但我们完全可以把这里的"义译"理解成与音译相对的意思（即按照原词的含义来翻译），而非特指《重订》译例中确立的"三译"原则之一。张哲嘉提出把"误写"的"直译"理解成"直接翻译"，（见张哲嘉：《重订解体新书》对三译原则的运用》，页53），似乎也是类似的逻辑，但这样的"误写"却一而再、再而三地出现（详见下文），而且也无法解释"水脉"、"虫样垂"等词的下标中注明（而非行文中使用）的"直译"。

实际上，语素对译式的"直译"词在《名义解》内所在多有，绝不可能都是笔误，有时参以词条下的释文便可断定作者确实是把这些词当作"直译"来看待的。比如〈名义解·动血脉篇〉[1]中标为"直译"的"动血脉"[2]一词，大槻在〈名义解·身体元质篇〉中解释说：

动血脉： 遏卢 的力宎（罗）斯拉孤·宐牒卢（兰） 按：斯拉孤者，搏动也；宐牒卢者，脉也。故直译曰"动血脉"。[3]

"斯拉孤·宐牒卢"（slag-ader）被拆成"slag"（"斯拉孤者，搏动也"）和"ader"（"宐牒卢者，脉也"），大槻很明确地把这样的译法称作"直译"，足见〈动血脉篇〉的标识并无讹误。

再如"食道"（slok-darm）一词的释文说：

斯洛骨者，咽也；达卢模者，肠也。……直译之则"咽肠"也。[4]

〈名义解·诸骨区别篇〉还录有"上下海绵样岐骨"一词，荷语作"spongieagtige beenderen"，大槻称：

今因其义直译云尔。[5]

这里的"义"只能是语素义。[6]所谓"因其义直译"就是按照原词的语素义进行"直译"，即语素对译。

更明显的证据是，大槻在一条"直译"词的释文内这样说道：

石样骨端： 斯登宎古低杌·阿乙多斯爹吉泄鹿（兰） 按：此二语合言而为今所译之义。此骨，颞颥骨内之一端，而位于耳中鼓膜内底。其质坚刚如石，他骨无与之类者。……[7]

---

[1]《重订》中正文的篇目与《名义解》的篇目一一对应。
[2]《重订》，卷五，叶二十七背。
[3]《重订》，卷八，叶二十一背。
[4]《重订》，卷九，叶三十二背至叶三十三正。
[5]《重订》，卷六，叶二十三正。
[6] 和上文对"语素对译"的定义类似，这里的"语素义"也不是严格意义上的"最小的音义结合体"（语素）所包含的意义，有时是比语素更大的意义单位。
[7]《重订》，卷六，叶二十二正。

根据大槻对"斯登乞古低机·阿乙多斯爹吉泄鹿"(steen-agtig uitsteekzel)的位置("颞颥骨内之一端")和质地("坚刚如石")的描述来判断，他所说的"此二语合言而为今所译之义"指的就是把"斯登乞古低机"(steen-agtig)和"阿乙多斯爹吉泄鹿"(uitsteekzel)这两个荷语复合词所包含的语素（意义单位）译成对应的汉语——"石样"和"骨端"，然后组合起来，造出"石样骨端"这样一个新词。换言之，大槻在这里所定义的"直译"就是"二语合言而为今所译之义"。

相应地，假如原词只有一个语素（"一语"），大槻也会尽可能用汉语中的单语素词去"直译"。比如〈名义解·身体元质篇〉中标识为"直译"的"㳄"，大槻在释文内专门用小号字向读者详细解释了该词的由来：

> 原称"灭鹿古"者，特名此物之一语而无他义，非可以"乳汁"二合言而译。按字书："《左传》楚人谓乳为'㳄'。"又："㳄，泥吼切"、"㳄，湩也，母血所化，以饮婴孩者"。又："湩，音'栋'。"《说文》："乳汁也。"《集韵》或作"䍶"。是皆"乳汁"以一语所称之字，故译云"㳄"。[1]

这段引文中的"语"很接近我们现在说的语素，所谓"一语所称之字"就是汉语中通常以"字"的形态出现的单语素词。大槻指出，由于"灭鹿古"(melk)在荷语中是单语素词（"特名此物之一语"），所以不宜用两个汉语语素组成的复合词"乳汁"来译（"非可以'乳汁'二合言而译"）。他翻检各类汉文典籍，找到了"㳄"、"湩"和"䍶"三个单语素汉字词，最后决定用"㳄"来替换"乳汁"。一种初具雏形的语素观念以及以语素为单位进行翻译的"直译"思想在这里表现得很明显。

通过以上观察，笔者认为《重订》的"直译"和语素对译有很密切的关系，大槻是有意识地在进行语素对译的实践。把"直译"简单地理解为"使用已有的汉字词直接去译外语的词"[2]并不恰当，这一定义无法完整概括我们在该书中观察到的语言事实。大槻用来"直译"荷语词的汉字词，实则既包含现成的汉字词，也包括"二语合言"（乃至数语合言）而成的新词。那么，我们是否可以在逻辑上将这两种情况统一起来呢？

实际上，对于那些在既有的汉字语汇中可以找到对应译词的荷语词，大槻有

---

[1] 《重订》，卷六，叶九正。
[2] 沈国威：《近代中日词汇交流研究：汉字新词的创制、容受与共享》，页77。

时仍会尝试语素对译,并把对译的结果写入释文。这为我们比较两种不同类型的"直译"提供了重要材料。按照是否进行过语素对译来划分,《重订》中用现成汉字词直接对译荷语词的情况大体上分为以下三类:

1. 译者未对原词进行语素对译,[1]直接用现成的汉字词充当译词。

这类汉字词中最常见的是单音节词,比如"骨"、"心"、"脑"等——这和古汉语词汇以单音节词居多的特点有关;也有一些双音节词,比如"海绵"、[2]"躯干"、"拇指"、"脂肪"、"津唾"、"膏脂"、"胼胝"、"胎子"等;还有个别超过两个音节的词,如"悬壅垂"(俗称"小舌")。虽然从现代语言学的角度看,这些多(双)音节词绝大多数属于合成词,但它们"直译"的对象都是未被译者分解的外语词,亦即它们所对译的荷语原词本身是被大槻当作独立的意义单位(类似于单纯词)来看待的。以上这类"直译"可以视作一种基本形态的语素对译,由此得来的译词是组成"上腹部"、"动血脉"、"上下海绵样岐骨"等汉语中原本没有的新造合成词的基本单位,两者的区别仅在于"直译"的对象是一个意义单位还是多个意义单位,其原理则一。

值得一提的是,大槻选用的这些译词中有一类比较特别:这些汉字词的本义与生理学无关,但它们对应的荷语词在原语境里已经引申为解剖学术语,比如"弓"、"艇"、"翼"、"翅"、"车轴"、"穹窿"、"网缝"、"线系"、"蒂茎"、"回郭"、"纤条"、"白条"等。但这样的"直译"难免产生歧义,因为原词的引申义(即生理学意义上的用法)不可能仅仅通过一次翻译就成功移植到汉语中来。所以,大槻有时也会为译词补足语素以便于读者的理解,但仍视之为"直译":

长踦关(直译):法郎业斯(罗)　此原蟎蛸长踦(一名"长蚑")之名也。此蛛脚细长而为三折也。指骨之为机关,亦每指三折,故以其状名之。[3]

耳鼓:多鲁模灭鹿(兰)　按:即鼓也。是一膜冒耳腔,且具如鼓挺、鼓索者,故有此名。[4]

以上二词中的"关"和"耳"都是译者额外添加的语素,原词"法郎业斯"(phalanges)和"多鲁模灭鹿"(trommel)的本义就是"长踦"(一种蜘蛛)和"鼓",释文还详细

---

[1] 可能因为原词无法进行分解,或译者不了解原词的构成形式。
[2] 大槻称"此物汉名未详,我邦呼为'海绵'",见《重订》,卷五,叶四正。也就是说,大槻认为这个词属于日语(而非汉语)中既有的汉字词。
[3]《重订》,卷六,叶三十正。
[4]《重订》,卷七,叶三十三背。

解释了原词引申的依据。这种做法便很有效地将引申义"直译"到了汉语中来。还有一些语素的添加则是考虑到译词的精确性和完整性，比如"**肋骨**(直译)：离榜(兰)　即肋也。因附'骨'字译云尔。……"、"**输精管**(直译)：乞弗夫冷呷牒登(兰)　按：输送管之义。此以为输精之管，今附'精'字译云。……"[1]

更引人注意的是：有时译者添加的语素本身属于"义译"词，但由于译词的主体部分是现成的汉字词，所以也被大槻视作"直译"，比如〈名义解·口篇〉"匾桃核滤泡"条：

匾桃核滤泡(直译)：乞忙牒冷(兰)　按：即匾桃也。此口盖后部两侧所在攒簇滤泡也。以形似其核，直取之名云。……[2]

"滤泡"（klier）本身是一个"义译"词（详见下文），就是我们今天所说的"腺体"。但"乞忙牒冷"（amandelen）并不包含"滤泡"这个语素，原词的本义就是"扁桃（核）"。"匾桃核滤泡"中的"滤泡"，跟"长踦关"中的"关"、"耳鼓"中的"耳"一样，都是译者为了带入原词的引申义（即其解剖学意义）而添加的语素。在这种情况下，不论增添的语素属于"直译"还是"义译"，译词均被归入"直译"。

2. 译者对原词进行了语素对译，且合成的译词与通行的汉字词恰好一致。例如：

汗(直译)：修独卢(罗) 斯物乙多(兰)　按：即汗也。……

汗孔(直译)：卜力(罗) 斯物乙多　歹登(兰)　按：歹登者，孔也，故译曰"汗孔"。汉人亦谓"汗孔"是也。……[3]

肠：应的斯·低那(罗) 达卢模(兰) 即肠也。……

直肠：应的斯低奴斯·列古丢模(罗) 列吉的达卢模(兰)　按：列吉的者，直也。此以其直下肛门也。此物特与汉名符合。……[4]

耳(直译)：乞乌斯列(罗) 阿阿卢(兰)　按：即耳也。……

耳垂：阿阿卢拉畀(兰)　按：与汉所谓"耳垂"之义全同也。……[5]

人类认识事物存在一些共通规律，此类荷语词的语素构成恰好和相应的汉语词一

---

[1]《重订》，卷六，叶二十八正；卷十，叶十三正。
[2]《重订》，卷七，叶七正。
[3]《重订》，卷六，叶五背至叶六正。
[4]《重订》，卷九，叶三十六正、叶四十二正。
[5]《重订》，卷七，叶三十一背；叶三十二背至叶三十三正。

致("特与汉名符合"),这当然是译者最乐于见到的情形。

还有一些荷语词经过语素对译之后虽然与通行的汉字词并不完全相同,却也十分接近,译者只要稍加解释便能自圆其说。"大肠"和"小肠"就是很典型的例子:

> 汉分肠为大小,和兰则为厚薄(和兰亦一有大、小之称)。盖薄则小,厚则大,大小、厚薄虽似异,其义互不相妨。[1]

虽然荷语"dikke darm"和"dunne darm"的本义是"厚肠"和"薄肠",但"薄则小,厚则大","其义互不相妨",所以"大肠"和"小肠"仍被归入"直译"一类。同样的还有"脑盖"(hersenschaal):

> 脑盖:协卢僧·悉迦鹿(兰) 按:协卢僧者,脑也。悉迦鹿者,杯也,钵也,盏也。汉以"盖"名焉,义亦颇似,故从通称。……[2]

"其义互不相妨"和"义亦颇似"中的"义"指的都是语素义。之所以要作这样的解释,说明大槻其实很看重译词和原词在语素层面的意义对等,这本身便透露出他对"直译"的理解。

更进一步观察还可以发现:在处理"一词多译"(一个荷语词对应多个含义相同或相近的汉语词)的情况时,大槻的选择也呈现出同样的倾向。比如:

> 耳垢:泄留孟竻·囲力乌模(罗)阿卢·斯灭卢(兰) 按:阿卢者,耳也。斯灭卢者,粘脂也。汉所谓"耳垢"是也("耵聍""耳糠""耳屎""耳塞"皆同)。今译曰"耳垢"。[3]
>
> 子宫:囲的留斯(罗)列乙弗 模牒卢(兰) 按:列乙弗者,身也,即儿体之义;又,娠之义也。模牒卢者,母也。母者,汉所谓"胞室"之"室"之意。汉又有"子宫""子脏""子肠""胞门"等之名,意亦相同。……[4]
>
> 流产:密斯达拉古多(兰) 按:密斯者,失误也,缺损也;达拉古多者,怀孕之义。……汉谓之"堕胎"、"小产"、"半产"或"流产",今取"流产"字。[5]

---

[1]《重订》,卷九,叶二十六正。
[2]《重订》,卷六,叶二十一正背。
[3] 同上,叶十三正背。
[4]《重订》,卷十,叶十九背至叶二十正。
[5] 同上,叶二十九正背。

对于汉语中存在不同词语指称同一概念的情况，大槻挑选出来的译词——"耳垢"、"子宫"和"流产"，都可以较好地匹配原词语素。

有时候，大槻还会根据原词的语素义对既有的汉字词进行语素调整，采用这种做法的译词仍然被归在"直译"名下：

横鬲： 侪吃法蜡杌首(罗) 密登力弗 密登力弗多(并兰)　即"中隔"之义也。以横隔中下二腔，故有此名。汉曰"鬲"；又，"横膈膜"者是也。然其实则非膜质也，故省"膜"字。……[1]

如果"使用已有的汉字词直接去译外语的词"， 密登力弗 (middenrif)/" 密登力弗多 "(middenrift)应该对应"鬲"或"横膈膜"；但大槻没有直接用这两个词，他把"横膈膜"中的"膜"字节去，用"横鬲"（"鬲"通"隔"）来"直译" 密登力弗(多) 。我们猜测这里的原因除释文明确提到的"其实则非膜质也，故省'膜'字"以外，很重要的一点是原词本来就没有"膜"这个语素（"'中隔'之义也"），"横鬲"与原词的语素刚好对应。

还有一些词，尽管大槻没有作出说明，但其实也是中国古代医书里出现过的，比如"上腹部"、"骨髓"、"蒸气"、"表皮"、"眼珠"、"卵巢"等。[2]

总的来看，以上两种情况和语素对译法并不矛盾——或者说完全可以当作语素对译式的"直译"来看待。比较特殊的是第三种。

3. 译者对原词进行了语素对译，但合成的译词与既有的汉字词有较大区别。这时大槻就必须作出一个选择：到底是用语素对译词还是用既有的汉字词来充当最终的译词？事实上，这两种情况在《名义解》中都出现过。

我们先看前一种：

① 某些概念在汉语里明明有现成的名称，译者却弃之不用，反而用语素对译法来"直译"。比如"无名骨"：

---

[1]《重订》，卷八，叶九背。
[2] 这类词中也有一些在荷兰语中可以指称人的生理部件，但汉语里没有对应的引申义。比如"亮隔"，原词记作"协卢牒卢丢僧·悉劫乙铎泄鹿"，"即明亮间隔之义"。见《重订》，卷七，叶十背至叶十一正。它指的是"附着胼胝以为脑室之间隔者"，"盖因其质甚软弱，而自透明光澈，故有此名"。同上。类似的还有"蜗牛壳"，该条释文称："斯罗更福乙速(兰)　按：蜗牛也。以其旋回之状相似名。……"同上，叶三十五正。"蜗牛"一词后似脱"壳"字，并非译者额外添加，否则无所谓"旋回之状"；且荷语原词"斯罗更福乙速"("slakkenhuis" = "slacken" + "huis"）即"蜗牛壳"之义，该词条亦名"蜗牛壳"。

无名骨(直译)：是汉所谓"髂"。又，"腰臗"。又，临两股者曰"监骨"者，盖是也。和兰名 翁业纳摸牒·蓁 ，即"无名骨"之义也。……[1]

大槻在"软骨"一词的释文里说" 蓁 者， 蓁碟冷 之下略，即骨也"，而" 翁业纳摸牒 "（oongenaamde）就是"无名"的意思，两者合在一起组成"无名骨"。但" 翁业纳摸牒·蓁 "（oongenaamde been）在汉语里是有现成的对应名称的，而且不止一个——大槻自己就列了"髂"、"腰臗"和"监骨"三种，但他都没有采纳，最后用了语素对译法创制的"直译"词——"无名骨"。

类似地，〈名义解·诸骨区别篇〉所附〈骨骸全图符号释说〉"坐骨两孔"条称"坐骨"一译为"直译名"，"即骶骨也"。[2]"骶"这个字，从构形上就能判断是汉语中与骨骸有关的专名。〈素问·疟论〉载："其出于风府，日下一节，二十五日下至骶骨，二十六日入于脊内。"[3]所谓"骶骨"指的就是人的尾脊骨。和"无名骨"的例子一样，译者同样没有用现成的汉字词，而是用语素对译法"直译"出新的合成词充当译词。

如果说"髂"、"骶"这些字是因为比较冷僻，所以大槻才选择语素对译的话，[4]那么"食指"、"无名指"这类明显的常用词也没有入选为正式译词，是否更能说明问题呢？〈名义解·外形部分篇〉载：

示指： 物乙斯·轩业卢 (兰)即示指之义。汉所谓"食指"也。 按：我邦呼曰"指他指"，暗与原名相符。……[5]

环指： 邻杌·轩业卢 (兰) 按：汉所谓"无名指"，而我邦曰"尝药指"，若"点红指"者是也。……[6]

荷语词" 物乙斯·轩业卢 "（wysvinger）和" 邻杌·轩业卢 "（ring-vinger）分别对应汉语里的"食指"和"无名指"，大槻在释文中明白无误地列了出来，说明他很清楚

---

[1]《重订》，卷六，叶二十八背。
[2] 同上，叶三十七背。
[3] 傅景华、陈心智（点校）：《黄帝内经素问》(北京：中医古籍出版社，1997)，页56。
[4] 其实，用生僻字进行"直译"的情况在《名义解》中并不鲜见，比如〈外形部分篇〉中的"胁"（"季胁下空软处也"）和"臁"（"腰左右虚肉处"）、〈胸篇〉中的"膔"（乳头）（《重订》，卷五，叶十背、叶十一正；卷八，叶八正）以及上文提到的"沆"。
[5]《重订》，卷五，叶十二正。
[6] 同上。

这一点；但大槻最终采用的却是语素对译得来的新词——"示指"和"环指"：其中，"轩业卢"（vinger）意为"手指"，"物乙斯"（wijs）和"邻杌"（ring）分别是"指向"和"环"的意思。大槻虽然没有详细说明，但"示指"和"环指"二词的造词理据非常明显，而这两个词也都被列在"直译"一类。相仿的还有"素膜"（白膜）、"龂齿"（板齿、当门齿）、"心囊"（包络）[1]等。

大槻倾向于语素"直译"的最明显的证据是他对"肉痒尖"一词的解说：

　　肉痒尖（直译）：吉的蛮卢（兰）　按：痒笑、肉痒之义也。……即汉所谓"阴挺"是也。今直译原语，尾"尖"字云尔。……[2]

大槻不仅放弃了通行的汉字词"阴挺"，而且很明确地表示"肉痒尖"一词是"直译原语"——即"直译"吉的蛮卢（kittelaar）的"痒笑、肉痒之义"。

以上几例全都说明语素对译在大槻看来不仅是名正言顺的"直译"，有时甚至会被当作优先采用的译法。

当然，弃用语素对译词的例子也并非不存在，这就是我们接下去要分析的第二种情况：

② 大槻对荷语原词作了语素对译，创制出新的合成词，但最终还是选用了通行的汉语词。这类汉语词往往是大众比较熟悉，甚至在日常生活中也可能用到的，例如：

　　食道（直译）：乌索法牛斯（罗）斯洛骨·达卢模（兰）　按：斯洛骨者，咽也；达卢模者，肠也。盖"咽"者，饮食咽纳之义；其谓之"肠"者，食道与肠，其状相似也。故，直译之则"咽肠"也。……而直以"食道"译之，亦取旧称易记也。……[3]

---

[1] 括号内为现成的汉语词。
[2]《重订》，卷十，叶十七背。有的论者未将引文末句断开，误作"今直译原语尾尖字云尔"，并据此指责大槻"只想到他'直接'将'尖'的字义翻出来而成此词，故称之为'直译'，遂在不知不觉间，与自己创造出来的'直译'定义相互抵牾"，见张哲嘉：《〈重订解体新书〉对三译原则的运用》，页53。然而大槻明明在释文中说"吉的蛮卢"系"痒笑、肉痒之义"，并没有"尖"这层意思，如何可能"直接将'尖'的字义翻出来"？实际上，"尾'尖'字云尔"中的"尾"作动词用，意思是在"肉痒"末尾加上"尖"这个字——同样的用法亦见于〈名义解·眼目篇〉"虹彩"条，大槻称"呼硬爸杌"（regenboog）"即虹蜺也。因尾'彩'字译焉"。见《重订》，卷七，叶二十八正。为确保译文的精确性和完整性，大槻有时会采取添加语素的办法，比如上文提到过的"肋骨"（"因附'骨'字译云尔"）和"输精管"（"今附'精'字译云"）。"肉痒尖"的"尖"亦属此类，乃因"肉痒"本是一种状态，尾附"尖"字，方成其物名。
[3]《重订》，卷九，叶三十二背至叶三十三正。

膀胱：歇悉革・乌力纳力窑（罗）袜的卢・勃鸴斯（兰）　按：袜的卢者，水，即尿水也；勃鸴斯者，囊也。即二合言而"尿囊"之义，汉所谓"膀胱"是也。汉亦有"脬囊"之名，能妥当原称。……[1]

荷兰语"斯洛骨达卢模"（slok-darm）和"袜的卢・勃鸴斯"（water-blaas）按照语素对译的方法分别应该"直译"（"二合言"）成"咽肠"和"尿囊"，但汉语中的"食道"和"膀胱"已经是很流行的叫法了。鉴于人们的习惯一时无法改变，"取旧称易记"也是可以理解的选择。值得注意的是：译者一方面把"食道"一词标为"直译"，声称"直以'食道'译之"，另一方面又在释文中说"直译之则'咽肠'也""'脬囊'之名，能妥当原称"，大槻在两种"直译"之间的纠结思量和举棋不定表现得十分明显——我们甚至可以看到他对后一种"直译"（即语素对译）的格外青睐。

有时，原词包含了很丰富的文化意涵，不具备相关知识的读者只看字面意思是无法理解的。"窑达模神之遗果"（即喉结）就是典型的例子：

结喉：卜缪模窑达密（罗）窑达模斯　窑百鹿（兰）　按：窑达模者，西洋太古开辟神之名也。彼邦荒濛之世，有阴阳两神，阴曰"厄袜"，阳曰"亚当"，共汉人所音译也。盖"亚当"者，即窑达模也；斯者，助语；窑百鹿者，果也，犹曰"窑达模神之遗果"。传云：上古窑达模神适食一果，误哽于喉内，不出不下，留在吭咙外，遂作堆起，其状宛若果子，自此以来，其子其孙，生生不息，皆为相肖，各存一堆起于颔下云。盖古来寓言，遂为通称而已，即汉所谓"结喉"，亦因喉外为结起之状而名耳。……[2]

"结喉"的荷兰文为"Adams-appel"，字面意思是"亚当的苹果"（"窑达模神之遗果"）。根据《旧约・创世记》的记载，上帝在伊甸园里创造了男人亚当（Adam）和女人夏娃（Eve），夏娃偷吃了智慧之树（苹果树）的果实并唆使亚当同食。亚当来不及细嚼就被上帝发现，果核从此卡在喉咙里，他的子孙也无一幸免——这就成了男人的喉结。在英语里人们用"Adam's apple"（亚当的苹果）表示喉结，荷兰语则索性合成一个词——"Adams-appel"。在杉田和大槻所处的时代，了解上述典故

---

[1]《重订》，卷十，叶十正背。
[2]《重订》，卷五，叶九背。

的日本读者显然是很少见的。如果采用语素对译式的"直译",从未接触过西方文化的人不可能把"叱达模神之遗果"和"喉结"联系起来,自然就无法理解个中含义;而对于来历如此复杂的合成词,译者又很难像处理"长跨关"和"耳鼓"那样通过添加语素的方法为汉语"译入"引申义。面对这种情况,大槻只能采用通行的"结喉"来"直译"。

上文说过,有一些词在荷语中可以指称人的生理部件,但对应的汉语本来没有相关引申义,比如"车轴"("第二项椎")、"穹窿"("白髓之一部")、"蒂茎"("延髓侧上之二尖起")、"回郭"("耳底旋回骨关")、"纤条"("门脉……之如纤根细须者")、"白条"("腹……中行之一大筋也")〔1〕等。这些词大都是专业性很强的术语,汉语中也没有对应的通称,大槻一般采用语素对译法。但假如遇到广为人知的概念,情况也可能不一样:

胆液:弼力斯(罗)歹卢(兰) 按:歹卢者,苦汁也,即胆腑所盛者。汉所谓"胆汁"、"胆液"是也。……〔2〕

胎子(直译):喧模勃列乙阿 夫丢斯(并罗)弗留古多(兰) 按:弗留古多者,胎子也。此语原果实之称也。……汉所谓"胚胎"即是也,故从通称。〔3〕

"歹卢"(gal)和"弗留古多"(vrugt)的字面意思(即语素义)分别是"苦汁"和"果实",在荷语里专指胆汁。但汉语里的"苦汁"和"果实"都是泛称,照译过来很难使人明白确切的含义;而中医术语里本有"胆液"("胆汁")和"胎子"("胚胎"),人们比较熟悉,因此不如袭用通称为妥。

《名义解》中还有一些放弃语素对译的例子,大抵也都有不得已的理由,如:

腕后:诃卢方铎(兰) 按:诃卢者,前也;方铎者,手也。即"手前"之义。汉所谓"腕后"是也。〔4〕

腕前:纳卢方铎(兰) 按:纳卢者,后也。即"手后"之义。汉所谓"腕前"也。"前"云、"后"云,与汉相反;而今从汉者,以古来所通称,难卒改易也。〔5〕

---

〔1〕《重订》,卷六,叶二十五正、叶十背、叶十四背、叶三十四背至叶三十五正;卷九,叶十八背、叶三十一背。
〔2〕《重订》,卷六,叶十七正。
〔3〕《重订》,卷十,叶十九正。
〔4〕《重订》,卷六,叶十一背。
〔5〕同上。

"词卢方铎"（voorhand）和"纳卢方铎"（naarhand）语素对译的结果分别是"手前"和"手后"，与汉语"古来所通称"——"腕后"和"腕前"恰好相反，若不加以纠正，势必造成误会。

通过以上分析我们可以看到：大槻对"二语合言"乃至"数语合言"（即语素对译法）作为"直译"的认可度，实则高于"使用已有的汉字词直接去译外语的词"[1]的做法。假如我们把那些不宜拆分语素进行对译的荷语词（即本节3-②所讨论的情况）也看成独立的整体（即本节1中的例词），那么上文罗列的两种"直译"实际上是可以统一起来的：大槻所说的"直译"，就是用现成的汉语词去替换原词中的意义单位。当原词只包含一个意义单位时，直接用选定的单个汉语词替换即可；如果原词的意义单位多于一个，则在替换之后还要将汉字词连缀起来。——这两种方法其实都可以视作语素对译。虽然用语言学的观点来分析，后一种做法确实是创造了新的词语；但从大槻的角度看，两者实际上都是名称的替换（用汉语名称替换荷语名称），并没有本质差别。[2]

上文在分析"匾桃核滤泡"一词时说过，大槻偶尔会为译词增加原词所没有的语素，但只要译词的主体部分是"直译"（语素对译）得来的，即使增加的语素属于"义译"，译词仍被视作"直译"。那么，假如"义译"的语素不是额外增加的，而是原词本身包含的语素义，这时大槻又会怎样判定翻译的性质呢？我们来看一个同样包含了"滤泡"的译词：

松毬滤泡：瓦郎受拉·必涅叱力斯（罗）百应吃百鹿·吉离卢（兰）　按：百应吃百鹿者，松毬也。……是一种滤泡，而位于脑之中心网缝中，其形全似小松毬子，故名云。……[3]

把"吉离卢"（klier）翻成"滤泡"是《重订》中具有代表性的"义译"的例子之一（详见下文），大槻在《名义解》的前言部分就作了分析。而在"松毬滤泡"（今译"松果体"）这个译词中，"松毬"（松树的果穗）和"滤泡"分别对应原词百应吃百鹿·吉离卢（pyn-appel-klier）中的"百应吃百鹿"（pyn-appel）和"吉离卢"（klier），

---

[1] 沈国威：《近代中日词汇交流研究：汉字新词的创制、容受与共享》，页77。
[2] 沈国威称前一种情况只是"译词选择的问题"，而把后一类归入义译。同上，页78。笔者认为两者都是译词选择的问题。
[3] 《重订》，卷七，叶十一正。

前者是"直译"词，而后者是"义译"词。面对这种互相"矛盾"的情况，大槻是如何处理的呢？我们发现，按照《名义解》"每条下记'某译'，下条亦同则不复录，直至换他译而记之"[1]的标识原则，"松毯滤泡"应和该篇（〈脑及神经篇〉）第一个译词"脑"属于同一种翻译类型，即"直译"。大槻并没有说明理由，但我们大体上还是可以把握其中的逻辑：虽然"滤泡"本身采用的是"义译"法，但该词一旦被创造出来便已成为汉语词汇的一员，再行组词时即可视其为既有的汉语词。[2]《名义解》中的"泪液滤泡"、"黏胶滤泡"、"黄滤泡"、"胸滤泡"，以及"肋间对神经"、"甲状软骨"、"僧帽样障膜"等，皆属此类。

四、指向概念义的"义译"

以往的论者之所以把语素对译归入"义译"，主要依据是杉田玄白在初版〈解体新书·凡例〉中举的"软骨"这个例子：

> 呼曰"加蜡假偭"者，谓骨而软者也。"加蜡假"者，谓如鼠啃器音然也，盖取义于脆软；"偭"者，"偭题验"之略语也。则译曰"软骨"，义译是也。[3]

"加蜡假"（kraak）"取义于脆软"，"偭"（been）则是"偭题验"（beenderen）的缩略语，意思是"骨"。把"加蜡假偭"（kraakbeen）翻成"软骨"似乎是采用了语素对译法。但我们应当注意到，"加蜡假"其实没有"脆软"的意思，它原本是一个象声词，"谓如鼠啃器音"——杉田在写给建部清庵的信里就说过"カラーカ"（kraak）是模拟"若鼠啃物，卡啦卡啦之音"；[4]而引申出"脆软"，完全是译者的联想发挥。所以〈凡例〉说"取义于脆软"，而不说"加蜡假"义为"脆软"；大槻《名义解》的表述更加明白："啃细脆骨者之声，转为脆软之义"。[5]由于"加蜡假"并没有"脆软"的意思，所以把"软骨"一译理解成语素对译恐怕有失妥

---

[1]《重订》，卷五，叶四正。
[2] 另一种可能的逻辑是："松毯滤泡"总体上仍然采用了语素对译（"二语合言"）的方式，即："松毯滤泡"="百应它百鹿（松毯）+吉离卢（滤泡）。但这可能不符合大槻本人的思考路径，因为《名义解》中存在形式类似却被明归入"义译"的情况（详见下文）。
[3] 杉田玄白:〈解体新书·序图〉，叶五正。
[4] 徐克伟（译）、沈国威（校）:〈和兰医事问答卷之下〉，页147。
[5]《重订》，卷五，叶二十背。

当。[1]〈凡例〉所说的"义译"实际上是指"鼠啮器音"转为"脆软"之义的过程，作者是在这个意义上把"软骨"称作"义译"词的。

再比如"障膜"和"成齿"（今译"智齿"）：

> 障膜（义译）：法鹿匪拉（罗）蛤拉不弗力乙斯 法鹿弗力乙斯（并兰） 按：诸说蛤拉不者，谓如悬垂鞴口开阖为机者，或如笙簧者；弗力乙斯者，膜也。凡诸器出入诸液之处，多有此物以障遮其逆退，次序其顺进。其一开一阖之机，犹鞴口悬舌，笙中有簧，以障遮风气，全其机用。故取义译之，名曰"障膜"。……[2]

> 成齿（义译）：物乙斯歇乙铎当度（兰） 按：物乙斯歇乙铎者，通知事理之义也（当度，齿也）。参考诸说，此牙至三十以后而生，盖才已发智方定，而此牙生焉。故有此称。……[3]

这两个词表面上看也像是用语素对译法构造的，但仔细观察便能发现"障膜"的"障"和"成齿"的"成"都不是荷语原词的语素义："蛤拉不"（klap）的本义是"如悬垂鞴口开阖为机者，或如笙簧者"，类似于阀门。"蛤拉不弗力乙斯"（klapvlies）控制身体各器官的体液进出，"障遮其逆退，次序其顺进"，"障"是作者对其功能的概括。类似地，"物乙斯歇乙铎"（wysheid）义为"通知事理"，意思是这种牙齿往往要到人心智成熟以后才会长出来，所以作者称之为"成齿"。"成齿"和"障膜"的翻译其实和"软骨"一样，都经过了所谓"转义"的过程，所以才被大槻视作"义译"。

容易引起误会的还有〈名义解·外形部分篇〉的"三腔"：

> 三腔（义译）：牒力乙·福鹿力机协乙铎（兰） 按：牒力乙者，三也；福鹿力机协乙铎者，空壳也。……[4]

---

[1] 沈国威也注意到"'加蜡假'并不具备软的意思"，"将'加蜡假'理解为脆软是借助于对软骨的生理功能上的把握"，这说明"有些词在语素对译的过程中并非拘泥于外语的语素义，而是更多地考虑到了解剖学上的事实"。沈国威：《近代中日词汇交流研究：汉字新词的创制、容受与共享》，页89。所谓"解剖学上的事实"其实就是译者对原词所指概念的认识，这恰恰是"义译"得以产生的基础。
[2]《重订》，卷五，叶三十一正背。
[3]《重订》，卷六，叶二十四正。
[4]《重订》，卷五，叶七背。

读到这里我们很容易以为"三腔"一词采用了语素对译法,从而误解了"义译"的意思。其实,大槻还有进一步的说明:

>……盖头之于脑髓,胸之于心肺,腹之于诸脏,犹一个壳子包藏诸器,故有此名也。字书:腔,枯江切,围也,内空也。与 福鹿力杌协乙铎 之义相似,因译用"腔"字。……[1]

之所以用"腔"字对译 "福鹿力杌协乙铎"（holligheid）,是因为后者的形状像"一个壳子包藏诸器",而"腔"恰恰可以表示"内空"——所谓"与 福鹿力杌协乙铎 之义相似",这里"义"只能是概念义。也就是说,"腔"这个字的选择与 福鹿力杌协乙铎 的结构特征有关,包含了译者个人的理解,大槻将其标识为"义译"的着眼点即在于此。这类词表面上看都很像是采用了语素对译,但只要仔细参阅释文就能明白大槻将其归入"义译"乃是别有用意的。

或许正是为了避免误解,《重订》开头的〈旧刻解体新书凡例〉在解释"义译"时便没有使用初版〈解体新书·凡例〉中的"软骨",而换成了更加典型的"神经":

>泄奴,即神液通流之经也,译曰"神经",义译是也。[2]

"神液通流之经"很精辟地概括了当时的兰学医者对"泄奴"（zenuw）一物的认识,简而言之便是"神经"。《名义解》中大槻进一步解释说:"彼所谓'神',若灵、若精、若元气等,皆谓此物之用也。唯不知其形质如何耳,因今译曰'神经'。"[3]"神经"一译与荷语原词的语素义没有任何关系——至少大槻没有从这个角度去理解,他的依据是自己对"泄奴"这个新概念所具备的生理特征的认识。

《名义解》开头的说明文字里还补充了"译'吉离卢'曰'滤胞'"[4]作为"义译"的又一个典型例子,大槻在〈名义解·身体元质篇〉"滤胞"条的释文中解说道:

>因以官能作用宛如用筛罗滤过水浆者,义译曰"滤胞"耳。[5]

---

[1]《重订》,卷五,叶七背至叶八正。
[2]〈序;旧序;附言;凡例〉,叶六正。
[3]《重订》,卷五,叶十七背至叶十八正。
[4] 同上,叶一背。"滤胞"即杉田在初版〈解体新书·凡例〉中所说的"机里尔"（klier）。大槻较之乃师对此物的认识已有了长足的进步,故弃音译而用"义译"。
[5] 同上,叶二十四正背。

很显然，这是一种基于对原词所指事物的理解，并充分发挥译者联想能力的翻译手法。"神经"和"滤泡"与其说是对"zenuw"和"klier"的翻译，毋宁视之为用汉字对原词所指事物的重新命名，其"造词"理据源自译者对医学新概念的把握。从现代语言学的角度看，"义译"的"义"指的是概念义（不同于"直译"所参照的语素义），包括事物的属性、特征、作用和功能等。

那么，大槻选择"义译"的条件是什么？他又是如何取舍"直译"和"义译"的呢？上文说过，一般而言"直译"是优先考虑的做法，"义译"只有在"直译"无法实现的情况下才会采用——这意味着现成的汉字词汇中没有与荷语原词指称同一概念的词语（包括词的组合），大槻在"神经"一词的释文里就说过：

> 按此物汉人未说者，故无正名可以充者。[1]

由于"此物汉人未说"（汉语中不存在与原词指称同一概念的词），没有"正名"可以"直译"，所以采用了"义译"。

不过上文也已指出，"直译"在实际操作中并不总是要求中西概念的严格对等。换言之，对于一些本该采用"义译"手法的词，大槻也采用了"直译"。这便意味着"直译"和"义译"之间存在一个过渡区间：在这个区间内，选择"直译"还是"义译"是由译者来决定的——这就需要拿捏好合适的尺度。为了迁就读者的知识结构，大槻适当放宽了"直译"的范围，尽可能利用通行的汉语词汇进行翻译；但只要觉察到这种迁就可能影响《解体新书》作为一部医学著作的精确性时，大槻还是会选择"义译"。比如"口盖骨"这个词：

> **口盖骨**（义译）：业歇灭鹿跐・棻牒冷（兰）　按：业歇灭鹿跐者，其义犹曰为"天盖"（棻牒冷者，骨也）。顾是此骨被肉为口内之天盖也，故私造语而译云尔。汉所谓"腭"似指之，然未知其肉里有此骨，则不可取也。[2]

虽然汉语中的"腭"和荷语原词所指称的部位大致相同，但中国人对"腭"的理解仅局限于肉（"腭"从"肉"），而"未知其肉里有此骨"，侧重点不同，故"不可取"。然后大槻根据"业歇灭鹿跐・棻牒冷"（gehemelt-beenderen）的位置和特征，造出"口盖骨"这个"义译"词，既避免了生搬硬套可能造成的误解，也相对精准地表达

---

[1]《重订》，卷五，叶十七背至叶十八正。
[2]《重订》，卷六，叶二十三正。

了原词的确切含义。

有时，大槻虽然勉强采用了"旧称"，但仍会给出他自认为妥帖的"义译"。〈名义解·胸篇〉"会厌"条载：

> 会厌：斯多罗突拉贲　列鹿　拉不　东业低嗟斯（四名并兰）　按：斯多罗突者，喉也；蛤拉必乙者，谓凡如瓣或铎舌者也；列鹿，又拉不者，小片也，裁片也；东业低斯者，小舌也。皆因形得名。其用亦颇似笙竽中之簧，故义译之曰"喉簧"亦可也。所谓"会厌"，司开而言、司闭食者是也。汉五软骨中唯有此物名，故从旧称。[1]

在这里，大槻逐一列举了"会厌"所对应的四个荷语词的构词理据（"皆因形得名"），并另辟蹊径地从其功能入手（"其用亦颇似笙竽中之簧"），创造出"义译"词——"喉簧"。虽然大槻最终并没有用"喉簧"取代由来已久的汉字词"会厌"，但译者强烈的创造意识由此可见一斑。

唯一相反的例子是"显微镜"，大槻称其为"义译"，[2] 但在释文中又给出了更切合原词语素的"廓象镜"：

> 显微镜（注证）：密哥鲁斯革弼宅（罗）　弗卢愕罗多　歹拉斯（兰）　按：弗卢愕罗多者，使大之义；歹拉斯者，镜也。汉既谓之"显微镜"，盖义译也。余窃译曰"廓象镜"。《尔雅》疏"廓"者："《方言》云：张小使大谓之'廓'。"（《诗经毛传》："廓，张大也。"《正义》云："物之小者，张之使大。"）即张大物象之眼镜也。虽不雅驯，恐是切原名。然今袭用汉名者，使人易晓耳。……[3]

比照"虽不雅驯"而"切原名"的"廓象镜"就可以明白，"显微"二字在大槻看来与原词"弗卢愕罗多　歹拉斯"（vergrootglas）中表示"使大之义"的语素"弗卢愕罗多"（vergroot）并不相符，是当时的译者经过意义的推理（即"转义"）得来的，因此属于"义译"的范畴。[4] 从语气上看，大槻显然倾向于采用切合语素的"直译"词——

---

[1] 《重订》，卷八，叶十四正背。
[2] 《重订》，卷五，叶四背至叶五正。
[3] "弗卢愕罗多　歹拉斯"（vergrootglas）实际上是我们今天说的放大镜，即单式显微镜。
[4] 张哲嘉认为大槻不确定"显微镜"一词属于"直译"还是"意译"，所以用"注证"加以标识，见张哲嘉：《重订解体新书》对三译原则的运用〉，页52。实际上，释文中很明确地说"显微镜""盖义译也"。又，〈重订·附言〉载："原书有鸠卢模斯自注增说，旧编不遑译传。今择其最要者，以译载　（转下页）

"廓象镜";但还是考虑到"显微镜"系约定俗成的说法,所以最终"袭用汉名","使人易晓耳"。在已经进行过语素对译的前提下,仍然使用"义译",这在《名义解》中属于很特殊的情况,并不具有代表性。这里的"义译"实际上也不是由大槻完成的,而是在翻译《解体新书》之前就已在汉语中通行并得到广泛接受的做法。

从构词的理据来看,"义译"大体上可以分成"比喻"和"借代"两种类型:

"借代"式的"义译"是用事物的某个特征、某种属性或某种功能来指代事物的整体。上文举出的"滤泡"和"障膜"属于典型的"借"功能,也是大槻进行"义译"时比较常用的方法;"软骨"、"神经"和"成齿"则更接近于"借"属性或"借"特征。

"比喻"式的"义译"指的是用译入语中指称类比概念的词语来翻译译出语指称的概念。比如"乳糜",荷语原词为"业衣鹿"(gyl),《和兰医事问答》和初版《解体新书》中采用的都是音译("奇缕");到大槻重订《解体新书》时,发现"明人译曰'乳糜'者即是也",[1]于是就像采用"显微镜"那样沿袭旧称。那为什么把它归入"义译"呢?大槻解释说:

> 熊氏《泰西水法》曰:"胃化饮食,乃成白色如乳粥之凝。"又云"饮食胃化,蒸变传送,化血归脉者,成乳糜之类"即是也。[2]

"乳糜"本来专指"用乳汁或酥油调制的粥"。[3]郦道元〈水经注·河水〉载:"又北行二里,得弥家女奉佛乳糜处。"[4]玄奘〈大唐西域记·婆罗疙斯国〉亦有:"(太子)受乳糜而证果。"[5]我们注意到,大槻所引《泰西水法》是说食物消化后形成的流质"如乳粥之凝"、"成乳糜之类",很明显是比喻的说法;但在《名义解》中,大槻直接把喻体"乳糜"当作"gyl"的译词来用了。采用"比喻"式"义译"的典型译词还有"靧"和"卤":

(接上页)正文下,其曰'注证曰'者是也。而欲悉载诸正文下,则颇觉烦杂却难,因载其不可阙如者。其余可以引证者,皆收诸《名义解》中,亦曰'注证曰'者是也。见〈序;旧序;附言;凡例〉,叶五背至叶六正。而"显微镜"一词的释文中即有"注证曰:此器有大小精粗数种"(见《重订》,卷五,叶五正)云云。据此可知,下标"注证"实乃表示该词出现在《解体新书》的作者注释中。

[1] 《重订》,卷六,叶八正。
[2] 同上。
[3] 罗竹风(主编):《汉语大词典》(上海:上海辞书出版社,1986),第1卷,页783。
[4] 郦道元(著),陈桥驿(校证):《水经注校证》(北京:中华书局,2007),页9。
[5] 玄奘、辩机(著),季羡林等(校注):《大唐西域记校注》(北京:中华书局,2000),页572。

毯：[虚勃拉](罗)[歇泄冷](兰)　按：是所以修织聚成人身内外诸器形质者，而其状细长纤毫如丝如纸者是也。汉所未曾说者，以故无正名可以当者。……因姑假借"毯"字以译之。字书："毯，思廉切，音'纤'，毛也。"乃取义于纤细毛茸而已。……[1]

卤(义译)：[泄留模](罗)[物乙](兰)　按：[物乙]者，血中所混有咸液之一通语也。汉人所未说者，故权译曰"卤"，取字书所谓"卤，昌尺切，咸水也"。……[2]

"[歇泄冷]"(veselen)今译"纤维"。虽然这里说"假借'毯'字以译之"，但"[歇泄冷]"和"毯"之间其实是本体和喻体的关系："[歇泄冷]""其状细长纤毫如丝如纸"，而"毯"即"毛也"，"纤细毛茸"是两者的共同特点，所以用"毯"来译"[歇泄冷]"（"取义于纤细毛茸"）。用食盐的别称——"卤"，来翻译血液里的碱性物质（"咸液"）也是因循类似的逻辑。

不过，有个别"义译"词虽然也是基于事物的相似性，但这种相似性其实不构成比喻。例如：

肕(义译)：[应的卢革斯低力窆](罗)　按：肋骨间多肉之处也。字书："肕，于力切，胸肉也。"姑假借之。[3]

严格来说，同类事物之间的相似关系并不是修辞性的。我们不能说译者是用表示"胸肉"的"肕"来比喻"肋骨间多肉之处"，因为两者属于同一性质的事物。但大槻并没有现代语言学的知识，他所看到的只是两者的相似性——就此而言，视其为"义译"也是完全可以理解的。

还有一种很特别的情况应当予以说明：按照本文对《名义解》中"直译"的界定（即宽泛意义上的语素对译），有一些译词严格来讲应该视为"直译"，但却被大槻标注为"义译"，例如：

衣膜(义译)：[丢溺蛤](罗)[罗更][白劫列乙铎泄鹿](并兰)　按：和兰二名共衣被之义。即诸脉之为囊若管者，皆是此膜衣被围绕，以为其形者也。……[4]

---

[1]《重订》，卷五，叶十四背至叶十五正。
[2] 同上，叶三正背。
[3] 同上，叶十正。
[4] 同上，叶十八背。

摄护(义译)：不路斯打答(罗) 轉卢・斯当牒卢斯(兰)　按：是遮防、围护之义也，故译云尔。……—则包摄围护精汁，以使精中所含纯粹精微之神气不飞散迸脱，而能射入子宫也。是其所以得防护保摄之名也。[1]

"衣被之义"和"遮防、围护之义"的"义"显然都是指语素义，也就是原词"罗更"(rokken)／"白劫列乙铎泄鹿"(bekleedsel)和"轉卢・斯当牒卢斯"(voor-standers)的字面意思。再比照译词"衣膜"和"摄护"，可以断定大槻采用的正是语素对译法。[2]那为什么这两个词都被标识为"义译"呢？

上文说过，《名义解》中的"义译"与其说是翻译，不如说是用汉字对原词所指事物的重新命名——换言之，"义译"其实是一种造词方式，其造词理据就是译者对新概念的理解和把握；而"义译"的两种类型——"比喻"和"借代"，本身也是由词义的引申方式类比得来的。从这个角度看："罗更"／"白劫列乙铎泄鹿"因其外形像衣服一样覆盖环绕诸脉，所以用喻体"衣"来指称；"轉卢・斯当牒卢斯"则由于分泌的液体能"包摄围护精汁"，故而"借"其功能命名——前者为"比喻"，后者为"借代"。大槻给这两个词贴上"义译"的标签，很可能就是从造词的角度来考虑的。这种情况在《名义解》中还有一些，其中尤以"荐骨"一词最为典型：

荐骨(义译)：按：汉所谓腰之一部，而称腰髁之一骨也，和兰谓之协乙力杌 莘。协乙力杌有数义，此则"荐羞"之义，即"供神"之谓也("莘"者，骨也)。考先哲八卢歇应说：此骨持载脊椎及位其上诸骨，而藏其内所在柔软尤物及诸肠，以能维护之乎外也。其内充诸尤物，皆为生化神器，则此骨既有荐其神之意，故命此名云。又，协鹿恒(名哲名)曰：真椎之下，有假椎者，名之"供神"。盖此骨下列置隐处内外生殖诸具，此骨拥护之，则如供其保蓄之神灵者也，命名之义盖因之云。因参考两说，其谓"神"者，谓生生化化之神灵也；其谓"柔软尤物"，又"隐处内外生殖诸具"者，在男则精脉两道、睾丸、精囊、阳物等也，在女则子宫、喇叭、卵巢、膣及产门等也，皆是生生化化之灵器，可不谓之神舍哉！此骨自外为拥护之用，则如供其神也。按字书："荐，进也，献也。"(无牲而祭曰"荐"。又，遵人荐羞。云云)。盖"荐羞"则贡献物于鬼神之谓，姑假"荐"

---

[1]《重订》，卷十，叶十五正背。
[2] "衣膜"的"膜"可以视作额外添加的语素，如同上文讨论过的"长蹺关"的"关"和"耳鼓"的"耳"。

字也。……[1]

"协乙力杌　荐"（heilig-been）位于脊椎末端，是腰椎的一部分，对盆腔内的生殖系统起到保护作用。古人有生殖崇拜的观念，把两性生殖器看作"神器"、"灵器"或"神舍"，"协乙力杌　荐""自外为拥护之用，则如供其神也"；而字书把"荐"解释为"进也，献也"，也就是祭神的意思，所以大槻就把"协乙力杌　荐"翻译成了"荐骨"。当然，原词中的"协乙力杌"（heilig）本身就有"供神"的意思，上述解释既是大槻翻译的依据，也是原词命名的依据。但我们应当注意到：大槻用了将近四百字来解释"荐骨"的特征和功能，这足以说明他的翻译主要是基于对概念的充分了解，而不是指称概念的语言形式——后者只是启发大槻考察新事物的一个角度或契机——"义译"也正是在这一意义上得以成立的。[2]

五、余　论

对比"直译"和"义译"在《翻译新定名义解》中使用情况可以发现："直译"是创造性较弱的译词创制方法，他要求译者在有限的汉语词汇中找到与原词（或组成原词的意义单位）含义相同或最相近的表达方式，其本质只是"译词选择的问题"；[3]而"义译"则包含了较大的发挥空间，译者可以凭借自己对原词所指事物的理解，从其属性、特征或功能等不同方面着眼，创造出各式各样的译词。

《解体新书》的翻译在日本学术史上具有划时代的意义。大槻玄泽在〈重订・附录〉中说"本朝西洋医书翻译之业，以本编为权舆也"、"吾党方今以汉语翻译异方殊域之书册，当以斯编为草创也"。[4]在《重订》一书的最后，大槻还引用了

---

[1]《重订》，卷六，叶二十五背至叶二十六背。
[2]〈名义解・诸骨区别篇〉还收录了几个类似性质的词条，比如："载域（义译）"、"物列鹿铎　达蜡业卢（兰）按：物列鹿铎者，宇内也，区域也；达蜡业卢者，持载也。盖头颅者为纳脑之一区域，而此椎能持载之，故有此名。一名'载颅初椎'。"见《重订》，卷六，叶二十四背。又："锁骨（义译）"、"斯列乌跐鹿・荐牒冷（兰）按：斯列乌跐鹿者，锁匙也，葢以其似故名焉。……"同上，叶二十八背。又："尺骨（义译）"、"嘻鹿列・荐（兰）按：嘻鹿列者，尺度名也。阅八卢歇应书：昔时逻苜都府以此分部定为一尺，因have此名云。……"同上，叶二十九正背。大槻在这些词条的释文中都着重强调了译词与概念的特征或功能之间的关系。
[3] 沈国威：《近代中日词汇交流研究：汉字新词的创制、容受与共享》，页78。
[4]《重订》，卷十二，叶十九正、叶三十正背。

"惠山岩松子"为杉田六十大寿撰写的一篇祝文,其中也说"兰书之镂行于我邦者,是其嚆矢也"。[1]的确,《解体新书》是日本近代第一部真正的荷兰书译著,标志着兰学勃兴之始。就翻译而言,该书是"日本人第一次有意识地实践了'翻译'这一异质文化之间书面语言层面上的知识交流方法"。[2]《解体新书》及其重订本的刊行和传布带动了它所设计的译名创制规范的普及。在大槻玄泽及其门人的大力推广之下,这些译法及其命名方式逐渐被越来越多的兰学家所接受,[3]并逐渐固定下来。

不过正如沈国威所指出的:《重订解体新书》提出的"直译"和"义译"都是针对词语而言的,严格来说它们只是创制译词的方法,而非广义的翻译方法。[4]当日语近代词汇的主要部分在19世纪末大体形成之后,"直译"和"义译"这两种译词创制的方法依然保留了下来——它们被用于更大的意义单位,比如句子和语篇。换言之,"直译"和"义译"的使用对象不再局限于词,它们成了两个普适性的翻译术语:当翻译对象是单个的词语时,"直译"针对的最小的意义单位——语素,强调逐语素译;而在翻译整个句子的时候,"直译"针对的就是词,强调逐词译。换言之,"直译"在不同的翻译语境中可以指向不同层级的语法单位,但强调译出语文本和译入语文本在同一语法单位的层面上保持语义对等,则是其共同特点——日本兰学家所提出的"直译"正是以这样的逻辑实现了语义的"现代化"。从另一个角度看,"直译"和"义译"在译词创制的灵活度上表现出的差异也是二者向现代译学术语演变的推动因素:"直译"遵从对传统汉语词汇和中国典籍的忠实,强调译词(或构成译词的"字")的权威性;"义译"则为语词的调遣与组合提供了比较充分的自由,允许译者发挥自身的创造性。"忠实"和"自由"最终将"直译"和"义译"引向了西方意义上的"literal translation"和"free translation",成为翻译批评和翻译研究不可或缺的重要术语。

---

[1]《重订》,卷十二,叶三十七正。
[2] 沈国威:《近代中日词汇交流研究:汉字新词的创制、容受与共享》,页69。
[3] 举一个具体的译词来说:《解体新书》书名中的"解体"(今译"解剖")一词,便是杉田当年"意匠独断,新为之译名",结果"从此以往,天下同盟,相与通称"(见《重订》,卷十二,叶一背),足见其影响之巨。
[4] 沈国威:《近代中日词汇交流研究:汉字新词的创制、容受与共享》,页86。

广东通事"老汤姆"及其宽和通事馆考

叶霭云

摘　要：广东通事是十三行贸易体制（1757–1842）中的译员。在研究广东通事时，学界经常引用亨特对其中一名通事"老汤姆"的描述，并以此普遍否定整个通事群体的翻译工作。然而，学界却从未考证亨特的描述是否真实，对"老汤姆"的名字身份、家庭背景、工作模式等问题更是语焉不详。为此，本文根据《蔡挹晖堂族谱》和中、英、美等多方史料进行案例研究，发现"老汤姆"本名为蔡宽怀，又称蔡懋和蔡刚，和四个儿子、三个堂侄及多名助手都在十三行任职通事，形成一个庞大的通事家族网络。他不仅掌管宽和通事馆，还对另外几家通事馆有直接影响。本文还通过中外史料互证，认为亨特笔下的"老汤姆"在1837年审问印度水手时的口译场景未必真实，并指出广东通事在处理同类型口译工作时自有一套应对之道。

关键词：广东通事；"老汤姆"；宽和通事馆；"印度水手"案

Canton Linguist Old Tom and His Translation Company

Ye Aiyun

Abstract: Canton linguists were a special and small group of interpreters in the so-called Canton System of old China trade (1757–1842). Historians generally hold a negative view of them by quoting William Hunter who wrote in some details about a linguist nicknamed Old Tom. However, no serious attempt has been made to verify Hunter's account or to identify Old Tom's real name, family background and working mode. To better understand this linguist, the present paper studies his family record, *The Genealogy*

---

* 本文为广州大学青年博士项目"广州十三行通事研究"（201409QNBS）、"广州十三行与海上丝绸之路"课题（SL16SKT17）、以及2011年度广州市哲学社会科学规划课题"跨文化伦理的交际语用研究"（11Y80）的阶段性成果。

** 叶霭云，广州大学外国语学院，电邮地址：yeaiyun@gzhu.edu.cn。

of the Cai Clan and some Chinese, British and American archives. We come to know that Old Tom went by several names, including Cai Mao, Cai Gang and his real name, Cai Kuanhuai. Moreover, four of his sons, three of his nephews and some of his assistants also worked as linguists in Canton. With such a big family network in this business, he not only took charge of his own translation company called "Old Tom's Establishment," but also exerted direct influence on other linguists' business. The paper then examines the "Trial of a Lascar" in 1837 to challenge Hunter's account of the incident and his criticism of Old Tom as interpreter at the trial. The paper concludes that the linguists had their own tactics to handle interpretation in a very peculiar historical context.

Key words: Canton linguists; Old Tom; Old Tom's Translation Company; "Trial of a Lascar"

一、问题的提出

乾隆二十二年（1757），清廷颁布一口通商的谕令，指定西、荷、瑞、英、法、美等外国商人只能在广州贸易，并居住在城西的十三行商馆区。这史称"十三行体制"或"广东体制"，直到鸦片战争以后才结束。由于中国官方拒绝与外商直接交往，于是任命了一批本地民人管理外商，包括与外商交易货物的行商、负责为中外双方传译语言的通事、负责为外商供应伙食和管理杂务的买办。其中，广东通事从未接受正式的外语训练，却自创一套"广东英语"[1]去完成繁重的翻译工作，构成中国翻译史上一道独特的风景线。

既然通事是十三行制度的重要一环，也是中国翻译史上早期的涉外译员，笔者认为有必要对其进行详细的个案考证。然而，迄今通事的个案研究不多，[2]导致对

---

[1] 关于"广东英语"的研究，参吴义雄：〈"广州英语"与19世纪中叶以前的中西交往〉，《近代史研究》2001年第3期（2001年5月），页172-202；Kingsley Bolton, *Chinese Englishes: A Sociolinguistic History* (Cambridge: Cambridge University Press, 2003)。

[2] 学界讨论较多的通事还有李叶荣、阿耀、鲍鹏、黄仲畬和谢庆高，参王宏志：〈通事与奸民：明末中英虎门事件中的译者〉，《编译论丛》第5卷第1期（2012年3月），页41-67；王宏志：〈天朝的译者：从"阿耀事件"看通事在近代中英外交史上的位置〉，《中国文化研究所学报》第57期（2014年6月），页203-232；王宏志：〈第一次鸦片战争中的译者：上篇：中方的译者〉，《翻译史研究（2011）》（上海：复旦大学出版社，2011），页82-113；季压西、陈伟民：《中国近代通事》（北京：学苑出版社，2007）。（转下页）

广东通事的研究结论往往简单笼统，[1]甚至有失偏颇。[2]究其原因，主要有二。

第一，反复引用部分材料。过去大部分的通事研究都是转引《粤海关志》、《澳门纪略》、《清代外交史料》等清代史稿和《广东十三行考》里的简略而零碎的记录。而外文资料被反复引用的就好像是美国商人亨特（William Hunter, 1812-1891）的《广州番鬼录》、《旧中国杂记》和历史学家马士（H. B. Morse, 1855-1934）的《东印度公司对华贸易编年史》，原因是这些著作在20世纪已翻译成中文。其实，其他史料也值得我们关注，如英国国家档案馆编号为F.O. 1048的中文档案，里面"提到多名与东印度公司往来华人通事的姓名或工作内容"。[3]而且，19世纪上半叶的英文报纸、[4]美国早期对华贸易档案都有一些广东通事的具体信息。但这些中外史料浩如烟海，其中关于通事的有用信息尤其分散，因此学界对其挖掘不足也是可以理解的。

第二，缺乏了解广东通事具体的历史细节和特定的社会环境。广东通事由中国官方任命，需要向粤海关支付一定的费用，才能获得从业资格和辞去职务，[5]而每年获得任命的通事基本只有三到五人，且每人的任期通常是终身制的。但学界在讨论这一小群广东通事的时候，经常与明末清初活跃在澳门及附近的通事和鸦

（接上页）但是，这些通事并不是严格意义上的广东通事，因为他们没有一人持有官方执照，只是澳门一带的民间通事（如李叶荣和谢庆高）、通事助手（又称under linguist，如阿耀）及鸦片战争时临时任命的通事（如鲍鹏和黄仲畲）。另外，美国学者范岱克（Paul A. Van Dyke）的著作中有专门一章讨论广东通事，研究非常扎实，但他对通事的个案研究远不及对十三行行商的研究翔实。

[1] 例如，有学者认为"在中西贸易全过程中，这些通事更是不可或缺的人物。他们本身是中西贸易的产物，是广州贸易制度一个重要的组成部分。通事对中国前近代及近代广东贸易制度的运行起到的作用十分复杂，其作用既有积极的一面，也有消极的一面"，参季压西、陈伟民：《中国近代通事》，页5。
[2] 例如，有学者认为"通事不仅外语能力极差，而且其品格十分低下，这是很多外国人对通事的评价，也是很多中国人对他们的看法"。参辛全民、姚东：〈中国翻译史的通事时期初探〉，《青海民族大学学报（教育科学版）》2010年第3期（2010年5月），页76-80。在笔者看来，这样的结论未免有失公允，它是否就代表当时"很多"中外人士的看法更是存疑。
[3] 游博清：〈英国东印度公司对华贸易档案知见录〉，《汉学研究通讯》第32卷第2期（2013年5月），页9-16。
[4] 除了被学界引用较多的《中国丛报》（The Chinese Repository），《广州纪事报》（The Canton Register）和《广州周报》（The Canton Press）也刊登了不少广东通事的细节。
[5] 根据马礼逊（Robert Morrison, 1782-1934）的说法，"粤海关监督和其他官员在任命一名新的通事时，私下都要向通事收取一万元的费用，而且所有的行商都要承保这名通事……如果这名通事致富以后想要退休，他和行商想退休一样，必须使用同样的方式"，参 Robert Morrison, Notices concerning China, and the Port of Canton (Malacca: Printed at the Mission Press, 1823), p. 35. 该说法在次年的《广州纪事报》得到印证，参 "New Linguists," The Canton Register, 31 May 1833, p. 47. 其实，早在1704年，英国东印度公司的档案中已经指出通事必须向粤海关监督缴费，才能保持职务，参IOR/G/12/7, 1704.10.07, p. 1035.

片战争后在上海等条约港口的通事混为一谈。另外,史书上记载,清政府前后四次出台防范外夷规定,[1]外商如有违反,行商、通事和买办要负连带责任。但是,现代学人对这些基本史实或存在误解,[2]或过于信奉一家之言,或把通事与外商、行商和买办的关系看作一成不变。同样,在考察通事在十三行历史进程中的作用时,学界倾向于过分强调中外的矛盾冲突,而刻意淡化双方的友好合作。

  以上两个问题充分反映在学界对"老汤姆"这名广东通事的处理上。一方面,在讨论广东通事时,由于亨特在书中有三千多字的记录,用生动的语言描述了"老汤姆"在广州知府审问一名印度水手时的口译情景,[3]学界都偏爱引用该例从而对整个通事团体下结论,例如"在一些昏庸无能的清廷官员看来,广东通事是群待遇不高的'出类拔萃的'人物",[4]又或通事的翻译工作是一种"歪译"。[5]另一方面,学界对"老汤姆"的个人信息一直语焉不详,连他的名字都没有考证清楚。按照亨特的说法,"老汤姆"是其中一名总通事,另外还有"小汤姆"和"阿兰仔",而两个"汤姆"其实"姓谭(Tan)和董(Tung),外国人也分不清楚,就用英文名字称呼,再冠以'老'、'小'加以分别"。[6]然而,对照其他资料,"老汤姆"则从姓谭变成"阿谭",甚至完全变为"阿担"、"阿东"或者"亚江",因为这些昵称都是"Atom"、"Atain"、"Atam"的粤语音译。更复杂的是,"老汤姆"在中文史料中又名"蔡懋"、"蔡茂"、"蔡刚"和"蔡江"。可是,学界在没有任何论证的情况下,似乎已默认"老汤姆"就是蔡懋,并把他的通事馆翻译为"蔡懋通事馆"。[7]

---

[1] 具体包括1759年颁布的《防范外夷规条》五条、1808年的《民夷交易章程》、1831年的《防范夷人章程》八条和1835年的《酌增防夷新规》八条。
[2] 例如,中国口译史研究的开创性著作中对广东通事的讨论存在多处历史硬伤,特别是把防夷章程赋予通事的义务理解成通事的"特殊权利",其论述的"外国商船上的伙食采办均需由通事经手"、"通事的另一项重要权利是有权准许外商上岸散步游览"与历史不符,参黎难秋:《中国口译史》(青岛:青岛出版社,2002),页145-146。
[3] 关于该例审讯的详细记录,参William Hunter, *Bits of Old China* (London: Kegan Paul, Trench & Co., 1885), pp. 21-31;中文译本参亨特(著)、沈正邦(译)、章文钦(校):《旧中国杂记》(广州:广东人民出版社,1992),页23-30。
[4] 周毅:〈近代广东通事及其角色特征之分析〉,《四川大学学报(哲学社会科学版)》2005年第3期,页130-135。
[5] 辛全民、高新华:〈我国古代翻译之"歪译"〉,《兰台世界》2011年第16期(2011年7月20日),页26-27。
[6] Hunter, *Bits of Old China*, p. 50;中译本见页37。
[7] 参亨特(著)、冯树铁、沈正邦(译)、章文钦、骆幼玲(校):〈十三行商馆平面图〉,《广州番鬼录 旧中国杂记》(广州:广东人民出版社,2009),页191;英文原图见William Hunter, *The Fan Kwae at Canton Before Treaty Days 1825-1844* (London: Kegan Paul, Trench & Co., 1882), p. 24。

究竟"老汤姆"的真实姓名是不是蔡懋？他的通事馆有什么具体情况？他与其他广东通事的关系如何？他在审讯印度水手时的口译表现是否就如亨特所描写的那样？他整个职业生涯里具体做了哪些翻译工作？

令人惊喜的是，2012年有通事后裔联名撰写了一篇会议论文，介绍其族谱中关于宽和通事馆的信息，[1]成为解开以上关于"老汤姆"谜团的重要线索。可惜这篇文章没有在会议论文集发表，学界对此关注不多，只是在会议综述中略有提及。[2]笔者有幸获得这份《蔡挹晖堂族谱》，[3]并对照其他一手的中、英、美多方史料，尝试重构这位通事"老汤姆"及其通事馆的历史原貌。

二、"老汤姆"的身份考证

在处理族谱之前，有必要先梳爬其他资料，论证英文材料里的"Tom"（包括对应的其他拼法如"Atom"及中文音译名字如"阿谭"等）和中文材料里的"蔡懋"、"蔡茂"、"蔡刚"和"蔡江"之间的关系。

迄今为止，与本文相关的通事"Tom"[4]这一名字最早可见于1802年美国商人的记录，全名是"Tom Chinqua/Chongqua"，他除了充当通事，还出售了一百箱茶叶。[5]美国商人在1809年还称赞他是一名好通事，并记录他出售羽纱。[6]另一边厢，"蔡懋"这一通事名字最早出现在中文文献的时间是1809年（嘉庆十四

---

[1] 蔡孝仁、蔡孝本、伍凌立：〈广州十三行宽和通事馆和蔡信秉、蔡信衍〉，发表于"广州十三行与清代中外关系"国际学术研讨会，2012。

[2] 冷东：〈广州十三行与清代中外关系国际学术研讨会综述〉，《广州十三行与清代中外关系》（广州：世界图书出版广东有限公司，2013），页575。

[3] 《蔡挹晖堂族谱》，1938年编著，广州大马站大昌印务局承印。感谢伍凌立先生为本研究提供这份珍贵史料。

[4] 另外两名也称Tom的广东通事分别出现在1723年和1724年的英国东印度公司的档案。一名是"Whequa, alias Long Tom, who served Mr. Naish as Linguist last year"，参IOR/G/12/21, 1723.5.26, p. 40；另一名是"Tom the Linguist"，参IOR/G/12/25, 1724.8.19, p. 176。其中一名通事更是活跃于整个18世纪20-30年代，是广州十三行早期的典型通事人物，拟另文再叙。而本文讨论的通事"老汤姆"活跃在这两名通事之后又接近一个世纪的时期，按照时间推算，不可能为同一人。

[5] 美国"望"号商船日志在1802年11月15日有以下的记录："I have to engage of Tom Chonqua my Linguist 100-fifty catty Boxes of Souchong of a good quality." 见Mss 828, Box 17, *Hope* Ship Log, 1802–1803, Rhode Island Historical Society（下文简称RIHS）。感谢范岱克教授提供早期中美贸易史料来源。

[6] 美国商人Edward Carrington在1800年2月10日的日记中有以下记录："Tom Linguist sells camblets, very good linguist." 见Mss 333, SGI Series 2, vol. 28, Journal C, 1806–1811, Carrington Papers, RIHS。

年)。[1]在这份广州知府下达给五名广东通事的特谕中，蔡懋排名第三，而且他的排名在接下来二十多年都是第二或者第三，直到1831年才位居榜首，真正成为总通事。[2]根据中外史料里关于这名通事上任的时间来推敲，可以初步判断“汤姆”就是蔡懋，而且他出任通事不久已经获得好评，并与刚到广州开拓市场的美国商人直接交易。

但是，美商最早在1815年才首次记录“老汤姆”这个名字，[3]那在此之前的“汤姆”是否另有其人？直接地说，如何避免混淆中外史料中的“老汤姆”和“小汤姆”呢？其实，关于“小汤姆”的资料，除了上文亨特一笔带过的记录，还有以下两则重要史料：

NAMES OF LINGUISTS,

ATOM.........Mercantile name,		Foonwo......Official name,			Tsae-mow.
ATUNG.........	„ „	Uetloy,.......	„	„	Ho-hwuy.
AKONG, or Young Tom,,	„	Woahang.....	„	„	Paou-leäng.
ALANTSEI......	„ „	Chengwo....	„	„	Woo-tseäng
YOUNG AMEEN..	„ „	Uaewo......	„	„	Taoytaun.

图1[4]

INDIVIDUAL NAMES.		HONG NAMES.		OFFICIAL NAMES.	
ATOM,	亞担	Fúuwo	寬和	Tsái Mau	蔡懋
YOUNG TOM,	央亞担	Woahang	和生	Hwáng Cháng	黃璋
ALANTSAI,	亞蘭仔	Chingwo	正和	Wú Tsiáng	吳祥
YOUNG AHEEN,	央亞憲	Shunwo	順和	Tsái Siun	蔡俊
APOOT,	亞培	Taiwo	太和	Liú Yung	劉榮

图2[5]

图1是1836年的信息，显示“小汤姆”是Paou-leang，对照中文史料可知是“鲍良”；而图2是1848年的信息，谙晓中文的马儒翰明确标注“小汤姆”是“黄璋”。尽管两则史料中“小汤姆”的中文名字不一，但可确认他经营着和生通事馆；而“老汤姆”直接称为“汤姆”(Atom)，中文名是“蔡懋”，并经营宽和通事馆。其实，通事鲍良早在1831年已经出现在中文史料中，排名在蔡懋之后；[6]而和生通事馆

〔1〕 F.O. 1048/9/9.

〔2〕 F.O. 1048/31/4.按照十三行期间的文书习惯，行商、通事等人与中外两方通信的落款次序，显示其在同僚当中的排名和地位。如1832年一封行商联名写给英商的信的落款是“潘绍光、伍受昌、卢文锦、严启祥”，该次序反映了四名行商在十三行地位的排序，参F.O. 1048/32/16。

〔3〕 美国商人Bryant Tilden在1815年9月2日的日记中有以下记录：“The next and very important personage as regards all Custom House transactions is the Linguist, one of which fraternity I found waiting for me on my return, whose barbarian nickname is Old Tom”，参MH 219, Box 3, Folder 2, Bryant P. Tilden Papers 1815–1837, Peabody Essex Museum。

〔4〕 Anonymous, *The Anglo-Chinese Kalender* (Canton: Printed at *The Canton Register*, 1836), p. 44.

〔5〕 John Robert Morrison, *A Chinese Commercial Guide* (Canton: *The Chinese Repository*, 1848), p. 200.

〔6〕 参F.O. 1048/31/4和F.O. 1048/31/14。

在30年代由鲍良经营,[1]40年代由黄璋经营,[2]50年代则是吴泉经营。[3]因此,他们可能共用"小汤姆"这个昵称轮番经营和生通事馆。但为什么他们要选用"小汤姆"这昵称,至今文献无征,但估计除了因为他们比蔡懋年纪小,还可能因为他们和蔡懋是亲属或者师徒关系,需要继续深入论证。

除此以外,多份当时的报纸消息也证实蔡懋和"老汤姆"是同一名通事。例如,1832年的《广州纪事报》刊登并翻译了粤海关监督下达给行商和通事的谕令,标明通事姓名是"Tsae-mow（Atam）",根据粤语音译,就是"蔡懋/茂（阿谭）"。[4]又如,1839年鸦片战争前夕,《广州周报》刊登了粤海关代理监督下达给通事的新规条,英国译者费伦更是把通事"蔡懋/茂"和"老汤姆"标注为同一人。[5]

论证了蔡懋就是"老汤姆",另外一个问题出现了:蔡懋、蔡茂、蔡刚、蔡江是否同一人呢？其实,"茂"是"懋"的简写字,故前两者应该是同一人,后两者"刚"和"江"的粤语发音是一样的,应该也是同一人。因此,问题的核心,是要讨论这两人是否都是"老汤姆"。笔者在梳爬史料时,尝试从以下两个历史事件的细节解答这一问题。

第一,"阿耀事件"。[6]"蔡江"该名字最早见于中文史料的时间是1814年,当年通事阿耀由丁为英商赴京投递信函而被捕入狱。他在狱中给英商写信时,多次控诉是受行商伍浩官和通事蔡江所害,如:

> 后因伍浩,串同通事蔡江,面禀南海,说他得知我于嘉庆九年曾在英咭唎公司船主哩臣顿服役,并说不办我则英咭唎国兵船之事不能安。嘱托南海威逼各通事出结,即此亦不过罪,系近地充军。[7]

---

[1] 参 F.O. 1048/32/17。
[2] 见图2,参 J. R. Morrison, *A Chinese Commercial Guide*, p. 200。
[3] 参 F.O. 931/978。
[4] *The Canton Register*, 17 September 1832, p. 102.
[5] "NEW PORT REGULATIONS, Translated by Mr. Fearon, Edict from Yu, by Imperial Appointment, Acting Collector of Customs at the Port of Canton, &c. &c.., to the Linguist Tsaemow (Old Tom) and the others, for their full information," *The Canton Press*, 13 July 1839.
[6] 关于"阿耀事件"的详细情况,参王宏志:〈天朝的译者:从"阿耀事件"看通事在近代中英外交史上的位置〉; H. B. Morse, *The Chronicles of the East India Company Trading to China* (Oxford: The Clarendon Press, 1926), vol. 3, pp. 212–214。
[7] F.O. 1048/14/107。

按照阿耀在信中的解释，他被行商和通事告发，是跟当时英美兵船在中国境内的纠纷有莫大的关系，这一说法也得到现代学者的认同。[1] 而按照马士的分析，是因为"容许这种与北京来往的通讯，会有很多不便，必须防止任何其他中国人从事同样的活动，并以通事阿耀做榜样"。[2] 无论如何，行商伍浩官和通事蔡江等人告发阿耀，都是为了保持广州十三行制度不变，便于追逐商业利益。

阿耀在另一封写给官府的信中，出现"蔡懋"的名字："李怀远本人系梁人氏，于九年有通事蔡懋说合，小的与英吉利船户在船上服役。"[3] 两封信都提及有通事向官府告发阿耀在 1804 年（嘉庆九年）在英船服役，并且根据下文提及的蔡懋与伍浩官的紧密关系，可以初步判断该案涉及的通事蔡江和蔡懋是同一人。

另外，后来到了 1822 年，由于一名通事玩忽职守而被辞退，其余两名通事工作量骤增而应接不暇，因此通事蔡江官写信给英方求助。[4] 当英方回复时，也说"本公司不能尽付亚钠、亚江两人，但亦要分与别个通事方为公平"，[5] 其中"亚江"即蔡江。由于通事人选基本不变，因此从 1814 年到 1822 年间的通事蔡江和蔡懋不可能是两人。

第二，"番妇入城"事件。[6] 由于清政府只允许外国男性到广州贸易，所有随行的外国妇女只能在澳门居住。但是，道光十年（1830）秋天，英国大班盼师公然带夫人到广州，两广总督李鸿宾立即要求盼师夫人返回澳门。可是英方拒不遵从，并调动军舰入商馆进行对抗，后来因为李鸿宾以停止贸易相威胁，盼师夫人最终返回澳门。

过去学界关注此事，主要因为该起事件中为英方安排轿子出入的谢治安被捕入狱且死于狱中，清政府随后出台更加严厉的防范外夷章程。然而，学界忽略了一名广东通事的工作，而根据魏源的记录，这个通事就是蔡刚：

> 居民愤愠，即他国夷，亦谓天朝怀柔过甚。其肩舆乃东裕行司事谢治安所

---

[1] 王宏志：〈天朝的译者：从"阿耀事件"看通事在近代中英外交史上的位置〉。
[2] Morse, *The Chronicles*, vol. 3, p. 213.
[3] F.O. 1048/14/116.
[4] F.O. 1048/22/62.
[5] F.O. 1048/22/72.
[6] 关于该事件详情，参 Morse, *The Chronicles*, vol. 4, pp. 278-323；《清代外交史料·道光朝》（北平：北平故宫博物院，1932），第 4 册，页 40。

送,被官拿究,瘐死于狱。嗣通事头人蔡刚往谕。蔡刚有胆识、善语言,厉声辩诘,始有畏意,撤去兵炮,夷妇仍不肯遽回。[1]

这则史料中,英方撤走军舰是因为总通事蔡刚的能言善辩,让英商"始有畏意",这也符合中国官府要求行商和通事教化外夷的期望。我们再对照其他资料,发现当时行商、通事、买办都被处以杖刑和监禁,甚至要革职,而这也是中国官府威逼外商就范的常用招数。其中通事姓名"蔡懋"可见如下南海县官府谕令:"恩旨以前洋商伍受昌等、通事蔡懋等、买办曾启等所得笞杖,各罪处予援免,并免收赎,蔡懋等免其革役。"[2]

对照两则史料,再加上1831年《广州纪事报》提及的行商和通事为"How-qua"和"A-tom",以及有英国人记录的通事为"Atain",[3]可确认通事蔡刚和蔡懋是同一人,而且这名通事在同年5月31日被释放出狱。[4]

那为什么"老汤姆"既称"蔡懋",又称"蔡刚"呢?根据《蔡挹晖堂族谱》,他的名字其实是蔡宽怀,又"童名刚,字图纪,号容谷"。[5]可见"蔡刚"是他的童名,但为何他又称"蔡懋"至今文献无征。以下的族谱信息,可知他开设宽和通事馆:

> 公强仕之年,弃儒服贾。时中国方与外邦通商,番舶货进,通其语言文字者甚罕。公曾习英文,遂与友设宽和通事馆于广州市十三行。公移居广州,即因与外邦通商,故时四夷来粤者众,中外之货因以互易。通事馆者为介绍贸易之所,因得佣甚丰。公又擅计,然更营什货,晚年获亿。[6]

一般而言,族谱里的溢美之言未必都能尽信,但上述关于"老汤姆"蔡宽怀的信息可通过以下信息获得印证。第一,他的生卒年份是1775-1842年,[7]正是十三

---

[1] 魏源:《海国图志》(长沙:岳麓书社,1998),中册,卷52,页1438-1439。另外,清人邵之棠对该起事件中的通事也有类似记录,即"乃令通事蔡刚以理晓谕,令撤去兵炮,并速遣洋妇回国",《皇朝经世文统编》,页一八四二。

[2] F.O. 1048/31/37.另外,这起事件中被监禁的行商还有梁承禧,通事还有黄源,但根据当年史料里通事排名顺序,可知蔡懋是总通事,即魏源所指的"通事头人",而黄源次年也向官府请辞通事职责,参F.O. 1048/30/83、F.O. 1048/31/34、F.O. 1048/32/16。

[3] Peter Auber, *China: An Outline of Its Government, Laws, and Policy; and of the British and Foreign Embassies to, and Intercourse with, That Empire* (London: Parbury, Allen, and Co., 1834), p. 35.

[4] *The Canton Register*, 26 May 1831.

[5] 《蔡挹晖堂族谱》。

[6] 同上。

[7] 同上。

行贸易最鼎盛的时期。而且美国商人1784年开始来华贸易,美方资料中不乏"老汤姆"的身影。第二,每年通事人数大概就是三到五人,确实"通其语言文字者甚罕"。这些包括"老汤姆"在内的通事并不能说正规的外语,与欧美多国商人沟通只能用浅显通俗的"广州英语",即族谱中所说的"英语"。第三,他家族庞大,有妻一人、妾十人,共生十子、十二女,并在西关光雅里置有紫藤书屋,后又于毓桂坊置业。[1]如此家大业大,可见他"得佣甚丰"。第四,不仅亨特认为"老汤姆"是"最精明的",[2]我们从上文提及的"阿耀事件"和"番妇入城"事件都可以看出他的"擅计",因为尽管他不时受到牢狱之苦,但总通事的地位依然岿然不动。第五,尽管"晚年获亿"一说似有夸张,但他确实经营杂货,包括上文提及的与美商直接贸易茶叶和羽纱,[3]还有一则史料证明他和伍浩官一起从事鸦片贸易。[4]

下文将进一步根据族谱及其他资料,展示以"老汤姆"为中心的蔡氏通事家族。

三、"老汤姆"的蔡氏通事家族

"老汤姆"是蔡氏入粤第六世传孙,他本人和他的四个儿子、三个堂侄都曾任职通事,形成一个庞大的通事家族,不仅掌管宽和通事馆,还对十三行其他几家通事馆有直接影响。

"老汤姆"的四个儿子分别是三子蔡信礼(1813-1868)、四子蔡信智(1814-1871)、五子蔡信祥(1816-1861)和八子蔡信时(1828-1865)。有趣的是,族谱明确记载蔡信礼"以办广州关洋务通事馆劳绩蒙,诰授中宪大夫钦加四品衔"、蔡信智和蔡信祥均"承父业通事馆",而蔡信时在族谱里的资料不多,没有任职通事的记录。[5]但是,恰恰只有蔡信时在官方的文献中有记录:"通事馆正和吴祥、宽和蔡信时、顺和蔡信中、兴和(司事)蔡信珩、生和吴泉。"[6]

---

[1]《蔡挹晖堂族谱》。
[2] Hunter, *Bits of Old China*, p. 22.
[3] 有学者指出,"当时行商与英公司交易,公司为控制行商,实行呢羽交茶制度,规定行商向公司交售赖以获利的茶叶,必须购买一定比例的呢绒羽纱等滞销的毛织品。总商可得四股,一般行商只得两股一股",章文钦:《广东十三行与早期中西关系》(广州:广东经济出版社,2009),页171。可见"老汤姆"深谙与外商交易之道,与刚进入中国市场的美商交易也沿袭惯例。
[4] 参 F.O. 1048/31/34,英文译文可参 Morse, *The Chronicles,* vol. 4, pp. 268-269。
[5]《蔡挹晖堂族谱》。
[6] F.O. 931/979.

这份简短的文献中还提及"老汤姆"的两个堂侄：蔡信中（1811-1883）和蔡信珩（1822-1904），可见"老汤姆"除了掌管宽和通事馆，对顺和通事馆、兴和通事馆也有直接影响。这不仅巩固他的总通事地位，并令其家族成员也通过经营通事馆致富。其中，蔡信珩的财富和家族规模甚至超越了他的堂叔"老汤姆"。他年仅1岁时，其父蔡宽敬（即"老汤姆"堂兄）去世。幼时家贫的蔡信珩未能入校上学，由其二哥教读文字，且"尤能英文"。当他25岁时，十三行开始衰落，他凭借外语能力和营商经验到香港开拓业务，约五年后返回广州经营通事馆，最后定居香港，享年83岁。他不仅家财万贯，人称"蔡百万"，还关心国家大事，曾与伍廷芳博士商讨政局。[1]

更加有趣的是，"老汤姆"去世以后，其宽和通事馆的继承者并不是上述提及的六人之一，而是蔡华：

> 禀遵查承充夷人通事，向洋商选充。嗣因洋行歇业，以后承充通事俱系承充之人禀准。海关衙门饬令由县取结验看给牌承充合禀，复连将现在通事姓名开列送阅。计开宽和通事蔡华、正和通事吴祥、顺和通事蔡俊、和生通事吴泉、兴和通事邹荣泰。再通事共有六名，其蔡禧一名前已咸丰元年十月内经粤海关监督咨，该通事蔡禧因益记客人报下英夷孥士打茶叶以多报少，将该通事斥革，现存五名遵查明并禀。[2]

虽然这份官方材料没有具体时间，但根据"洋行歇业"和"咸丰元年"，可见是1850年代初。再对照蔡懋的去世年份和关于蔡信时的史料档案号码，可判断蔡华是在蔡懋之后、蔡信时之前的宽和馆通事。那么蔡华是谁？上述史料提及的蔡俊和蔡禧是否属于"老汤姆"的家族呢？

首先，这是唯一关于通事蔡华的文献，但根据蔡氏族谱，可推测他是"老汤姆"的第三个堂侄通事蔡信元（1792-1854）。族谱里没有记载蔡信元曾任通事，但他的童名就是"蔡华"，而"老汤姆"也同样使用童名"蔡刚"出任通事。另外，蔡信元比"老汤姆"的四个儿子都要年长，很有可能在堂叔去世时继承宽和通事馆，而当他本人62岁去世时，再把通事馆交托给堂弟蔡信时。

其次，通事蔡俊很有可能也是"老汤姆"的亲戚，具体原因有二。一方面，蔡俊

---

〔1〕《蔡挹晖堂族谱》。
〔2〕 F.O. 931/812.

的父亲蔡宪是"老汤姆"的助手。蔡宪的英文昵称是"Aheen",又称"Old Aheen"、"Apun"和"Hopin",他在1833年5月被任命为通事,经营远孚通事馆。不到一年后,蔡宪因为"律劳卑事件"而被发放边疆,在去伊犁的途中身亡。另一方面,蔡俊在其父去世后继承通事职务,英文昵称是"Young Aheen",从1835年到1850年经营顺和通事馆。该通事馆在1850年以后由蔡信中经营,而上文已经提及蔡信中是"老汤姆"的堂侄。尽管目前文献只能证实蔡俊及其父亲蔡宪与"老汤姆"只是师徒关系,但根据"老汤姆"通过介绍其蔡氏族人出任通事而直接掌控多家通事馆的做法,可推测他与蔡宪、蔡俊父子也有亲戚关系,只是族谱没有记载罢了。

再次,通事蔡禧的身份文献无征,他与"老汤姆"的关系只能存疑。

同样存疑的,是蔡氏家族中的一员:蔡宽和。也许有人会问:"老汤姆"的通事馆为何是"宽和通事馆"而不是"宽怀通事馆"？他是否继承了蔡宽和的通事馆呢？这两个问题在族谱和其他资料都找不到答案,而且族谱中说明蔡宽和是和朋友一起设馆的。另外,族谱中确有记录蔡宽和此人,但关于他的记录很少,而且他的生卒时间和享年岁数有出入,唯一能确定的是他的祖父和"老汤姆"的祖父是亲兄弟。[1]那他俩的祖父是否有可能在18世纪初就出任通事呢？该问题值得继续探讨,因为目前的材料只足以论证"老汤姆"及其子侄辈出任通事的情况。而上文提及的十名蔡姓通事与"老汤姆"的关系可总结为下图,其中包括四家通事馆和尚待考证的蔡宽和。

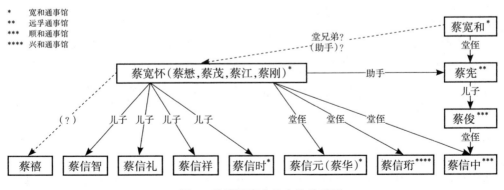

图3　蔡氏通事家族人物关系图

---

[1]《蔡挹晖堂族谱》。

四、"老汤姆"的宽和通事馆

上文提及的与蔡氏家族相关的宽和、远孚、顺和、兴和通事馆,主要出现在1830年代到1850年代的中文史料,而更早的通事馆可追溯到19世纪初阿耀曾任职的林广通事馆。[1]再看外语史料,我们发现荷兰商人在1762年的日记中就记录"今年有三名通事建立了一家公司",[2]这里所谓的"公司"(company),以及其他英文史料中的通事"企业"(establishment)、[3]"组织"(combination),[4]就是中文史料所称的"通事馆"。[5]

这些中外史料大都过于简单,只是记载了通事馆和通事的名字,目前找到比较详细的材料,就只有以下几则从侧面记录"老汤姆"的宽和通事馆的史料:

> 惟禀后迄今又越七日,尚未蒙批示,又未见货物着落,且两次禀明者,皆经以禀帖交与怡和行商,浼其代递。而呈后因系英吉利文字,皆经解译与通事宽和馆之人,教其代书汉字。[6]

这则史料是英商于1836年4月16日向南海县知府告状的第二封禀文。在此之前,他已经状告一名买办夹带私逃,让他损失货物。在广东体制之下,外商与中国官府的通信必须由行商转交,并由通事翻译,可见通事馆是中外文书交流的中转站。尽管通事本人并不能书写外文,但他从当时在十三行的所见所闻,根本不需要读懂外商的禀文,都能知道文书内容。然后他再审时度势,把他认为双方应该知道的内容"翻译"出来,甚至选择不翻译任何内容。就如这个案例中的"老汤姆",他和上文提到的行商伍浩官串通,以不向官府递交英商状书为手段,包庇潜逃买办,旨在阻止中外矛盾进一步恶化,保持十三行制度不变。这种"欺上瞒下"的方法,其实也不失为一种息事宁人之举,下文也将进一步探讨"老汤姆"的这种翻译策略,而这则史料印证了通事馆最重要的一项功能就是负责中外文书的翻译。

---

[1] F.O. 1048/14/116.
[2] Paul A. Van Dyke trans. & annot., Cynthia Viallé rev., *The Canton-Macao Dagregisters, 1762* (Macau: Instituto Cultural do Governo da R.A.E. de Macau, 2006), p. 18.
[3] "Journal of Occurrences; trade at Canton," *The Chinese Repository* 13, no. 2 (February, 1844), p. 109.
[4] *The Canton Register*, 3 July 1830.
[5] 笔者从中文史料里收集到十三个通事馆的名字,将另文再叙。
[6] F.O. 682/2461/3.

通事馆的另外一项功能，就是便于通事之间的联系和内部的管理，共同处理海关、外贸等杂务。在整个十三行贸易时期，每年获得粤海关监督任命的通事只有三到六名，但来粤的外国商人却不断增长，多达成百上千。如果每个通事没有足够的助手，他是不可能完成繁重的工作的。同时，如果他手下有任何人犯错，官府追究的还是他，因此他通常雇佣家人或同乡，用师徒帮带的方式传授工作经验，从而有效地管理通事馆和提拔新的通事。例如，"老汤姆"的两个助手在1833年5月获得任命，其中一名就是上文所提及的蔡宪。但蔡宪自立门户之后，遇上英国新任商务总监律劳卑到粤的风波，最终馆破人亡，并债台高筑，让他的儿子蔡俊受尽苦头。以下一则史料就反映了蔡俊在1838年某天到蔡懋通事馆议事时碰上外商追债的情况：

> 今于本月二十三日，俊在蔡懋宽和馆议事，又遇那素湾治骂孖在彼处。不容分诉，又将俊殴打。报通事见事，禀在尊案。不即与其理论，只暂为勤息。忖思那素湾治骂孖，现在如颠狂等类，事恐日久酿成衅患，不得不再达尊听。伏望仁慈早日迅赐判断。[1]

这则史料不仅印证了"老汤姆"与蔡宪、蔡俊关系紧密，经常在通事馆商讨事宜，并再次反映了"老汤姆"惯于息事宁人，尽管看到蔡俊遭到外商无理殴打，还主张"不即与其理论"。可以想象的是，当时"老汤姆"会叮嘱后辈蔡俊"忍一时风平浪静、退一步海阔天空"，而蔡俊熬过为父还债这一役后便重整旗鼓，继续经营顺和通事馆，担任通事一职至少二十年。

鸦片战争前夕，以宽和通事馆为首的六家通事馆还临危受命，肩负特殊任务。当时，林则徐为了让英商妥协上缴鸦片，把350名外商禁锢在十三行商馆区，并撤走所有中国仆人，只留下几名通事驻扎在商馆对面、粤海关附近的一艘大船上。亨特记录了这段日子里，外商只允许跟六名通事打交道，而每名通事有自己的通事馆，各雇有六到十二名的书记、八到十名的苦力，每天去找裁缝、屠夫、洗衣工、鞋匠办事，还有去市场和奶牛户采购食物，尽力满足外商的生活需求。通事们从早到晚忙碌奔波，也不忘与外商嬉笑打岔，缓和中外紧张的气氛。[2]因此，通事们在这非常时期除了充当中外双方沟通的传声筒，还承担了买办、仆人、苦力等的工作。禁

---

[1] 佐佐木正哉（编）：《鸦片战争前英交涉文书》（台北：成文出版社，1977），页147。
[2] William Hunter, *Journal of Occurrences at Canton during the Cessation of Trade at Canton* (Manuscript at Massachusetts Historical Society, 1839).

锢命令解除以后,通事们还挨家挨户去分配中国仆人到每家外商的商馆,以求恢复十三行的外贸秩序。

然而,鸦片战争后的十三行风光不再,通事们有的坚守阵地,有的则到其他条约港口另谋生计。随着越来越多的中外人士互通语言,通事馆逐渐式微,以下这首《羊城竹枝词》正好反映了通事馆的历史谢幕:

> 舟居不爱爱楼居,番语钩辀入耳初。
> 从此无须通事馆,华夷文字汇成书。[1]

以上是关于通事馆的文字史料。为加深我们对通事馆的认识,本文还搜集了以下的图像资料,考证宽和通事馆的地理位置和内外观景。

首先,以下这份《十三行商馆平面图》(见图4)上清晰标注了"老汤姆"的通事馆位于十三行商馆区东北角,在十三行街东边的尽头,旁边是木匠广场,与经官、茂官和浩官的商馆在汇入珠江的西濠涌东边,通过廻澜桥即可到达西边的外国商馆区。根据美国麻省历史协会的藏品记录,这幅平面图完成于1830年,亨特在1885年出版著作时引用该图。[2]后来美国历史学家当斯(Jacques Downs)的书中也有一副类似的平面图,显示"老汤姆(通事)"的位置相同。[3]但当斯没有注明平面图出处,难以确定是一手文献还是他的手绘图。

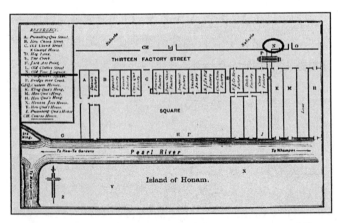

图4 十三行商馆平面图中的"老汤姆"通事馆位置[4]

其次,对照广州旧地

---

〔1〕 江仲瑜:《羊城竹枝词》四十四首,选第四十一首,收雷梦水等(编):《中华竹枝词》(北京:古籍出版社,1997),卷四,页2753。

〔2〕 Hunter, *Bits of Old China*, p. 26.

〔3〕 Jacques Downs, *The Golden Ghetto: The American Commercial Community at Canton and the Shaping of American China Policy, 1784–1844* (Hong Kong: Hong Kong University Press, 1997), p. 26.

〔4〕 Hunter, *The Fan Kwae at Canton Before Treaty Days 1825–1844*, p. 24. 笔者在图中"N. Old Tom Linguist"加了下划线,并圈出通事馆所在的"N"处,以突出通事馆在图中的信息。

图,"老汤姆"的宽和通事馆位置优越。通事馆处于外国商馆区和广府城区之间,又在廻澜桥边上,从西濠涌划船不久可直入珠江,通往黄埔、虎门、澳门乃至国内外的港口。从比喻的角度来看,它似乎就是沟通中外的桥梁,水陆两路都能灵活进退。下图左边是1860年的广州地图,右边是"旧商馆区"(OLD FACTORIES)附近区域放大后的截图:

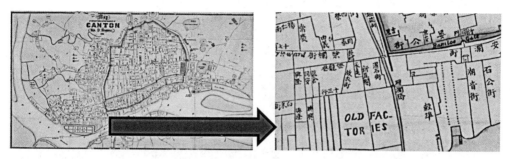

图5　广州中英文地图(1860)[1]及"旧商馆区"的截图

尽管地图上并没有显示通事馆或任何商馆,但我们可以从中获得两个重要信息:第一,廻澜桥两边,即商馆区的东北角,是为外商服务的通事、买办、工匠等人的驻扎之地。如上文所述,廻澜桥右边有"老汤姆"的通事馆和汇聚各式小商铺的木匠广场,而左边的濯石街里有一家泗兴办馆,为外商供应食品和日用品,并承担早期中外客邮服务。[2] 在众多小商铺之中,"老汤姆"的通事馆在上述的商馆平面图中明确标识出来,证明它在十三行占有一席之地,也可从中推断其他的通事馆也可能位于附近。第二,地图中围起的部分是当时的广州城区,官府就位于城中心,而十三行商馆区是在珠江以北的西郊,外商不得擅自入城与官府有直接的接触。如果外商强行入城,乃至有任何风吹草动,"老汤姆"都能从通事馆获得及时的线报,有利于他监管外商的一举一动。例如1831年英国商馆违建码头惹起中外纠纷时,"老汤姆"和伍浩官是第一时间赶到现场处理。[3]

---

〔1〕 感谢沈晓鸣提供地图资料。该地图原图藏于澳洲国家图书馆,电子版见"File: Canton1860.jpg,"Wiki,https://commons.wikimedia.org/wiki/File:Canton1860.jpg(检索日期:2016年12月15日)。
〔2〕 有关濯石街和泗兴办馆,参冷东、阮宏:〈19世纪初期的美国客邮〉,《重庆邮电大学学报(哲学社会科学版)》2015年第2期,页61-64。
〔3〕 The Canton Register, 26 May 1831.

再次，我们在一幅手绘全景图中发现"老汤姆"通事馆的外观。这幅图画是英国人布福德（Robert Burford）1838年的作品，他是绘制全景图的专家，用上下两幅画卷把整个十三行商馆区和广州城描绘出来，并标注了图中几十处重要地标。虽然"老汤姆"的通事馆没有标注出来，但我们通过参照有清晰标注的西濠涌、廻澜桥、行商商馆、外国商馆，并对照亨特的平面图，可找到通事馆就在图中央偏左的地方，让我们从北向南看到通事馆外观。现截图并放大如下：

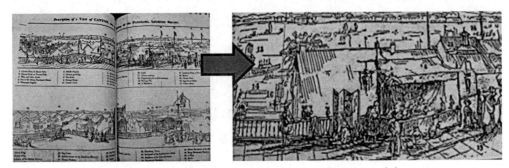

图6　广州全景图中的"老汤姆"通事馆截图（1838）[1]

尽管这幅全景图是一份珍贵的史料，但截图放大后画迹模糊，只能让我们对通事馆的外观有一个粗略但直观的认识。对于馆内的装饰和摆设，我们知之甚少，但从以下描述通事停泊在黄埔的工作船坊推断，通事馆内的布置也是颇具心思的：

> 通事船就像漂浮的房子，跟我之前描述在澳门看到的船一样，但装饰好很多，需要六至八个人才能划得动，而这些人正坐在船头门前的甲板上。如果遇上顺风，他们在屋顶升起桅杆，晾起帆布，就能腾出个好地方乘凉和抽烟。船里分成几个船舱，每个舱都布置得很好，窗户采光也很多，但都很小，只有他们会客和进餐的前厅稍大。这个前厅有几张小桌椅，屋顶吊着一盏大大的彩色灯笼，墙上挂着图画，角落还供奉着一尊神像，十分别致。[2]

我们不知道每家通事馆拥有多少条像上文所描述的船，但可以明确的是通事

---

[1] "Description of a View of Canton," in Patrick Conner, *The Hongs of Canton: Western Merchants in South China 1700–1900, as Seen in Chinese Export Paintings* (London: English Art Books, 2009), pp. 149–150.

[2] "Letters from Hong Kong and Macao, Letter X," *The New Monthly Magazine and Universal Register* Part 1, vol. 70 (London: Henry Colburn, Great Marlborough St., 1844), p. 367.

们需要驾船到黄埔港口,为外国商船丈量尺寸、上报关税、清点货物等,也需要驾船在广州、虎门、香山、澳门等多地穿梭,传达信息。因此,他们更加需要在商馆区设立大本营,让中外双方都可以在通事馆向他们委派任务。为了树立良好的商业形象,无论是通事馆还是通事船,室内布局这种门面功夫一定少不了。

最后,我们通过对照上述图画资料,并根据章文钦、杨宏烈、冷东等历史学家对十三行遗址的研究(即图7中黑色长方形标注的坐标),[1]可推断当年的"老汤姆"通事馆坐落于如今的广州市越秀儿童公园西南角,在人民南路与仁济西路的交界,具体可见下图右上方长方处(即"Old Tom's Establishment"所在位置)。

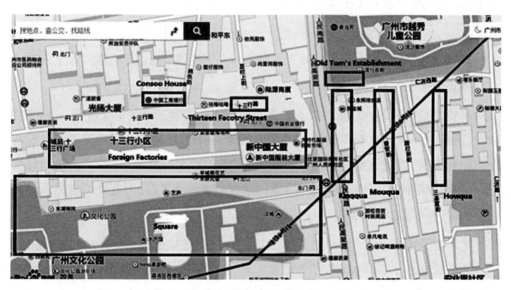

图7 宽和通事馆遗址

"老汤姆"就是在十三行的这个地方建馆起家,完成繁琐而重要的海关杂务和翻译事务,并把他摸索出的与中外交往之道传授给他的四名儿子、三名堂侄及多名助手,并与邻近的伍浩官、卢茂官家族保持良好紧密的合作关系。[2]他这个庞大的通事家族里,有的成员继承他的宽和通事馆,有的在获得粤海关任命后开设新馆,在两次鸦片战争前后接近三十年的紧张局势之下仍然能够发家致富,实属不易。

---

[1] 图7由笔者所绘,感谢三位历史学家在2009年组织广州大学历史系研究生实地考察十三行遗址时向笔者指出伍浩官、卢茂官、梁经官商馆,以及十三行路、公行、外国商馆区、外国商馆广场等重要地标。
[2] 蔡氏族谱中有记载,蔡氏家族有成员与卢茂官是好友,与伍浩官家族是姻亲。

如果他的工作真的就如亨特所写的那样是一场闹剧，他怎能游走在中外双方之间长达接近半个世纪呢？这个问题，值得我们再思考。

五、"老汤姆"在"印度水手"案的口译工作再思考

如上文所述，通晓汉语的美国商人亨特详细描述了"老汤姆"在1837年5月协助广州官府审问一名印度水手，国内学者常引用该例，并称之为"印度水手"案。但是，从严格意义上的中外司法纠纷来看，该例并不属于一桩案件。这名水手被提堂审问，只是因为他出现在福建海岸：

> 上一年十月份的《中国丛报》上刊登过这样一则短讯："福建巡抚的差官日前到达，解来夷人一名。该夷人据悉为一名印度水手，至于被何人于何时遗落在福建海岸，尚未查明。"[1]

亨特的这个开场白，带出以下两个重要信息。首先，1757年实行"一口通商"以后，外国人不能擅自到广州以外的任何港口。因此，当浙江、福建等港口发现有外国船只出没，当地官府就会高度警觉，提堂审问船上的外国人，好向上级官府交代。尽管福建等地也有官方通事，但他们通常不懂西洋语言，因此要把外国人送去广州或澳门审问。以下这则1811年的史料就反映了这种情况：

> 查传通事讯问，因口音不同，不能谙晓，转递至钦州，传唤越南通事查询，该处通事亦不识该夷言语，逐程护送到省，经南海县传唤通事讯明，委系遭风属实，并无别故，递交香山县，饬交澳门夷目收领，附搭便船回国。[2]

这里提到的"经南海县传唤"的通事，实则就是如"老汤姆"的广东通事。史料中有不少这种让广东通事负责译讯查明外省送来的夷人的例子，是因为中国官府认为"广东澳门地方向有西洋夷人贸易，定有深晓夷语通事，自应送往粤省译讯确情"。[3] 如果遇上东洋夷人，广东通事便"令其对比手势，察看情形"、"给予纸

---

[1] Hunter, *Bits of Old China*, p. 21.
[2] 〈两广总督松筠提报嘉庆十五年分发遭难返归国日期本〉，收中国第一历史档案馆、澳门基金会、暨南大学古籍研究所（编）：《明清时期澳门问题档案文献汇编》（北京：人民出版社，1999），卷二，页19—20。
[3] 〈闽浙总督孙尔准等奏报委员将海岛地方查获外番夷人解往粤省讯办折〉，同上，页212—213。

笔,令其书写"、"细察服色",[1]最终都能灵活变通地完成审讯任务,因为他们已经知道官府想要什么样的信息,即译讯查出外国人的姓名、国籍、年龄以及出现在其他海岸的原因。通事们只需投其所好,"翻译"给上级官员听到夷人是遭风灾才漂至其他港口,双方都能完成任务,外国人也可搭乘商船回国。下文这则1836年2月的史料,就是通事译讯查明"遭风难夷"后,官府上交的典型报告,里面还记载了通事就是"老汤姆"蔡懋:

> 臣随将解到夷人饬发藩臬两司转交广州府,督同南海县谕饬洋商遵传通事蔡懋到案详细译讯。据该夷供名吻吐丹,年三十四随,系了立国夷人,在英吉俐国之东,向在亚立乍船上做水手,船上连伊共有十人,有……等,其余不记名字。六月初间,由本国嘛鲁地方载米至英吉俐国新埠售卖。七月中旬卖竣回帆,在海面遭遇大风,将船漂至福建不识土名洋面,击破船只,看见伙伴有六人落水,其余三人不知存亡,伊抱木浮水上案,被官人捞救得生。了立本是英吉利属国,恳将伊即交英吉利夷人便可顺带回家。[2]

总之,广东通事们在审问这种从其他省份送来的外国人已经总结出应对之道,而"老汤姆"在1836年时已经62岁,他对这种审问的口译工作更加是经验丰富,驾轻就熟。尽管在审问印度水手现场的亨特说"老汤姆有点不走运,他一点都听不懂要他传译的话"(其实亨特也承认听不懂印度水手的话,只能分辨出水手的口音混杂着孟加拉语和马来语),[3]但这也不妨碍他开展"口译"工作,因为他对广州知府要提的问题和想要听到的答案都了如指掌,即印度水手的姓名、籍贯、年龄、职业、所乘之船的具体情况以及出现在福建海岸的原因。当广州知府从通事的译讯得知所有信息后,当即称赞道:"通事君,你学识渊博,聪明过人,令人敬佩。"[4]在审问完结之前,"老汤姆"还不忘提高了声调说,"这个夷人对于他上岸以来所受恩惠,铭感于心,难以用言辞表达。这是今天聚集在这里的外国鬼都可以作见证的"。[5]知府听了以后,也传达了天朝大国怀远柔人的政策,并再次赞扬通事,说:

---

[1] 〈两广总督李鸿宾等奏报委员将日本国遭风难夷送赴浙江附搭便船回国折〉,收中国第一历史档案馆、澳门基金会、暨南大学古籍研究所(编):《明清时期澳门问题档案文献汇编》(北京:人民出版社,1999),卷二,页202。
[2] 〈署理两广总督祁埌等奏报饬令洋商将了立国遭风难夷商山臣收领附搭便船回国片〉,同上,页283-284。
[3] Hunter, *Bits of Old China*, pp. 23-24.
[4] 同上,页27。
[5] 同上,页28-29。

"通事君,你真是学识渊博,出类拔萃。只可惜我未能按你应得的来行赏。"[1]

与当今的译员不同的是,十三行时期的广东通事的收入不是以口译工作量来计算日薪或者时薪。准确来说,通事的收入与他们的口译工作量完全没有关系,与中国官府也没有关系,因为他们是从外国商人贸易量中抽取佣金的。因此,"老汤姆"在这次事件的口译工作只是为了履行通事的职责,并不能从中获利。反过来说,任何口译工作只是占用了通事们处理外贸的时间,拖慢了他们取得佣金的节奏。相比之下,英国东印度公司在1830年支付给译员马礼逊的薪酬从1 000镑升到1 300镑,等同高级医生的待遇,[2]而他的职责就是准确地翻译中外文书。综合以上因素,通事们在应对这些口译工作的最佳方法,就是速战速决,让中外双方都皆大欢喜,而翻译出来的信息是否准确,都是次要的问题。

尽管亨特笔下的整个审讯过程都是一场闹剧,但从中方的角度来看,这个事件跟其他众多的审问外省送来的外夷事件一样,都取得了令人满意的结果。以下这则史料就是两广总督邓廷桢上报给朝廷的奏折片段:

> 据泉州府转据南安县禀报,巡检方长龄在晋江县驷行塘地方巡获黑面夷人一名,提省查验,言语不通,无从译讯。因广东澳门地方为番夷贸易之所,定有深晓夷语通事,业经奏明委员解粤译讯办理。随委员试用未入流秦延业护解该夷人到粤,当即发司转发南海县,谕饬洋商带同通事译讯去后。兹据南海县饬传洋商通事等详细译讯,该夷人供名哈都喇,是英吉俐属国港脚人,在专士船充当水手,船上共二十人。[3]

这则史料描述的事件和亨特所说的是同一回事,主要原因除了中文史料里出现的"泉州府"、"黑面夷人"、"南海县传洋商通事等详细译讯"等信息与亨特的英文描述一样,更重要的是印度水手的名字是相同的:哈都喇,即亨特记录的"Abdoolah"。[4]但是,这则史料写于道光十六年九月十八日,即1836年10月27日,而亨特记录的是1837年5月。那该起事件到底发生在什么时候?

---

[1] Hunter, *Bits of Old China*, p. 29.
[2] Morse, *The Chronicles*, vol. 4, p. 226.
[3] 〈两广总督邓廷桢等奏报讯明失路夷人恤给口粮俟有便船附搭回国折〉,《明清时期澳门问题档案文献汇编》,卷二,页292。
[4] Hunter, *Bits of Old China*, p. 30.

这就要回到亨特开场白透露的第二个重要信息。上文引述亨特的说法时指出,《中国丛报》是1836年10月报道了该名印度水手从福建口岸押解到广州,但我们在这一期的《中国丛报》中找不到这条消息,而是在前一个月的报纸中找到。[1] 更奇怪的是,亨特现场记录通事"老汤姆"译讯问得的印度水手名字是"拉姆·汗"(Ram Khan),过后才改说水手名字应该是"哈都喇"的。

根据以上中外材料记录的时间节点和细节信息,我们可以整理出本起事件的两个版本:按照亨特的版本,水手是在1836年10月已经被送到广州,但一直到1837年5月这个外贸淡季才被正式审问,之前被监禁长达大半年(亨特也借此讽刺中国官府办事效率之低)。而且,通事"老汤姆"在审问现场乱译一通,甚至连水手的名字都翻译错,误将"哈都喇"译为"拉姆·汗",再次证明中国的译员是"顽固不化的骗子"(inveterate humbugs)。[2] 另一边厢,按照以上中文史料和《中国丛报》的版本,1836年9月22日广州官府就收到福建信使的关于要求审讯水手的报告,在9月底、10月这个十三行外贸旺季迅速完成审讯工作,并在同年10月27日上报调查结果,而通事交代了水手的名字、国籍、出现在福建的原因等常规信息。

长期以来,学界对亨特的版本深信不疑并频繁引用,但却没有察觉他记录的时间节点可能是错误的。现在,我们不妨追问:亨特的记录为什么会如此出错呢?是他在五十多年后执笔时记忆模糊,还是他故意曲解呢?他那三千多字的记录是否都是真实的?这些问题,也许只有当事人才能回答,但我们从文本写作和历史语境去观察,似乎也可以从一些细节中找到蛛丝马迹。

首先,关于亨特的写作动机。中美贸易开始之初,年仅13岁的亨特就长途跋涉到广州从商,后来被派去马六甲的英华学院学习中文,是最早一批系统学习中文的美国人。他把在中国约四十年的经历整理出版,奠定他"中国通"的地位。为了满足读者的猎奇心态,他在描述中国的趣闻轶事时添盐加醋也不足为奇。当然,每年都有不少从外省送往广州审讯的外国水手,亨特可能误以为1837年5月的印度水手和1836年10月的是同一人。但无论如何,如果不是为了衬托中国官员的昏庸,不是为了证明"广州的中国人,没有一个是能够读或写英文的",[3] 广东通事这

---

[1] "Journal of Occurrences," *The Chinese Repository* 5, no. 5 (September 1836), p. 240.
[2] Hunter, *Bits of Old China*, p. 24.
[3] Hunter, *The 'Fan Kwae' at Canton Before Treaty Days*, p. 44.

种本地译员是不会成为亨特笔下的主角/丑角。这也是为什么《广州纪事报》在1830年记录了亨特在另一审讯场合证实"老汤姆"是忠实的译员,[1]但亨特在书中对这种平淡的常态却只字未提。

其次,关于助手"阿树"(Ashoe)的细节。按照亨特的描述,阿树是"老汤姆"从木匠广场带来的一个工匠,"老汤姆"事先给阿树"戴上圆锥形的官帽、穿上蓝色长袍,手上拿着一把扇子",[2]把他打扮成自己的助手。那为什么"老汤姆"不带自己的通事馆里的助手,而是要带阿树到审问现场呢?更奇怪的是,在广州知府提出第一个问题,想知道水手的籍贯、姓名、年岁和职业等信息,但"老汤姆"完全没有说话,只是看了阿树一眼,阿树便用孟加拉语问水手"你要什么?你要水吗?"当水手表示不喝水的时候,阿树跪下来向广州知府"翻译"出水手的名字和职业,然后又站起来转身向外国人"显出一副很得意的神气"。[3]鉴于当时老百姓畏惧官府的心态,阿树敢在广州知府和另外几名官员面前如此大胆放肆吗?同样,后面三个问题都是广州知府直接让"老汤姆"去问水手的,但"老汤姆"只是亲自翻译了第二个问题(而且是忠实地翻译),其他都是阿树对水手自说自话,然后是"老汤姆"向知府"翻译"水手的回答,还两次当着知府的面用"广东英语"跟其他在场外国人对话,说:"你看我哄他哄得很漂亮吧?"又"诡谲地一笑,从容自若地说:'你以前知道我这么聪明吗?'"[4]姑且勿论"老汤姆"是否有必要让阿树在公堂上完成大部分的"口译"工作,他如此戏剧性的表情、动作和与外国人的对话,难道官员们都看不到吗?

总之,"印度水手"案的口译场景,到底是广东通事的日常工作情景,还是亨特为了满足外国读者对中国的想象而创作的闹剧,已经昭然若揭。如果我们把亨特的记录看作广东通事的野史读物,当然就不必与之计较;但如果以其一家之言就对广东通事轻作定论,恐怕就有失公允。退一步说,就算广东通事在译讯中为求工作效率而牺牲翻译准确性,甚至在蒙混过关后而沾沾自喜,也是人之常情,也是在

---

[1] 根据《广州纪事报》报道,当年一名荷兰船长在十三行离奇死亡,荷兰商人私自审案。当荷商盘问船长家中多名中国仆人时,"老汤姆"充当译员。当"老汤姆"为仆人阿球(Akeaou)口译时,亨特也在场,并宣称"老汤姆"正确翻译了阿球所有的证词。参 The Canton Register (2 November 1830), p. 97.

[2] Hunter, Bits of Old China, p. 30.

[3] 同上,页31。

[4] 同上,页32。

广州十三行外贸体制下的特殊语境所产生的译员应对之道。然而，无论古今中外，顺利完成工作的译员都是"隐形"的，能被人们关注和被史家记录的译员，除了那些经历大事件、服务大人物的译员，就只有这些如"老汤姆"般被嘲笑、被奚落、被惩罚的译员了。

六、总　结

翻译史应该首先是译者和译员的历史，研究者需要发掘翻译过程中具有文化和民族特殊性的真实历史环节，首要的切入点应该是把一个个具体的案例做好，再下任何总结性的定论。例如，过去中国大陆学界对国外传教士的评价具有过于浓烈的阶级斗争色彩，但近年来随着一个个细致的案例研究的出现，他们作为一个译者群体的翻译活动被梳理得井井有条，其历史功过也逐渐有迹可循。同样道理，作为同一历史时段的中国译员，通事的研究要从笼统走向具体，还是离不开对具体案例的深描，对多方史料的挖掘和吸收。

就如"老汤姆"这名通事，过去我们对他的认识主要来自亨特笔下1837年的"印度水手"案。但本文经过对照中外史料，认为"老汤姆"是在水手从福建送往广州约一个月后就协助广州官府开展审讯，在1836年10月已经完成工作并让水手坐船回国。而广东通事们也经常遇到类似的口译任务，并摸索出一套应对之道，无论是否能够理解水手的语言，都能"翻译"出官府想获得的信息，从而快速从这种无偿的口译工作抽身，通过协助外商完成交易来获取佣金。而"老汤姆"出任通事一职接近五十年，养妻活儿，支撑起一个庞大的家族。他还提携了至少四个儿子、三个堂侄和多名助手任职通事来发家致富，并通过掌控宽和通事馆和其他多家通事馆来巩固自己总通事的地位。尽管现有的材料不足以说明他是一名成功的译员，甚至他的翻译之道是被排除在当今的翻译标准之外，但对比同时期那些或破产或被抄家的行商，以及众多食不果腹的平民百姓，"老汤姆"这个游走于中西之间、位居官方和半官方之间的通事，应该是成功的。

金字塔的认识及其意象形成

陈力卫[*]

摘　要：金字塔这一响亮的名称源自何处？起自何时？这既是中国如何认识世界的问题，也是西方知识如何在东亚传播和接受的问题。从17世纪在华耶稣会士图文并茂的描述，到19世纪基督教传教士的英华辞典的对译，再到日本近代对英华辞典的吸收，一路看上去似乎简单，但中日两国通用这一名称又意味着各自概念的接受过程中有着复杂的相互往来的关系，特别是近代以来该词在日文语境的反复使用，以及伴随着《万国史记》等世界史知识在中国的传播，又使该词重新被国人认识和使用，其所表示的意象和寓意亦趋于完善。

关键词：世界七大奇迹；知识传播；《万国史记》；比喻义

Formation of Knowledge and Image of "Pyramid" in East Asia

Chen Liwei

Abstract: What was the origin of the word *jinzita* (金字塔, pyramid)? When did it first appear? These are questions concerning not only the way how China perceived the world, but also how Western knowledge spread and was received in East Asia. From the written descriptions and drawings in the works of Jesuit missionaries in China in the 17th century, to the parallel translation in English-Chinese dictionaries by Protestant missionaries in the 19th century, and then to the absorption of new knowledge from English-Chinese dictionaries by Japan in modern times, the

---

[*] 陈力卫，日本成城大学经济学部，电邮地址：chenliwei@seijo.ac.jp。

evolution and recognition of the concept of "*jinzita*" demonstrates a complicated mutual-influential relationship between Japan and China. With the repetitive usage of the word "Pyramid" in Japanese context in modern times, and with the spreading of knowledge on world history through, for example, such works as *Wan Guo Shi Ji*, 万国史记 in China, the word "*jinzita*" has again been recognised and become popular among the Chinese, with a new and enriched perception of its image and meaning.

Key words: Seven Wonders of the World; dissemination of knowledge; *Wan Guo Shi Ji*; metaphor

引　子

几年前日本某家电视台为做一知识问答的节目来函询问：金字塔一词是否为日本人创造的"和制汉语"？他们的节目当然是希望朝这个方向做的，因为现有的辞典似乎都表明日文中的用法要早于中文。检索一下日本出版的《新明解语源辞典》，[1]《新明解现代汉和辞典》[2]都是将之视作和制汉语的。而且，比较一下《日本国语大辞典》（小学馆，2001）和中国的《近现代辞源》（上海辞书出版社，2010）也会发现，日文的用法早在1886年就出现在当时的著名人物德富苏峰（1863-1957）的文章里；而中文方面要到1900年才出现在《清议报》梁启超（1873-1929）的文中，整整晚了十多年。再加上考虑到在日本办《清议报》的梁启超曾多次援用德富苏峰之文，故而《近现代辞源》才会明确标注："金字塔为日语词，大约于19世纪末传入中国。"

事实果真如此吗？当时我就回答电视台说，这个结果值得慎重考虑，不宜当作设问来做，至少要调查一下19世纪的英华字典后才能有个比较确切的答复。因为就《近现代辞源》在这方面的采例不足问题我曾有过批评。[3]

---

［1］小松寿雄、铃木英夫（编）：《新明解语源辞典》（东京：三省堂，2011）。
［2］影山辉国、山田俊雄、户川芳郎、伊藤文生（编）：《新明解现代汉和辞典》（东京：三省堂，2011）。
［3］参见陈力卫：〈国際シンポジウム「近代語の語源研究とその周辺」についての報告——『近現代辞源』の評を兼ねて〉，《東方》364号（2011年6月），页2-8。

一、"金字塔"一词由英华字典进入英和辞典

台湾中研院近代史研究所建构的英华字典数据库[1]使得这一问题的解决变得更为容易了。我们只要检索一下Pyramid一词就会发现"金字塔"出现在1860年代的英华字典中(见表1):

表1　19世纪英华字典中的"金字塔"

英华字典 \ 语词	Pyramid	Pyramidal	Pyramidic Pyramidical
1822年马礼逊《英华字典》[2]	尖瓣体 Many sided pyramid 众瓣尖体 pyramid triangular 三瓣尖体		
1844年卫三畏《英华韵府历阶》[3]	尖瓣体		
1847—1848年麦都思《英华字典》[4]	塔、高而尖的石牌		
1866—1869年罗存德《英华字典》[5]	金字塔	金字塔形	金字形的
1872年卢公明《英华萃林韵府》[6]	pyramid or pagoda 尖瓣体、尖方形 棱锥体(数学与天文术语)		
1884年井上哲次郎《订增英华字典》	金字塔、棱锥体	金字塔形	金字形的
1899年邝其照《华英字典集成》[7]	塔、高而尖的石牌	金字塔形	

从上述Pyramid的对译中我们可以知道,在罗存德的英华字典之前,尚没有出现"金字塔"一词,多是继承了马礼逊的"尖瓣体"。而作为19世纪最大规模的罗

---

[1] http://mhdb.mh.sinica.edu.tw/dictionary/enter.php(检索日期:2016年12月15日)。
[2] 马礼逊(Robert Morrison, 1782—1834):《英华字典》(A Dictionary of the Chinese Language)。
[3] 卫三畏(Samuel Wells Williams, 1812—1884):《英华韵府历阶》(An English and Chinese Vocabulary in the Court Dialect)。
[4] 麦都思(Walter Henry Medhurst, 1796—1857):《英华字典》(English and Chinese Dictionary)。
[5] 罗存德(William Lobscheid, 1822—1893):《英华字典》(English and Chinese Dictionary, with the Punti and Mandarin Pronunciation)。
[6] 卢公明(Justus Doolittle, 1824—1880):《英华萃林韵府》(A Vocabulary and Hand-book of the Chinese Language, Romanized in the Mandarin Dialect, in Two Volumes Comprised in Three Parts)。
[7] 邝其照(Kwong Ki Chiu, 1836—?):《华英字典集成》(English and Chinese Dictionary)。

存德的英华字典里出现了三处：

> Pyramid 金字塔
> Pyramidal 金字塔形
> Pyramidic、Pyramidical 金字形的

而且该辞典在日本所藏的原本颇多，并两次被直接翻刻为日本版，[1]对日本近代词汇的形成影响巨大，上表显示的就有1884年井上哲次郎翻刻的《订增英华字典》（罗布存德原著、井上哲次郎订增，1883—1884年刊），这不仅成了"金字塔"直接进入日语的一个重要渠道，而且还从卢公明《英华萃林韵府》中增补了一个新的译词"棱锥形"，[2]该词后来进入中文的途径反倒是通过井上的这本辞典，此为后话暂且不表。

实际上，罗存德的英华字典还有一个日本译本，即《英华和译字典》，[3]它早于井上哲次郎五年，也是原原本本地照搬了上述译词；值得注意的是针对中文的"金字塔"，它加上了日文翻译"スギナリヅカ"（杉树形塚），完全是按照日本的意象来对译的，[4]后来在日语里也果真用"金字塔状"来比喻树的形状。

不仅如此，除了上面两种直接翻刻的日文版外，我们还知道早在明治六年（1873）编撰的《附音插图英和字汇》就已经深受罗存德的英华字典的影响，从中采纳了许多译词，其中，将Pyramid译作"金字形，金字塔"也是源于此。这本在明治时期影响广泛的英和辞典还对"金字塔"特地标注了日文读音キンジタフ，[5]这对该词进入日语起到了决定性的作用。

另一方面，邝其照编的《华英字典集成》作为国人编撰的第一本英华辞典（当时称作《字典集成》），受麦都思辞典的影响不少，比如，表1中Pyramid的译法完全照搬之。它自1868年初版后，又多次增补再版，上表显示一直到1882年〈自序〉的循环日报版（1899）时才开始收有"Pyramidal 金字塔形"的对译。实际上从现有的

---

[1] 参见陈力卫：〈19世纪至20世纪的英华辞典与英和辞典的相互影响——中日近代新词往来的渠道之一〉，收王宏志（编）:《翻译史研究（2012）》（上海：复旦大学出版社，2012），页102-129。
[2] 有关井上辞典增补的来源问题见宫田和子：《英華辞典の総合的研究》（东京：白帝社，2010）。
[3] 津田仙、柳泽信大、大井镰吉（合译）、中村正直（校正）：《英华和译字典》（东京：山内鞎出版，1879—1881）。
[4] 当然平文（James Curtis Hepburn, 1815-1911）的《和英语林集成》的英和部分（1867年初版及1872年再版）都是将Pyramidal译成suginari（杉树形）的，也就是说不排除《英华和译字典》（1879）参照其翻译的可能性。
[5] 柴田昌吉（著）:《附音插图英和字汇》（横滨：日就社，1873），页913。

1887年版来看,已经开始收录该对译了。[1]

日本虽然在明治十四年由永峰秀树将之翻刻为《华英字典》(1881),但从该辞典尚没有收录"Pyramidal金字塔形"的字样来看,至少是根据邝其照辞典1879版之前的版本翻印的,因为我们现在能看到的1868、1875、1879各版都没有收录该词。而直到1882年以后的版本才有可能出现"金字塔形"。

于是,我们可以说通过英华字典的传播,早在1873年《附音插图英和字汇》、1879年《英华和译字典》、1884年《订增英华字典》就直接将与英文对译的"金字塔"一词传入了日本。其后的英和辞典多延用这一译法,如明治十七年的《英和袖珍字汇》(1884)[2]就将Pyramid用片假名诠释为"尖顶形的柱子",并用了音读词キンジトウ(金字塔)和偏正结构的キンジトウノ(金字塔的)。在《附音插图英和字汇》(1873)的第二版《增补订正英和字汇》(1887)[3]中,不仅延用了"金字形、金字塔"的译词,甚至把井上哲次郎的《订增英华字典》(1884)中增补的"棱锥体"一词也一并加入其中,由此亦可窥见两者的影响关系。

二、西学新书对"金字塔"的描述及国人的想象

那么,"金字塔"一词是从何时开始在中文里使用的呢?换句话说,汉语世界里对金字塔的认识过程是如何展开的呢?

梁启超在《中国近三百年学术史》中说:

> 言世界地理者,始于晚明利玛窦之《坤舆图说》,艾儒略之《职方外纪》。清初有南怀仁、蒋友仁等之《地球全图》。然乾嘉学者视同邹衍谈天,目笑存之而已。[4]

也就是说,西方传教士是传播世界地理知识及相关奇迹的先驱,但有关金字塔,利玛窦并没有提及,艾儒略(Giulio Aleni, 1582-1649)则在《职方外纪》(1623)

---

[1] 我们其实还可以发现,带有1882年〈自序〉的循环日报版(1899),实际上早于光绪十三年(1887)重镌版。因为后者在Pyramid固有的释义"塔、高而尖的石碑"后又新增加了"金字形"一词。

[2] 西山义行(编)、露木精一(订):《英和袖珍字汇》(东京:岩藤锭太郎,1884)。

[3] 柴田昌吉、子安峻:《增补订正英和字汇》(横滨:日就社,1887)。

[4] 梁启超:《中国近三百年学术史》(北京:东方出版社,1996),页391。

中有以下记载:

> 昔国王尝凿数石台,如浮屠状,非以石砌,是择大石如陵阜者,铲削成之。大者下趾阔三百二十四步,高二百七十五级,级高四尺,登台顶极力远射,箭不能越其台趾也。[1]

这段描述成了后人对金字塔想象的范本。但在这里,用"石台"表述之,形容其"如浮屠状"。又过了半个世纪,南怀仁(Ferdinand Verbiest, 1623–1688)的《坤舆图说》出现,它初刻于康熙甲寅年(1674),下卷末附异物图,有动物23种,以及七奇图(即我们所说的世界七大奇迹),其中图文并茂地描述了金字塔的样子,才使人们首次能从视觉上感受到金字塔的魅力(图1):

> 利未亚洲厄日多国孟斐府尖形高台,多禄茂王建造,地基矩方,每方一里,周围四里,台高二百五十级,每级宽二丈八尺五寸,高二尺五寸,皆细白石为之。自基至顶,计六十二丈五尺,顶上宽容五十人。造工者每日三十六万。[2]

图1 《坤舆图说》[3]

利未亚洲即现在的非洲,厄日多国则是现在埃及的旧称。《坤舆图说》用"尖形高台"来描述之,也没有用到"金字塔"一词。

有关《坤舆图说》及七奇图的传播及影响,邹振环有过详细的叙述,[4]亦即其后随着该书陆续收录在《虞初新志》(1704)和《古今图书集成》(1726)、《四库全书》(1782)中,不仅激起了中国知识分子对金字塔的想象,甚至也影响了日本。本文在此研究基础上,再补充一些例子和日本方面的接受过程。

---

[1] 艾儒略:《职方外纪》(北京:中华书局,1985),卷三,页89。
[2] 南怀仁:《坤舆图说》(北京:中华书局,1985),页222。
[3] 同上,页221。
[4] 见邹振环:《〈坤舆图说〉及其〈七奇图说〉与清人视野中的"天下七奇"》,收古伟瀛、赵晓阳(主编):《基督宗教与近代中国》(北京:社会科学文献出版社,2011),页499–529。

进入19世纪后，随着基督教的传播，就金字塔的描述愈发增多，首先出现在普鲁士传教士郭实猎（Karl Friedrich August Gützlaff, 1803-1851）在广州办的杂志《东西洋考每月统记传》中：

> 古王者建塔四方。高七十七丈，各方一百十丈，此巨塔御陵，莫敢相同。虽建之有三千余年，其塔还存也。[1]

这里首次将之称为"塔"，其后郭实猎在新加坡出版的《古今万国纲鉴》中依旧称之为"高塔"，[2] 但到了袆理哲（Richard Quarterman Way, 1819-1895）著的《地球说略》中[3]则以插图的形式称之为"石塚"，[4]并描述为：

> 又介尔阿城[5]相近处，有最奇之古迹。非亭、非塔、状如塚，皆石为之。基阔顶尖于峰。其最大者，即其下之一隈量之长约计六十丈，顶之高亦约有六十丈。[6]

这一描述成为19世纪中叶以后人们对金字塔认识的"知识仓库"，[7]较之天主教耶稣会士的《坤舆图说》所传播的单塔独立，其插图也首次按远近法将基沙三大金字塔收入一图，更富有现实感。其后该书在日本的传播更是刺激了不少日本人的世界认识，1860年就直接将之加上训点翻印出版，如图2。

在称呼上，较之郭实猎的"塔"的认

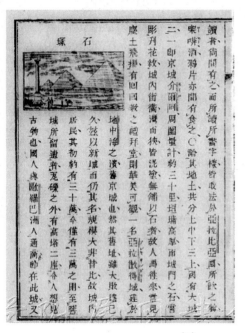

图2 《地球说略》日本版[8]

---

〔1〕郭实猎：〈史记麦西国古史〉，《东西洋考每月统记传》丁酉四月（1837年5月），页3b。
〔2〕郭实猎：《古今万国纲鉴》（新加坡：坚夏书院藏版，1938），卷二〈麦西国史〉，页18b。
〔3〕1848年初版为《地球图说》。
〔4〕袆理哲：〈埃及国图说〉，〈亚非利加大洲图说〉，《地球说略》（宁波：华花圣经书房，1856），页76b。
〔5〕即开罗。
〔6〕袆理哲：〈埃及国图说〉，页76b-77a。
〔7〕见潘光哲：《近代史研究所专刊99：晚清士人的西学阅读史（1833～1898）》（台北：中研院，2014）。
〔8〕袆理哲（著述）、箕作阮甫（训点）：《地球说略》（东京：老皂馆，万延元年［1860］）。

识,这里明确否定其"非亭、非塔",称之"状如塚"。徐继畬(1795-1873)的《瀛寰志略》(1849)虽然早于《地球说略》,但如果他参照了1848年的初版《地球图说》的话,其"古王塚"的描述或许也与这有关:

> 都城外有古王塚数处,皆基阔顶锐。……有一塚基阔五里,高五十丈,顶似峰尖。[1]

而且其最后夹注还有"南怀仁宇内七大宏工记有此塚"字样,亦可见《坤舆图说》对当时的影响尚在。

魏源(1794-1856)的《海国图志》百卷本(1852)收纳了各种相关的说法,如:

> 麦西国自古有名,于商朝年间,国家兴盛,所筑之塔,高大尚存,其坟塚如殿,及于今日,有人不远万里以观此古迹。[2]

徐继畬和魏源的描述也多是源自西洋人的说法,后者既称其为"塔",也留有"坟塚如殿"之说,其中"有人不远万里以观此古迹"就说明当时金字塔已经遐迩闻名了。

也就是说,到了19世纪中叶,在中文语境的主要描述中,虽然尚未出现"金字塔"一词。但至少对金字塔的想象已经展开了。

那么,第一个访问金字塔的中国人是谁呢?是谁命名了它呢?这一点我们至今不敢确定,现在能看见的记录也都是在19世纪中叶以后的游记,比如,作为天主教徒的郭连城,他留下的《西游笔略》[3]是写于咸丰九年至十年(1859-1860)的欧洲游记,在其返回时路过埃及,称开罗(Cairo)为"加以罗",记录了有关金字塔的情形:

> 加以罗城内有最奇之古迹,状如塚,皆石为之。阔下而锐上,其最大者,即其下之一限量之长约六十丈,高亦六十丈。[4]

---

[1] 徐继畬:《瀛寰志略》(上海:上海书店出版社,2001),卷八,页243-248。
[2] 魏源:〈厄日度国·重辑〉,《海国图志》(长沙:岳麓书社,1998),中册,卷三十三,页997。
[3] 为其书作序的陆霞山也是天主教徒,且早于郭连城八年就去了欧洲,称"所录沿途见闻皆余曩所身亲目睹而毫无浮词者也"。可知其亦去过埃及,有可能是第一个亲身探访金字塔的中国人,但没有留下只言片语的记录。引文见陆霞山:〈西游笔略序〉,页二,收郭连城:《西游笔略》(武昌:武昌天主堂印书馆,1921),收于沈云龙(主编):《近代中国史料丛刊》(台北:文海出版社,1972),第888册。
[4] 郭连城:《西游笔略》,页131。

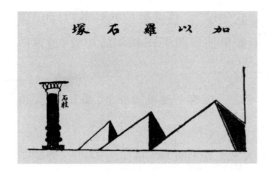

图3 《西游笔略》1921版

这里仍记之为"状如塚",与《地球说略》的描述相似,尚未用"金字塔"一词。同治二年(1863)版没有插图,后来由武昌天主堂印书馆刊行的1921年版插图精致,颇具特色,倒像是《地球说略》(图2)插图的版画式风格(图3)。

这其后,清末外使斌椿(1828-1897)留下的《乘槎笔记》(1866),不仅有《瀛寰志略》作者徐继畲的序文,而且其观察更为仔细:

> 又十余里,至古王陵。相连三座。北一陵极大,志载基阔五里,顶高五十丈,信不诬也。方下锐上,皆白石垒成。[1]

该书颇为详细地记述了斌椿在埃及的游历。作者自出发后经过50天航程来到埃及,终于目睹了"古王陵"之气势,且对前人所言"信不诬也"。然后,又描述"横石刻字"如"古钟鼎文",最后描写人面狮身像时,竟用"凿佛头如浙江西湖大佛寺像"来比喻其身型高大。与之同行的记录《航海述奇》也是称之为"王陵",描述说"其陵三尖形",为"三千数百年建造天下第一大工也"。该描述后以〈埃及古王墓〉为题再次收入《中西闻见录》第14号(1873年9月)中。[2]

19世纪其他有关埃及的记载,如《教会新报》1868年的第57期亦附图登载了有关金字塔的描述,其中说到:

> 国多古迹,有最奇者有三高阜焉。非亭、非塔、非塚、非台,以石砌成,有级可上,人可步而登焉。[3]

这里虽然还保留着《地球说略》的插图,但对金字塔的认识有所不同,改称为"三高阜",且在前人认识的"非亭、非塔"上,又加上了"非塚、非台"。

---

[1] 斌椿、谢清高:《乘槎笔记》(长沙:湖南科学技术出版社,1981),页15。

[2] 《中西闻见录》(*The Peking Magazine*)是传教士丁韪良(William Alexander Parsons Martin, 1827-1916)、艾约瑟(Joseph Edkins, 1823-1905)等人于1872年8月在北京创办的一份近代报刊,1875年8月停刊。该刊真实地记录了当时的一些事实,对洋务运动起了推波助澜的作用。1876年2月,《格物汇编》(原名 *Chinese Scientific Magazine*)在上海创刊,成为《中西闻见录》续刊。日本明治八年(1875)购有此刊。

[3] 《教会新报(二)》(台北:华文书局,1968),页541。

罗存德《英华字典》（1866–1869）出版之后，有关描述仍没有采用"金字塔"一词。比如，韦廉臣（Alexander Williamson, 1829–1890）登载在《万国公报》第五册上的〈埃及纪略〉（1874，后收在《小方壶斋舆地丛钞》第十二帙第九册）亦云"大石塚墓"。

这种外国传教士的描述以及国人对金字塔的想象，也出现在近代的报纸杂志上，清同治十二年（1873）上海发行的《申报》上刊出了〈记埃及国皮拉米事〉一文。"皮拉米"一词，显然是Pyramid的音译，不过并未被广为采用。

到了清末的《点石斋画报》（1885）里，出现了题为〈狮庙千年〉的插画（图4），较之早先的《坤舆图说》和《地球说略》之金字塔图，把金字塔画得更尖，过于突出了基沙的三大金字塔之其中一塔，且新增了人面狮身像，其形象似乎更为离谱，与前面所描述的"凿佛头如浙江西湖大佛寺像"迥然不同，平添了许多异国风情，[1]也更能够勾起人们对金字塔的向往，但在解说时仍没有使用"金字塔"一词。

到了1886年，艾约瑟（Joseph Edkins, 1823–1905）的《西学略述》（卷六 史学）里仍是沿用前人的描述，称其"帝王之陵塚工程浩大，修为方形高台"。[2]

这也就是说，虽然1860年代的英华字典里已经完成了"Pyramid金字塔"的对译，但实际文章中却又极为少见。如果认为金字塔一词是中国人对古埃及的角锥体陵墓的形象化的称呼，理由是这种建筑物的外形类似汉字"金"字的形状的话，那么，中文里应该有类似的表达才对。也就是说，其译法有没有语言上的佐证呢？用"金"字来表述这一形状的说法是源自何时？

有关这一点，我们还是能在19世纪的英华字典的译法中找到证据，如表2：

图4 《点石斋画报》（1885）己六、四十三b

---

〔1〕 这是光绪十一年十月十五日（1885年11月21日）晚，曾经周游世界各国的颜永京，在上海"格致书院"举办幻灯片放映会的一环。
〔2〕 艾约瑟：《西学略述》（上海：图书集成印书局，1898），卷六 史学，〈释古文以识古史〉，页1b。

表 2　英华字典中的"金字"构词

英华字典 \ 语词	Pediment	Frame	Roof	Gable	Fastigiate、Fastigiated
1844年卫三畏《英华韵府历阶》	金字房				
1866-1869年罗存德《英华字典》		屋背架、金字架	金字屋背、高屋背	金字墙	金字样
1872年卢公明《英华萃林韵府》	人字线、金字房				
1899年邝其照《华英字典集成》				屋上之金字髻	

从上述例子中，我们可以看出，以"金字"表示顶尖下宽形状的用法，早在1844年卫三畏的《英华韵府历阶》就有"金字房"的说法，罗存德《英华字典》用得最多，都是用在房屋建筑上，除上面出现的"金字形"外，还有"金字架、金字屋背、金字墙、金字样"等，卢公明延续了卫三畏的用法，而邝其照则新添了"屋上之金字髻"说法。除这些对译辞典外，中文文献里尚有"金字山"等更早的称呼，如：

  金字山　在石泉县东二十里,列嶂如屏,冈峦耸翠。[1]
  俞懋文宅　（万历象山县志）九都金字山下宋侍郎俞懋文及孙承简世居于此。[2]
  巴山县南一里又名金字山,一峰分三岗而下形如金字,县治依之。[3]
  金字山在州东二十里。[4]

道光年间的《施南府志》中亦载有："龙泉西峙,金字车盘,乃利川之胜。"[5]换言之，用"金字"表形状并非历史悠久，没有出现在宋以前更早的中文语料里，且北方话里少有这种用法。那么，这种构词法是否为南方或川粤地区的一种特有表述尚不可知。至少在香港出版的罗存德《英华字典》用得最多，可以视为在当时已经具有一种构词能力的用法。

反过来说，日本人用不用"金字"来表示形状呢？在我们能调查的范围内，找

---

[1] 穆彰阿、潘锡恩等（纂修）：《大清一统志》(上海：上海古籍出版社,2008)，第9册，卷三九九，页7b。
[2] 沈翼机等（纂）、嵇曾筠等（修）：《浙江通志》(上海：商务印书馆,1934)，卷四十三，页979。
[3] 迈柱等（监修）、夏力恕等（编纂）：《湖广通志》，收《四库全书》(上海：上海古籍出版社,1987)，第531册，卷十，页52b。
[4] 杨芳灿（撰）：《四川通志》，收《四库全书》，第560册，卷二十五，页25b。
[5] 主要指位于湖北恩施利川境内的山脉,其他各地亦有该称呼。

不到用"金字"来构词的迹象(至今也只用"金字塔"一词),反倒是其自身的说法占上风,如前所述,针对中文的"金字塔",日文的翻译为"スギナリヅカ"(杉树形塚),也是从注重形象而起的。

至此我们可以说,"金字塔"一词出现在1860年代罗存德《英华字典》(1866–1869)里绝不是偶然的,但实际上大多数中文文献中多是沿袭"高台,石塚"等旧说,很少使用"金字塔"一词,也就是说对金字塔的想象只停留在具体建筑物本身的古老宏伟及奇特上了。

三、日本人对金字塔的认识

日本人对金字塔的认识是通过两种不同渠道取得的。一种是来自中国的,还有一种是来自荷兰的。首先,在中国传播的描述和记载金字塔的所有书刊,几乎都在日本有过流传,无论是耶稣会士艾儒略的《职方外纪》和南怀仁的《坤舆图说》,还是国人徐继畬的《瀛寰志略》和魏源的《海国图志》,在日本都有过几种翻刻本,[1]特别是明末清初的文言短篇小说集《虞初新志》更是在日本广泛阅读,自1762年传入日本后,有多种版本,19世纪初就出版有加点和刻本《虞初新志》,[2]如图5。

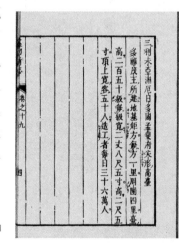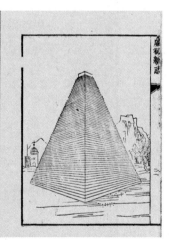

图5 《虞初新志》[3]

---

[1]《职方外纪》有宽政九年(1796)钞本;《坤舆图说》通过《虞初新志》得以在日本传播;《瀛寰志略》有文久元年(1861)刻本和明治初年(1868)刻本;《海国图志》在日本有23种重刻本。参见源了圆:〈幕末・维新期における『海国图志』の受容——佐久間象山を中心として——〉,《日本研究》1993年第9期(1993年9月),页13–25。

[2] 张潮(辑)、荒井廉平(训点)、冈田茂兵卫(印):《虞初新志》(大阪:群玉堂河内屋,文政六年刊[1823]),20卷 补遗1卷。

[3] 同上,卷十九,页四。

这完全是翻刻了南怀仁《坤舆图说》的七奇图说，只是文字说明部分略有删减。其后，日本虽然还出版过《日本虞初新志》[1]和《本朝虞初新志》[2]等汉文小说，但其中都没有采纳七奇图说。

来自中文的汉译西书也是传播这一知识的重要途径，除前面举过的几种主要的以外，还有以下两种：一是郭实猎《古今万国纲鉴》(1838)，既在日本出版有训点本(1874)，[3]还于同年出版了其日译本，均称不知原著为何人所作，标注为模礼松著，可见当时日本对马礼逊的推崇。但实际上这是郭实猎所作。[4]

另一本就是前面提到的1856年祎理哲出版的《地球说略》，日本四年后的万延元年(1860)由箕作阮甫加训点，将之分为上·中·下三卷在老皂馆出版和刻本（见上节图2）。不仅如此，它还刊有两种日文译本。分别为明治七年(1874)的和解本以及明治八年(1875)的译解本，见下图：

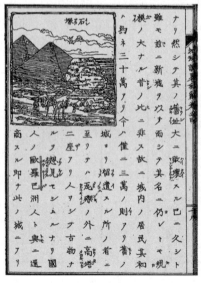
图6a[5]

图6b[6]

---

[1] 近藤元弘（编）：《日本虞初新志》（爱媛：武市英俊，1881）。
[2] 菊池三溪（编）、依田百川（序及评点）：《本朝虞初新志》（文玉圃：吉川半七，1883）。
[3] 模礼松（著）、大槻诚之［东阳］（点）、塚本明毅、重野安绎（阅）：《古今万国纲鉴录》（东京：青山堂，1874）。
[4] 邹振环：《西方传教士与晚清西史东渐》（上海：上海古籍出版社，2007），页329。
[5] 祎理哲（著）、赤泽常道（译）：《地球说略和解》（东京：甘泉堂，1874），卷之四。
[6] 福田敬业（译）：〈亚非利加大洲图说〉，《地球说略译解》（东京：江藤喜兵卫，1875），卷三。

看上去似乎左简右繁,后者的插图(6b)基本照搬和刻本(如图2),且更为精密。而前者(6a)则是另采插图,试图加进"人面狮身像",两者依旧称"石塚"。

当然,日本也有其直接吸收西方知识的渠道,所谓的兰学即是日本人最早接触外国知识的媒介,从这一角度来看,1796年编辑的第一本兰和辞典《波留麻和解》[1]以及以其为蓝本删减的《译键》(1810)均为:

Piramide 刹柱

这种译法是依照荷兰语的解释所做出的。另一本兰和辞典《バスタード辞書》(1822)则是用"石碑"一词来对译的。这之前虽然还有1595年刊行的天草版《罗葡日对译辞典》,其原文(页662)记载为"四角尖塔",但该书没在日本流通。

Pyramis, idis.Lus.Piramide.Lap.Suyebe foni ixiuo xicacuni ccugui aguctaru to.

在兰学兴起之时,司马江汉的功绩是人所共知的,他1805年就出版了《和兰通舶》一书,内容大多由荷兰语翻译而成,里面就附有金字塔的插图(图7),与七大奇迹的"巨铜人"一道,将金字塔介绍如下:

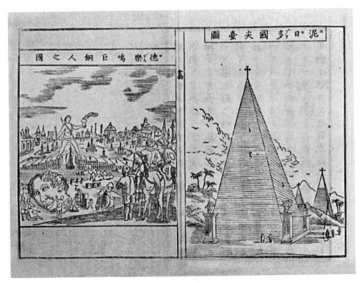

图7 《和兰通舶2卷》[2]

----

[1] 稻村三伯(编):《波留麻和解》(江户:宽政三年[1796])。
[2] 司马江汉(编):《和兰通舶2卷》(东都:春波楼藏,文化二年[1805]),共2册(合1册),卷之一,页13-14。

此國ノ人物格物窮理ノ學ヲ好ミ、天文醫術ニ精シ。城下ヲ去ルコト一里ニ尖(トカリ)臺三處ニアリ、其大ヒナルコト、メグリ三百二十四步、楷ヲ踏コト二百五十步。其傍ラニ「アトロビンガ」ノ像アリ。[1]（此国人好格物穷理之学，精通天文医术。去城下一里处有尖台三处，甚大。一周三百二十四步，拾阶二百五十步。其旁有人面狮身像。）

我们如果将之与南怀仁《坤舆图说》相比较就会发现，金字塔的造型、构图和周围风景等细节都不一样，当是根据当时的荷兰版资料绘制的。这里也是将之描述为"尖台三处"。

另有一本世界地理书《坤舆图识》(1847)也是从荷兰语翻译过来的，其中称：

　　　此國上古其威勢宏大ニメ其文物術藝ノ盛ナルヿ、今日ノ比ニ非ズ、其尖形高臺趾、及ビ處處出ス處ノ質汗ヲ以テ推知スベシ。[2]（此国上古其威势宏大，其文物艺术昌盛，非今日之比，从其尖形高台趾及处处出土的木乃伊可以推知。）

即金字塔是作为"尖形高台"来描述的。但这些描述并没有被后来的文献所继承。比如，日本最早的英和辞典《英和袖珍对译辞书》(1862)在其编撰过程中当然受到兰和辞典的影响，但它对Pyramid的诠释却基本上是延续了传统汉译西书的说法，称为"石塚，巨大而呈屋顶形"。因为它早于罗存德的《英华字典》，译词里面没有出现"金字塔"也是顺理成章的。

日本人当然也亲临过金字塔，历史上有过三次外访使节团，路过埃及时都去观赏了金字塔的雄姿。第一次遣欧使节团是文久元年(1862)派往欧洲去要求开港延期的，日本近代的启蒙思想家福泽谕吉(1835-1901)也是随员之一，他在〈西航记〉中记录了当时观看金字塔的情形：

　　　「エジプト」にて「ピラミデ」の壮観たるは世人の周く知れる所なり。石を以て築造し、形四角尖柱、二個相對立せり。各々高さ四百尺、柱底の経六百尺。蓋し四千年前「エジプト」国王Cheopsの墓碑にして、當時之を建造するに二百萬人の工を費せしと云ふ。[3]（世人周知埃及有壮观的金字塔，

---

[1] 司马江汉(编)：《和兰通舶2卷》，卷之一，页13-14。
[2] 箕作省吾：《坤舆图识》(江都[江戸]：须原屋伊八[梦霞楼藏版]，弘化四年[1847])，卷1-5。
[3] 福泽谕吉：〈西航记〉，收庆应义塾(编纂)：《福泽谕吉全集》(东京：岩波书店，1969-1971)，第19卷，页16。

以石筑造,呈四角尖柱形,二个相对立,各高四百尺,柱底之经六百尺。盖四千年前埃及国王Cheops之墓碑,据说当时为建造之花费人工二百万。)

福泽谕吉是第一个将金字塔用日语片假名标出的人,按当时荷兰语发音读作"ピラミデ",称其呈四角尖柱形,并说明为四千年前埃及国王Cheops之墓碑。这种认识当然比前人更进了一步。四年后福泽谕吉出版的《训蒙穷理图解》[1]卷二里虽收录了埃及金字塔景图,但并未给出具体名称来。

结团访问金字塔并留下纪念照的是1864年第二次遣欧使节团一行,如下图8所示,一群带刀的武士站在狮身人面像前合影留念,构成了一副奇特的景象。

图8　第二次遣欧使节团

当时松平康道副使将其描述为"奇形尖顶的大石塔三基",为"世界奇观之一",故2月23日乘马车去观览之,称为"奇观塔",[2]这种认识显然也有源自南怀仁《坤舆图说》七奇图说的成分。

第三次岩仓使节团的欧美巡览则是明治开国以后最为重要的一次,在回程时,一行来到了埃及,《米欧回览实记》(1878)第九十五卷〈紅海航程ノ記〉里是这样

---

[1] 福泽谕吉(著):《训蒙穷理图解》(东京:庆应义塾同社,1868)。
[2] 日本史籍协会:《遣外使节日记篡辑　第二》(东京:东京大学出版会,昭和四年[1929]4月)。

记载的:

「カイロ一」府ノ博物館ハ、好古ノ士、千里ヲ遠シトセサル名所ナリ、又府中ニ存スル錐形塔(ヒラミヤ)、巨人首ノ如キ、古時埃及ノ豪酋、奴隷ヲ役シ、俘囚ヲ駆テ、造リシ大建築ニテ、之ヲ視テ以テ古ヲ想像スルニ足ルト云。[1](开罗府博物馆为好古之士不远千里也要走访的名地。府中又存有锥形塔 [ヒラミヤ] 、巨人首之类。古时埃及的豪酋驱役奴隶、俘囚造成这一大建筑,视之足以想象古时。)

这里将金字塔称为"锥形塔(ヒラミヤ)",并用片假名夹带了当地的读音。这种做法明治以后逐步增多。比如《万国奇谈:一名 世界七不思议》[2]就是纯粹描写世界七大奇迹的,其中金字塔也是用片假名ビラミーデ来表示的:

亞非利加州の內埃及國の介爾阿(カイロ)といへる處に近く,ビラミーデと稱せる奇形の石塚大小ともに數多あり。(非洲内埃及国开罗近处有许多称为金字塔的奇形大小石塚。)

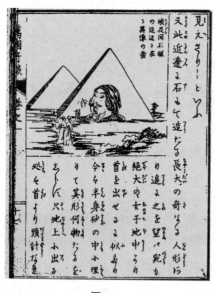

图9b

图9a

---

[1] 久米邦武:〈紅海航程ノ記〉,《米欧回览实记》(东京:宗高书房,1975),第五卷,卷九十五,页301。
[2] 青木辅清(编):《万国奇谈:一名 世界七不思议》(东京:和泉屋市兵卫,1873)。

其后先介绍右图9a，称之非亭非塔，如粗塚，与《地球说略》的描述相似。随后左图9b则说似有绝大的女子从地中伸出头来，半身埋于土中，不知其形为何物。这为后来称之为"女面狮身像"提供了依据。但从其描述称金字塔为"石塚"看，与石黑厚译述的《舆地新编》(1874)一样，还是没有摆脱《地球说略》的影响。

同年的《世界新名数》[1]里，金字塔则被描绘得像一个巨大的烟囱似的，而且将其片假名的ビラミーデ，音译为汉字"比罗美井天"。

明治八年(1875)出版的《舆地志略》(内田正雄[编译])是影响甚广的世界地理书，它与福泽谕吉的《西洋事情》(1866-1870)和中村正直的《西国立志编》(1871)并称为"明治三书"，风靡一时。其卷八的"亚非利加洲"里详细描绘了金字塔的内部结构，在当时算是最为全面细致的描写，但仍是称之为"大石塚"。

亲临过金字塔的中井樱州在明治十年出版的《漫游记程》(1878)里，先是在卷上的末尾处描写到：

> 九日、米人三名ト共二朝六時二汽車ニテカイロ府二向ツテ発ス。……第十二時遥二古墳「ピラミット」ヲ雲間二望ム。此石塔ハ四千年前ノ遺物ニ係リ高サ四百尺二及ヒ、其形チ尤モ奇偉ニシテ四角ノ尖塔ナリ。皆大石ヲ以テ造ル。[2]（九日，和三名美国人于早上六点出发，一同乘火车前往开罗府。……十二点时，远远眺望到古墓"金字塔"。这石塔为四千年前的古物，高达四百尺，形状奇伟，为四角尖塔，皆以大石建造而成。）

这里的金字塔音译为ピラミット，与当今的外来语表记相同，明显是出自英语，或将之称为"四角ノ尖塔"，或在卷中的埃及部分称之为"大石塔"。

> 十一日、埃及王ノ離宮赴ク。……朝餐後第七時半、米人三名、魯人一名ト共二馬車ヲ命シ、ナイル河ノ鉄橋ヲ過ギ、大石塔ヲ見ント欲シ、行程我三里許ヲ走ル。石塔ハ沙漠ノ丘陵上ニアリ皆巨大ノ方石ヲ以テ畳積セシモノニシテ、大ナルモノ直立四百尺二過ク、中央二穴アリ。匍匐シテ入ルヘシ。別二二箇ノ大石塔アリ、小ナルモノ数フルニ遑アラス。是レ古昔国王ノ墳

---

[1] 松川安信(编):《世界新名数》(大阪：松云堂，1874)。
[2] 中井樱州:《漫游记程》(东京：中井弘，1878)，卷上，页43a-43b。

墓ニシテ四千年ノ風霜ニ消磨セスシテ依然今日ニ存ス。[1]（十一日，前往埃及王的离宫。……用过早餐后，我同三名美国人、一名俄罗斯人于七点半一同乘上马车，穿过尼罗河的铁桥，想去看大石塔，连赶三里路。石塔建在沙漠的丘陵上方，皆用巨型方石垒砌而成，大者可达四百尺长，中有穴洞。应匍匐爬入穴洞。此外还有两座大石塔及数不计数的小塔。此处为古代国王的坟墓，历经四千年风霜摧残，今日仍屹立。）

对这一描述，当时的汉学家依田百川评道："尖塔实宇宙间无比奇物，人人皆能知之而其能游瞩者几人？壮哉游也，健羡健羡。"[2]可见当时能目睹金字塔的人还是十分令人羡慕的。

本来，音译词ピラミッド最初只是作为汉字词的对译而并用的，到后来开始独自使用，明治十九年（1886）日本出版的《世界旅行万国名所图绘》里，作为旅游胜地当然要提到金字塔，插图中的金字塔及其人面狮身像被描绘得栩栩如生。但在语词上并没使用汉字"金字塔"，而一律用的是片假名的"ピラミッド"。

由此可见，虽然"金字塔"一词已经进入日本的英和辞典中，但与中国一样，大多数描述中并没有使用之。明治初年最为流行的《万国史略》（明治四年至八年）还是用"大石塔"，后来的《万国史》（1886）用的是"尖塔"和"狮面女身像"；一直到1899年为止，"三角石塔"[3]或"三角塔及び女面狮身の像"等还在使用。

也就是说，在英华字典的译法"金字塔"传入日本之前，日本的译词主要是"石塚"和"奇观塔"或片假名音译。传入日本之后的一段时间内也只见辞典登载，并不见"金字塔"的使用。那么，"金字塔"作为文章中的表述最早出现在什么时候呢？这就不得不提到《万国史记》（1879）的出版了，正是在这部用汉文写就的世界史概说里，"金字塔"才首次出现。

---

[1] 中井樱州：《漫游记程》，卷中，页11b-12a。
[2] 同上，页12a。
[3] 玉瑟斋主人（译）：〈埃及近世史〉，《清议报》第45期（1900年5月）；麦鼎华（译）：《埃及近世史》（上海：广智书局，1902）；见柴四朗《埃及近世史》（1889），中文版参见柴四朗（撰）、章起渭（译）：《埃及近世史》（"历史丛书"之一）（上海：商务印书馆，1903）。

四、《万国史记》的流传与"金字塔"的普及

《万国史记》(1879)是明治初期日本学者冈本监辅[1]用汉语编写的世界通史性质的读物。由中村正直审阅,内外兵事新闻局出版。中国驻日公使何如璋(1838-1891)以及日本的副岛种臣(1828-1905)、重野安绎(1827-1910)、中村正直(1832-1891)、冈千仞(1833-1913)、鸟尾小弥太(1847-1905)、川田刚(1830-1896)、岛田重礼(1838-1898)这些赫赫有名的汉学家和知名人士为该书写下了序跋,使之不仅在日本博得好评,还畅销中国和朝鲜,成为世界史在东亚普及的一个重要文本。

"金字塔"一词出现在其亚洲部分卷四的〈巴勒斯坦记〉里:

> 当是时,厄日多人口稠密,文明冠于天下。法老卒,约瑟福继殁。厄日多王恶以色列子孙渐昌,而其教法异己。虐使之如奴隶。凡百苦役皆令希伯来人当之。今尼罗河畔所有金字塔亦希伯来人所筑。[2]

卷四还收有〈亚西里亚记〉、〈西里亚记〉、〈亚刺伯记〉,均无"金字塔"的字样。而《万国史记》卷五的非洲〈亚非理驾史〉的埃及篇〈厄日多记〉[3]以及其他篇章里则仍用"营工大石塚"这一传统表述,不见"金字塔"的字样。也

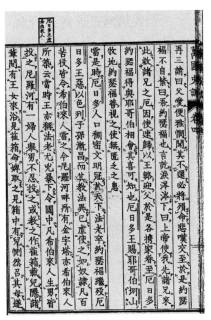

图10 《万国史记》,卷四,页8b

---

[1] 冈本监辅(1839-1904):探险家,教育家。出生于德岛的小农家庭。名监辅,号韦庵。嘉永元年(1848)入东畋门学汉学。前半生投身于桦太探险和北海道开发,后半生致力于儒学教育,曾任台湾总监府国语学校教授、私立神田中学校校长等。为复兴汉学而努力,成为明治十四年(1881)结成的斯文会首任书记。著书有《北虾夷新志》、《穷北日记》、《烟台日记》、《万国史记》等39种。

[2] 〈巴勒斯坦记〉,收冈本监辅(著)、中村正直(阅):《万国史记》(日本:内外兵事新闻局,1879),卷四,页8b。

[3] 后改名为《埃及国记》,收在《小方壶斋舆地丛钞》第十二帙第九册。

就是说，在二十卷本的《万国史记》中，"金字塔"一词只孤零零地出现了这一次，而且还不是在正宗的埃及篇里。

那么，这种对金字塔描述上的不统一是否因为冈本的《万国史记》依照了不同的蓝本呢？据该书冈千仞序文曰：冈本"辑和汉近人译书数十部，撰万国史数十万言"。《万国史记》凡例亦云："此篇就翻译诸书，摘录其要而成"，即是依照多个本子编辑而成的。但也有不同看法，狭间直树[1]引金泽治编制的《冈本韦庵先生家系与年谱》，说该书是将友人三宅舞村的弟弟三宅宪章译自法文的书稿再转译成汉文而成的。但查井上羽城编的传记《三宅宪章翁》，[2]里面虽记有跟中江兆民学法语之事，也记有与冈本监辅相交之谊，但均不见言及译书之事。倒是几年后两人一起联名出版过一本《万国通典》。[3]

这给我们两条思路去追索。一是从法语翻译方面去找当时的资料有无出现"金字塔"的用法。就此，在1879年以前出版的法日辞典里实际上并没有用过"金字塔"来对译的例子。反倒是日本最早的法语启蒙家村上英俊（1811-1890）在明治三年（1870）用汉文翻译过一套《西洋史记》（第一次在世界史书中用"史记"之称），虽然只出版了六册上古史和四册中古史的部分，但其中卷一就出现了有关金字塔的记述：

> 令族人等从大难事业。命族人等造营尖顶四角大石庙及日表，又营作诸街陌矣。[4]

这之后紧接着还有译者的按语：

> （茂按）：地球说略曰，……非亭、非塔、状如塚者，即碏居符氏族人等营造尖顶四角大石庙乎，待后考。[5]

显然译者也是看过《地球说略》的。其卷一也有一节是专讲巴勒斯坦的，即

---

[1] 狭间直树：〈初期アジア主義についての史的考察(7)第六章　善隣協会について——冈本監辅のばあい〉，《東亞》第416期（2002年2月），页64-70。
[2] 井上羽城（编）：《三宅宪章翁》（德岛：岛正太郎，1920）。
[3] 冈本监辅（著）、三宅宪章（校）：《万国通典》（东京：集义馆，1884）。
[4] 驼懦屡（原撰）、村上义茂[村上英俊]（重译）：《西洋史记》（江都：山城屋佐兵卫[达理堂藏版]，1870），第一册《上古史》，卷之一，〈第四神代纪〉，第一章〈埃及退去〉，页17b。
[5] 同上。

〈把列私智捼國〉,[1]但用语与冈本监辅明显不同,里面也没有出现有关金字塔的叙述。另在卷二还有〈挨及史〉的部分,其中提到的也只是称"四角柱塔",如:

近部建造有名義碎布四角柱塔。[2]

这就是说,虽然都是用汉文写就的世界史,冈本也有可能参照了它,但至少《万国史记》中"金字塔"的用法不是出自于此。

另一条思路就是注重冈本监辅的访华经历。冈本平生有过四次访华,《万国史记》出版前,1875年和1876年访问过两次;之后1900年和1901年也去过两次。如果他在访华期间设法收集当时的中文文献的话,那么上述那段出自〈巴勒斯坦记〉的"金字塔"孤例也有可能出自中文。照这个线索去查找当时用中文写就的世界史,特别是巴勒斯坦史,至少在本文所列举的上述中文文献中,均未出现过"金字塔"的字样。当然不排除有些材料我们还没有看到。

所以,就冈本监辅《万国史记》的"金字塔"用法,我们不能确定究竟是他自己首先使用的,还是从别人的材料转抄过来的。如果是前者,那么他应该是参照了英华字典或受其影响的英和词典的译词;如果是后者,也还要区别是取自日文文献还是取自中文文献。

尽管"金字塔"只在《万国史记》中出现过一次,但该书不仅在日本广泛阅读,还对中国有重大影响。如果单纯从时间维度上看,《万国史记》的"金字塔"是至今出现得最早的用例,翌年当然也出现在别的翻译书中,比如《拿破仑第一世传》里就描述了拿破仑打到埃及时在金字塔附近的一场著名战役,称"金字塔(ピラミッド)ノ戦ノ事"。[3]

明治十六年(1883)翻译出版的《百科全书》里,在讲述埃及的古物时,多次用到"金字塔"一词,如:

而シテ目ヲ埃及ノ金字塔、寺院、塚墓等ノ上ニ転スルトキハ、即チ其開明ハ今世ニ現存スル最古史乗ノ已前ニ在リテ、[4](此外,当目光转向埃及的

---

[1] 驼懦屡(原撰)、村上义茂[村上英俊](重译):《西洋史记》,第一册《上古史》,卷之一,〈第五神代纪〉,页22b—26a。

[2] 同上,第二册《上古史》,卷之二,〈挨及史〉,第一章〈上古把刺恩王〉,页3a。

[3] 小林雄七郎(译):《拿破仑第一世传》(东京:陆军文库,1880),卷二,页42。

[4] William Chambers(著):〈古物学〉,收柴田承桂(译)、久保吉人(校):《百科全书》(东京:丸善商社,1884),下卷,页1036。

金字塔、寺院、坟墓等建筑时，记载于最古老的史书上的开明文化即刻呈现在眼前。）

在《百科全书》〈养树篇〉里，开始用金字塔来形容树木的形状，即前面日文所译的"杉树形状"：

> 此樹ハ速ニ成長シテ奇麗ナル金字塔状ヲナス[1]（此树成长快，会长成漂亮的金字塔状）

> 奇麗ナル金字塔状ノ木トナリテ其高サ五十[2]（树高五十，呈美丽的金字塔状）

之后，享誉舆论界的德富苏峰所著的《将来之日本》（1886）中则将金字塔用于比喻工程之巨大：

> 曩ニステフンソン氏ガ倫敦府ヨリボルミンハム迄ノ一線ヲ作リシヤ。當時世人ハ驚ク可キ大工事トナシ。恰モチェオプスノ金字塔（ピイラミット）ノ如ク思惟シタリ。[3]（曾几何时，史蒂芬孙氏在伦敦和伯明翰之间修建了一条铁路。这在当时是举世震惊的大工程。在我看来，基奥普斯［译注：Cheops，即胡夫］金字塔［Pyramid］也恰如此般。）

在此后的明治二十一年的《如氏地理教科书：中等教育》（1888）中，是用"大金字形塔"来和ピラミト对译的：

> ナイル河ヲ遡ルニ際シ、先ツ旅人ノ眼ヲ驚スモノハキゼーノ大金字形塔（ピラミト）並ニメムフィスノ舊跡是ナリ。[4]（沿尼罗河溯流而上之际，首先映入旅客眼帘的是令人震惊的吉萨大金字塔［Pyramid］和孟菲斯古迹。）

1900年高安三郎创作了小说《金字塔》，[5]书内页配有金字塔和狮身人面像，其装潢精美，博得世人的好评。但内容上却是和埃及的金字塔没有半点关系，所谓

---

[1] William Chambers（著）：〈养树篇〉，收坪井为春（译）、久保吉人（校）：《百科全书》（东京：丸善商社，1884），上卷，页1465。

[2] 同上。

[3] 德富猪一郎［苏峰］：《将来之日本》（东京：经济杂志社，1886），第五回〈平和世界 一〉，页63。

[4] Johnston（著），富士谷孝雄（译）：《如氏地理教科书：中等教育》（东京：内田老鹤圃，1888-1890），页45。

[5] 高安月郊［高安三郎］：《金字塔》（京都：高安三郎，1900）。

社会小说也。讲的是一个东京人由于人生的苦闷，改做工人后所面临的社会问题，由此可见，"金字塔"一词已经开始摆脱其具体形象，成为一种时髦的、带有象征性意义的代名词，在这本小说里亦即表示由高层沦落到底层的意象。

随着日本人对金字塔的想象及语词的广泛使用，明治末期，便开始将"金字塔"比喻为最高峰或不朽的业绩，如1908年4月7日《读卖新闻》朝刊第六版上有：

> 美的生活論者として（高山樗牛）博士の名は明治思想史の金字塔上に銘刻せらるべき文字である。（作为美的生活论者，高山樗牛博士的名字是值得铭刻在明治思想史的金字塔之上的。）

这种比喻义的产生与明治后期的教科书中对"金字塔"的描述有关，如芳贺矢一编《中等教科明治读本订正字解·第4·5学年用》对其中的"大金字塔"一词，释义为："ピラミッド 古代国王の墳墓"，而从课文中可抽出的形容词有："巍然、悠久、庞大、不朽、俨然、优秀、记号的、具象的、数量的、崇高庄严、怪畸不自然、典雅优美、崇敬"等，[1]成为这一时代描述金字塔的主要用语，这其中也包含着"金字"本身所引发的价值判断。由于教科书的普及，人们对金字塔的印象开始由具体的实物转向抽象的比喻或象征意义，即用金字塔可以代表"巍然、悠久、庞大、不朽、优秀、崇高庄严"等正面意义。比如，1928年的《国民新闻》里有：

> フーバー氏こそは實に「米国繁栄の金字塔」である。（胡佛才是实际上"美国繁荣的金字塔"。）

等用于称赞个人的说法。[2]这一正面用法在其后的二战期间愈演愈烈，变成了鼓舞士气的一种特殊表述，如多用于赞扬某一英雄事迹和伟大的举措：什么"銃後赤誠不滅の金字塔"，或"ソ満国境に不滅の金字塔"等。甚至出现"〜に輝く金字塔"的表述，用以张扬在某一领域、某一地方做出特别光耀夺目的业绩。

当然，在形式上，也开始用"〜金字塔を打ち立てる（树立一座金字塔）"这一种说法，用来表扬在某一领域里达到了最高水平或建立了不朽的业绩的人。但这

---

〔1〕 芳贺矢一（编）：《中等教科明治读本訂正字解·第4·5学年用》（东京：东云堂，1909），卷九，第十三条，页22–23。
〔2〕 这些用法都早于《日本国语大辞典》所举的例子。

一新义并没有传入中文,仅停留在日文的语境中,或许也用于其殖民地区。[1]

另一方面,由底层至顶峰的形状引发出的比喻意思仍在使用,如"教育の金字塔の發展"[2]等;而实际上日语里片假名的写法开始趋于独立使用,1930年的《モダン辞典》里收有该词,解释为:

ピラミッド　古代エジプトの墓場用の大建築物。下から積み上げ、上になる程少さくなってゐる、従ってこんな種類の事物の名詞、形容詞に使ふ。[3](古代埃及用作墓地的大建筑物。从下往上堆积,逐层递减。这个词被用作描述类似事物的名词或形容词。)

也就是说,片假名的ピラミッド已经多用于这一形状的修饰和比喻。所以,数学几何中的概念基本上用的都是片假名音译词,而后来,随着汉字词"金字塔"的抽象比喻用法愈发频繁,用音译词表示其具体实物及形状的用法反倒更为普及起来。

事实上,我们调查现代日语书面语均衡数据库近四十年的用法,其中用汉字书写的"金字塔"有46例,均为抽象的比喻义。而片假名的ピラミッド则高达714例,除表示埃及金字塔这一实物外,因其形状引起的比喻义也多用于此。

五、"金字塔"在中文的使用

"金字塔"一词在中文的使用跟冈本监辅《万国史记》在中国流传应该有着不可分割的关系。有关该书在中国的流传和影响已经有不少研究,先有邹振环的研究,不仅从书刊版本方面作了详细的介绍,也同时指出,较之19世纪中国,日本出现了一大批以"万国"命名的地理著述与历史著述[4]的书籍。近期则有潘光哲新著,[5]专设一章讲述该书作为"知识仓库"是如何给予中国士人以世界史的给养的。这一点,王汎森亦早有论及,说:

---

[1] 如《中国近代体育史》(北京:北京体育学院出版社,1989)里有这样的描述:"《新京日日新闻》吹嘘它是什么'划时代的创举',是'满洲体育界不朽的金字塔'。"
[2] 见高山直通:《富と教育》(东京:明治图书,1925)。
[3] モダン辞典编辑所:《モダン辞典》(东京:弘津堂书房,1930),页227。
[4] 邹振环:《西方传教士与晚清西史东渐》。
[5] 潘光哲:《近代史研究所专刊99:晚清士人的西学阅读史(1833～1898)》。

我们在探讨晚清以来的所谓启蒙时，往往忽略了其中的一个重要来源：世界史教科书。事实上，在一个对世界了解的资源非常有限的时代，史书所提供的各种知识，为人们开启了一扇天窗，是人们模仿、撷取、批评自己的历史文化最重要的素材。日本人冈本监辅的《万国史记》、李提摩太口译的《泰西新史揽要》等书，披露了一些陌生却先进的国家的历史，给人们思索、批判现实时，提供了最具体的依据。1880年代以来，在中国出现的一批政治评论书籍，到处有世界史教科书的影子。譬如，宋恕的一系列在当时看来极为犀利的论评，每每是从冈本监辅的《万国史记》而得到的启发。[1]

该书有数种版本，最近还有很多研究在争论该书传入中国的年代，[2]但至少自19世纪末就已在中国学术界广为流行。首先，王韬在《扶桑游记》(1879年6月21日条)中就称之为"必传之巨制，不朽之盛业"，当然这可能是他访日期间直接看到日本刚出版的原版书后发出的感慨。

梁启超对其评价甚高，在〈读书分月课程〉(1894)(后作为横滨大同学校1898的教材)中就称"读西书，先读《万国史记》以知其沿革，次读《瀛寰志略》以审其形势"。[3]其《西学书目表》(1896)在史志的首篇举的便是这本《万国史记》(上海排印本，十本，五角)。识语亦云："虽甚略，然华文西史无详者，姑读之。"该书后面的〈读西学书法〉又云："通史有万国史记万国通鉴等，通鉴乃教会之书，其言不尽可信，不如史记。"[4]梁启超在他自己所编的《史学书目提要》中把它列为首条，认为此书可以使人认识到"大率研求新政新学者胜，拥虚名而无实际者败"，这可认为是"古今不易之理"。

的确，甲午惨败的剧痛已经告诫有见识的中国人应该把目光投向哪里。为了迎合知识分子们读西书的需要，当时社会上出现了近代第二次译书热潮。既有介绍西方政治、经济、社会学说的，也有介绍西方国家史地及发展概况的，《万

---

[1] 王汎森：〈历史教科书与历史记忆〉，《思想》第9期(2008年5月)，页123-139。
[2] 王艳娟：〈《万国史记》在清末中国的传播和影响〉，《清史研究》2016年第3期(2016年8月)，页146-150；王勇：〈"和刻本"与"华刻本"〉，收王勇等(著)：《中日"书籍之路"研究》(北京：北京图书馆出版社，2003)，页238-253。
[3] 梁启超：〈读书分月课程〉，《饮冰室合集》(上海：中华书局，1936)，专集第十五册，饮冰室专集之六十九，页四。
[4] 收入梁启超：《中西学门径书七种》(上海：大同译书局石印，1898)。

国史记》就是乘此东风,在中国不断发行,据说有30万部流传于坊间。日本汉学大家内藤湖南(1866-1934)的访华记录《燕山楚水》(1899)中有一段对话反映了这一事实:

> 蒋:把贵国的书籍翻译成中文是非常有益的事情。不但可以开启中国的文明,而且贵国也从中获得利益。比如最近的《万国史记》、《支那通史》,有很多中国人购买。可惜的是,这类书翻译成中文的太少。所以我很希望贵国人把日语的书籍翻译过来。贵国维新时的历史,以及学堂的好教材之类,都很有益。先生以为我说的对不对呢?

> 内藤:我国现在设有善邻译书馆。吾妻某氏和冈本监辅翁等人一起正从事翻译。听说贵国的李公使也很赞成这事。但我国人辛辛苦苦译出来,上海的书肆马上翻刻出售,我国人精力的结晶就徒然地被射利之徒掠取。贵国政府对此应该严厉查办。贵国的石印书籍价格极为便宜,这是我国无法匹敌的地方。《万国史记》就是冈本翁的著作。《支那通史》是那珂通世所著。两位先生我都认识。冈本氏曾游历贵国,访问了阙里先圣的故址。那珂是我的同乡前辈。[1]

该书不仅在中国畅销,连朝鲜也出了经玄采改编的《万国史记》。所以,我们不能否定"金字塔"一词在中国乃至东亚的使用过程中《万国史记》所起的作用。

在中文语境里,我们能看见的最早的例子出现在光绪二十三年的《时务通考》(1897)卷二十二史学八里:

> 法王拿破仑第一起大兵来攻于金字塔下

这一描述与前面日文《拿破仑第一世传》(1880)的"金字塔ノ戦ノ事"相似。其后在日本办《清议报》的梁启超所写的〈本馆论说:少年中国说〉中亦有:

> 老年人如埃及沙漠之金字塔,少年人如西伯利亚之铁路;老年人如秋后之柳,少年人如春前之草。[2]

---

[1] 内藤湖南(著)、吴卫峰(译):《燕山楚水》(北京:中华书局,2007),页80—81。
[2] 任公[梁启超]:〈本馆论说·少年中国说〉,《清议报》第三十五册(光绪二十六年正月十一日[1900年2月10日]),页1a。又可见于《清议报》(台北:成文出版社,1967),第5册,页2267。

在这一连串的老年人和少年人的排比句中，他似乎是把"金字塔"用于贬义，比喻为古老、时间漫长；而把"西伯利亚之铁路"当作新兴开发之可能。

《新民丛报》上刊载的梁启超的〈新史学〉一文亦从历史悠久上对金字塔作了详细介绍：

> 埃及文明之花实现于距今四五千年以前于金字塔观其工艺之伟大〔金字塔者埃及古王之坟陵也其最大者容积七千四百万立方英尺底阔七百六十四英尺侧袤四百八十英尺世界最大之石碑也其能运如许重大之石材上举于数百丈之高处则其时工械力之大可想〕[1]

可以说，中文语境中早期使用的例子以转用日文的为多，让人不能不怀疑"金字塔"一词似乎是通过日本这一渠道"激活"后再次引进到了中国。

我们前面提到1873年的《申报》用的还是音译词"皮拉米"，到了20世纪后的《申报》（1903年5月11日）才开始转用意译的"金字塔"：

> 法老王所建之金字塔，此塔自亚拉伯运石由沙漠中立基，构造巧绝工费无穷，而仅壮王陵之观。[2]

当然，还有另一条渠道也是不容忽视的。进入20世纪后，中国的英华辞典也开始大量采纳日本英和辞典的译词，即英和辞典的记述影响到了20世纪的英华辞典。所以，不光"金字塔"开始随之回流，连"棱锥体"[3]一词，也作为Pyramid的译法重新流入中国，如：

《重订商务书馆华英字典》(1903)：Pyramid 棱锥体、金字形塔

颜惠庆《英华大辞典》(1908)：

A solid body standing on a triangular, square 棱锥体、角锥、正棱锥体

Monuments, such as those of Egypt 方尖塔、埃及金字塔

To turn upside down, as, to reverse a pyramid 颠倒、倒置金字塔

Relating to the pyramids 方尖塔的、金字塔的；pyramidical 锥角形的、棱锥体的

---

[1] 梁启超：〈新史学四〉，《新民丛报》第14号（1902年8月8日［光绪二十八年七月十五日］），页24。
[2] 《申报》第10795号，光绪二十九年四月十五日（1903年5月11日），第一版。
[3] 《历算全书》(1723)中多用"五锥体"、"四锥体"，亦用"锥体"，但不见"棱锥体"。

> Having the form of a pyramid 棱锥形的、尖塔形的、金字塔形的
> To excuss the pyramid 察观金字塔

《商务书馆英华新字典》(1913)：Pyramid 棱锥体、方尖塔

《广增商务印书馆英华新字典》(1915)：Pyramid 棱锥体；方尖塔；埃及金字塔

而且1916年的赫美玲（Karl Ernst Georg Hemeling, 1878-1925）英汉字典还将"棱锥体"标为"新词"，将"金字塔"列为"部定（教育部制定）"：

> Pyramid 棱锥体（新、Math.）、棱锥（部定、Geom.）
> Monument as in Egypt 方尖塔、金字塔（部定）
> Color pyramid（新）色金字塔

至此，我们可以知道，"金字塔"一词19世纪后半由中文进入日文，而在日本增补的"棱锥体"一词又在20世纪当作新词进入中文，这种英华字典与英和辞典的相互影响，成为近代中日概念传播的一个重要渠道。[1]

的确，曾负责审定"部定"名词的严复（1854-1921）本人也在1914年的《名学浅说》里用过该词：

> 埃及人建金字塔。秦人造长城。[2]

20世纪以后的中国人，康有为（1858-1927）算是较早亲临金字塔的近代思想家，他1904年游欧洲十一国途中，路过埃及并论及其文明之久远：

> 其建都在五千年前。金字塔，古王陵，石兽诸古迹，皆五千年物在焉，为大地最古文明之地矣。[3]

康有为和梁启超一样，都是强调"金字塔"的古老，而后康有为于1906年和1908年两度游历埃及，登金字塔，盛赞其为"地球第一古物"，特留照并题字存念

---

[1] 陈力卫：〈19世纪至20世纪的英华辞典与英和辞典的相互影响——中日近代新词往来的渠道之一〉，页103-129。
[2] 耶方斯（著）、严复（译）：《名学浅说》（上海：商务印书馆，1914），第二十六章，第一百八十节，页128。
[3] 南海康有为：〈苏彝士河至钵赊〉，《欧洲十一国游记》（上海：广智书局，1904），编首〈海程道经记〉，页七。

(图11),但后来却始终称其为"金字陵",一直到民国时都如此。[1]

20世纪前期的几本辞典,如《普通百科新大辞典》(上海国学扶轮社,1911)以及其后的《辞源》(1915)、《辞海》(1936)等都作为百科词条收录之,但并没有记录其比喻意思。

图11

而实际上,现代中文里,"金字塔"多用于由其形状而引申出来的比喻义,例如:

> 人类从长期的生活经验中,总结出了三种造型的基本形态:1. 稳定性:以三角形构图为基准,象埃及金字塔,使人感到任何力量也摧毁不了。[2]

> 在封建社会金字塔式的政权机构统治下,一个七品县令能审判一品诰命夫人?[3]

> 在党的中、下层组织中同样形成了这种金字塔式的权力配置结构,在塔顶握有重大权力的不是集体,而是个人。[4]

---

[1] 康有为写于宣统十五年的明陵题跋,当为民国十一年(1922)。"康有为题跋:万国陵寝之壮丽,无如吾中国明陵者。吾遍游欧美亚各国陵,既书览之,如埃及开罗与旧京录士诸陵,号金字陵者,高数百尺,石大逾丈,其为奇丽,人所共知,又开罗诸陵中,有一陵藏廿四棺,大皆逾丈,以一石成之,亦为瑰伟,如近所发现,金字陵前之人首兽身石像,人首高十五丈,身长三十丈者。今忽从石中得门而入,亦埃及先王陵也,尤伟奇绝。如录士诸陵尤多,吾所游新发现者,丹青如新,应六千年物也,诚天下无与京矣,如明陵前列人兽诸像,立马跪马,立象跪象,立狮跪狮,立虎跪虎,立羊跪羊,皆似一巨石成之,大逾二丈,陈列十里,表华高几十丈,大逾合抱,门前大碑,高五、六丈,厚二丈,亦一石为之,其如何扶立,昔无机器,不知用何法亦与埃及金字陵同而其奇伟,亦埃及所无,何况余国,此诚中国之瑰宝,与长城并为万国重也,顷伏读高宗纯皇帝御题明陵衰诗,讥其侈衰。其亡发帑金百万修之,仁厚如此且赞其地形之美。三月恭谒秦陵,地形之美极矣。草木泉温润以泽,佳气郁郁葱葱,未有艾也。盖由纯庙深通地形学故也。御诗所注考证,既详矣,伏读喜怪。臣康有为,宣统十五年癸亥四月廿四日。"
[2] 沈蓓:《癫狂的秩序》(南宁:广西人民出版社,1991),页5。
[3] 郭汉城、章诒和:〈中国戏曲的美学思想特征〉,《戏剧美学思维》(北京:中国戏剧出版社,1987),页23。
[4] 郑谦、庞松、韩钢:《当代中国政治体制发展概要》(北京:中共党史资料出版社,1988),页141。

以上多表示由下自上的阶层分明的社会结构，也用于表示顶峰、最高点，如：

> 荣誉和成就的金字塔，是苦和累的砖瓦，是勤奋和智慧的汗水，是超出常人的自我控制能力的基石所建成。[1]

梁启超早期用过的比喻老人义在现代汉语中用的不多，但正如有人说"人类害怕时间，时间害怕金字塔"一样，金字塔既代表死亡，也代表了永恒。

六、结　　语

基于"金字～"的形态构词本源自中国，"金字塔"出现在1866-1869年罗存德《英华字典》的译词中，但由于17世纪以来的地理书中多用"尖塔、高台、石塚"等来描述之，故到19世纪末为止，这一称呼并没有在中国使用开来。反倒通过英华字典，"金字塔"一词在日本得以传播，并在1870年代以后不断加以诠释使用后，成为最为时尚的语词之一。到了19世纪末反在日文语境影响下又传回中国。其中《万国史记》的流传以及中文吸收日文新词的大潮也起到推波助澜的作用。

日文中因为片假名的音译词ピラミッド和来自中文的汉语词"金字塔"并用，前者除了表具体实物外，多用于数学几何等"棱锥体"之意，亦即表形状；而后者则逐渐偏于"伟大、不朽、丰碑、里程碑"等比喻意，多用于表彰个人功绩。

现代汉语中"金字塔"的用法既表述埃及金字塔实物本身也多注重其形状，表示由底层至顶端的一种稳定状态，或用于表示自下而上的组织机构和商业模式等。所以，中文和日文在表示埃及金字塔实物本身上意义相同，但在其后的比喻意上有所不同：

> 中文：表示古老、死亡、永恒、不朽、顶峰之意。另外再加上由形状引申出来的意思(1. 稳定；2. 底宽顶尖的社会组织结构)；
>
> 日文：表示伟大、杰出、丰碑之意。由形状引申出来的意思多由音译词ピラミッド来表示。

在应用对象上，中文的比喻义不用在具体的个人身上，而日语里则常用"金字

---

[1] 李玲修：《人生交响乐》(北京：昆仑出版社，1982)。

塔"来评赞个人的壮举和业绩。

最后作为附表,我们列出17世纪至19世纪中日两国有关金字塔的名称变迁的轨迹(表3),以便一目了然地追索该词的相互影响关系。

表3 中日表示金字塔的用词演变

中　　国		日　　本	
作品名	表　记	作品名	表　记
17世纪《职方外纪》(1623)	石台		
《坤舆图说》(1674)	尖形高台		
18世纪《虞初新志》(1704)	尖形高台	《波留麻和解》(1796)	刹柱
19世纪《东西洋考每月统记传》(1838)	塔	《和兰通舶》(1805)《译键》(1810)	尖台三处刹柱
《古今万国纲鉴》(1838)	高塔		
《瀛寰志略》(1849)	古王塚	《坤舆图识》(1847)	尖形高台
《海国图志》(1852)	塔,坟塚如殿		
《地球说略》(1856)	石塚	《英和袖珍对译辞书》(1862)	石塚
《西游笔略》(1863)	石塚	〈西航记〉(1862)	四角尖柱 ピラミデ
《乘槎笔记》(1866)	古王陵	松平康道(1864)	奇形尖顶大石塔,奇观塔
《英华字典》(1866-1869)	**金字塔**	《西洋史记》(1870)	尖顶四角大石庙,四角柱塔
《教会新报》(1868)	三高阜。非塔,非塚,非台	《万国奇谈:一名 世界七不思议》(1873)	ピラミーデと稱せる奇形の石塚
《中西闻见录》(1873)	古王墓,其陵三尖形	《附音插图英和字汇》(1873)	**金字塔**
《申报》(1873)	埃及国皮拉米	《舆地新编》(1874)	石塚
		《世界新名数》(1874)	比罗美井天(ビラミーデ)
		《万国史略》(1874)	石塔,大石塔
		《漫游记程》(1877)	石塔,大石塔,尖塔

续表

中国		日本	
作品名	表　记	作品名	表　记
		《米欧回览实记》(1878)	锥形塔(ヒラミヤ)
		《万国史记》(1879)	金字塔,大石塚
		《拿破仑第一世传》(1880)	金字塔(ピラミッド)
《点石斋画报》(1885)	狮庙	《百科全书》(1885)	金字塔
《西学略述》(1886)	帝王之陵塚,方形高台	《万国史》(1886)	方尖形巨碑,尖塔
《华英字典集成》(1887)	金字塔形	《世界旅行万国名所图绘》(1886)	ピラミッド
《时务通考》(1887)	金字塔下	《埃及近世史》(1889)	三角石塔(ピラミーデ)
《清议报》(1900)	金字塔		

"岂有城内城外之分?"
——"广州入城事件"与〈南京条约〉的翻译问题*

王宏志**

摘　要: 长期以来,学者们都把第一次鸦片战争后困扰中英关系长达十多年的所谓"广州入城"问题归咎于〈南京条约〉的错误翻译:英方译者马儒翰(John Robert Morrison, 1814–1843)把条约英文本中准许英国领事等官员和一般子民居住在新开五通商口岸的 towns and cities 分译成"城邑"和"港口",让中方误以为官员和民众有不同的处理方式,前者可以入城,后者不准。本文通过分析大量原始资料——主要为藏于英国国家档案局的外交部档案中当时中英双方官员的往来文书,否定此说法,并确定中英双方谈判代表耆英(1787–1858)及璞鼎查(Henry Pottinger, 1789–1856)早在签署〈南京条约〉后不久即确定英国人可在各口岸自由居住,无分城内城外,并详细剖析马儒翰把 towns and cities 分译成"城邑"和"港口"的原因。

关键词: "广州入城事件";〈南京条约〉;马儒翰;耆英;璞鼎查

"The Canton City Question":
Discrepancies Between the Chinese and English Versions of the Treaty of Nanking

Lawrence Wang-chi Wong

Abstract: Most historians believe that the so-called "Canton City Question," which troubled seriously Sino-British relations for almost two decades since the First Opium War, was caused by a mistake in the translation of the Treaty of Nanking

---

* 本文为香港研究资助局 2013/14 年度资助研究计划"翻译与两次鸦片战争(1838–1860)"(项目编号 452313)部分成果。

** 王宏志,香港中文大学翻译系及翻译研究中心,电邮地址: lwcwong@cuhk.edu.hk。

(1842). In the original English version, both the British citizens and consular officers were allowed to live freely in the "towns and cities" of the five ports, including Guangzhou (Canton). But in the Chinese version translated by the British translator/interpreter John Robert Morrison (1814–1843), there are two different translations for the term "towns and cities": for the consular officers, they might live in the *chengyi*, which generally mean the entire city or town; whereas for the British people, they would only be allowed to stay at *gangkou*, meaning that they were restricted to the harbour area. The present paper, by analysing the correspondences between the Chinese officials and the British representatives as well as other firsthand material throughout these fifteen to twenty years, argues that this difference in the two versions of the Treaty of Nanking was not the cause of the dispute. In fact, the negotiators of both sides have agreed that all British should be allowed to live freely within the entire city. It also explains why John Robert Morrison adopted *gangkou* in his translation.

Key words: Canton City Question; Treaty of Nanking; John Robert Morrison; Qi Ying; Henry Pottinger

一

毫无疑问，1840–1842年的第一次鸦片战争是近代中国一桩极其重要的历史事件，随后中英两国所签署的〈南京条约〉更是影响深远。尽管中英双方在条约的开首声称愿意自此"永存平和"，但其后两国仍然一直争议不休，在不足二十年后又再次爆发大规模战争。在众多的纷扰中，"广州入城"问题的争议可说是最为严重和棘手，且持续十多年，更被视为导致第二次鸦片战争的其中一个主要原因。[1]

众所周知，〈南京条约〉规定中国开放五口通商，但开放通商是否等同容许外国人入城居住和活动？这就是所谓的"广州入城"问题争议的症结所在。其实，在最初的阶段，各通商口岸都有入城问题，但其他口岸很快便把问题解决，只是来自广州方面的反抗最为强烈和持久。由于其重要的历史意义，不少学者在这问题上作过研

---

[1] J. Y. Wong, "Sir John Bowring and the Canton City Question," *Bulletin of John Rylands University Library of Manchester* 56, no. 1 (Autumn, 1973), p. 224.

究。早在1950年即有美国学者诺德（John Jacob Nolde）以广州入城问题为题目完成博士论文，[1] 而费正清（John K. Fairbank, 1907-1991）在其《中国沿海贸易与外交：条约口岸的开放，1842-1854年》（*Trade and Diplomacy on the China Coast: The Opening of the Treaty Ports, 1842-1854*）中也用上一些篇幅讨论执行《南京条约》开放口岸条款时引起的入城问题；[2] 但最值得重视的是第二次鸦片战争研究权威黄宇和（J. Y. Wong），他曾发表过一篇名为〈包令爵士与广州入城问题〉（"Sir John Bowring and the Canton City Question"），专门讨论第四任香港总督包令爵士（Sir John Bowring, 1792-1872）在争取广州入城问题上的行径，[3] 另外他的两部重要专著《两广总督叶名琛》（*Yeh Ming-ch'en, Viceroy of Liang Kuang, 1852-8*）[4] 及《鸩梦：第二次鸦片战争

---

[1] John Jacob Nolde, "The 'Canton City Question', 1842-1849: A Preliminary Investigation into Chinese Anti-Foreignism and Its Effect upon China's Diplomatic Relations" (Unpublished PhD dissertation, Cornell University, 1950); 这篇博士论文主要使用的英方原始资料为六种英国国会文件（British Parliamentary Papers），见论文参考书目，同上，页262，另外就是倚赖《中国丛报》（*The Chinese Repository*）上的报道。尽管该六种英国国会文件当中不少已收入在英国外交部档案内，但仍有大量英国外交部档案文书是未有参考的，尤其是外交部所藏中文方面的档案。不过，诺德最引起关注的是他有关所谓"伪诏"的文章：John J. Nolde, "The False Edict of 1849," *Journal of Asian Studies* 20, no. 3 (1960), pp. 229-315, 指称徐广缙在道光二十九年三月初九日（1849年4月1日）发给文翰的照会中所引"大皇帝谕旨"是伪造的。诺德当时并没有见到徐广缙原来的照会，所根据的只是《中国丛报》上的译文。诺德的文章后来引发不少讨论，参郦永庆：〈关于道光二十九年的"伪诏"考析〉，《历史档案》1992年第2期（1992年7月），页100-106；茅海建：〈关于广州反入城斗争的几个问题〉，《近代史研究》1992年6期（1992年11月），页43-70，收〈广州反入城斗争三题〉，《近代的尺度：两次鸦片战争军事与外交（增订本）》（北京：三联书店，2011），页113-139；J. Y. Wong, *Deadly Dreams: Opium, Imperialism, and the Arrow War (1856-1860) in China* (Cambridge: Cambridge University Press, 1998), pp. 118-121。各学者都大抵认同诺德的说法。徐广缙原来的照会现可见于英国外交部档案：徐广缙致文翰，1849年4月1日，F.O. 682/1982/17。又见佐佐木正哉（编）：《鸦片战争后の中英抗争（资料篇）》（东京：近代中国研究委员会，1964），页140。佐佐木正哉在1960年代曾从英国外交部档案抄录鸦片战争前后中英双方往来文书，编辑出版，除上列《鸦片战争后の中英抗争（资料篇）》外，还有佐佐木正哉（编）：《鸦片战争の研究（资料篇）》（东京：近代中国研究委员会，1964），广为学界引用。然而，由于这两本书并非直接将外交部资料影印出版，经过抄写及重排过程后，手民之误非常严重，使用时得要十分小心。但为方便没法直接使用英国外交部档案的学者，本文在征引外交部文献时，除列出英国档案资料外，也同时列出《鸦片战争の研究（资料篇）》或《鸦片战争后の中英抗争（资料篇）》相关页码。

[2] John King Fairbank, *Trade and Diplomacy on the China Coast: The Opening of the Treaty Ports, 1842-1854* (Cambridge, MA.: Harvard University Press, 1953), pp. 200-201, 275-280.

[3] J. Y. Wong, "Sir John Bowring and the Canton City Question," pp. 219-245; 另一篇相关的文章为 J. Y. Wong, "Sir John Bowring and the Question of Treaty Revision in China," *Bulletin of John Rylands University Library of Manchester* 58, no. 1 (Autumn, 1975), pp. 216-237.

[4] J. Y. Wong, *Yeh Ming-ch'en, Viceroy of Liang Kuang, 1852-8* (Cambridge: Cambridge University Press, 1976); 中译本见黄宇和（著）、区鉷（译）：《两广总督叶名琛》（北京：中华书局，1984）。

探索》(*Deadly Dreams: Opium, Imperialism, and the Arrow War (1856–1860) in China*) 也有一些部分涉及广州入城问题。黄宇和中英关系研究的一个特点是大量运用英国外交部及其他不同地方及人士所藏相关档案,能够以丰富的原始资料来重组历史事件,这是很值得肯定和敬佩的。但在入城问题上,他的重点是放在较后的时间,尤其是在徐广缙(1797–1869)及叶名琛(1809–1859)与包令周旋的过程,但那已经是1849年前后的事了,前面〈南京条约〉议和期间以至差不多整个1840年代的情况着墨较少,以致未能把整个问题的来龙去脉弄得清楚明白。

中文方面,鸦片战争史专家茅海建曾在1992年发表〈关于广州反入城斗争的几个问题〉,[1]后来收录在《近代的尺度:两次鸦片战争军事与外交》内。[2]可以肯定,茅海建的鸦片战争研究,是迄今中国大陆最完整和深入的,[3]但限于客观条件,他未能运用外文材料,尤其是英国外交部档案的重要资料,广州入城问题的讨论显得简略,有待进一步的补充。

本文尝试重新探讨这近代中英交往史上著名的"广州入城事件",通过分析中英双方的原始档案资料,讨论引起这次中英近代交往史上一场严重纷争的原因,为这重要历史事件探源。本文特别重点关注的是一个长期被忽略的问题:当时中英双方往来文书以至〈南京条约〉及其他相关条约的翻译。不能否认,"广州入城"问题其中一个症结所在是双方存在严重的沟通问题,以致"入城"的论述及理解不尽相同。只有对当时双方往来文书,尤其是文书的原文和翻译文本作仔细分析,结合当时的历史场景以及双方的政治态度和言论,才可能更好地解答一些长久以来没有得到准确理解的疑问。

二

讨论"广州入城问题",应从〈南京条约〉入手。

我们知道,〈南京条约〉的中英文本都是由英国人所提供,负责根据英文文本翻译出中文本的是马儒翰(John Robert Morrison,又作马礼逊、秧马礼逊、马礼训

---

[1] 茅海建:〈关于广州反入城斗争的几个问题〉,页43–70。
[2] 茅海建:《近代的尺度:两次鸦片战争军事与外交(增订本)》,页113–139。
[3] 他最受重视的相关著作为《天朝的崩溃:鸦片战争再研究》(北京:三联书店,1995年第1版,2009年第2版第8次重印)。

等，1814-1843），鸦片战争期间他正式的职位为英国驻华商务监督处的"中文秘书和翻译官"。马儒翰是在澳门出生，10岁便开始学习中文，且有丰富的翻译经验，除翻译过一些宗教作品以至中国的典籍外，他在1830年10月当上了广州英商的翻译员，当时他才不过16岁，专责翻译英商与中国官员间的往来公函和文件，并从1834年8月他父亲马礼逊（Robert Morrison, 1782-1834）去世后即接任监督处中文秘书及译员之职。[1]不过，严格来说，他的中文水平并不高。[2]不能否认，马儒翰在翻译〈南京条约〉时是极为小心谨慎的。他曾告诉过英方其他谈判成员，一个音节的差别，会完全改变整个句子的意思。[3]但无论如何，〈南京条约〉的翻译还是有不少问题。在最初条约中文本草稿送到中方阵营时，负责谈判和约的耆英（1787-1858）在呈递道光皇帝审批时即曾批评"文理未能通畅"；[4]而和约签订后，法国报章即曾大肆攻击条约的翻译，甚至指斥英国译者受贿，引起英法两国汉学家的笔战。[5]此外，不少学者也先后指出过条约的翻译问题，例如费正清便说过如果把〈南京条约〉的中文本回译为英文，再跟原来英文版本比较，便可以看出当中的歧义是很惊人的，[6]上文提到以"广州入城问题"作博士论文的诺德，更说从中文

---

[1] 关于马儒翰的生平及作为，可参Leung Chung-yan, "A Bilingual British 'Barbarian' – A Study of John Robert Morrison as the Translator and Interpreter for the British Plenipotentiaries in China Between 1839 and 1849" (Unpublished M. Phil. Thesis, Hong Kong Baptist University, 2001);另外，有关马儒翰在鸦片战争中所扮演的角色，可参王宏志：〈第一次鸦片战争中的译者——下篇：英方的译者〉，收王宏志（主编）：《翻译史研究（2012）》（上海：复旦大学出版社，2012），页25-37。

[2] 笔者曾另有论文分析过马儒翰在鸦片战争期间翻译中英往来文书时，无论在理解和撰写方面都时有犯上错误。参王宏志：〈"给予"还是"割让"：鸦片战争中琦善与义律有关香港谈判的翻译问题〉，收王宏志（主编）：《翻译史研究（2014）》（上海：复旦大学出版社，2014），页32-39。

[3] Granville G. Loch, *The Closing Events of the Campaign in China: The Operations in the Yang-Tze-Kiang; and Treaty of Nanking* (London: John Murray, 1843), p. 158.

[4] 耆英、伊里布、牛鉴奏折，《筹办夷务始末（道光朝）》（北京：中华书局，1964），第5册，卷五九，页2312。

[5] 参关诗珮：〈英法《南京条约》译战与英国汉学的成立——"英国汉学之父"斯当东的贡献〉，收王宏志（主编）：《翻译史研究（2013）》（上海：复旦大学出版社，2013），页150-162。

[6] Fairbank, *Trade and Diplomacy*, p. 496, n. 87. 他在这里也指出早在1845年麦都思（Walter Henry Medhurst, 1796-1857）便曾作过这样一趟"不完美的尝试"（"an imperfect attempt"）。参Old Wheat, "Treaty of peace, signed at Nanking between England and China, translated from the Chinese," *The Chinese Repository* 14, no. 1 (January 1835), pp. 26-29. 对于费正清的说法，有学者作了错误的阅读。Gerald Graham在其颇受重视的 *The China Station* 里，说费正清指出过条约的中文版本跟在"康华丽号"上签署的并不完全相同（"Unhappily, as Professor John Fairbank has made clear, the Chinese version of the treaty was not quite the same as that signed on the *Cornwallis*."），见Gerald S. Graham, *The China Station: War and Diplomacy, 1830-1860* (Oxford: Clarendon Press, 1978), p. 226. 但其实费正清的说法是送呈给皇帝批准签署的中文版本跟在南京所签的中文版本不完全相同（"Unfortunately, the Chinese （转下页）

的角度而言，马儒翰的翻译糟透了。[1] 那么，这广州入城问题是否因为马儒翰所提供的中译出现错误所致？

《南京条约》确立开放五口通商，并订明可以容许英国人携同家眷在五口居住。对于英国人来说，条约条款是非常明确的，因为以英文写成的条文确是十分清晰明白：

> His Majesty the Emperor of China agrees, that British subjects, with their families and establishments, shall be allowed to reside, for the purpose of carrying on their merchantile pursuits, without molestation and restraint at the cities and towns of Canton, Amoy, Foochow, Ningpo, and Shanghai, and Her Majesty the Queen of Great Britain, etc., will appoint Superintendents or Consular Officers, to reside at each of the above-named Cities or Towns, to be the medium of communication between the Chinese Authorities and the said Merchants, and to see that the just Duties and other Dues of the Chinese Government is hereafter provided for, are duly discharges by Her Britannic Majesty's Subjects.[2]

在这里，无论是英国政府派来的领事官员还是英国一般国民及家眷，二者得到的待遇是相同的，都可以随意在五个口岸的"Cities and Towns"居住。从英文的理解，这"Cities and Towns"自然包括了整个城市的所有地区，不会有城内城外的划分，这就是英国人要求进入五个口岸城内贸易和居住的理据。但另一方面，《南京条约》的中文版本却对英文版本两处的"Cities and Towns"作了两个不同的翻译：

> 自今以后，大皇帝恩准英国人民带同所属家眷，寄居大清沿海之广州、福州、厦门、宁波、上海等五处港口，贸易通商无碍；且大英国君主派设领事、管

（接上页）version of the treaty presented to the emperor differed from that signed on the *Cornwallis*."）。同上，页103。另外，屈文生的两篇文章：〈早期中英条约的翻译问题〉《历史研究》2013年第6期［2013年12月］，页86-100）及《南京条约》的重译与研究〉《中国翻译》2014年第3期［2014年5月］，页41-48）也讨论过〈南京条约〉中英文本的歧义，但这两篇文章在史实上有不少错误。笔者曾单就其中有关"领事"一词的翻译撰文商榷，见王宏志：〈《南京条约》"领事"翻译的历史探析〉，《中国翻译》2015年第3期（2015年5月），页26-36。

[1] "From the point of view of the Chinese, Morrison must have done an atrocious job." Nolde, "The 'Canton City Question'，1842–1849," p. 93, n. 3.

[2] "Treaty of Nanking, 1842," *Treaties, Conventions, etc., Between China and Foreign States* (Shanghai: Statistical Department of the Inspectorate General of Customs, 1917), vol. 1, p. 352.

事等官,住该五处城邑。[1]

为什么把同一个"Cities and Towns"翻成不同的"港口"和"城邑"？从一般翻译实践的角度看来,这是不合理的,最少是不常见的做法。对此,马儒翰并没有作过任何解释,但这样的翻译却让〈南京条约〉的中文本看来好像英国人民及其家眷跟领事管事等官所得到的待遇并不一样,前者寄居港口,后者可以住在城邑,而问题的核心在于港口跟城邑是不是完全相同的概念？这的确是可以深加探究的,且引起史学界的注意。一些学者认为,"广州入城问题"的根源在于〈南京条约〉的翻译,因为"港口"不等同"城邑"。早在1938年,陆钦墀即指出:"中文所谓'港口',实与英文'cities and towns'意义稍殊。细按中文约款,并未含有外人在五口'入城'之意,故以法律论则英人无据约入城之权。"[2]近年,茅海建亦认为,根据〈南京条约〉的中文本,"英国民人只能居于'港口',并无要求入'城'的权利",另一方面,由于"'城'和'邑'两个字连在一起,中文意思应当是十分明确的,是指城里,所以外交官员可进入城里居住";但"如果根据〈中英南京条约〉英文本来解释,英国的民人和外交官皆有权利要求入广州城"。[3]他明确地说这是"条约的中英文本的歧义",而由此又提出"很可能是由于入广州城而引起的文本争论,使得英国在1854年提出修约十八条要求时,其中一条为'立兹条,以英字为确凿'"的说法。[4]

西方学者也有相同的说法。诺德在他的博士论文中便指出条约的中文本跟"官方英文文本"("official English version")颇为不同("differs considerably"),

---

[1] "Treaty of Nanking, 1842," *Treaties, Conventions, etc., Between China and Foreign States* (Shanghai: Statistical Department of the Inspectorate General of Customs, 1917), vol. 1, p. 352.
[2] 陆钦墀:〈英法联军占据广州始末〉,《史学年报》第2卷第5期(1938年12月),页265。
[3] 茅海建:《近代的尺度》,页113-115。
[4] 同上,页116。不过,茅海建在这里所作的推断是错误的,因为要求以英文本为准的说法早见于第一次鸦片战争爆发前夕,外相巴麦尊(Lord Palmerston, 1784-1865)发给两名全权代表懿律(George Elliot, 1784-1863)及义律(Charles Elliot, 1801-1875)的指示里:

为了避免将来引起疑问,在正确解释条约时如有任何问题,一定要由英文文本作准。

[A]ll questions which may arise as to the correct interpretation of the Treaty, must be determined by the English version.

"Lord Palmerston to the Plenipotentiaries (Admiral G. Elliot and Captain C. Elliot) Appointed to Treat with the Chinese Government," 20 February 1840, in H. B. Morse, *The International Relations of the Chinese Empire* (London and New York: Longmans, Green and Co., 1919), vol. 1, p. 630.

关于鸦片战争前中英两国文书来往所用文字,可参王宏志:〈"不通文移":近代中英交往的语言问题〉,《翻译与近代中国》(上海:复旦大学出版社,2014),页135-193。

他认为根据条约的中文版本，英国人只能和家眷在港口临时居住，而不可以住在城市里。他还以脚注形式解释条约中"寄居"的意思，那就是"临时居住"（"to dwell temporarily"），而"港口"就是port或harbour。[1] 显然，他跟上列几位论者都同样认为广州入城问题的根源是〈南京条约〉的中文翻译有误，港口与城邑是两个不同的概念，一般英国人只可以住在城外的港口地区，因此中文条文并没有赋予英人入城的权利，而由此入城问题就纷扰不绝。诺德以外，费正清也同样地明确认定〈南京条约〉中文本中订明英国商人只可短暂寄居五个口岸的"港口"，与英文本中容许在"Cities and Towns"居住不相同。[2]

然而，长期被忽略的是：相类的观点其实在更早的时间已出现了，且不是来自历史学者，而是《中国丛报》（*The Chinese Repository*）的主编卫三畏（Samuel Wells Williams, 1812–1884）。[3] 1849年5月出版的《中国丛报》第18卷第5期上即有专文讨论广州入城问题，当中便指出了〈南京条约〉中文本中"港口"一词存有问题。[4] 那时候，中英两国在广州入城问题的争议可以说还是如火如荼地进行。

卫三畏指出，〈南京条约〉和稍后在虎门签署的〈五口通商附粘善后条款〉，甚至后来清廷与法国签订的〈黄埔条约〉以及与美国签订的〈望厦条约〉，都没有赋予外国人进入广州城权利的条款，条约规定外国商人可以在五个"港口"居住，但卫三畏认为，"港口"，也就是"河口"（"river's mouth"），指的是商人在岸上从船只收取买卖交易货物的地点（"referring to the location on shore where traders collect from their ships to barter and exchange their goods"），那不一定是在城墙内的，也不会被称为"城"（"Such places are not necessarily walled in, or are they ever called *ching*, i.e. citadels or walled cities"）。他强调，对中国人而言，"港口"和"城"是不

---

[1] Nolde, "The 'Canton City Question', 1842–1849," p. 92, n. 2.
[2] Fairbank, *Trade and Diplomacy*, pp. 200–201.
[3] 其实，《中国丛报》是所有研究这段时间中外关系史必定详加参考的资料，但从没有人在讨论广州入城问题时指出过《中国丛报》上对于"港口"一词的评论，尤其让人感到奇怪的是诺德，他实际上是征引过这一期《中国丛报》上这段有关广州入城问题的一些资料，但当他提出有关"港口"的翻译时，却没有提及卫三畏的说法。
[4] "ART. IV. Journal of Occurrences: Question of entry into Canton, and remarks upon it; rewards conferred by the emperor; new hoppo; disturbances in Tsingyuen," *The Chinese Repository* 18, no. 5 (May 1849), pp. 275–280.

同的概念，只是欧洲人不一定能轻易了解，但中国政府就一直这样去理解，直至被指没有履行条约。[1]

这确是很重要的观点，下文会详加讨论。但如果我们接受这样的观点，从而去追究责任，那矛头自然是指向英方，尤其是负责翻译的马儒翰，因为条约的中文本是他个人一手炮制，中方根本没有懂得英语的人员参与谈判或协助翻译条约，没法知道中英文版本可能存在歧义的问题。[2]事实上，在英方送来条约中文草稿时，尽管耆英觉得"文理未能通畅"，但并没有提出改动，只是将草稿完整呈递道光，[3]因此，如果〈南京条约〉中英文本出现歧义，责任是在英方，马儒翰是难辞其咎的。可是，从另一角度去看，在整个撰写和翻译和约的过程里，清廷委派议和的钦差大臣耆英和伊里布（1772-1843）都几乎全无直接参与，且没有带同或派遣懂英语的译者前往商议，在大部分时间只由伊里布"家人"——实即家仆——张喜（亦作张禧、张士淳）负责与英国人周旋。但无论是张喜还是其他一些到过英国人军营谈判、职级不高的官员如陈志刚、刘健勋等，以致后来接上谈判工作的江苏按察使黄恩彤（1801-1883），全都不懂英文，但清廷上下以至负责谈判的大小官员并不觉得有什么问题，耆英甚至曾以英方有具备汉语能力的人员为便利，向道光奏报跟英人商讨，"勿须通事传话，反致隔阂"。[4]换言之，从谈判的过程看来，中方从最初开始便不知道条约英文本里写了什么，更不可能知道条约两个文本有可能出现歧义，但他们并不认为有什么不妥当，这难道是负责任的议和态度和方法？从参与和约签署仪式的英国人所写回忆录看，签署和约当天，英人曾尝试向耆英等详细解释条文，但耆英等似乎漠不关心，只想尽快签署完事，让英人很感意外。[5]在这

---

[1] "ART. IV. Journal of Occurrences: Question of entry into Canton, and remarks upon it; rewards conferred by the emperor; new hoppo; disturbances in Tsingyuen," p. 276.

[2] 关于鸦片战争的译者问题，可参王宏志：〈第一次鸦片战争中的译者——上篇：中方的译者〉，收王宏志（主编）：《翻译史研究（2011）》（上海：复旦大学出版社，2011），页82-113；王宏志：〈第一次鸦片战争中的译者——下篇：英方的译者〉，《翻译史研究（2012）》，页1-58。

[3] 耆英、伊里布、牛鉴奏折，《筹办夷务始末（道光朝）》，第5册，卷五九，页2312-2317。但严格来说，耆英对马儒翰的条约草稿是作过改动的，就是把条约草稿中的"大英国"改为"英国"。这点费正清已指出过了。Fairbank, *Trade and Diplomacy*, p. 103. 不过，应该指出的是：耆英等是在收到璞鼎查在1842年8月16日送来条约草稿15天后的8月31日才呈送朝廷，朝廷在1842年9月6日才收到条约草稿，但正式的〈南京条约〉已早在1842年8月29日签署过了。

[4] 耆英、伊里布、牛鉴奏折，《筹办夷务始末（道光朝）》，第5册，卷六十，页2235。

[5] Loch, *The Closing Events*, p. 171; Arthur Cunynghame, *The Opium War: Being Recollections of Service in China* (Philadelphia, G. B. Ziber & Co., 1845), p. 139.

种情况下，清廷以至他们的谈判代表不能完全准确掌握英国人的真正意愿，也是在预料之内了。

其实，无论是卫三畏还是上列几位历史学者，他们的观点有着一个同通的地方：他们都是以自己对"港口"和"城邑"的认知和理解去分析这问题，这看来很直截了当，但那是不是解读历史最合适的方法？我们是否应该回到当时的历史场景，直接分析当时中英双方政府和官员在讨论入城问题的过程中所提出的论点和理据，从而探究这些人当时对《南京条约》文本内条文的理解？更具体一点说，这些当事人可有在入城问题的争议过程中提出过有关"港口"和"城邑"的不同定义、甚至对这两个词的意义有所讨论或争论？只有通过对当时的往来文书及内部讨论的分析，我们才可能确立"广州入城问题"是否跟翻译出错有关，还是另有其他的原因。

三

早在18世纪末马戛尔尼使团（Macartney Mission）访华时，英国人便提出要求，希望清廷能开放更多贸易口岸，打破一口通商的格局。[1] 及至英国政府决定正式对华开战，外相巴麦尊（Henry John Temple, Lord Palmerston, 1784–1865）向驻华商务监督义律（Charles Elliot, 1801–1875）发出指令，在议和时要求割让海岛，但同时又作指示，假如中国愿意开放更多通商口岸，则可以放弃割让海岛。[2] 不过，义律在与清廷初期负责谈判的钦差大臣琦善（1786–1854）商议和约时，那所谓的"穿

---

[1] Earl H. Pritchard (ed.), "The Instructions of the East India Company to Lord Macartney on His Embassy to China and His Reports to the Company, 1792–4", in Patrick Tuck (Selected), *Britain and the China Trade, 1635–1842* (London & New York: Routledge, 2000), vol. 7, pp. 211–214.

[2] Palmerston to Admiral Elliot and Captain Elliot, F.O. 17/37, p. 127; See also "Viscount Palmerston to Rear Admiral the Honourable George Elliot and Captain Elliot, R.N., Her Majesty's Plenipotentiaries in China," 20 February 1840, in Ian Nish, ed., *British Documents on Foreign Affairs: Reports and Papers from the Foreign Office Confidential Print* (Frederick, Md.: University Publications of America, 1994), Part I, Series E, vol. 16, p. 9. 其实，巴麦尊的确是倾向于开放更多稳固的通商口岸，而不是割让小岛。他曾向懿律解释其指示：割让了小岛后，假如英国跟其他敌人诸如法国或美国开战，这些国家很可能会对这小岛发动攻击，但如果英国商人只在中国城市居住和贸易，英国的敌人绝不会袭击他们。Palmerston to Admiral George Elliot, 20 February 1840, Boardlands MSS, GC/EL/37, cited from Graham, *The China Station*, p. 111.

鼻草约"里面并没有新开口岸的条款,只是列明要割让香港岛;[1]在义律被撤换、调来璞鼎查(Sir Henry Pottinger, 1789-1856)作全权大使后,最后签订的〈南京条约〉除割让香港外,才有开放五口岸的条款。上文说过,条约的中英文本好像存有歧义,当中涉及来华英人究竟可以在哪里居住,但显然,从英国人的角度看来,这问题是不存在的,因为最早巴麦尊的指示是:英国子民,无分男女,应准在中国一些主要海港自由居住,不受限制("The British subjects, whether male or female, should be allowed to reside freely and without restraint at some of the principal sea-ports in China.")。[2]巴麦尊不可能想到有什么城内城外之分,他要求开放的是整个城市,这也配合英文条文中的"Cities and Towns"的意思。但另一方面,〈南京条约〉中文版在最初的阶段是否真的在意义上构成混淆,让中国人以为英国人本来只满足于住在"港口"的外面地区,不进入城内? 在这里,我们要分析一下议和的过程,除重点讨论耆英和璞鼎查的往来文书外,也会关注耆英如何奏报道光皇帝、请求批准条款,当中很可以见到他们有关开放口岸的理解。

首先,中国方面是怎样知道英国人要求开放更多口岸的? 其实,义律在跟琦善谈判期间便已经提出过取消一口通商的限制,开放"从前曾经贸易数港":广州、厦门、定海,用的是"港",但完全没有触碰居住的问题。[3]待到义律及琦善被撤换、璞鼎查到来,开展第二轮谈判时,英方提出议和的基础在于按照"本国通外事务大臣照会贵国宰相之公文",[4]指的就是巴麦尊在1840年2月向"大清国皇帝钦定宰相"发出的公函,但其实这公函并没有提及要开放新口岸,要求的是永久割让一个或更多的海岛。[5]不过,在经过多次接触后,我们见到璞鼎查在1842年8月12日

---

[1] 其实,在当时所有的文件里都从没有出现过〈穿鼻草约〉这样的名称。据考证,最早是欧德里(Ernest John Eitel, 1838-1908)在1895年用了〈穿鼻条约〉(Treaty of Chuenpi)。见 E. J. Eitel, *Europe in China: The History of Hongkong from the Beginning to the Year 1882* (Hongkong: Kelly and Walsh, 1895), p. 122;在中文世界方面,蒋廷黻在1931年发表的〈琦善与鸦片战争〉,被视为是最早提出琦善与义律签订〈穿鼻草约〉的文章。蒋廷黻:〈琦善与鸦片战争〉,《清华学报》第6卷第3期(1931年10月),页25。参邱远猷:〈《穿鼻草约》纯属子虚乌有〉,俞明(主编):《〈南京条约〉与香港百年》(北京:中国社会科学出版社,1998),页308。

[2] Nish, *British Documents on Foreign Affairs*, p. 9.

[3] 义律致琦善,1840年12月12日,F.O. 663/46, p. 156a;又见佐佐木正哉(编):《鸦片战争の研究(资料篇)》,页32。

[4] 璞鼎查致祁𡑭,1841年8月10日,F.O. 663/47, p. 1a;又见同上,页130。

[5] "The British Government demands that one or more sufficiently large and properly situated islands on the coast of China to be fixed upon by the British Plenipotentiaries, shall be permanently given up to (转下页)

（道光二十二年七月初七日）送来一份照会，里面既要求割让香港，亦有开放通商口岸的条款：

> 关让地通商一端
>
> 大清必将香港地方让与大英永远据守，盖大英之国体既被大清之凌辱，理当让地方以伏其罪而补所伤之威仪也。大清必准英人在粤之广州、闽之福州厦门、浙之宁波、江之上海五处通商，其所纳之饷税，必有定数则例晓示，而各处必有大英副领事居住，专理大英商贾事宜者，与该地方官往来公文也。[1]

这是现在所能见到最早一份书面正式要求开放五口岸的中文文本，里面的重点是准许英国人在"五处通商"，既没有港口，也没有城邑，而有关居住在口岸的情况也说得较含糊，严格来说，璞鼎查只提到要有"大英副领事""居住"在"各处"，却没有叙及一般英国子民住在哪里。

在收到这份照会后，负责议和的耆英等在两天后作了回应：

> 至所用马头，除香港方业经
>
> 贵国建盖房屋，应听
>
> 贵国安置外，其广州福州厦门宁波上海地方贸易通商，俾而两国均获利益，尤属妥协，至广州等处应如何贸易通商之处，必须两国会议妥善。[2]

在这里，耆英等认为开放口岸贸易通商是可以的，但没有触及英国官员和子民的居住问题。一天后的8月15日（七月初十），耆英等又将英国送来的"原议"，"另缮清单"一份，抄送璞鼎查，除删去什么英国国体被损等个别字词外，基本上完全接纳英方的要求，也列明英国可设副领事在五处地方"居住"。[3]跟着，璞鼎查就在第二天（8月16日）送来一份"和约十三条译出草稿"，里面有关新口岸的写法是这样的：

（接上页）the British Government as a place of residence and of commerce for British subjects ..." "Viscount Palmerston to the Minister of the Emperor of China," 20 February 1840, F.O. 17/37, p. 94; also in Nish, *British Documents on Foreign Affairs*, p. 15; 由马儒翰翻译的中文本，见 F.O. 663/46/135b-136b; 又收《鸦片战争の研究（资料篇）》，页3-7。

[1] 璞鼎查致耆英、伊里布，1842年8月12日，F.O. 682/1975/61，又见同上，页199-200。

[2] 耆英、伊里布、牛鉴致璞鼎查，1842年8月14日，F.O. 682/1975/63。

[3] 耆英、伊里布、牛鉴致璞鼎查，1842年8月15日，F.O. 682/1975/66，又见《鸦片战争の研究（资料篇）》，页207。

> 自今以后，大皇帝恩准大英国人民带同所属家眷，寄居大清沿海之广州、福州、厦门、宁波、上海等五处港口，贸易通商无碍；且大英君主派设领事、管事等官，住该五处城邑。[1]

仔细对比下不难发现，这跟早前的照会很不同，首次加入有关英国人民带同家眷在口岸居住的部分，而更值得注意的是，草稿的写法跟〈南京条约〉有关新通商口岸条款是完全相同的，都是用上"港口"和"城邑"两个不同的词。至于这草稿的英文版本，也同样跟后来的〈南京条约〉英文版完全相同，二者用的都是"cities and towns"。[2]

那么，清廷方面在这最早阶段的理解上可有什么疑问？

上文指出过，耆英在1842年8月12日（道光二十二年七月初七日）第一次收到璞鼎查要求开放五口岸的照会，并于8月14日（七月初九日）响应说新开通商口岸对双方都有好处，没有什么问题。不过，根据《筹办夷务始末》所记，他这时候还没有取得道光皇帝的允许，只是在同一天才上奏朝廷，报告英人有三项"请求"，其中第二项"系索讨香港作为马头，并求准往广州、福州、厦门、宁波、上海等处贸易"。[3]此外，在军机处上谕还没有抵达前，耆英已在8月15日（七月十日）跟璞鼎查确认开放口岸。可以同意，耆英这样自己作决定属无可厚非，当时往来文书需时，英人又紧紧逼迫，耆英不可能在接到北京的指示后才作回复，况且道光也曾的确批准耆英"便宜行事"。[4]随后，耆英在8月17日（七月十二日）向朝廷报告，已于14日（初九日）晚与英人"粗定条款"，并"将酌办各条，另缮清单，恭呈御览"，[5]而璞鼎查在8月16日送来的"和约十三条草稿"，则是在8月31日（七月二十六日）转呈的，送抵朝廷已是9月6日（八月初二日）了。[6]

但一直被忽略的是：道光在还没有见到这和约十三条草稿前，其实已经发出过一道圣谕，对英国人在口岸居住问题作出指示，这出现在8月18日（道光二十

---

[1] F.O. 663/47/16b（第陆拾叁）。
[2] Treaties, Conventions, etc., Between China and Foreign States, vol. 1, p. 352.
[3] 《筹办夷务始末（道光朝）》，第5册，卷五八，页2262。
[4] 同上，第4册，卷五五，页2123。
[5] 同上，第5册，卷五九，页2275–2276。
[6] 同上，页2312–2316。

年七月十三日）的廷寄内：

> 香港准其赏借，厦门、宁波、上海等处亦可准其贸易，但只许来往通商，不准久住据为巢穴。[1]

而第二天的另一道廷寄，又再重申"其广州、厦门、宁波、上海四处，均应准其来往贸易，不得占据久住"。[2]虽然这里没有提及进城，但已明确指出道光根本就不想英国人在各口岸住下来。他的设想是，开放的新口岸应该跟从前广州口岸一样，在贸易季节时让英国人过来作买卖，完事后便离开。显然，沿用前广州的模式，英国人便不会进入口岸的城内长期居住，甚至根本没有入城的必要。从这里我们可以知道，最早触碰到开放口岸后英国人居住问题的原来是道光，而这跟〈南京条约〉中把"cities and towns"翻译成"港口"和"城邑"二词根本没有关系，因为这时候"港口"和"城邑"的译文还没有送抵道光手上。

更重要的是随后的讨论，而耆英的取态是关键的，因为他一方面既与璞鼎查交涉，另一方面又要向皇帝交代。上文说过，耆英在没有取得道光的批准时便已经答应开放新口岸，但当他连续两次收到廷寄，指令只准英人贸易、不准久住后，他便得要认真处理。碍于英国人的压力，他不得不向道光解释和游说，先说"既准贸易，即属马头，举凡设领事，立夷馆，住家眷，势不能遏其所请"，[3]然后更尝试说明其中的好处："有室庐以居其货，有妻孥以系其心，既挟重赀，又携家室，顾恋滋多，控制较易"，[4]就是说可以让英国人在口岸住下来。从这些文字看来，耆英显然没有想到什么"城邑"或"港口"的分别，因为他在这里把"设领事，立夷馆，住家眷"一并处理，领事和一般英国人没有不同。另一方面，耆英也向璞鼎查提出道光的指示。1842年9月1日（道光二十二年七月二十七日），也就是在接到道光指令后八天，耆英等向璞鼎查发出照会，指出英人无须常年在口岸居住：

> 广州福州厦门宁波上海五处开港，除广州已给香港居住，毋庸置议外，其福州厦门宁波上海四处，只可于港口建设会馆，俟英国商民来时居住，其携带

---

[1]《筹办夷务始末（道光朝）》，第5册，卷五八，页2263。

[2] 同上，卷五九，页2277。另外，这份廷寄只批准四口通商，当时朝廷原不愿开放福州，明确说"福州地方不可予，或另以他处相易"。不过，在英人坚持下，最终还是答应开放福州。

[3] 同上，页2306。

[4] 同上，页2313。

家眷，自属人情之常，惟贸易事毕之后，仍应回船归国，不必常年在会馆居住，似为妥协。如实有账目未清，事件未了者，照广州押冬商人之例，呈明该管官准其在馆居住。[1]

这比道光的说法更清楚明白，也就是要沿用从前广州的制度，英国商人只可在"港口"建设会馆，而且就只在贸易季节其间才住会馆，买卖完毕后即回国，并不是可以自由及长期在口岸居住。[2]值得特别指出的是，耆英等在这里用上"港口"一词，这是他们在较早前的照会中所没有用过的。显然，"港口"一词来自璞鼎查送来的和约十三条草稿，甚至是来自〈南京条约〉，因为这份照会是在中英两国在1842年8月29日（道光二十二年七月二十四日）正式签署〈南京条约〉后三天才发出的。那么，是否有可能确定耆英所理解〈南京条约〉中的"港口"就是在城外，就好像广州过去一样，英国人在城外建设会馆？单从照会字面看，我们是无法确定的，但有两点必须指出：一、耆英没有提到领事的居住问题，城邑一词没有出现在他的照会，因此，他显然没有把港口跟城邑放置于不同的位置去作考虑；二、照会的重点在于要求英国商人只在贸易季节在商馆居住，贸易完毕后即回船归国，因此，港口确实指什么，甚至真的是指城外也不是关键的。

不过，不管耆英的态度如何，其实也没有很大的关系，因为他照会所提的要求完全给璞鼎查所否定。璞鼎查在回复的照会中指出，由于现在的情况跟从前由东印度公司"包揽中国生意"不同，对英商不可能再有诸多限制：

英国希图广开通交，理应准予两国商民买卖各听其便，来往不必限以时季，寄居不必界以一所，方为两便宜。至英人所住各口应由官员从城内外各处即拣一隅，俾商人在彼自行择地建屋租房或数月或长年居住，勿庸过问。[3]

这份照会很重要，因为英方不但拒绝只在贸易季节才在口岸居住的建议，且更是第一次非常明确地提出不论城内外都可以让英国商人自行选择地方租住或建造

---

[1] 伊里布、耆英、牛鉴致璞鼎查照会，1842年9月1日，F.O. 682/1975/79；又见《鸦片战争の研究（资料篇）》，页251。费正清认为伊里布、耆英等是根据〈南京条约〉中文本中"港口"和"城邑"的词汇而提出这无须长住口岸的要求（"On the basis of this treaty terminology"），Fairbank, *Trade and Diplomacy*, p. 201，实误，因为这其实是来自道光的指示。

[2] 应该指出，这其实跟从前广州体制的规定并不完全相同，因为外国商人家属从前是不准到广州的。

[3] 璞鼎查致伊里布、耆英、牛鉴照会，无署日期，应为1842年9月5日，F.O. 682/1975/84；又见《鸦片战争の研究（资料篇）》，页220。

房屋,这就是推翻了道光或耆英所提沿用广州模式的说法,并且明显地说明英国人应该可以进城。

对于璞鼎查的这份照会,耆英是有所回应的:1842年9月13日(八月初九日),耆英发了一通照会给璞鼎查。不过,必须强调的是,耆英等只答复了照会中所论其他条款,诸如管治在香港居住的中国人的权责问题、如何征收关税等,触及五口通商的部分只强调英国应设领事,约束英人,"买卖货物,止许在馆定议,不便远赴乡庄等处",但对于在口岸城内外可让英商建屋租房的部分,却没有片言只字回应。[1]由于中方在当时对璞鼎查这无分城内外的说法没有提出反对,英国人把它理解为中方同意——最少是默许进城的要求,也是很合理的了;而在这时候,"港口"和"城邑"等说法早已出现了。

事实上,耆英在其后的"善后谈判"过程中,的确是曾经确认英国人入城的权利。英外交部档案中有一份来自耆英的〈复六月初三日说帖〉,其中一段是关于广州入城的:

> 进广州城一款。现在两国和好,毫无芥蒂,岂有城内城外之分?况江宁福州上海等处既可进城,何独广州不可?[2]

在现有所见档案中,这份文书未有署上日期,但据后来德庇时在援引时提及的日期,那是1843年7月发出的。[3]可以见到,这是最明确无误的说法,耆英毫无保留且一点也不含糊地认同英人入城的权利。耆英还接着说,这问题在广州一时未能立刻解决,那是因为广东民风剽悍,更"自遭兵火之后,惊魂未定,易启猜嫌",尽管他曾出示晓谕,多加开导,但"民情仍属猜疑未释",只好待"开关贸易后,彼此相安",再行商议。在这份回复中,耆英更几乎指天起誓:"此中如有一语相欺,上帝鉴之。"[4]

由此看来,这所谓广州入城问题本来跟条约中英文本所谓的"歧义"是没有直接关系的,双方在当时都同意英人可以进入城内,只是因为广州人民激烈反对而被迫搁置。在整个讨论过程中,〈南京条约〉里"港口"和"城邑"等词根本没有扮演

---

[1] 伊里布、耆英、牛鉴致璞鼎查照会,1842年9月13日,F.O. 682/1975/89。
[2] 耆英致璞鼎查,日期缺,F.O. 682/1976/92。又见F.O. 663/47/72a。
[3] 德庇时致耆英,1846年1月22日,F.O. 682/1979/7a。
[4] 耆英致璞鼎查,日期缺,F.O. 682/1976/92。又见F.O. 663/47/72a。

过什么角色，更不要说有所争议，自始至终，双方都从来没有提及过"港口"或"城邑"在理解上可有什么分别。因此，卫三畏以及一些学者根据自己对这两个词的不同理解，以〈南京条约〉中英文本有歧义作为入城问题的根源，是很有问题的。此外，当时被拒诸广州城门外的不单是一般英国民众，就是领事管事等官员，也并没有因为条约订明可以在"城邑"居住而得以入城，由此可以进一步证明，〈南京条约〉中文本把两处"cities and towns"分别译成"港口"和"城邑"并不是后来的"广州入城"问题的原因。

我们还可以再看一下〈南京条约〉的后续谈判。在差不多一年后，璞鼎查跟耆英在1843年10月8日（道光二十三年八月十五日）又再签署〈五口通商附粘善后条款〉，当中有两项条款涉及开放口岸及英人居住的问题：

> 广州等五港口英商或常川居住，或不时来往，均不可妄到乡间任意游行，更不可远入内地贸易，中华地方官应与英国管事官各就地方民情地势，议定界址，不许踰越，以期永久彼此相安……

> 在万年和约内言明允准英人携眷赴广州、福州、厦门、宁波、上海五港口居住，不相欺侮，不加拘制。但中华地方官必须与英国管事官各就地方民情议定于何地方用何房屋或基地系准英人租赁……[1]

在这条款里，所用的是"港口"，茅海建说这表明很可能耆英这时候已"看出了'城邑'二字的重要性，他此后签订的《中英虎门条约》中，再未用'城邑'一词，而只用'港口'（英文本作ports）。"[2]但这说法是有问题的。首先，在英文本里，这两条款中"港口"并不都是用"ports"来翻译的，两处译法并不一样。英文本在Article V对应"五港口"的，确是"the Five Ports"，但Article VI则用上"at the Cities and Towns of Canton, Fuchow, Amoy, Ningpo and Shanghai"，[3]所以，"港口"在这里跟〈南京条约〉一样，指的是"Cities and Towns"。第二，我们在上文已说明耆英在整个谈判过程中都没有在"港口"一词上表示过什么异议；而更重要的是，如果耆英

---

[1] "Supplementary Treaty Signed by Their Excellencies Sir Henry Pottinger and Ki Ying Respectively, on the Part of the Sovereigns of Great Britain and China, at the Bogue, 8ᵗʰ October 1843," in *Treaties, Conventions, etc.*, vol. 1, p. 392.

[2] 茅海建：《近代的尺度》，页116。

[3] "Supplementary Treaty, Signed by Their Excellencies Sir Henry Pottinger and Ki Ying Respectively, on the Part of the Sovereigns of Great Britain and China, at the Bogue, 8ᵗʰ October 1843," p. 392.

认为条文里的"港口"仅指城外，那根本没有必要加入这条文，因为广州人并不反对英人在城外居住，那又何须再强调"就地方民情议定"？[1]因此，这条文正好说明，就是耆英也认同"港口"是指整个城市，因此有必要察看民情，并由双方共同商议及核准建屋地点。同时，也正由于这个缘故，璞鼎查也愿意接受和签署这份〈五口通商附粘善后条款〉，把问题稍为搁置一下；如果"港口"只指城外，〈善后条款〉还得要看民情才可以选择租赁地方或建屋，璞鼎查会接受吗？

四

在看过耆英等中方谈判代表在商议〈南京条约〉时对开放口岸的理解后，我们必须转向英方，分析他们的想法和表述方式。

表面看来，这是很简单的，因为从英国政府的立场而言，开放口岸通商一定不能有任何限制，英国子民应该有自由选择租赁或建造房子地点的权利。这样的立场在璞鼎查的几份中文照会中已清楚及明确地表达出来，但问题是：原来英文的表述是怎样的？这当中可有什么不清楚的地方？上文说过，学者们在分析入城问题时，都归咎于〈南京条约〉中文翻译，指责马儒翰错误地用上两个不同含义的"港口"和"城邑"来翻译"cities and towns"，因而造成混乱。但究竟是什么原因造成这样的混乱？或更具体一点说，为什么马儒翰在翻译〈南京条约〉时会用上"港口"这个后来被视为有问题的翻译？这是过去有关入城问题的讨论所没有能解决的问题。

很明显，一些学者在认定〈南京条约〉中"港口"一词的翻译错误，不等同原文的"cities and towns"时，他们的重点主要在探讨怎样去翻译"cities and towns"，尝试找出一个所谓"正确"的翻译，但却没有考虑究竟马儒翰在1842年使用"港

---

[1] 诺德指出，条约的中英文本有差异。中文本中列明有"就地方民情议定"，但英文本没有这样的说法，只说"It is accordingly determined, that ground and houses; the rent or price of which is to be fairly and equitably arranged for, according to the rates prevailing among the people, without exaction on either side; shall be set apart by the local officers, in communication with the consul ..." Nolde, "The 'Canton City Question'，1842–1849," p. 137. 这说法是准确的，但并不影响本文所述观点，因为当时英方人员绝对有能力理解条约中文本，而且，在这〈虎门条约〉签署后一个月左右，耆英还有照会发送给璞鼎查，特别重申："善后条约内载中华地方官必须与英国管事官各就地方民情议定于何地方用何房屋或基地系准英人租赁。"耆英致璞鼎查，1843年11月5日，F.O. 682/1976/122；照会英译见F.O. 17/70, p. 265。

口"时,他原意究竟是要翻译什么。在这些讨论里,用英文来回译"港口",以证明"cities and towns"跟"港口"是不一样的有诺德和费正清。诺德认为"港口"应该是"ports"或"harbor",[1]而费正清则连续两次用"'harbors'or'anchorages'"来解说"港口"。[2]但他们的观点有严重的问题,就是明确地以自己对于"港口"这个中文词语的理解来回译到英文去,但马儒翰是这样的理解吗?

其实,我们可以十分确定,马儒翰的"港口"是用来翻译"ports"的,这除了因为马儒翰当时能应用唯一的翻译工具书,也就是他父亲马礼逊所编写的华英字典《字典》中"ports"就是给翻译成"港口"外,[3]更重要的原因是在英方的内部文书里,在谈及要中国开放更多通商口岸,甚至直接说到那五个后来开放的口岸时,"ports"一词经常出现,相反,〈南京条约〉中所用的"cities and towns"几乎是完全没有出现过的。

首先,在正式开始对华宣战前,英国外相巴麦尊曾在1840年2月10日(道光二十年一月八日)向当时的商务监督义律发出指示,提出议和的条件,其中最重要的一项是割让土地,但如果中国政府拒绝割让海岛,那便可以改为开放更多口岸。在这份重要指示里,巴麦尊在谈到这些新开通商口岸时,用的是"Sea ports"或"ports",而且还特别提出英国子民"可以自由及毫无限制地"在这些口岸居住。在这整份指令里,"ports"一词更共出现了六次。[4]不过,由于这是一份英方内部文件,不会有中译本,所以不能确定在这最初的阶段"ports"会怎样翻译成中文。

不过,无论是义律还是璞鼎查,在跟琦善或耆英谈判开放口岸时,尽管中文照会里没有"港口"一词的出现,但照会的英文原稿却经常见到"ports"。及至璞鼎查在1842年8月12日(道光二十二年七月初七日),也就是拟订〈南京条约〉前夕

---

[1] Nolde, "The 'Canton City Question', 1842–1849," p. 92, n. 2.
[2] Fairbank, *Trade and Diplomacy*, p. 201.
[3] Robert Morrison, *A Dictionary of the Chinese Language, in Three Parts, Part III* (Macao: The Honorable East India Company's Press, 1822), p. 329. 我们很能确定马儒翰在进行翻译时,经常参考及借用的马礼逊《字典》。参王宏志:〈马礼逊《字典》及《五车韵府》与鸦片战争中英官方往来文书翻译的几个问题〉,发表于台湾中研院近代史研究所主办"英华字典与近代中国"学术研讨会,2015年8月24-25日。毕竟,这是当时唯一已出版的华英字典——其后较具规模的华英字典要待到1842-1843年由麦都思(Walter Henry Medhurst, 1796-1857)在巴达维亚出版的 *Chinese and English Dictionary*《英华字典》以及1844年卫三畏的《英华韵府历阶》(*An English and Chinese Vocabulary, in the Court Dialect*)。
[4] Palmerston to George Elliot and Charles Elliot, 20 February 1840, F.O. 17/97, p. 127; also in Nish, *British Documents on Foreign Affairs*, vol. 16, p. 9.

送来一份照会，非常明确地提出要开放厦门、福州等五个新口岸时，虽然中文也是用上"五处通商"，[1]并没有"港口"，但过去一直没有注意到的是璞鼎查照会原来英文的写法：

> Permission for Her Britannic Majesty's Subjects to trade with the Ports of Canton, Foochowfoo, Amoy, Ningpo and Shanghai. A Fair and regular tariff of Duties to be laid down and a Consular Officer on the part of Great Britain to reside as the Medium of Communication at each of the above Five Ports.[2]

这里对于广州福州等五个口岸的描述，所用的是"Ports"，而且，这段文字同时谈到一般英国子民以及外交人员，二者都同样用"ports"，而不是像几天后发送的"和约十三条草稿"以及不久后正式签署的〈南京条约〉那样，用的是"Cities and Towns"。这其实带出一个非常重要的信息，就是在当时负责议和的璞鼎查眼里，ports就是整个口岸城市，跟"cities and towns"在意义上是完全一致的，是可以互换的，因为英方实在没有理由在三几天后在概念上有所改变，以致需要换上另一个含义不同的词语。

以"ports"来等同"cities and towns"，便跟卫三畏、诺德或费正清对"港口"的理解不一样，因为他们所认定"港口"是"harbours"和"anchorages"，那只不过是璞鼎查或马儒翰所说的"ports"的一部分，因为"ports"这个词本身是可以有狭义和广义的理解，卫三畏、诺德和费正清用的是狭义的理解，指的只是设有航运设备、大量进行货物运载和商贸买卖活动的码头、海港等部分，但璞鼎查和马儒翰采取用的却是广义的含义，是指有港口的城市（cities with ports），那就是整个港口城市，这在英文的理解上是合理的，同时也是在广州、福州等的情况下，"ports"等同"cities and towns"的理由和意思。

准此，我们就可以明白马儒翰用"港口"的原因，那是用来翻译英方文件里大量出现的"ports"，而〈南京条约〉里的"cities and towns"，因为意义上跟"ports"相同，因此，他也同样把它翻成"港口"。诚然，我们可以质疑究竟这种广义的"ports"是否应该用"港口"来作翻译、又或者"港口"这个词在中文的理解里是否

---

[1] 璞鼎查致耆英、伊里布，1842年8月12日，F.O. 682/1975/61；又见《鸦片战争の研究（资料篇）》，页220。
[2] Pottinger to Keying and Elipoo, 12 August 1842, F.O. 17/57, p. 268.

只等同狭义的"ports"。这也正是诺德与费正清以至别的一些历史学家所提出的问题和切入点，但这只是一般翻译实践或翻译技巧方面所要讨论的问题，不应该是对一场特定历史时空里的"广州入城事件"作讨论的焦点。正如上文所一直强调以及分析，在当时中英往来的文书里，双方的谈判代表在这问题上是没有争议的，他们都把"港口"理解作整个港口城市，所以才有璞鼎查和耆英都认同开放口岸无分城内外的情况。

但另一方面，既然一直用"ports"，那为什么〈南京条约〉里会有"cities and towns"的出现？关键在于〈南京条约〉的底稿。

原来，巴麦尊在向义律发出向华宣战指令时，同时也拟订了一份和约草稿（"Draft of proposed Treaty with China"），在1840年2月20日一并发送给义律，"供作指引"（"for your guidance"）。[1]可以肯定，璞鼎查在正式拟订〈南京条约〉时，一定参照这份草稿的。事实上，我们见到〈南京条约〉最后英文定稿，在很多地方都与巴麦尊的草稿相同。因此，在讨论鸦片战争及〈南京条约〉时，巴麦尊的这份草稿是至为重要的，但很可惜它一直为历史学者所忽视，没有太大的关注。在巴麦尊的这份和约草稿里，第一条款即叙及英国子民可以在五个口岸自由居住，这跟他写给义律的指示是完全相同的，但不同的是：在给义律的指示里，他用的是"sea ports"或"ports"，但在这条约草稿里，他用的却是"towns"。[2]应该强调的是，"towns"在其后的英文内部文书中并不常见，如前文所说，用得最多的是"ports"，这可以进一步确认在英国人的理解里，"towns"或"cities and towns"跟"ports"是相同的。不过，由于就是因为巴麦尊送过来的条约草稿中用了"towns"，璞鼎查在订定〈南京条约〉最终文本时，理所当然地会以它为基础，因而出现"cities and towns"，而也许正由于有"cities and towns"的出现，马儒翰便加入了"城邑"，只是就笔者所见，在当时的往来文书中，"城邑"是从没有出现过的，甚至在后来的讨论里，所有中文文书里也再没有见到"城邑"。

不过，当人们一直把矛头指向马儒翰，指责他的翻译导致问题的出现时，其实最明确理解及清楚表达英国人要进入城内居住的，正就是马儒翰。上文指出过，璞鼎查在1842年9月5日（道光二十二年八月一日）送来的照会明确地说官员"从城

---

[1] Palmerston to George and Charles Elliot, 20 February 1840, p. 9.
[2] Draft of Proposed Treaty with China, F.O. 17/37, p. 104; also ibid., p. 17.

内外各处即拣一隅"让英国人建屋,[1]可是,细察璞鼎查所撰的原文,却没有这样明确的:

> A Quarter of the City or its suburbs being allotted to them at each Port; they should be allowed freely to build or rent houses in that Quarter and to dwell there so long as their business may render necessary.[2]

一般而言,这里的 A Quarter of the City or its suburbs 最合理的翻译应该是"该城市或其近郊之一隅",但马儒翰把它翻译成"从城内外各处即拣一隅"。我们也许不会说这是错误的翻译,但显然所表达的意义是明确得多,提出了"城内外各处"的范围,完全地解决"入城"的问题,而更有意思的是,正因为马儒翰提出了"城内外"的说法,竟然因此而换来耆英后来自己更确实的说法:"岂有城内城外之分?"[3]如果我们说翻译在这次入城问题上扮演了重要的角色,这大概是一个最充分的例子了。

在上面的讨论里,我们并不是说马儒翰把 "cities and towns" 翻译成"港口"是正确的翻译方法,上文只是分析马儒翰使用"港口"的原因,而更重要的是要证明他以"港口"作翻译,在当时并没有引致任何异议或争论。中方议和代表耆英跟英方的璞鼎查,那时候确是达成共识,就是在签署和约以后,英国一般子民在各新口岸是可以自由居住,无分城内城外的。显然,他们在〈南京条约〉条文上并没有任何的争议,"广州入城"问题的源头并不在于条文本身或翻译文本上。

然而,当璞鼎查离开后,香港换上第二任总督德庇时(Sir John Francis Davis, 1795–1890),重新开展有关广州入城的谈判时,情况便有所改变。在这第二轮的谈判中,〈南京条约〉的条款内容终于成为争论的焦点。

五

德庇时在1844年2月23日获委任为英国驻华商务监督兼第二任香港总督后,于5月初来华到任,并在不久的6月20日立即向耆英发送照会,提出要在广州或黄

---

[1] 璞鼎查致伊里布、耆英、牛鉴照会,1842年9月5日,F.O. 682/1975/84;又见《鸦片战争の研究(资料篇)》,页220。
[2] Pottinger to Keying, 1842年9月5日,F.O. 17/57, p. 346.
[3] 耆英致璞鼎查,日期缺,F.O. 682/1967/92。

埔建造房屋,供英国人居住,这实质上就是重开广州入城的问题。[1]

可以预想,耆英在响应德庇时的要求时,一定会以广州人民反对为理由,继续拒绝英国人进入广州城内,[2]但德庇时却不肯接受,继续相逼,且在1845年4月8日(道光二十五年三月二日)的一份照会里全文征引耆英〈复六月初三日说帖〉中"两国和好毫无介蒂,岂有城外城内之分"的一段文字,[3]又指不准入城,情况便有如"从前未曾交战之时",〈南京条约〉"亦属徒然","不能视该和约而能全守矣"。[4]这里是在说中方没有完全报行〈南京条约〉的条款,那是很重要的伏笔,因为德庇时马上便要用上很厉害的一招,就是延迟交还舟山。根据〈南京条约〉,"定海县之舟山海岛、厦门厅之古浪屿小岛,仍归英兵暂为驻守;迨及所议洋银全数交清,而前议各海口均已开辟俾英人通商后,即将驻守二处军士退出,不复占据"。[5]本来,耆英在1845年12月初亲到香港与德庇时见面时,即提出英军应准备撤出舟山,因为条约所规定全数赔款将在月中缴清,[6]而据耆英上朝廷奏折,当时德庇时并无异议,更说"舟山必定如约交还"。[7]但德庇时在几天后的照会却提出要在日后才另定日期交还舟山,原因在于"英民进粤城,如准他马头之城无异,一款最关涉和约之条",入城问题没有解决,就是中方没有履行合约条款,"若望大英守约,而任大清失约,非系情理",也就是说,英方无须根据协议在收到全数赔款后撤离舟山,只有"即准英民进粤城"才能解决问题。[8]此外,他还多次告诉耆英及黄恩彤,这是奉英王的旨令的。[9]不过,这并不是真实的,事实是德庇时主动向当时的

---

[1] 德庇时致耆英,1844年6月20日,F.O. 682/1977/83;又见《鸦片战争后の中英抗争(资料篇)》,页1–2。
[2] 耆英致德庇时,1844年6月28日,F.O. 682/1977/95;耆英致德庇时,1844年8月19日,F.O. 682/1977/124;又见同上,页7–8。
[3] 德庇时致耆英,1845年4月8日,F.O. 682/1978/17;又见同上,页11。此外,他在另一通照会中亦再次全文征引耆英的说帖。德庇时致耆英,1845年12月20日,F.O. 682/1978/64;又见同上,页22。〈复六月初三日说帖〉,耆英致璞鼎查,日期缺,F.O. 682/1976/92。又见F.O. 663/47/72a。
[4] 德庇时致耆英,1845年6月11日,F.O. 682/1978/32;又见同上,页15。
[5] 王铁崖(编):《中外旧约章汇编》(北京:三联书店,1957),第1册,页32。另外〈五口通商附粘善后条款〉亦有"万年和约内言明,俟将议定之银数交清,其定海、古浪屿驻守英兵必即退出,以地退回中国"。同上,页36。
[6] 耆英致璞鼎查,1845年12月3日,F.O. 682/1978/54;又见《鸦片战争后の中英抗争(资料篇)》,页16–17。
[7] 耆英、黄恩彤奏折,《筹办夷务始末(道光朝)》,第6册,卷七四,页2941。
[8] 德庇时致耆英,1845年12月8日,F.O. 682/1978/56;又见《鸦片战争后の中英抗争(资料篇)》,页17。
[9] 德庇时致耆英,1845年12月20日,F.O. 682/1978/64;又见同上,页22–23。德庇时致黄恩彤,1845年12月21日,F.O. 682/1978/65,又见同上,页24。

外相阿伯丁（George Hamilton-Gordon, 4th Earl of Aberdeen, 1784–1860）作出建议，只有继续占据舟山，才有足够的"诱因"让中国政府移除入城的障碍。[1]

对耆英来说，德庇时以此"挟制"，确是"非意料之所能及"，[2]英人延迟归还舟山是很严重的问题，他甚至认为"舟山退还为重而广州进城为轻"。[3]尽管他曾以私函形式向德庇时提出请求，明言舟山之事"若有游移，我即无以自安其位"，[4]但最终还得要从条约本身去解决问题。从耆英的角度看，清廷已完全履行了〈南京条约〉的条款，因为"五口业已开关"，因此，在缴清议定款项后，英兵便应撤离定海。在一份1845年12月15日（道光二十五年十一月十七日）的照会里，他要求德庇时信守承诺，履行条约，因为"此乃本大臣与贵国前任璞公使议定，条约奏蒙中国大皇帝、英国君主批准互换，坚若金石，不容变更"，推迟退还"系有乖于信义之大理"。[5]

这份照会最值得注意的有两点：一、耆英仍然强调"英人进城一节，本不禁止"，广州"未即进城者，实由民情未协之故"，只是因为"粤民犷悍，好事者多，若强行势迫，诚恐激成事端，于两国无益"，这是他一直持有的观点。二、他突然提出一个从前未见过的观点来：

> 但英民进城一节，实未列入条约。查江南和约第二条载明领事管事等官，住该五处城邑专理商贾事宜，英人则带同家眷，寄居五处港口，贸易通商，并未言及进城之事，即善后事宜内亦均未开载，请贵公使查阅自明。[6]

显然，耆英提出条约未列明进城，目的是要证明即使英国人不能进城，中方也没有违反条约规定，这是迫使德庇时依条约交还舟山的手段。对耆英来说，〈南京条约〉相关的条文有二，一是开放新口岸（包括广州）通商；二是准许英国领事管

---

[1] Davis to the Earl of Aberdeen, 24 April 1845, in *Correspondence Relating to Insults in China*, British Parliamentary Papers (London: Harrison and Sons, 1857), pp. 23-24. 不过，在他后来出版的回忆录里，他则说是因为季候风的缘故，反正我会推迟他们撤兵的行动，所以利用这点来争取入城。不过，他又紧接着分析其他因素——主要是上海和香港都发展蓬勃，最后觉得没有必要留下舟山。John F. Davis, *China, During the War and Since the Peace* (London: Longman, Brown, Green, and Longmans, 1852), vol. 2, pp. 136-141.

[2] 耆英奏折，《筹办夷务始末（道光朝）》，第6册，卷七四，页2956。

[3] 耆英、黄恩彤奏折，同上，卷七五，页2970。

[4] 〈耆英书函〉，1845年12月17日，《鸦片战争后的中英抗争（资料篇）》，页20。

[5] 耆英致德庇时，1845年12月15日，F.O. 682/1978/61；又见同上，页19–20。

[6] 同上。

事官等住五口岸城邑,英国人民可带同家眷住五口岸的港口。他承认和接受〈南京条约〉中有这两条款,但这跟进城无关,因为他马上就说〈南京条约〉"未言及进城之事"。这是什么的逻辑或理据?首先,开放五口通商根本不需要进城来进行。这点在他的另一份照会里说得明白:过去"粤东贸易,俱在城外,不进城实于通商无碍也"。[1]这样的观点只是援引〈南京条约〉以前一向只在城外作买卖的商贸惯例,没有什么特别的地方。其次,在这段引文里,耆英确是谈到英国人可以住在港口、领事管事官住在城邑,但这并不是说他们(不论是领事管事等官还是一般英国人)可以进城,因为条约只谈到居住问题,没有涉及入城问题,也就是说,居住权不等同于入城权。由此,我们可以得出两个很重要的结论:一是进一步确立所谓"城邑"与"港口"翻译上造成歧义,导致入城问题的出现的说法不成立,因为无论住在"城邑"还是"港口"的,都没有能够进城;二是由此表达出另一个重要信息:无论城邑或港口,都只属城外地区。因此,英国领事等官员以及一般英国人可以居住在城邑或港口,但不必进入城内。这明显是推翻自己从前对璞鼎查说帖中的说法,在过去,当他说"岂有城内城外之分"时,[2]城邑和港口都包括了城内城外,但现在城邑和港口都变成在城外了。

从那时候开始,耆英的论辩策略便有所改变,即强调〈南京条约〉中并无英人可以进城的规定,他们——包括强悍的广东人——不让英国人入城并没有违约,相反,他甚至在一份照会中隐隐地把引起一切麻烦的责任归咎英国人:"今于约外添出进城一节,群情骇怪,激成公愤";[3]更在另一份照会中质疑英方不尊重条约:

> 查前在江南议定万年和约,及在粤东议定善后条款,和好所关,天地神灵实所昭鉴,各国人民亦所共知,其中并无进粤城之款。乃忽添出此条,谓与交还舟山之款并重。成约若可随便增添,盟言将不足信,殊非贵国守信睦邻之意。[4]

又说"今应交银项,贵公使已全数收足,乃置成约不顾,借进城之说,牵扯宕延。普天率土亦自具有公论,谅不能以失信之讥,向本大臣嗤笑也"。[5]即使在奏报朝廷

---

[1] 耆英致德庇时,1846年2月2日,F.O. 682/1979/13;又见《鸦片战争后的中英抗争(资料篇)》,页32。
[2] 耆英致璞鼎查,日期缺,F.O. 682/1976/92。
[3] 耆英致德庇时,1846年1月22日,F.O. 682/1979/8a;又见《鸦片战争后的中英抗争(资料篇)》,页29。
[4] 耆英致德庇时,1846年2月14日,F.O. 682/1979/24;又见同上,页41。
[5] 同上;又见同上,页42。

时,耆英也以同样的理由向皇帝解说:"至英夷进城之说,并未载入约条,与交还舟山之事,本无关涉。"[1]然而,由此却又带出另一个问题来,耆英究竟怎样去协调两个看来是矛盾的说法:一方面不禁止入城,另一方面条约并无涉及入城的条款?如果条约并未言及入城之事,英国人根本就没有要求入城的权利,那么,又何来中国方面禁止或不禁止的说法?这也是军机处所提出的质疑:"至求进广州省城,既非约条所有,该酋屡次渎请,究竟是何意见?"[2]

不过,耆英这时候的另一份奏折,让我们看到耆英的巧妙之处:

> 覆查前议条约,并无准夷人进城之说,而稽考历来案牍,亦并无不准夷人进城明文,且福州、宁波、上海等处,业已均准进城,独于粤省坚拒不允,尤难免有所借口。[3]

应该同意,耆英这里的说法是准确的,一方面,〈南京条约〉中确无明文规定英国人可以自由进入各口岸城内;另一方面,耆英提出了"历来案牍"的说法,但他所用的是一种障眼法,以双重否定的方式说成"无不准夷人进城明文",当中取巧的地方是不正面地承认,甚至由此隐瞒了"历来案牍"里其实是答允准英人进城的,所指的就是上文多番提及的〈复六月初三日说帖〉中的"进广州城一款。现在两国和好,毫无芥蒂,岂有城内城外之分?"[4]这就不单是"无不准夷人进城明文",更是有批准夷人进城的明文。然而,这的确不是正式的"前议条约",只是一种不怎样带有官方色彩的"说帖",而且耆英从未向朝廷上报这份说帖的内容,因此朝廷对此始终并不知情。不过,耆英大概也担心事情再闹下去,朝廷可能有机会知悉说帖的存在,所以先行稍作铺垫。

对于耆英的争辩,英国方面又采取怎样的态度?必须强调的是,从德庇时发送耆英的照会里,我们见不到他正面直接地反驳耆英所说〈南京条约〉里并无入城的规定,他只是不断重申条约规定英国人可以在各口岸自由贸易,不受干扰,但不能入城就不算是自由贸易,入城后遇有危险就是受到干扰,因此,他指责中国没有完全履行条约。由此,我们可以同意,自身学习中文多年,且有不少翻译经验,长年在

---

[1] 耆英奏折,《筹办夷务始末(道光朝)》,第6册,卷七四,页2946。
[2] 廷寄,同上,页2948。
[3] 耆英奏折,同上,页2947。
[4] 耆英致璞鼎查,日期缺,F.O. 682/1976/92。

广州工作,非常熟悉中国情况的德庇时,其实也认同〈南京条约〉中没有独立条款,明文规定英国人可以自由入城。不过,既然"前议条约"没有规定,他便转向"历来案牍",也就是上文所指出过,德庇时多次援引耆英写给璞鼎查的〈复六月初三日说帖〉。最明确表现这态度的是一份写于1846年2月18日(道光二十六年一月二十三日)的照会:

> 昨接贵大臣本月十九日来文,均已阅悉。论进城一款,贵大臣云忽添出此条等语。查贵大臣与前任璞大臣,肃然应承准进粤城,与他口无异,故此本大臣前次屡固请。[1]

从英国人的角度看,尽管这说帖不像〈南京条约〉那样经由两国君主批准互换,但也是来自中国钦差大臣的正式承诺,不应违反,所以德庇时不去争论〈南京条约〉是否有入城条款,但一直以说帖中无"城内城外之分"的承诺为争取入城的理由。然而,在德庇时多番胁迫、没有办法之余,耆英便索性正式推翻这承诺:

> 查前议本属彼此通融商酌,可行则行,不可则止,与江南万年和约及历次善后条约,钦奉两国主上亲自批准者迥不相同,乃贵公使竟强行牵附,以为本大臣与璞公臣所议,即系成约比拟,殊觉失当。[2]

在这里,耆英根本不是要讨论城邑或港口的范围是否包括城内外,只是直截了当地说当时他对璞鼎查所作无城内城外之分的承诺只是"通融商酌"的说话,无须遵守,而且,他更反过来责怪德庇时以此"通融商酌"的成果来跟正式签署的条约作比附。这样既可否定入城的要求,亦可洗脱"历来案牍"曾作的承诺,不用为此负上责任。可以说,如果耆英不是刻意扭曲诡辩,那便只能说是反映了中西文化政治体制的差异以及对于承诺的不同理解。不过,在现在所见资料中,德庇时对此同样没有作出反驳,看来好像承认这种"通融商酌"出来的"说帖"是没有约束力的,而在其后的讨论里,我们再见不到德庇时提到耆英的"说帖",只是继续向耆英施加压力,其中一个要求是要他在广州发布谕令,通告广州居民英人有入城的权利,他甚至没有要求一个具体的入城时间表。[3]耆英在这方面确是做到了,1846年1

---

[1] 德庇时致耆英,1846年2月18日,F.O. 682/1979/26;又见《鸦片战争后の中英抗争(资料篇)》,页42。
[2] 耆英致德庇时,1846年3月1日,F.O. 682/1979/32;又见同上,页46。
[3] 德庇时致耆英,1845年12月8日,F.O. 682/1978/56;又见同上,页17;德庇时致黄恩彤,1845年12月21日,F.O. 682/1978/65;又见同上,页24。

月11日（道光二十五年十二月十四日），他答允德庇时"兹复张贴告示，向居民进行晓谕，容出示后，察看民情如何，再为斟酌妥办"，[1]可是在1846年1月13日（道光二十五年十二月十六日）张贴告示后，惹来广州居民很大的不满，很快便把告示撕下扯碎，换上激烈反对的告示，"恣意讪谤，人情汹涌，嚣然不靖"，更冲击及放火焚烧广州府署，虽然他们"派兵弹压，出示安抚，尚未能安靖人心"。[2]这事件让德庇时明白，广州居民反对入城的力量的确很大，不能过于勉强行事，[3]尽管他也一再强调，广州人围攻府署，是因为署内官员刘浔虐打人民，与英人入城问题全无关系。[4]跟着，他提出愿意交还舟山，但同时要求就这些相关问题上和中国正式立约，其结果就是1846年4月4日签署的〈英军退还舟山条约〉。

根据《筹办夷务始末》所记，耆英在3月间向朝廷连续呈送两份奏折，报告德庇时愿意归还舟山，但必须双方签订条约，作出规限。[5]但其实，早在1月15日耆英已答允德庇时会面及立约，更认同这样可免日后"有挂虑怀疑"，[6]只是在奏折里，耆英仍然惯常地向朝廷报告他怎样训斥德庇时，要他"仰体皇仁，安分贸易，切勿于条约之外，别生枝节"，而德庇时则"唯唯听受，颇为驯顺"，但无论如何，耆英在奏折里可以说是大抵能清楚及准确地汇报了他和德庇时所商议和达成的几条协议，包括英国马上归还舟山、舟山在归还后中国不会把舟山给予别的国家，如有其他国家要强行占据，英国会出兵协助守御、英人在城外行走不得受到欺凌等；但最重要且与本文有关的是广州入城问题。耆英在奏折中也强调了德庇时要求签约的主要原因是解决入城问题，希望能正式把英人进入广州城的权利明白地写在条约里，因为在汇报英国人为什么要再议条约时，耆英第一项即报告："该酋复称，进粤城之说，此时虽不可行，但必预为言明，俟将来士民情形安静，再准伊等进城，不可

---

[1] 耆英致德庇时，1846年1月11日，F.O. 682/1979/2；又见《鸦片战争后の中英抗争（资料篇）》，页27。四天后，他又再致德庇时照会，告知"本大臣已面谕绅士，转谕居民。现又出示晓谕，应看民情如何，再行酌办"。耆英致德庇时，1846年1月15日，F.O. 682/1979/3；又见《鸦片战争后の中英抗争（资料篇）》。

[2] 耆英、黄恩彤致德庇时，1846年1月18日，F.O. 682/1979/4a；又见同上，页28。

[3] Davis, *China During the War*, pp. 141–142.

[4] 德庇时致耆英，1846年1月22日，F.O. 682/1979/7a；这说法是准确的，因为即使耆英和黄恩彤向朝廷报告事件时也说刘浔"激成众怒"，并将他暂行撤任；只是他们在另一奏折中又把广州人民抗官行径与"英夷滋事"拉上关系。耆英等奏折，《筹办夷务始末（道光朝）》，第6册，卷七五，页2968–2970。

[5] 耆英奏折，同上，页2974、2976。

[6] 耆英致德庇时，1846年1月15日，F.O. 682/1979/3；又见《鸦片战争后の中英抗争（资料篇）》，页27。

竟废前议。"[1]因此,〈英军退还舟山条约〉的第一条条款即是:

> 进粤城之议,中国大宪奉大皇帝谕旨,可以经久相安,方为妥善等因。此次地方官难管束粤城士民,故议定,一俟时形愈臻妥协,再准英人进城;然此一款,虽暂迟延,断不可废止矣。[2]

这条款最大的功能是确认英国人有进入广州城内的权利,这是重要的,因为在上文已指出过,耆英一直说从前正式签署的条约中并无进城条款,而德庇时也从未能正面反驳他的说法。显然,这次在条约里明确说明可以准许英人进城,对于德庇时来说是正面的成果,因为他当时在香港作出公告时,便说"从前受质疑进入广州城的权利,已经由皇帝御笔所承认及确立"("the previously questioned right of entry to Canton city is conceded and established under the Emperor's own hand"),[3]而在几年后所出版的回忆录中又再说这次"取得正式承认英国人[进城]的权利"("obtained to a formal admission of the British right")。[4]

不过,这看来是成功争取得确认入城权利的条约,却在当时已被香港的英国报章描述为"蹩脚和无能的协定"("a lame and impotent conclusion"),[5]理由是这条约让英国人马上自舟山撤离,但入城的权利却没法马上执行,甚至根本不可能执行。*Hongkong Register* 的主编强调:广州人一定知道这条约的内容,而广州政府又一定会继续无法管束好人民,甚至会容忍在朝廷眼中人民一些合理和爱国的行为,根本不会对他们采取任何严厉的措施,这样,英国人便永远也不能进入广州城了。[6]这

---

[1] 耆英、黄恩彤奏折,《筹办夷务始末(道光朝)》,第6册,卷七五,页2976。
[2] 《中外旧约章汇编》,第1册,页70。
[3] J. F. Davis, "Proclamation," "Given at Victoria, Hongkong, the 18th day of May, 1846," *The Chinese Repository* 15, no. 5 (May 1846), p. 277.
[4] Davis, *China During the War*, vol. 2, p. 142.
[5] Editor, *Hongkong Register*, reported in *The Chinese Repository* 15, no. 5, p. 278.其实,除了字面上的意义外,这说法还对德庇时语带讥讽。"蹩脚和无能的协定"("a lame and impotent conclusion")原出自莎士比亚(William Shakespeare, 1564–1616)《奥塞罗》(*Othello*)第2幕第2景: "Oh, most lame and impotent conclusion! Do not learn of him, Emilla, though he be thy husband."德庇时在1841年出版的 *Sketches of China* 中,在谈到要跟中国人签订和约时,必须坚持好几点,否则任何条约都只会是"蹩脚和无能的协议"("Without these, any treaty would be a lame and impotent conclusion")。John Francis Davis, *Sketches of China; Partly During an Inland Journey of Four Months, Between Peking, Nanking, and Canton; with Notices and Observations Relative to the Present War* (London: Charles Knight & Co., 1841), vol. 2, p. 317.
[6] 同上。

指出了德庇时所签署的条约的致命弱点：表面看来，他好像争取到中方确认英国人有入城的权利，但却不单没有能够让英国人入城，倒是完全失去将来入城的可能。[1]我们不能确定德庇时当时是否认识到这一点，因为在所见的文字里，他对这样的论点只字不提，但讽刺的是：德庇时的对手耆英却早已看出端倪，他在上奏朝廷、请求批准条约时便说过："况粤东士民一闻夷人进城，无不攘臂相争，即使数年或数十年后，亦难期其转移，该夷等尤无从置喙。"[2]难怪论者认为耆英根本没有诚意让英人入城，[3]而更重要的是，广州入城问题并没有因为这〈英军退还舟山条约〉得到解决。

六

广州入城的时间问题是在刚好一年后的一次武力"示威"（"demonstration"）行动中解决的。[4]1847年4月1日（道光二十七年二月十六日），德庇时派遣舰队，驶过虎门，4月3日抵达广州，在十三行湾泊，并进驻商馆。德庇时这次军事行动，表面好像跟入城问题没有直接的关系，而是以过去一年内英国人多次受到袭击为理由，要求耆英及中国官员严肃处理，惩处罪犯，[5]但从谈判过程中德庇时所提的要求看来，入城问题才是关键所在。在抵达广州后，德庇时向当地英国人发出公告，扬言这次军事行动是要"给予广州人一个教训，让他们不会轻易忘记"。[6]德庇时在4月4日即与耆英开会，但未能达到满意的成果。第二天，德庇时向耆

---

[1] 相类似的观点还见于茅海建。他说英方没有取得实际进展，因为"对英人行使入城权利的时间规定"是"无限期地向后推迟"，"从此清政府若以'时形'未臻'妥协'为由而拒绝英人的入城要求，反倒是有了充足的条约依据"。茅海建：《近代的尺度》，页118。
[2] 耆英等奏折，《筹办夷务始末（道光朝）》，第6册，卷七五，页2977。
[3] Nolde, "The 'Canton City Question', 1842–1849," p. 119.
[4] 当时英国人是以"Demonstration"来形容这次军事行动。"'A Demonstration;' particulars of the late movement to and from the provincial city of Canton, under major-general D'Aguilar, accompanied by H. E. sir John Francis Davis, H. B. M. plenipotentiary &c, &c," *The Chinese Repository* 16, no. 4 (April 1847), p. 182.
[5] 关于这段时期英国人在华所受袭击，可参英国国会文书（British Parliamentary Papers）：*Correspondence Respecting Insults in China* (London: Harrison and Sons, 1857)。德庇时曾坦言，采取军事行动要求中国严正处理这些袭击英人事件，是来自伦敦方面的敦促。Davis, *China During the War*, vol. 2, p. 165.
[6] "Notification to British Subjects," 3 April 1847, *Correspondence Relative to the Operations in the Canton River, April 1847* (London: T. R. Harrison, 1847), p. 11.

英发出照会，限定在当天下午六时前必须得到满意的答复，否则便会发动进攻，[1] 只是就在最后的一刻，耆英答应德庇时的要求，在6日当天达成协议，德庇时及其军队在8日撤离广州。[2]

既然这次"示威"表面是为了解决英人在华受袭的问题，因此，协议里也包括中方会严行缉拿匪徒，并加治罪处罚。不过，德庇时趁机加插的入城条款竟是放在最前面。今天我们都知道这次协议的决定是从1847年4月6日（道光二十七年二月二十一日）算起，两年后英国人即可以进入广州城。但问题是：这协议是怎样达成的？而最关键的是它的合法性或制约性，也就是说，这次协议的成果比从前所签署的条约更有约束力吗？

必须承认，就现在所能查核的资料里，我们找不到一份双方正式签署的协议文件，列明从1847年4月6日开始计算两年之后为入城日期。在《筹办夷务始末》里，耆英就这次事件及达成的协议曾两次向朝廷作正式汇报，第一份在4月21日（道光二十七年三月七日）送抵北京，从内容看来，那应是在4月4日晚或5日所写的，因为里面提及4月4日与德庇时见面，但并没有达成协议，奏折最后一句"再将进城一节，体察酌办"可以为证。[3] 三天后的4月24日，朝廷再收耆英奏折，汇报商议情况，除已杖责袭击英国人的佛山民人外，有关入城的问题，耆英是这样说的：

> 迭经委员于拒绝之中，婉为开导，该酋始称既不准即行进城，请为明定日期，方昭确实。臣以夷性躁急，激之则立致忿争，缓之尚可徐图控驭，当与同城司道等及绅士公同熟商，复委员出城，与之详议，该酋业经允服。[4]

从日期以及奏折内容看，耆英这时候已跟德庇时达成入城日期的协议，否则不可能有"该酋业经允服"的报告。但协议的决定是什么？这里没有说明，整份奏折说得很婉转，只说德庇时要"明定日期"，却没有标明两年的期限；而且，随后的几

---

[1] 此照会今只见英文原件，外交部档案并未收有照会中译。Davis to Keying, 5th April 1847, F.O. 17/125, p. 38.
[2] 当时对这次军事行动最详尽的报道，见 *The Chinese Repository* 16, no. 4, 页182-203；德庇时自己的回忆录里也有相当的篇幅记述这事件，Davis, *China During the War*, vol. 2, pp. 150-181. 原始资料方面，英国外交部档案收有德庇时向外相巴麦尊的详细报道，并附有他与耆英的往来文书，以致他跟军队统领Major-general D'Aguilar及美、法领事的通信。F.O. 17/125, pp. 1-228，其中大部分收入 *Correspondence Relative to the Operations in the Canton River, April 1847*。
[3] 穆特恩、耆英、官文奏折，《筹办夷务始末（道光朝）》，第6册，卷七七，页3080-3081。
[4] 耆英奏折，同上，页3083。

份相关奏折以至朝廷的响应也同样没有提及这两年的期限。但这并不是说耆英没有跟德庇时订明，又或是朝廷不知道这两年的期限，因为后来的朝廷文书里确有两年期限的说法。现在见到《筹办夷务始末》最早提及两年期限的已经是1848年8月31日的一份廷寄，那时候德庇时经已离职，换上了文翰（Samuel George Bonham, 1803-1863）为商务监督，且还已经跟署理两广总督徐广缙见过面。朝廷在这廷寄里主动提出入城期限快将届满，得要小心应对："至前此英夷求进广州城，经耆英与该酋以二年后为约。来春［1849年］计已届期，现在耆英已留京供职，该酋亦更换哎翰，与从前情形不同。"[1]这说明这两年期限确实存在，而耆英也的确曾向朝廷奏报，只是不见收录在《筹办夷务始末》内而已。

那么，这协议可有出现在其他文献内？现在见到有关这次入城期限的研究，几乎毫无例外地都是征引中国海关总署统计部（Statistical Department of the Inspectorate General of Customs）在1917年编辑出版的 Treaties, Conventions, etc., Between China and Foreign States（《中国与外国签订的条约》）内的 "Agreement of the Chinese Commissioner, Ki Ying, Relative to the Entrance of British Subjects into Canton, the Trade at Honan, and the Erection of Churches at the Ports of Trade (6th April 1847)"（"中国使臣耆英有关英国人民进入广州、在河南贸易，以及在贸易口岸兴建教堂的协议［1847年4月6日］"），[2]不过，人们有意或无意地忽略了一个重要事实：这里所收录的并不是什么正式签署的协议，而是一份译文，由时任香港殖民政府汉文正使的郭实猎（Karl Friedrich August Gützlaff, 1803–1851）所翻译耆英送来的一份照会，根据编者所下的脚注，他们也没有能够找到原来的中文本，[3]也就是见不到耆英原来送过来的照会。

余下来的唯一重要线索就只有英国外交部所藏档案。档案编号F.O. 682/1980就是收录1847年中英往来的中文文书，但其中只有两份是直接跟这次军事行动有关，一为1847年4月4日德庇时发给耆英照会，[4]另一则为耆英回答德庇时的照

---

[1] 廷寄，《筹办夷务始末（道光朝）》，第6册，卷七九，页3146。
[2] *Treaties, Conventions, etc*, vol. 1, pp. 402–403.
[3] "The headings of the Articles do not appear in the original agreement. The Chinese text cannot be found.", ibid., p. 402.
[4] 德庇时致耆英，1847年4月4日，F.O. 682/1980/8b；原英文照会见 Davis to Keying, 4 April 1847, F.O. 17/125, p. 34b。

会，下署日期为道光二十七年二月二十日，即1847年4月5日。[1] 德庇时4月4日的照会其实是他以书面形式记录当天跟耆英面晤商讨时所提的要求，当中第一条跟广州入城有关：设定具体日期，自此英国子民可以自由进入广州。至于4月5日耆英的回复，在入城日期上尝试讨价还价："昨贵公使所议，一二年为期，未免太速。容本大臣奏明大皇帝，以四五年为期，晓谕粤省绅民，届期迎接贵国官员进城。"[2] 单从这两份仅有的中文照会看，入城问题并没有得到解决。很可惜的是：即使在英国外交部档案里也找不到耆英所答应入城期限那份原来的中文照会。

另一方面，外交部专门收录英文资料的另一档案（编号F.O. 17/125）则能够提供更多的资讯。原来，德庇时在发出4月4日的照会后，在第二天（4月5日）还没有收到耆英的回复，便发出了近似最后通牒的照会，提出如在当天晚上六时前不见到耆英的书面答复及同意，即会向广州城发动进攻。[3] 上文所述耆英4月5日的照会，显然就是在接到这份照会后所作的回复，但如上述，他并没有完全答允德庇时的要求，更说要向皇帝请示后才能作回复。德庇时在接到这份照会后在同一天马上作出响应，对耆英入城问题的答复表示不满：

> 贵大臣系全权公使，无须奏明皇帝即能作决定。如贵大臣能确定期限，从现时起之两年，英国子民即可进城，本大臣会深感满意。[4]

德庇时这份照会极其重要，里面有两个重要讯息，第一，他竟然要求耆英自己去作出重大决定，无须奏明皇帝批准。这除了显示德庇时不熟悉中国体制，以为钦差大臣真的可以完全独立行事外，还让整个入城期限的合法性受到质疑，这在下面再讨论。第二，这是第一次有"两年期限"的说法的出现。由此可以见到，这两年的期限是德庇时所明确地提出的。

在今天所能见到的F.O. 17/125里，我们见不到耆英的回复，也就是说，耆英答应德庇时要求的照会英译不在F.O. 17/125内。在F.O. 17/125里，紧随德庇时4月5

---

[1] 耆英致德庇时，1847年4月5日，F.O. 682/1980/9a；见《鸦片战争后の中英抗争（资料篇）》，页73—74。
[2] 同上；照会英译见F.O. 17/125, p. 40a—42a。
[3] Davis to Keying, 5 April 1847, F.O. 17/125, p. 38b；此照会中译未见收于外交部档案。
[4] "Your Excellency is Plenipotentiary, and therefore need not refer to the Emperor, but decide the matter yourself. I shall be satisfied if the time is fixed by Your Excellency distinctly at two years from this period, for the free entrance of all British subjects." Davis to Keying, 5 April 1847, F.O. 17/125, p. 43b；此照会中译同样未见收于外交部档案。

日提出"两年期限"的照会后,是一份他写给外相巴麦尊的汇报,所署日期为4月6日,也就是耆英照会的同一天,相信德庇时在收到耆英的照会后便马上向巴麦尊写信,因为他所报告的就是耆英已完全应允他所提的全部要求,对此他深感满意。不过,大概由于这份报告写得很匆忙,篇幅很短,所以没有说明耆英究竟答应了什么要求。[1]直至六天后的4月12日,德庇时已经回到香港后才有空写了另一份较详细的报告,并呈送一些附件。据德庇时的报告说,附件一就是耆英4月6日的协议英译。[2]那么,为什么这译文不见于F.O. 17/125?那是因为后来在整理档案时,耆英照会的英译另外抽出来,放在另一专门收录条约的档案,编号为F.O. 93/23/4A,[3]也就是今天不少人征引中国海关总署的 Treaties, Conventions, etc., Between China and Foreign States 内的协议。[4]不过,更早公开印行的版本是见于英国国会文书(British Parliamentary Papers)《有关1847年广州河行动的通信》(Correspondence Relative to the Operations in the Canton River, April 1847)内。[5]

然而,从这份由郭实猎提供的英译本看来,耆英的照会能算是一份具约制力和合法性的国际外交协议吗?根据现在所能见到的所有材料,当时耆英和德庇时并没有双方共同签署过任何正式的文件,整个所谓"协议"的模式就是由德庇时单方提出要求,以武力相威胁,耆英在最后的期限内以书面回复同意那些要求。诚然,用西方的标准来看,这样的承诺是具有效力的。但上文不是已经指出过,早在1843年耆英便曾答应过璞鼎查英国人在各口岸居住"岂有城内城外之分"吗?但后来却又说这只不过"本属彼此通融商酌,可行则行,不可则止"。也就是说,耆英认为"通融商酌"的所谓"协议",不能算是正式和约,没有一定要遵守的必要。从这角度看,1847年兵临城下,武力相迫出来的入城期限协议岂不更属于"通融商酌"的一种?如果德庇时能接受耆英过去推翻过一次承诺,这次又怎能预期耆英会执行协议?

此外还有皇帝批准的问题。上文指出过,就《筹办夷务始末》所见,耆英当时

---

[1] Davis to Palmerston, 6 April 1847, F.O. 17/125, pp. 45b–46a.
[2] Davis to Palmerston, 12 April 1847, F.O. 17/125, p. 51b.
[3] "China: Agreement. Commerce and Administration of British Subjects into Canton, Taokwang, 6 April 1847," F.O. 93/23/4A.
[4] *Treaties, Conventions, etc.*, p. 402;不过,这里所见的条文,加入了标题,为原译本所没有的。
[5] "Commissioner Keying's Agreement," *Correspondence Relative to the Operations in the Canton River*, April 1847, p. 17.

奏报朝廷,只说订明入城期限,但没有马上明确说明这期限为两年,只是后来报告朝廷这两年期限的奏折,并未见收入在《筹办夷务始末》内,因而无法确定耆英汇报的措辞和朝廷的反应,也没法知道朝廷当时是怎样批准这份协议的,但能确定的是,在耆英在4月6日发出照会,接受德庇时的要求时,那肯定是未经朝廷批准的;而从后来所见相关的"廷寄",看来朝廷并没有把它看成是严重和正式的协议,而是采取一种既然曾作答应,期限将到,姑且看看英国人想怎样的态度,看不出有愿意遵守或执行的诚意。

然而,更值得注意的是德庇时有关清廷审批程序的态度。在归还舟山的时候,德庇时曾坚持要跟清廷正式签署条约,而且条约必须经过双方代表"画押钤印"、"大清大皇帝""朱笔批准"、"大英主上""亲笔准行"。[1]显然,德庇时认定皇帝批核的必要性。可是,我们刚指出过,在这次广州"示威"事件中,德庇时指令耆英在半天内回复他的要求,无须请示皇帝而自行作决定,这跟他从前的做法可不是相矛盾?必须强调,退还舟山而签署的虎门条约,有关入城问题的条款颇为含糊,只确定了入城的权利,但实际什么时候及如何解决,都没有明确说清楚,但他已经要求皇帝朱笔批准,今次明确地定明入城的日期,却为什么会这样草率?

此外,德庇时可有考虑两年后怎样执行这入城条款?他自担任全权公使以来便一直努力争取英国人进入广州,但却因为广州人民的激烈反对而从未成功,以致在归还舟山时也只能把入城无限期押后,那么,他又怎能预期在短短两年后情况会有所改变?他在向巴麦尊汇报时说,在这两年期间"广州政府也许有时间去让人民作好准备,接受改变"("the Canton Government may have time to prepare the people for the change"),[2]这毫无疑问是一种自欺欺人的说法。

在这情形下,入城期限快将届满时,接替德庇时的文翰便面对很大的困难。可以肯定,耆英的继任人徐广缙只须沿用旧法,以广州人民坚持反对外国人入城为理由,便足以拒绝英人的要求,这完全证明德庇时所定两年期限是不切实际,根本不可能解决过往的难题。但更值得注意的是,徐广缙和清廷这次还采取另一种对策,针对商谈的草率过程,强调耆英和德庇时二人当时的协议只是临时性的。徐广缙在一份照会里说:"耆与贵国相约,必以两年为期,亦深知进城必不相安,姑为一时

---

[1] 〈善后事宜清册附粘和约〉,1843年10月8日(道光二十三年八月十五日),F.O. 93/23/2。
[2] Davis to Palmerston, 12 April 1847, F.O. 17/125, p. 52a.

权宜之计，而其实非永远保护之道也"；[1]另一份照会（1849年4月6日）更有意思："进城之事，果可行，二十七年二月何以不行？前大臣明知不能，姑以权宜许之，前公使亦明知不能，姑以权宜听之，与本大臣贵公使均无涉也。"[2]这根本就是说在今天徐广缙和文翰没有必要遵守耆英和德庇时的协议，因为那只是他们二人自行权宜商议的结果。这跟从前耆英向德庇时否定自己对璞鼎查无"城内城外之分"承诺[3]的做法很接近，而这次的主意很可能是来自朝廷，一份同年3月11日所发廷寄曾对徐广缙作指示："前年定约进城之说，本系钦差大臣耆英与该酋德庇时面定，现在该督［徐广缙］替代耆英，而该国亦更易文翰，原不必复申前说。"[4]在这里，"面定"一词是很重要的，好像在说这只是二人的私自约定，没有得到什么正式的批准，因此，官员更换后便大可不必理会。

不过，必须指出的是：这只是他们公开与英国人争执时所用的说法，在徐广缙跟朝廷奏报时亦不得不多番承认"进城一事，本系前督臣耆英与之定约甚坚，亦难怪其哓渎"。[5]而道光皇帝甚至曾经有所动摇，指示徐广缙可以"酌量日期，暂令入城瞻仰"，[6]只是徐广缙力奏"事不可行"后才罢议。[7]

那么，英国人方面又怎样？就在入城期限快将届满前，《中国丛报》的编辑已经明确地说条约未经皇帝核准（rectification），[8]对此，我们还可以加上：这次协议也同样没有得到英国政府方面的核准，而且，更准确的理解是：英国政府并没有把这协议视为正式的条约，这跟上次交还舟山时的情况很不一样，因为那一次除"由臣［耆英］钤用关防，该酋［德庇时］亦加用图记，彼此分执，以昭信守"外，[9]英国方面更有一份这样的"收单"：

> 兹大清钦差大臣协办大学士两广总督部堂宗室耆，由大英钦奉全权公使大臣世袭子爵德，奉于道光二十六年三月二十六日，即英一千八百四十六年四

---

[1] 徐广缙致文翰，1848年6月17日，F.O. 682/1981/75；又见《鸦片战争后の中英抗争（资料篇）》，页116。
[2] 徐广缙致文翰，1849年4月6日，F.O. 682/1982/18；又见同上，页142。
[3] 耆英致德庇时，1846年3月1日，F.O. 682/1979/32；又见同上，页46。
[4] 廷寄，《筹办夷务始末（道光朝）》，第6册，卷七九，页3166。
[5] 徐广缙奏折，同上，页3164。
[6] 廷寄，同上，卷七九，页3166。
[7] 徐广缙奏折，同上，页3170–3171。廷寄，同上，页3174–3175。
[8] *The Chinese Repository* 18, no. 5, p. 279.
[9] 耆英、黄恩彤奏折，《筹办夷务始末（道光朝）》，第6册，卷七五，页2976。

月初四日,大清皇帝、大英主上,彼此在虎门所立特约,大英伊耳兰等国主上亲笔所准行一文,为此立凭据,盖印亲笔为收单。

一千八百四十六年十月二十三日

丙午年九月初四日[1]

但对于1847年的这次所谓"协议",英国政府什么亲笔收单,即使从英国人的角度看,这其实也不怎样正式。应该强调,英人在期限届满时没有入城,最主要原因是文翰自己并不热衷于入城,并不以非入城不可为争取目标,因此,他在跟徐广缙纠缠了不太长的时间后便提出先行搁置,暂不再讨论。[2]事实上,当时英国方面在入城问题的取态也不如以前强硬,外相巴麦尊甚至已经提出放弃入城的要求。[3]只是文翰的继任人包令对入城问题有着一种"迷恋",坚持执着,最后更以"亚罗号"事件(The Arrow Incident)为借口,发动第二场大规模战争,英法联军攻入北京,以〈北京条约〉进一步迫使清廷开放门户,广州入城问题不复存在。不过,这已经不在本文讨论范围之内了。[4]

---

[1] F.O. 93/23/3.
[2] 文翰致徐广缙照会,1849年4月9日,F.O. 682/1982/20;又见《鸦片战争后的中英抗争(资料篇)》,页144。不过,这照会的中文版本引来徐广缙的误会,以为文翰愿意永远终止讨论入城问题。这一般都认为是当时英方汉文正使郭实猎翻译有误所致。笔者另有文章对此问题作全面讨论,这里不赘。
[3] J. Y. Wong, "Sir John Bowring and the Canton City Question," p. 223.
[4] 包令与广州入城问题,黄宇和的研究已非常完整及精辟。J. Y. Wong, "Sir John Bowring and the Canton City Question," pp. 219–245; J. Y. Wong, *Deadly Dreams: Opium, Imperialism, and the Arrow War (1856–1860) in China*, pp. 87–108.

严复译词引发的若干思考

沈国威[*]

摘　要：如严复（1854-1921）所说，"译词"是翻译的"权舆"，即出发点。本文以严复为例，讨论近代译词的创制历程。在对译词创制法作出简单梳理后，本文聚焦于译词的形式和内容之关系，以及包括严复在内的近代译者对单双音节译词的不同主张。本文还分析了译词对语言近代化的影响。本文指出，汉语词汇的近代演化有两个指标，即：一、新的概念用双音节词译出；二、为表示旧有概念的单音节词准备一个（更多的情况下是一组）双音节形式。译词不但要转译原词的意义，其词汇形式在自语言中也极其重要。同时，笔者强调来自日语的影响是汉语词汇双音化的有力推手。

关键词：语言近代化；双音化；单音节词；双音节词；日语激活词

Thoughts on Yan Fu's Process of Translating Words

Shen Guowei

Abstract: According to Yan Fu (1854–1921), "translating words" is the "*Quan Yu*" to translation, which means the outset. In this paper, the creation process of translating words in modern times will be discussed with Yan Fu's case as an example. In addition to clarifying the creation method of translating words, this paper focuses on the relationship between the form and content of translated words, and will cast light on the different views on monosyllable and disyllable words from translators in modern times, including Yan Fu. This paper also discusses the impact of translating words on the modernization of languages. It is pointed out here that the evolution of modern

---

[*] 沈国威，日本关西大学东西学术研究所，电邮地址：shkky@kansai-u.ac.jp。

Chinese vocabulary has two indicators, one is that new concepts are always translated into disyllable words, and the other is that a binom (or a group of binoms) is often used to substitute those monosyllable words with old concepts. Influence from Japanese language is vital in the evolution of modern Chinese vocabulary.

Key words: Language modernization; binom; monosyllabic word; disyllabic word; activated Words from Japanese

一、近代的翻译与译词

始于东汉,持续了近千年的佛经翻译和16世纪末以后西方传教士的汉译西书是中国翻译史上两次轰轰烈烈的翻译活动。大航海时代以后,人员以及包括书籍在内的商品的往来促成了史称"西学东渐"的知识大移动,翻译在其中扮演了无可替代的角色。始于耶稣会士的翻译因禁教中断近百年后,新教传教士于19世纪初再继薪火;19世纪末以严复(1854-1921)为代表的本土译者逐渐成为翻译的主力军,并最终改变了"西人口述、中士笔录"的传统翻译模式,翻译内容也更加广泛、细化、深入。

影响翻译的有诸种因素。首先是译者,其次是社会整体的知识水平和读者的阅读情趣,而最重要的影响因子则是来自语言本身。当一种语言试图从无到有地接受异质文化体系性知识时,必须跨越种种语言上的障碍。翻译的文本由词汇(译词)、语言形式(句型)、文章体裁(文体)三种语言要素构成,其中,译词是最重要的因素。19、20世纪之交,中国最负盛名的翻译家严复说:"今夫名词者,译事之权舆也,而亦为之归宿。言之必有物也,术之必有涂也,非是且靡所托始焉,故曰权舆。识之其必有兆也,指之其必有橥也,否则随以亡焉,故曰归宿。"[1]"名词"即用于翻译的词语,现在称为"译词"。译词传达外域的概念,是翻译的前提,对于译者而言,没有译词也就没有翻译,故称之为"权舆";同时,译词的创制又必须有理据,抓住事物的表征,这样才能便于记忆,意义明白,一目了然。故对于读者而言,译词是译文的落脚之处,是归宿。不懂译词就读不懂译文。然而译词从何处来?各类

---

[1] 严复:〈普通百科新大词典序〉(1911年2月28日),收王栻(主编):《严复集》(北京:中华书局,1986),第2册,页277。

外语辞典是一个重要的来源。严复早在其翻译活动最为活跃的1902年就说过："字典者。群书之总汇。而亦治语言文字者之权舆也。"[1]严复关于译词的言说，约而言之大致包括以下两方面的内容：

一、建立中外文词汇体系之间的对应关系；

二、以清单的形式将中外词汇体系的对应关系提供给语言社会。

译词清单即汉外辞典。16世纪末耶稣会士一踏上中国的土地就开始为编纂辞典做准备，但是并未能实际刊行。[2]19世纪初马礼逊（R. Morrison, 1782–1834）作为新教传教士进入中国的第一人，其最大的贡献就是在极端困难的条件下编辑出版了3卷6册的英汉双语辞典：《字典》（1815–1823），由此开创了系统对译中外概念的先河。此后整整一个世纪，传教士的汉外辞典无一不在其影响之下。

马礼逊之后，麦都思（H. W. Medhurst, 1796–1857）、卫三畏（S. W. Williams, 1812–1884）、罗存德（W. Lobscheid, 1822–1894）相续推出多种大型辞典，传教士主导的翻译活动也在广州、上海、北京等地广泛展开。翻译与外语辞典的编纂互相促进，相辅相成。1872年，美国传教士卢公明（J. Doolittle, 1824–1880）出版了《英华萃林韵府》（1872）。如其序言所说，编者的原意是编一本"提供一个包含最实用的汉语词汇和与这些词汇等义的英语译词的词汇集"，所以英语名称是Vocabulary and Hand-book，而不是Dictionary。《英华萃林韵府》的译词90%取自近30年前的卫三畏编《英华韵府历阶》（1844），并无新意，但值得一提的是辞典的第3部收录了在华传教士们提供的各类术语集共21种。[3]在江南制造局主持科技书籍翻译的傅兰雅（J. Fryer, 1839–1928）也编有数种术语集。卢公明与傅兰雅的工作都是教会组织试图为改变译词混乱的现状，规范术语所做的努力。尽管其他传教士们积极响应教会组织的呼吁，热情提供翻译过程中积累的译词，以反馈中国社会，但效果并不显著。辞典是知识积累的结果，截至19世纪末，辞典尚不尽人意，翻译也就举步维艰了。严复在1895年着手《天演论》翻译时几乎没有可资利用的辞典，他

---

[1] 严复：〈商务书馆华英音韵字典集成序〉（1902）。本序言《严复集》不收，可参见沈国威（编著）：《近代英华华英辞典解题》（大阪：关西大学出版部，2011），页188–189。

[2] 有关情况请参见马西尼：〈早期の宣教師による言語政策：17世紀までの外国人の漢語学習における概況——音声、語彙、文法〉，收内田庆市、沈国威（编）：《19世紀中国語の諸相》（日本：雄松堂，2007），页17–30；姚小平：〈早期的汉外字典〉，《当代语言学》2007年第2期（2007年6月），页97–116。

[3] 参见《近代英华华英辞典解题》，页163–171。

在前引《华英音韵字典集成序》中说:"尚忆三十年以往、不佞初学英文时、堂馆所颁、独有广州一种、寥落数百千言、而义不备具、浸假而有五车韵府等书、则大抵教会所编辑、取便西人之学中国文字者耳。"[1]这些为外国人学习汉语而编纂的辞典,不但数量少,而且质量差。严复批评当时辞典的词义、词类"皆绲而不分。学者叩其所不知。而黮暗愈甚。用以迻译。则事义违反。鼠璞相贸。往往多可笑者"。[2]严复甚至建议学生"勉用西文字典,不得以华文字典之译义,望文骈迭为之"。辜鸿铭(1857-1928)也说为中国学生准备的辞典太少。[3]尽管严复对《华英音韵字典集成》赞赏有加,但他本人即使在该辞典刊行的1902年以后,译文中也没有使用这本辞典的痕迹,可见《华英音韵字典集成》仍不足以应付西方人文科学内容的翻译。这种状况一直到《英华大辞典》(1908)出版后才逐渐有了质的改善。[4]

关于翻译的可能性问题,历来有两种对立的观点:有人主张不可能有真正"等值"的翻译,其论据是,译词(equivalent)被视作不同语言之间概念的等价物,但"词"是语言对事物的命名和概念范畴化的结果。说不同语言的人用不同的视角切分世界,描写世界;不同的语言,概念范畴化也不可能完全一致。译词与原词即使有可能具有相同的概念义,也不可能具有相同的周边义。所谓周边义就是联想、评价、文体、感情色彩等附属义,这是具体语言社会所规定的意义要素,具有强烈的文化个性。说某种语言的社会只为那些他们认为至关重要的概念准备一个"词",即加以词汇化(命名行为),否则,则使用词组或短语等的说明形式表达这些概念(非命名行为)。双语辞典常常呈现这样一种状况:一个原词被用一组译词来对应。

---

[1] 严复:〈商务书馆华英音韵字典集成序〉。严复1866年14岁进福建船政学堂,该学堂的法国人教习日意格(Prosper Marie Giguel, 1835-1886)曾编写 Mechanical and Nautical Terms in French, Chinese and English,共收机械术语1 962条。这个术语手册后来被卢公明收入了《英华萃林韵府》。参《近代英华华英辞典解题》,页170。《五车韵府》是马礼逊《字典》第二部的名称,1860年代以后,在上海等地出现过石印的《五车韵府》删节本。
[2] 严复:〈商务书馆华英音韵字典集成序〉。
[3] 辜鸿铭《华英音韵字典集成》英文序:"许多外国学者并不轻视为学习汉语的外国学生编纂极有帮助的汉英辞典的工作。但是对于学习英语的中国学生来说,除了邝其照先生以外,还没有其他人可以帮助他们。"译文参见《近代英华华英辞典解题》,页190。
[4] 关于19世纪汉外辞典的编纂情况,可参照笔者编著的《近代英华华英辞典解题》等,在此不展开。日本的西周在明治初年的翻译著述中主要使用了韦伯斯特1865年版的英语辞典(Noah Webster, An American Dictionary of the English Language, 1865),术语等关键词的定义也都遵循韦伯。参见山本贯光:《《百学連環》を読む》(日本:三省堂,2016)。与此相比,严复本人在翻译过程中使用了何种辞典并没有具体记录。这是一个需要廓清的问题。

这也就是说，没有完美、准确的一一对应，只有一个最大的近似值。同时，不同语言的词汇分属不同的词汇体系，其本身的词义受整个词汇体系的制约。所谓"体系"就是词与词之间的关系：近义、反义、上下位等的总和。汉语中的某一语词A，在自己的词汇体系里和其他词发生关联，形成一个以A为结点的网络；外语词B，同样在自己的词汇体系里和其他词发生关联，形成一个以B为结点的网络。作为译词，尽管A≈B，但两个网络并不重合。例如严复说：

> 宪法西文曰Constitution，此为悬意名物字，由云谓字Constitute而来。其义本为建立合成之事，故不独国家可以言之，即一切动植物体，乃至局社官司，凡有体段形干可言者，皆有Constitution。今译文宪法二字，可用于国家之法制，至于官司局社尚可用之，独至人身草木，言其形干，必不能犹称宪法。[1]

即"constitution"是抽象名词，由动词变化而来，其意义网络与"宪法"并不完全重合。前者可以用于动植物，乃至社会团体，后者在现代汉语中只能用于国家。严复在《天演论·译例言》中所说："新理踵出，名目纷繁，索之中文，渺不可得，即有牵合，终嫌参差。"[2]用自身语言中的词勉强对译外语中的概念时，"终嫌参差"的情况是不可避免的。

对此，另一些人则不那么悲观：尽管没有十全十美的翻译，但这只是译者的能力有限而已。肯定翻译的人认为，人类可以，或者曾经分享过一个意义世界的"原风景"，不同的语言之间能建立对译关系正是以这种人类具有的可以互相接受的意义体系为前提的。作为不容置疑的事实，现今世界说不同语言的人无时无刻不在借助翻译，进行沟通。圣经中有巴比伦之塔的传说，历史比较语言学的诞生增强了这种想象。西方语言学界的部分学者在寻找这种元始语言上甚至显示了强烈的宗教热情，严复也似乎受到了影响，他说：

> 则支那之语，求诸古音，其与西语同者，正复不少。如西云mola, mill，吾则云磨。西云ear, arare，吾则云犁。西云father, mother, pa, ma，吾云父、母、爸、妈。西云Khan, King，吾云君。西云Zeus, Dieu，吾云帝。西云terre，吾云地。甚至西云judge, jus，吾云则，云准。西云rex, ricas，吾云理，云律。诸如此

---

[1] 严复：〈宪法大义〉，《严复集》，第2册，页239。另"悬意名物字"为抽象名词；"云谓字"为动词。
[2] 严复：〈天演论·译例言〉，收严复（译）：《天演论》（北京：商务印书馆，1981），页xii。

类,触处而遇。果使语言可凭,安见东黄西白不出同源?[1]

但现在语言类型学的知识告诉我们,这种偶然的相似性并不能说明什么实质性的问题。

现代语言学认为:语言没有优劣之分,无论是高度文明社会使用的语言,还是原始部落的语言,都可以表达他们认为有必要表达的任何概念。然而当我们把目光转向概念表述的单位时,会发现在"词"与"大于词"的不同层面,概念的可译性并不相同。人类社会一方面具有人类赖以存续的共同的基础概念(自然的和社会的),另一方面,由于地域、民族、语言社会的不同,概念的词汇化也呈现出的巨大差异。[2]所谓概念的移译可以是词,也可以是比词大的单位,如词组、短语、句子。我们应该意识到"可译性"是建立在比"词"大的层次上的,即在词组、短语、句子的层次上没有什么概念是不可移译(或表达)的。但不同语言的"词",在相当多的情况下不是"一一对应"的。例如在双语辞典里,很多词条(entry)没有给出对译的词,而是词组或短语形式的解释。可知"译词"并不是天然存在的,需要努力创制并逐渐积累。例如,马礼逊编纂《字典》是从翻译《康熙字典》和《五车韵府》着手的,马礼逊立即发现,为数众多的概念在语词的层次无法建立一一对应的关系,为此他不得不采用了解释的方法。在马礼逊的辞典里大于词的单位远远多于词。马礼逊以后的汉外辞典中,短语等长单位减少,译词增多,逐渐形成了一个原词对应多个译词的局面。词组、短语、句子可以凝缩成一个词,但是从概念的诠释到获得译词,还有很长的一段路要走。纵观英华辞典的编纂史,可以清楚地看到这种由"非词"形式向"词"形式演进的倾向。译文,需要的是"词",而不是"词"的定义。没有译词就没有翻译,严复的"权舆"应该从这一角度加以理解。

笔者不赞成"不可翻译论",在"词"这一级层次上,我们可能没有百分之百的等价物,但如同索绪尔(Ferdinand de Saussure, 1957-1913)把言语活动分成"语言"(langue)和"言语"(parole)两部分一样,"词"有个体的一面,它带有个人发音、使用、联想上的特征与区别,是parole;但是"词"又有社会性的一面,它不受个人意志的支配,为社会成员共有,是一种社会心理现象;这是词义高度抽象化的结果,是langue。两者之间并没有不可逾越的鸿沟。不同语言之间的概念义可以达到一

---

[1] 严复:《政治讲义》,《严复集》,第5册,页1246。
[2] 例如"兄弟姐妹"在汉语中是单纯词,在英语中则不是。

种 langue 层面的对应,不仅如此,随着文化等各方面交流的深入,周边义也可以互相接受、融合,即"再范畴化"。译词也是如此,在经过词汇体系的调整之后,等价关系是可以建立的,只不过需要努力和时间。王力(1900–1986)指出:

> 现代汉语新词的大量增加,使汉语大大地丰富了它的词汇,而且使词汇走向完善的境地。我们说丰富了,是因为产生了大量新词以后,任何复杂的和高深的思想都可以用汉语来表达;我们说完善了,是因为词汇国际化,每一个新词都有了国际上的共同定义,这样就能使它的意义永远明确严密,而且非常巩固。[1]

"国家、政治、经济、科学"等大量被称为近代关键词的抽象词语,都具有这种"国际词"的特征,有着大致相同的外延与内涵,且感情色彩等周边义较稀薄。

二、寻找对译词

严复说:"大抵取译西学名义,最患其理想本为中国所无,或有之而为译者所未经见。"[2] 这里的"理想"即 idea,今译"概念"。这样,译者的任务实际上是:一、为那些"或有之而为译者所未经见"的"名义"寻找出中外概念的等价物;二、对于那些"本为中国所无"的西方,或外域的"理想",创造一个等价物。[3] 这就是译词获取的两个主要路径,以下分别简论之。

寻找对译词,即从中国典籍等中找出与外域概念等价的词语作译词。世纪之交的辞典既然无法指望,译者就需要直面怎样寻找对译词,从何处寻找的问题。关于寻找译词,严复表现了两种不同的态度:有一些译词,"但求名之可言而人有以喻足矣",又说"若既已得之,则自有法想。在己能达,在人能喻,足矣,不能避不通之讥也";但是对于某些重要词语,严复则说:"盖翻艰大名义,常须沿流讨源,取西字最古太初之义而思之,又当广搜一切引伸之意,而后回观中文,考其相类,则往往有得,且一合而不易离。"[4] 即有些译词即使概念义、周边义并不完全吻合,也无大碍,使用过程中词义等都会得到调整。困难的是那些"译者所未经见"的"艰大名

---

[1] 王力:《汉语史稿》(北京:中华书局,1980),页528。
[2] 严复:〈尊疑先生覆简〉,《新民丛报》第12号(1902年7月19日[光绪二十八年六月十五日]),页62–64;亦见《严复集》,第3册,页518。
[3] 有一些复杂的问题,如用单纯词对译,还是创造新的合成词(复合词、派生词)对译等。在此暂不展开。
[4] 严复:〈与梁启超书,三〉,《严复集》,第3册,页518–519。

义"。严复认为这些概念古昔中西或相通,其后人类族群分化,语言形式也发生了变化,译者需要"沿流讨源"将其找出来。严复为了这种寻找付出了艰苦的努力。严复翻译多用古僻字,为人诟病。而严复本人却说:"此不仅期以行远已耳。实则精理微言,用汉以前字法、句法,则为达易;用近世利俗文字,则求达难。"[1]即这样做的目的不仅是为了"雅驯"(行远),更重要的原因是汉以前的字法、句法可以表达"最古太初"人类共同的"精理微言"。[2]

需要指出的是,19、20世纪之交,寻找译词的范围逐渐从汉籍扩大到了日本的译书乃至各种辞典和术语集。由于历史上的、语言上的原因,古老的汉字成为东亚汉字文化圈各国接受西方近代文明时的唯一选择,汉字形式的译词大量产生。新的汉字译词超越了汉语、日语、韩语、越南语等个别语言的框架,成为汉字文化圈概念共享的媒介物。19世纪中叶之前,日本借助于中国的汉译西书、英汉辞典迅速完成了吸收西学所需的语词上的准备。至19世纪末,日本开始向东亚其他国家地区输出新词语。以中国论,1896年《时务报》开设"东文报译"栏,翻译日本报刊上的文章;1897年5月梁启超(1873-1929)首次在中文媒体《时务报》上鼓吹译日本书;《日本国志》(黄遵宪,1895年末)、《日本书目志》(康有为,1898年春)的刊行,这些都推动了经日本转口的西方新知识,乃至关于日本本身的知识渗入中国社会,吸收日本译词也已经成为可能。[3]随着留学日本的中国人逐渐回国,1904年前后日本译词更是充斥了中国的媒体。严复的翻译几乎从一开始就处于日本译词

---

[1] 例如严复说:"惟独Rights一字,仆前三年,始读西国政理诸书时,即苦此字无译,强译'权利'二字,是以霸译王,于理想为害不细。后因偶披《汉书》,遇'朱虚侯忿刘氏不得职'一语,恍然知此职字,即Rights的译。然苦其名义与Duty相混,难以通用,即亦置之。后又读高邮《经义述闻》,见其解《毛诗》'爰得我直'一语,谓直当读为职。如上章'爰得我所',其义正同,叠引《管子》'孤寡老弱,不失其职,使者以闻',又《管子》'法天地以覆载万民,故莫不得其职'等语。乃信前译之不误,而以直字翻译Rights尤为铁案不可动也。(中略)此Rights字,西文亦有直义,故几何直线谓之Right line,直角谓Right Angle,可知中西申义正同。以此直而通职,彼以物象之正者,通民生之所应享,可谓天经地义,至正大中,岂若权利之近于力征经营,而本非其所固有者乎?且西文有Born Right及God and my Right诸名词,谓与生俱来应得之民直可,谓与生俱来应享之权利不可。何则,生人之初,固有直而无权无利故也,但其义湮晦日久,今吾兼欲表而用之,自然如久废之窨,在在扞格。顾其理既实,则以术用之,使人意与之日习,固吾辈责也。至Obligation之为义务,仆旧译作民义与前民直相配。Duty之为责任,吾无间然也。"见〈与梁启超书,三〉,《严复集》,第3册,页519。
[2] 严复:〈译例言〉,收严复(译):《天演论》,页xii。
[3] 以上参见沈国威:《近代中日词汇交流研究:汉字新词的创制、容受与共享》(北京:中华书局,2010)三语言接触编,第2章〈近代新知识的容受与日本途径〉。

的笼罩下,例如"起点"是当时备受攻击的日本词,严复却不经意地用于《拟上皇帝书》、《天演论》、《西学门径功用》中。严复1902年以后的译著、文章,如《穆勒名学》、《政治讲义》、《教授新法》(又名"论今日教育应以物理科学为当务之急")等都"混入"了大量日本译词。但是,严复总体上是反对日本译词的,首先他认为日本也是一个学习者,而不是知识的本源,[1] 再者,他似乎不认可日本人的对译和造词。[2] 译词借自日本貌似一条捷径,但是由于汉字使用上的差异,命名理据的不同,对于相同的文字符串,中日读者也会有不同的理解、感受。关于中日之间的译词借贷问题,笔者多有论述,在此不多谈。

三、创制新译词

如前所引,严复曾说"大抵取译西学名义,最患其理想本为中国所无",如果自身语言中没有适当的对译词,或不存在可以移译外语概念的既有词语时,就需

---

[1] 例如严复说:"今夫科学术艺,吾国之所尝译者,至寥寥已。即日本之所勤苦而仅得者,亦非其所故有,此不必为吾邻讳也。彼之去故就新,为时仅三十年耳。今求泰西二三千年孳乳演迤之学术,于三十年勤苦仅得之日本,虽其盛有译著,其名义可决其未安也,其考订可卜其未密也。乃徒以近我之故,沛然率天下学者群而趋之,世有无志而不好学如此者乎?侏儒问径天高于修人,以其愈已而遂信之。"见〈与外交报主人书〉,《严复集》,第3册,页518-519。在给亲友的私人信件上,严复说得就更不客气了。如〈与熊季廉书,七〉:"至一切新学,则不求诸西而求于东。东人之子来者如鲫,而大抵皆滥竽高门,志在求食者也。吾不知张南皮辈率天下以从事于东文,究竟舍吴敬恒、孙揆陶等之骄嚚有何所得也?"见孙应祥、皮后锋(编):《严复集补编》(福州:福建人民出版社,2004),页235;此信写于1902年。〈与熊季廉书,八〉:"上海所卖新翻东文书,猥聚如粪壤。但立新名于报端,作数行告白,在可解不可解间,便得利市三倍。此支那学界近况也。"见《严复集补编》,页237;此信写于1903年。〈与曹典球书,三〉:"大抵翻译之事,从其原文本书下手者,已隔一尘,若数转为译,则源远益分,未必害,故不敢也。颇怪近世人争趋东学,往往入者主之,则以谓实胜西学。通商大埠广告所列,大抵皆从东文来。夫以华人而从东文求西学,谓之慰情胜无,犹有说也;至谓胜其原本之睹,此何异睹西子于图画,而以为美于真形者乎?俗说之悖常如此矣!"见王栻(主编):《严复集》,第3册,页567;此信写于1905年。〈与熊纯如书,八〉:"方今吾国教育机关,以涉学之人浮慕东制,致枘凿不可收拾",见《严复集》,第3册,页607;此信写于1912年。

[2] 严复说,economics,"日本译之以经济,中国译之以理财。顾必求吻合,则经济既嫌太廓,而理财又为过狭"。见〈译事例言〉,《原富》,页7。"东学以一民而对于社会者称个人,社会有社会之天职,个人有个人之天职。或谓个人名不经见,可知中国言治之偏于国家,而不恤人人之私利,此其言似矣。然仆观太史公言《小雅》讥小己之得失,其流及上。所谓小己,即个人也。"见〈群学肄言译余赘语〉,《群学肄言》,页xi。"理学其西文本名谓之出形气学,与格物诸形气学为对,故亦翻神学、智学、爱智学。日本人谓之哲学。顾晚近科学独有爱智以名其全,而一切性灵之学则归于心学,哲学之名似尚未安也。"见《穆勒名学》,页12。严复这段话的意思是:理学在西文中称为形而上学(metaphysics),与形而下的自然科学各学科相对。Metaphysics又可以译为神学、智学或爱智学,日本人译为"哲学"。但是"哲学"同时又是philosophy的译名,这似乎不妥。

要新立。严复在译《天演论》时对这种情况的态度是"自具衡量,即义定名",即用自身语言的成分创制新词做译词。译词创造是一项艰难的工作,需要高度的外语能力,[1]且费时费力。严复说"一名之立,旬月踟蹰",[2]又说"不佞译文,亦字字由戥子称出"。[3]另外,在世纪之交,创制、使用新词是一个极具争议的问题,对于传统的士子是有心理负担的。清末统治文坛的桐城派,对"阑入之词"历来就极为挑剔。"方苞尝语沈廷芳:古文中不可有语录中语、魏晋六朝人藻丽俳语、汉赋中板重字法、诗歌中隽语、南北史佻巧语。又答程夔州书云:传记用佛氏语则不雅,即宋五子讲学口语,亦不可入散体文。""曾国藩谓康熙雍正间。号为古文家者虽多,(中略)以方苞之文最为无颣。"[4]张之洞、樊增祥等都有批评嘲讽新名词的言论。[5]惟严复并不隐瞒、避讳自己新词创造的行为,不怕"生吞活剥"的讥讽,甚至颇有些沾沾自喜:"他如物竞、天择、储能、效实诸名,皆由我始。"[6]译词的成立需要语言社会的认同,故严复又说"我罪我知,是存明哲"。如果说用既有词对译新概念反映了译者对新旧古今词义的连续把握,那么,新创制的译词则传递了译者对外来概念的理解和命名理据上的信息。汉语译词的创制法主要有造字法和合成法。佛经翻译是一个持续了千年的宏大事业,新造译词无数,对汉语产生过重大的影响。但是佛经译者的关注点在借词,即音译词上,佛经翻译中的"五种不翻"就是关于音译词的讨论,对造字法和合成法的详细讨论较少。在造词这一点上,同样使用汉字造词的日本译者要更为敏感。《解体新书》(1774)卷首的"凡例"中写道:"译有三等、一曰翻译、二曰义译、三曰直译。""翻译"即用中国典籍中的词语对译;"义译"包含仿译和直译,故并不完全等于今天的"意译";"直译"即是今天的"音译"。以下我们对音译词以外的译词创制法做简单整理。

---

[1] 这种能力除了对词义的理解外,还包括拉丁语、希腊语等词源知识。
[2] 严复:〈译例言〉,《天演论》,页xii。
[3] 严复:《孟德斯鸠法意》(北京:商务印书馆,1981),页219。
[4] 叶龙:《桐城派文学史》(香港:龙门书店,1975),页9-10。这种观点可以追溯到荀子。荀子说:"故王者之制名,名定而实辨,道行而志通,则慎率民而一焉。故析辞擅作名以乱正名,使民疑惑,人多辨讼,则谓之大奸,其罪犹为符节、度量之罪也。故其民莫敢托为奇辞以乱正名,故其民悫。"荀况(著):《荀子》(上海:上海古籍出版社,1989),第十六卷〈正名篇〉,页131。
[5] 参见沈国威:《近代中日词汇交流研究》三语言接触编,第3章〈清末民初中国社会对日语借词之反应〉;沈国威:〈清末民初《申报》载「新名词」史料(1)〉,《或问》第24号(2013年12月),页169-180。
[6] 严复:〈译例言〉,《天演论》,页xii。

造字法 即造字为译词,这是西方语言之间不存在的方法。汉字的历史就是孳乳、繁衍的历史,造字就是造词。《说文解字》不足1万字,《康熙字典》则超过4万字。[1]不论中国还是日本,"凡夫俗子"们都有一种强烈的"仓颉情结",成为造字的动力。黄遵宪(1848-1905)一方面认为解决译词问题"诚莫如造新字",但是同时又说"中国学士视此为古圣古贤专断独行之事",怕"坐之非圣无法之罪",无人敢去尝试。[2]汉学素养深厚的日本兰学家造字也不多,现仅有"腺、膵、膣"三字留存。傅兰雅用造字法为化学元素命名取得了成功,但博医会(China Medical Missionary Association)的传教士医生造字作解剖学词汇却没能流行开来。严复没有造字,他采取的是袭用古僻字的方法。

摹借法 译词依据原词译词的关系,还可以分为直译、意译和混合译。直译法又称仿译法、或语素翻译法、逐字翻译法,王力称之为"摹借calque"。王力指出:

> "摹借"是把外语中的一个词(或一个成语),用同样的构成方式搬到自己的语言里来。这种词往往有两个以上的构成部分,摹借的时候就按照这些构成部分进行意译,然后拼凑成词。[3]

在此需要对译词的理据问题略作叙述。所谓"理据"即"物之所以名",是能指与所指的结合理由。索绪尔以后的现代语言学的一条基本原则是除了某些拟声拟态词以外,单纯词能指与所指的关系是任意的。但近代汉字译词主要以合成词的形式出现,而使用复数既有语言成分创制新词必然发生"理据"问题。理据又可以分为外语词所具有的"原生理据"和译者所赋予的"译者理据"。前者体现了不同语言对世界上森罗万象的不同把握,这种异质的意义模式通过直译进入容受语言时,既可以造成某种混乱,也可以引进某些新的表达方式。如兰学译词"植民"、"十二指肠"、"盲肠"等都是饶有兴味的例子。后者,即译者理据反映了造词者(通常是时代的先行者、启蒙家)的在理解、接受域外新概念时的思维方式,观念史

---

[1] 高凤谦(1870-1936)说:"十三经字数不过五千余。至许氏说文则九千余。流衍以及本朝之康熙字典。竟增至四万余。然则说文字典所采新字为经传所未见者。遽谓之非先王之法。言得乎。"见〈论保存国粹〉,《教育杂志》第7期(1910),页79-80。

[2] 关于造新字无法解决译词问题的论述,请参阅沈国威:〈西方新概念的容受与造新字为译词——以日本兰学家与来华传教士为例〉,《浙江大学学报(人文社会科学版)》2010年第1期(2010年1月),页121-134。

[3] 王力:《汉语史稿》,页517。

研究试图通过对理据的分析,诠释概念容受过程中的某些重要现象。佛经翻译涉及译词内部结构的较少,理据意识并不强烈。摹借词直接借入了原生理据,在造词上要容易一些。源语言和自身语言的可分解性、造词者的分解能力等都对摹借造词产生影响。

汲义法 即意译。单纯词无法做语素分割,历史上的合成词,由于语言知识的限制也无法分割。这时只能重新命名。意译则要求译者对原词融会贯通,然后在目的语中找出一个最大近似值。

19世纪以后,中国对西方工业产品等的导入多用现场实物命名式的译词。对此严复批评说:

> 且科学弗治,则不能尽物之性,用名虽误,无由自知。故五纬非星也,而名星矣;鲸、鲲、鲟、鳇非鱼也,而从鱼矣;石炭不可以名煤,汞养不可以名砂;诸如此者不胜偻指。然此犹为中国所前有者耳。海通以来,遐方之物,诡用异体,充牣于市;斯其立名尤不可通。此如"火轮船"、"自鸣钟"、"自来水"、"自来火"、"电气"、"象皮"(其物名茵陈勒勃,树胶所制)、"洋枪"之属几无名而不谬。[1]

构成合成词,除了构词法上的规则外,命名理据也是需要加以考察的。但是,下一节我们将会看到,理据并不是译词采用某一结构的唯一动机。

四、译词的"义"与"形"

如前所述,汉字译词的创造以合成法为主。将复数造词成分合成为一个词时,构词成分的选择和排列必然要按照意义表达的意图进行操作。换言之,意义与词的形式必然存在着理据性的关联。但是,现实情况是相当一部分译词,意义上的要求并不是合成词发生的唯一动机。即,译词采用某种形式,和表达意图并没有直接的联系。佛经翻译研究的学者朱庆之曾指出:"过去在探讨佛教的外来词时,仅触及词意,鲜少论及词形。"[2]这里的词形主要是指语词的单双音节形式。对于汉语

---

[1] 严复:《穆勒名学》(北京:商务印书馆,1981),页35-36。
[2] 朱庆之:〈论佛教对古代汉语词汇发展演变的影响·下〉,《普门学报》第16期(2003年7月),页3。

来说，词形同样是一个非常重要的问题。下面我们先根据朱庆之的研究来观察一下佛经译词给予我们的启示。[1]

1. 佛经译词

朱庆之指出佛经词汇的双音化是中古汉语词汇发展的一个十分重要的标志。这具体表现为：第一，新的概念主要是由双音节形式（binom）来表示；第二，原来由单音节词表示的旧有的概念大都有了双音节形式。一般认为，汉语词汇双音化发生的内部原因是以单音词为主的词汇系统已不能满足人们思维能力和认识水平不断提高的需要，因此必定要朝多音节方向发展以增加表义单位；而其外部原因则是社会生产力和文化的发展导致更多的概念的产生。[2]但是，这种内因、外因的理由对于上述第二点，即表示旧有概念的单音节词大都获得了双音节形式，并不具备充分的说服力。朱庆之认为上述外部及内部原因所引发的变化都是渐进的、缓慢的，必然要经过相当长的时期，而佛经中的双音词的增加异常猛烈，其背后一定存在着其他原因。朱庆之指出佛经中急剧的双音化，不应该完全视作口语的特征，其直接原因毋宁是佛经的"四字格"节奏及偈颂这一文章体裁上的需要。[3]佛经的特殊文体需要大量的双音节形式，为了满足音节上的需要，必须将单音节词扩展成双音节词，而在译者个人言语（idiolect）的词汇系统里又没有足够的双音词可供选择时，就必须新造，以保证有大量的近义词可供译者选择。[4]这时最频繁使用的造词法是并列结构造词。朱庆之引用颜洽茂对《贤愚经》所作的调查结果，指出3 899个双音节词中，并列式占2 291个，达到了58.8%。佛经中的二字并列结构，大部分由同义或近义的造词成分构成。[5]朱庆之将这种扩展音节的方式称为"同义连文"，指出这种并列结构造词无疑是最便捷的，因而也成为最常用的一种音节

---

[1] 本节讨论所根据的朱庆之研究成果有：《佛典与中古汉语词汇研究》（台北：文津出版社，1992），页124；〈论佛教对古代汉语词汇发展演变的影响·上〉，《普门学报》第15期（2003年5月），页1-41；〈论佛教对古代汉语词汇发展演变的影响·下〉，《普门学报》第16期（2003年7月），页1-35；〈代前言：佛教混合汉语初论〉，收朱庆之（编）：《佛教汉语研究》（北京：商务印书馆，2009），原载《语言学论丛》第24辑（北京：商务印书馆，2001），页1-32。
[2] 朱庆之：《佛典与中古汉语词汇研究》，页124-125。
[3] 同上，页131；〈佛教混合汉语初论〉，页19；〈论佛教对古代汉语词汇发展演变的影响·下〉，页2。
[4] 朱庆之：《佛典与中古汉语词汇研究》，页31。
[5] 颜洽茂：〈南北朝佛经复音词研究：《贤愚经》《杂宝藏经》《百喻经》复音词初探〉（辽宁师范大学中文系未出版硕士论文，1984），页117。

拓展方式。[1]由此可知,许多双音词的产生严格说来并不是出于表义的需要,双音形式与单音形式基本上可以说是等义的,如"即"和"即便","皆"和"皆悉","都"和"都共"均为同义,再如"皆各、皆共、皆俱、皆普、皆悉、都皆、悉皆、率皆"等也都与单音节的"皆"(都)同义。佛经里面有许多并列关系的双音节复合词,双音化固然与汉语的韵律结构有密切的关系,但更是为了满足佛经"四字格"与偈颂这种文体上的需要而产生的。汉文佛典独特的文体对词汇的运用提出了比散文更严格的要求。这表明在特定的时期,文体是造成双音化的更为直接的因素。

朱庆之进一步指出:"许多汉语固有的单音节词都被译者临时用某种有规律可循的方式,如'同义连文',或在自由构词语素的帮助下创造出一个双音节形式来。"[2]所谓"自由构词语素"即如"行"、"取"、"切"、"毒"和"复"、"为"、"自"等,主要起扩充音节作用的语素。[3]它们在原则上可以分别同某个相当大的范围里的单音词随意构成该词的双音形式。必须看到,在实际运用上,这些自由构词语素最初主要应是充当"同义连文"的补充角色,也就是说在作者的个人言语词汇系统里找不到合适的"同义"语素时,就利用它们来完成某个单音词的双音化任务。但这并不意味着这些自由构词语素的地位不重要,恰恰相反,由于并非所有的单音节词都能轻而易举地找到一个"同义"词来构成自己的双音形式,尤其是功能词以及某些副词,它们的意义比较抽象,也比较单纯,"同义"词的数量更是有限,所以只能更多地借助于这些自由构词语素。自由构词语素体现了语言的自偿性(self-compensation)原则。

佛经语言的双音化在一定程度上是在佛经特殊文体的要求下强制完成的,而且来得迅猛、激烈,以至于语言中现成的双音节形式根本不能满足它的需求。于是,就有了翻译者的临时创造;又由于翻译者可能不自觉地受到原典和母语复音词结构方式的影响,就使这些创造不仅可能带来大量双音节的新词,而且可能带来双音化的新方法和新途径。[4]

朱庆之认为,就词汇而言在魏晋南北朝时期,佛典翻译可以说是制造双音词的大工厂。正是这项巨大的文化工程,才有可能在整个汉语词汇系统双音化的过程

---

[1] 朱庆之:《佛典与中古汉语词汇研究》,页132。
[2] 朱庆之:《佛教汉语研究》,页15。
[3] 又称之为"实语素"。朱庆之:《佛典与中古汉语词汇研究》,页138。
[4] 朱庆之:〈佛教混合汉语初论〉,页19-20。

中扮演了推动的角色,而具体的造词法是"同义连文"。这种方式借助"自由构词语素"将单音词双音化或多音化,因而产生了许多双音词,包括双音动词在内。[1]

朱庆之的研究告诉我们译词中有一部分并没有意义上的动机,而是来自汉语韵律及文体上的要求。下面我们将看到,这种韵律要求,在脱离佛典的"偈颂"文体之后,也强烈地存在着。

2. 近代译词的单双音节之争

在日本的兰学翻译中,由于日语本身的特点,除了一部分词缀型成分外,汉字译词基本采取二字词形式。转观近代中国,西方传教士大规模翻译科技书籍始于1860年代,上海江南制造局翻译馆的傅兰雅曾专门著文,讨论科技术语的创制问题。傅氏提出的译词创造原则之一是"用数字解释其物,即以此解释为新名,而字数以少为妙"。[2]即先以短语、词组的形式进行解释,最终压缩成一个合成词,而且字数越少越好。自不待言,字数最少的合成词是双音节词。尽管傅兰雅用新造字的方法命名化学元素取得了成功,但他敏锐地意识到了一般性术语不应该用单汉字,而应该采用复合词的形式。[3]

继《天演论》问世后,严复于1902年翻译出版了《原富》,原著为亚当·斯密的《国富论》。《原富》出版后,梁启超立即在《新民丛报》上撰文加以推介。[4]梁的文章谈到了两点,即译词与文体。关于文体,梁启超批评严复译文的文体"太过渊雅",一般读者难以受其益;但同时,对严复的译词则赞赏有加。梁说:"至其审定各种名词,按诸古义,达诸今理,往往精当不易,后有续译斯学之书者,皆不可不遵而用之也。"但是梁启超唯独对严复的"计学"提出了质疑,说"日本人译为经济学,实属不安,严氏欲译为计学,然亦未赅括"。梁启超的批评主要是依据对原词(Political Economy)的理解。在受到严复反驳后,梁启超提出了另外一个理由:计学的"计"为"单一名词,不便于用。如日本所谓经济问题、经济世界、经济革命

---

[1] 朱庆之:〈论佛教对古代汉语词汇发展演变的影响·下〉,页3。
[2] 傅兰雅:〈江南制造总局翻译西书事略〉,收张静庐(编):《中国近代出版史料初编》(上海:上杂出版社,1953),页9–28。
[3] 沈国威:《近代中日词汇交流研究:汉字新词的创制、容受与共享》,页134–136。
[4] 梁启超:〈介绍新著《原富》〉,载《新民丛报》第1号(1902年2月8日[光绪二十八年正月初一日]),页113–115。亦见〈与梁启超书,二〉,《严复集》,第3册,页516–517。

等语,若易以计问题、计世界、计革命等,便觉不词"。[1]即"计"是单音节名词,在使用上有种种限制。例如日本的"经济问题、经济世界、经济革命"等都无法改为"计问题、计世界、计革命"。对此,严复回复道:

> 来教谓佛经名义多用二字,甚有理解。以鄙意言之,则单字双字,各有所宜。譬如 Economics 一宗,其见于行文者,或为名物,或为区别。自当随地斟酌,不必株守计学二字也。此如化学有时可谓物质,几何有时可翻形学,则计学有时自可称财政,可言食货,可言国计,但求名之可言而人有以喻足矣。中国九流,有以一字称家,有以二字称家,未闻行文者遂以此窘也。Economic Laws 何不可称计学公例?Economic Problems 何不可云食货问题?即若 Economic Revolution 亦何不可言货殖变革乎?故窃以谓非所患,在临译之剪裁已耳。至于群学,固可间用民群。[2]

从严复的回复中可知,梁启超其时已经注意到了佛经译词的双音节特点。但是严复对此却不以为然,说:中国的三教九流,有一个字的名称,也有两个字的名称,并没有什么不方便的地方;译名也不必拘泥"单字双字",应该根据具体情况处理。严复还提出:Economics 可以译成"财政、食货、国计","化学"可以译成"质学","几何"可以译成"形学"。同理,Economic Laws 可称"计学公例",Economic Problems 可称"食货问题",Economic Revolution 可称"货殖变革",略作变通而已。

仅就"计学"而言,"计学"的"学"是类名词(或称新词缀),有时会对复合词的词义产生影响。如"计学改革"是计学这门学问本身的改革,还是所涉及的内容的改革并不确定(比较"经济改革"vs."经济学改革")。然而这里还有一个更深层的问题:作为汉语的语言单位需要有"伸缩性",例如:"经济改革"→"经改",即单音节的"经"和双音节的"经济"可以表达相同的概念,这样在构成复合词时才能运用自如。同时,又如梁启超所指出的那样,汉语不接受"计问题、计世界、计革命"等三字形式。严复为了避免"计学"构成四字词组时可能产生的歧义,提议使用"计学公例、食货问题、货殖变革"等形式。但是"经"="经济"的意义一致

---

[1]〈问答〉栏,《新民丛报》第8号(1902年5月22日[光绪二十八年四月十五日]),页98。
[2] 严复:〈尊疑先生覆简〉,《新民丛报》第12号,页62;亦见《严复集》,第3册,页518。

性,是由形态上的相似性保障的(都含有"经"),而"计"与"财政、食货、货殖、国计"的对应由于没有形态相似性的支撑,不仅会增加记忆负担,还势必造成一事多名、一名多译的后果,徒增混乱。

不久,黄遵宪也加入了梁严二人的争论。黄遵宪主要谈及了两个问题,即译名的创制和文章形式的改革。[1]对于译名创制,黄具体地提了以下几个方面:造新字、假借、附会、涟语、还音、两合。"附会"就是选择那些没有意义但是发音相近的字"而附会之",即给予新的外来义;"还音"是对那些"凡译意则遗词,译表则失里"的词采用音译方法表达;"两合"则是用两个汉字的合音接近外语的发音。此三者所讨论的都是音译词的问题,与佛经汉译的"五种不翻"有渊源关系,唯独"涟语"是关于合成词创造的思考,应该引起我们的注意。黄说:

> 单足以喻则单,单不足以喻则兼,故不得不用涟语。佛经中论德如慈悲,论学如因明,述事如唐捐,本系不相比附之字,今则沿习而用之,忘为强凑矣。[2]

"单喻、兼喻"源于荀子,黄遵宪在此引用荀子之言主张道:单音节能明白就用单音节词,否则就用双音节词,即"涟语"。之所以要用"涟语"是因为单音节词"不足以喻"。[3]这也就是说黄遵宪认为合成词必须有语义上的动机,即是为了"喻"。黄遵宪所举的例子均采自汉译佛典,这些文字符串在此前的中国典籍中是不存在的(本系不相比附之字),[4]而且并不是每个成分都对词义有贡献,故黄遵宪称之为

---

[1] 黄遵宪:〈致严复书〉,《严复集》,第5册,页1571-1573。据《严复集》编者注,此信写于1902年,但月份不可考。关于文章体裁,黄遵宪主要提出了一些技术上的建议,如改行、使用括号、序号、图表,加注释等。但是同时针对严复"文界无革命"的主张,明确地指出:文体是需要改革的,"如四十二章经,旧体也。自鸠摩罗什辈出,而行矣。本朝之文书,元明以后之演义,皆旧体所无也。而人人遵用之而乐观之。文字一道,至于人人遵用之乐观之足矣"。倒装语,一曰自问自答,一曰附图附表,此皆公之所已知已能也。
[2] 黄遵宪:〈致严复书〉,《严复集》,第5册,页1571-1573。据《严复集》编者注,此信写于1902年,但月份不可考。
[3] 荀子的原话是:"单足以喻则单,单不足以喻则兼;单与兼无所相避则共,虽共不为害矣。"荀况(著):《荀子》,第十六卷〈正名篇〉,页132。笔者对这句话的理解是:单音节的名称足以使人明白时,就用单音节的名称,单音节的名称不能使人明白时,就用双音节的名称。两个字义互相矛盾或对立的字,在一定条件下可以中和,放在一起也不发生冲突,凝结成一个词也不会损害词义的确立。荀子在这里意识到的应该是"国家"、"妻子"、"市井"等联合式中的偏义复词。
[4] 樊增祥则说:新名词是"生造字眼,取古今从不连属之字,陶合为文"。樊增祥:〈樊山政书卷六〉,《樊山政书》(北京:中华书局,2007),页161。

"强凑"。[1]严复也认为来自日本的双音节译名常常有强凑的毛病:

> 按宪法二字连用,古所无有。以吾国训诂言仲尼宪章文武,注家云宪章者近守具法。可知宪即是法,二字连用,于辞为赘。今日新名词,由日本稗贩而来者,每多此病。[2]

然而吴稚晖(1865-1953)认为日本的新词译词并不一定都是"强凑":

> 和训之字,本用假名。动状各词,大都不用汉文。用汉文者,惟双迭之词,有如"提挈"、"经验"、"繁华"、"简单"之类耳(双迭之动状词,汉人习焉不察,仅目之为掉文而已。其实有时非双用不能达意。即此可见名词固不能专用单息拉勃矣[息拉勃即音节]。而动状等词,亦未尝能止用单息拉勃也)。[3]

吴稚晖指出日语中的双音节词并不都是"掉文"(即严复的"于辞为赘"),"有时非双用不能达意"。吴的"不能达意"应该如何理解? 非双音节不能喻? 但吴举的例子都是并列结构的复合词,用严复的话说是"于辞为赘",可知单双音节的选择并非词义上的要求。吴说汉语的名词不能只用单音节形式,[4]同理,动词、形容词也不能只用单音节形式。吴氏敏锐地意识到,正是为了配合双音节的名词(主要是科技术语),故动词、形容词也需要采用双音节的形式,尽管他没有明白地说出两者之间在韵律上有互相制约的关系。[5]

几乎与此同时,王国维(1877-1927)也指出:中日(实际上是严复的译词)译词创造上的重大不同之处是,"日本人多用双字、其不能通者、则更用四字以表之、中国则习用单字、精密不精密之分、全在于此"。所以日本译词的"精密"程度"则固创造者[如中国的严复等]之所不能逮","创造之语之难解、其与日本已定之语

---

[1] 所谓"强凑"是指汉语中的并列造词格,即由两个近义(同训)或反义的语素构成复合词。论者多注意到了意义的"精密性",其实,并列格复合词中的语素并不都对词义的精密性作出贡献,也就是说之所以要用两个语素并不是词义上的要求,而是韵律、词性转换(并列格复合词可以较容易地转变为体词)以及其他原因上的必须。并列词格是现代汉语词汇体系最显著的特点之一,具有很强的能产性。
[2] 严复:〈宪法大义〉,《严复集》,第2册,页238。
[3] 燃[吴稚晖]:〈书《神州日报》《东学西渐》篇后〉,《新世纪》第101-103期,收张枬、王忍之(编):《辛亥革命前十年间时论选集》(北京:三联书店,1977),第3卷,页473。方括号内为夹注。
[4] 严复也曾指出中国的字书"虽然其书释义定声,类属单行独字,而吾国名物习语,又不可以独字之名尽也,则于是有《佩文韵府》以济其穷"。〈序〉,《英华大辞典》(1908),收《严复集》,第2册,页253。
[5] 现在我们知道两者的韵律节奏是互相制约的。例如上述梁启超"计问题、计革命"的例子。这种制约不仅存在于汉语,韩语、越语中也有类似的现象。

相去又几何哉"。[1] 王似乎认为双音节化是追求"精密"的结果,而不仅仅是"喻"与"不喻"的问题。[2]

1914年,在北京大学任语言学教授的胡以鲁(1888-1917)发表了论文〈论译名〉,这是一篇讨论日本译词对汉语的影响的文章,在论文中胡以鲁也谈到了单音节译名的问题:

> 科学句度以一词为术语亦戛跋不便乎。例如[爱康诺米](Economy)译为理财,固偏于财政之一部。计学之计字,独用亦病跛畸。不若生计便也。[3]

胡以鲁认为虽然"理财"的词义偏重财政的一部分,但是"计学"的"计"在单独使用时要受到很多限制(独用亦病跛畸),至少应该使用"生计"。可见胡以鲁对单音节形式的科技术语是持否定态度的。他认为汉语有向多音节发展的趋势,译词也应该尽量使用多音节词:"彼方一词,而此无相当之词者,则并集数字以译之。此土故无之术名性以一词相傅会,不惟势有所难,为用亦必不给。况国语发展有多节之倾向。"

在〈论译名〉的结尾,胡以鲁引用荀子所谓"累而成文,名之丽也"的观点,再次强调"无其名者骈集数字以成之",即在没有可资利用的固有语词时,以多音节复合词的形式创造译词。在〈论译名〉之前,胡曾著《国语学草创》,在该书最后一章,胡以鲁指出:"新事物之名称及表彰新思想之语词,勉用复合语词为之,不须作新字。外语亦勉用义译,[惟无义之名如人名地名或新发明物之以专名名者自取音]日人义译语词于汉文可通用者用之,否则改之。"[4]

关于单音节译词"不便于用"的现实,严复在翻译《穆勒名学》(1900-1902)时仍未给予特别注意,书中大量使用单音节术语,如:"德property"、"意concept"、

---

[1] 王国维:〈论新学语之输入〉,《教育世界》第96号(1905年4月)。收〈静庵文集〉,《王国维遗书》(上海:上海古籍书店,1983),第5册,页100b。标点为笔者所加。

[2] 笔者认为"喻"是概念的理解性问题,"精密"是语词的区别性问题。所谓"区别性"就是将一个词同其他词区别开来。"精密"常常被理解为对概念的精密描写(如王国维),其实近代以后活跃起来的双音节动词、形容词的近义词群大多情况下对描写的精密化没有贡献。例如,改良、改善、改进、改革;细小、微小、渺小等。关于这个问题请参见沈国威:〈近代译词与汉语的双音节化演进:兼论留日学生胡以鲁的"汉语后天发展论"〉,收陈百海、赵志刚(编):《日本学研究纪念文集——纪念黑龙江大学日语专业创立50周年》(哈尔滨:黑龙江大学出版社,2014),页16-38。

[3] 《庸言》第25、26合刊号,页1-20。关于胡以鲁论文的讨论,可参见沈国威:〈译词与借词:重读胡以鲁《论译名》〉,《或问》第9号(2005年5月),页103-112。

[4] 胡以鲁:《国语学草创》(1913年;太原:山西人民出版社,2014复刻版),页124。方括号内为夹注。

"觉percept"、"识memory"、"信belief"、"原data"、"委conclusion"、"端term"、"意feeling"、"觉consciousness"、"感sensation"、"情emotion"、"思thought"、"健active"、"顺passive"、"志volitions"、"为actions"、"质matter"、"敬devout"、"鬼superstitious"、"睿meditation"、"品quality"、"神mind"、"形body"……这些单音节的术语其后均遭淘汰。但是1905年严复做《政治讲义》讲演时对这一现象似有所察觉(是否受讲演这一口头语言形式的影响不得而知)。根据戚学本的研究,[1]《政治讲义》是以英国历史学家约翰·西莱(J. R. Seeley, 1834–1895)的著作 *Introduction to Political Science*(1885)为底本的翻译。[2]原著中的state, nation, organization, 甚至连family在世纪之交的汉语里都没有固定的双音节译词。以state为例,严复先从概念上说中国"只有天下,并无国家。而所谓天下者,十八省至正大中,虽有旁国,皆在要荒诸服之列,以其无由立别,故无国家可言"。[3]在这里严复是用"国家"译state的。但正如原著者西莱所说,在原文中family和state对举,是一对既互相区别又互相关联的对峙概念。用"国家"译state,其中的"家"似乎令严复深觉不安。[4]但如果用单音节的"国",文章的节奏和格调势将受到影响。严复在紧接着的译文中试图改用"邦国"对译state,无奈"国家"显然是更一般的词语。因此,严复在后面的译文中不得不先解释说"双称'国家',单举曰'国'",提醒听众"国"与"国家"是同一概念的不同表达形式。但对译词的词形可能引起的表达上的限制,严复最终也并未给予应有的关注。

五、译词与汉语的近代化

翻译所体现的语言接触总是促成语言变化的重要原因,汉译佛经是这样,19世纪以后的传教士们的翻译更是如此。如前所述,朱庆之在谈及汉译佛经对中古汉语的影响时指出,双音化是中古汉语词汇发展的重要标志,具体有二:一、新的

---

[1] 戚学本:《严复政治讲义研究》(北京:人民出版社,2014)。
[2] 关于西莱的生平等参见同上。另,本文使用的原著为:J. R. Seeley, *Introduction to Political Science* (London: Macmillan & Co., 1896)。
[3] 严复:〈政治讲义〉,《严复集》,第5册,页1245。
[4] "国家""妻子"这一类型的词,词汇学上称之为"偏义复词",即由两个意义相反的成分构成,其中后一个字并无实际意义。

概念主要是由双音节形式来表示；二、原来由单音节词表示的旧有的概念大都有了双音节形式。[1]这一论断同样适用于19世纪以降近代汉语词汇的发展实际。即：一、新的概念用双音节词译出；二、为表示旧有概念的单音节词准备一个（更多的情况下是一组）双音节形式。对于后者，本文称为"单双互通"。表示新概念的词多为西方近代自然科学、人文科学的术语，而"单双互通"主要是针对既有的动词、形容词、副词等的要求。西方新概念的翻译，自耶稣会士起就逐渐积累，新教传教士又多有贡献，但是最后的完成还有赖于日本译词的借用。而在单双互通方面，传教士的翻译由于文体上的限制，贡献不多。现代汉语中的大量双音节词来自何处？词汇的双音化是汉语发展的趋势，这一观点已经为学界普遍接受。但正如朱庆之所说，缘于语言本身原因的双音词的形成必将是一个渐进的、缓慢的、长时期的过程。佛经翻译作为外因引起汉语词汇的变化用时以百年单位计，相比之下，近代翻译促成的双音化，如果以1919年"五四"新文化运动为初步达成期，时间不过十数年而已。可以推断外部因素起了更重要、更强烈的作用。

胡适在与朱经农讨论新国语特征时说："我所主张的'文学的国语'，即是中国今日比较的最普通的白话。这种国语的语法、文法，全用白话的语法、文法。但随时随地不妨采用文言里两音以上的字。这种规定——白话的文法，白话的文字，加入文言中可变为白话的文字——可不比'精华'、'糟粕'等等字样明白得多了吗？"[2]胡适的这段话有两层含义：一、双音化为言文一致的国语所必须；二、文言可以提供部分双音词的资源。现代汉语中有多少双音词来自文言？是中国的译者直接从文言中吸收的吗？在回答这些问题前，我们先来看一下日语的情况。

如前所述，包括科技术语在内的日本近代译词不可避免地要使用汉字二字词的形式。[3]进入明治二十年代（1887-1896）后，日本术语辞典的出版告一段落，术语体系的建构基本完成。大量汉字词形式术语的使用，给日本的文体带来了深刻的影响。与汉语的"单双互通"成为极好的对照，日语词汇体系的近代化是以"和汉相通"为标志的。即：一、新的概念主要用汉字词表示；二、以前的"和语"，[4]即日本的固有词汇获得了与之相对应的汉字词形式。"和汉相通"的汉字词主要是

---

[1] 朱庆之：《佛典与中古汉语词汇研究》，页124。
[2] 胡适与朱经农的"通信"，《新青年》第5卷第2号（1918年8月15日）。着重号为引用者所加。
[3] 日语中一个汉字可以是两个音节，在讨论日本汉字词时，笔者使用"二字词"的说法。
[4] 日本的固有词汇，又称"大和言叶"，或"在来语"，即日语在与汉语接触之前就存在的词语。

二字词。以动词、形容词为主的"和汉相通"的进程始于科技术语基本完成之后，完成于明治与大正的更替时期（1911年前后）。在时间上，日语的二字词化先于汉语一步，有了为汉语提供资源的可能性。

中国的近代译词研究几乎一开始就同日语借词的现象联系在一起。尽管日语也使用汉字，但是日语终究是一种不同于汉语的外国语言，中国知识分子认识到这一事实是在19世纪末。这一点与有史以来一直以汉语为规范的日本知识分子完全不同。20世纪初，中国的知识分子又不得不面对日语二字词大量涌入汉语的这一前所未有的事实。对于日语新词的大量涌入，当时就有一些人从社会语言学（如《盲人瞎马之新名词》[1]）、翻译术语学（如上文提及的胡以鲁的论文，以及余又荪的〈日译学术名词沿革〉[2]）等角度加以探讨。而作为词汇学上的考察对象进行系统地研究则是在1950年代后期，讨论的内容也以自然科学、人文科学的术语为主。[3] 对"改良、改善；简单、优秀、正确"等数以千计的双音词如何成为现代汉语基本词汇这一问题，无论是从事汉语词汇研究的学者，还是从事近代中日词汇交流研究的学者，都没有给予应有的关注。

中日之间的语言接触，以及由此产生的知识大移动，对日语和汉语都产生了重大的影响。笔者近年主张应将日语对汉语的影响分为三种类型：一、借形词；二、借义词；三、激活词。"借形词"就是词形借自日语的词，具体可以分为两类：一类主要是"哲学、义务、起点、神经、前提、团体、俱乐部"等抽象词汇；另一类是"取缔、打消、场所、场合、引渡"等法律词汇。后者数量较少。借形词是日本人创造的新词，有的学者直接使用日本的术语："和制汉语"。但是尽管是"和制"，在创制过程中仍然存在着汉语资源（即命名理据）的问题，因为能够用汉字造词的人，对中国的典籍，及近代以降的汉译西书都有非常丰富的知识。

"借义词"是这样一类词：在词源上是汉语的固有词语，可以在中国典籍、佛教经典、禅宗语录、白话小说、善书中找到使用例，但是近代以后被日本的译者改造成译词，赋予了新的意义。如"革命、经济、共和、民主、社会、关系、影响"等。

日语借形词和借义词被认为是日语借词的主要部分，也是迄今为止主要的研

---

[1] 彭文祖：《盲人瞎马之新名词》（东京：佐佐木俊一印，1915）。
[2] 载《文化与教育旬刊》1935年第69、70期。
[3] 沈国威：《近代中日词汇交流研究：汉字新词的创制、容受与共享》，页41-63。

究对象。这些词的意义特征为抽象词汇、科学术语、新事物的名称。

"激活词",或"日语激活词",是笔者提出的一个新概念。激活词作为词或文字符串,在中国的典籍或汉译西书中可以找到用例,在词义上,也具有古今一贯性,即词源上并非"和制汉语"。但这些词突然活跃起来则是在19、20世纪之交。激活词有两种,一种如"望远镜、热带、寒带、细胞"等,是16世纪以后由耶稣会士创造或19世纪以后由新教传教士创造的译词,由于种种原因,这些词没能直接成为汉语词汇体系中的一员,而是先传到日本,再从日本回流到中国。即是说传教士们造的词和现代汉语之间有一个断层。另一种如"学校、方案、改善、薄弱"等汉语的古典双音节词,其词类遍及名词、动词、形容词、副词。由此可见,激活词的数量要远远多于借形词和借义词。

"日语激活词"这一概念,拟涵盖截至19世纪末使用频率不高、处于休眠状态的汉语词及结合得并不十分紧密的文字符串等。这些词在日书汉译过程中,受到日语高频率使用的影响被重新激活,并作为单音节词的对应形式,成为汉语的基本词汇。

一些学者认为,双音节词的发生、形成应该是一个漫长的过程,其实现有两个条件,一是"紧邻共现",二是"高频率使用"。所谓"紧邻共现"就是两个造词成分经常一起出现,这样才有可能由松散的字符串紧密结合成一个词。"哲学、前提、神经"等借形词在20世纪之前的汉语文献中观察不到"紧邻共现"的现象,在汉语中能结合成词,自有其外部原因。"高频率使用"是说某一文字符串在文献中反复出现,逐渐被认知为一个复合词。但前述激活词在20世纪之前的汉语文献中,或难觅踪影,或用例有限;这些词突然活跃起来同样是进入20世纪以后。20世纪初的短短十余年间,是汉语双音节词汇的急遽发生期。为什么会出现这种使用频率的剧增?需要指出的是:二字词的增加这一"近代"语言现象,在汉字文化圈其他语言,例如日语、韩语、越语等,都可以观察到,相关研究也需要横跨日语、汉语、韩语、越南语展开。

关于借形词的研究,首见书证的发现是至关重要的,而借义词则需要仔细地辨别旧词在译书及同时代其他文献中的词义变化;唯独对于激活词而言,传统的研究法(如发现书证、甄别词义变化等)不足以捕捉到语言现象的历史真实。但是,近年迅速发展的语料库以及大数据研究法提供了新的可能性。图1是谷歌词频分析界面Ngram(https://books.google.com/ngrams)展示的动词"改革、改良、改善"的词频变化曲线;图2是形容词"优秀、简单、正确"的词频变化曲线。

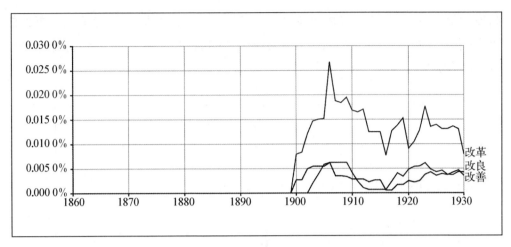

图1

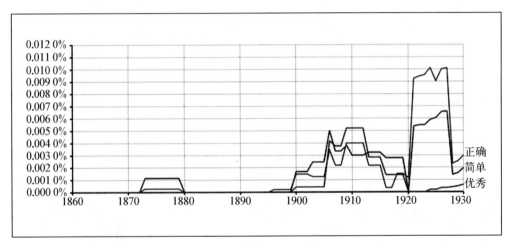

图2

"改革、改善"是汉语古典词,"改良;优秀、简单、正确"在汉籍中均没有书证,可以考虑是"和制汉语"。[1]然而不管词的来历如何,在汉语中词频上升的拐点都是1900年前后。遗憾的是谷歌Ngram没有提供日语的数据,暂时无法做中日比较。[2]类似谷歌Ngram的分析,汉语可以用《申报》、《大公报》、《东方杂志》的语

---

[1] 周菁在她的论文:〈明治以降の漢語形容動詞の発達について〉(载《或问》第29号[2016年6月],页179—190)中列举了60余条日制形容词。本文的目的不在中日词语的考源,在此暂不作过多涉及。
[2] Ngram用于分析的语料性质、语料库的内部结构等都未公开,这也使我们不得不对调查结果有所保留。

料库,日语可以用日本国立国语研究所开发的"日语历史语料库"来完成。图3-5为《申报》1872-1925年和"日语历史语料库"同时间段,形容词"伟大、特殊、冷静"的词频变化。

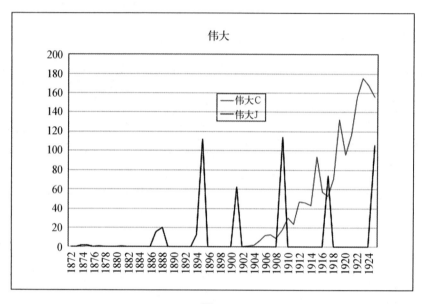

图3

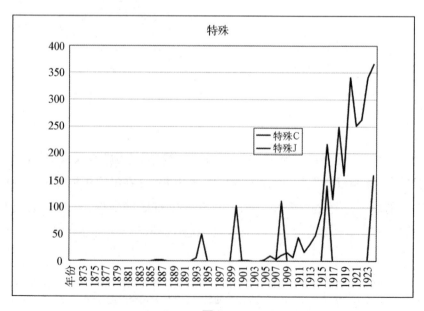

图4

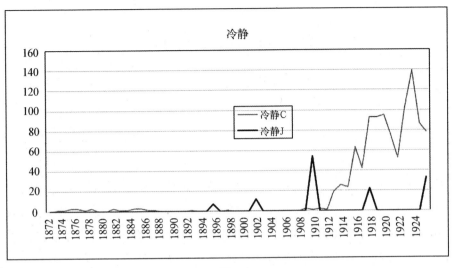

图 5

日语由于语料采集的原因没能描绘出连续的曲线,但大致可以说词频增加的拐点汉语在日语之后,期间的影响关系需要我们进一步考察。当然,报刊媒体上双音词词频的增加有着复杂的因素,如媒体字数总量、事件、新闻源、执笔者知识背景等,但随着语料库的逐步完善,我们可以得到更精确的分析结果,并从中了解中日二字词词频增加的时间差、考察两者之间可能存在的互动关系。

严复是第一个挑战人文科学翻译的本土翻译家。严复创造了大量的译词,遗憾的是现代汉语中只保留了3个音译词:"乌托邦、图腾、逻辑",其余都已成为历史词汇,包括风靡一时的"天演"。严复译词为日制译词所取代,其间的原因极多,译词的词形是一个必须加以考虑的原因。译词研究有两个方面:译词史,包括造词者、首见书证、意义、传播、普及、定型及变异等内容;另一方面是译词对语言本身的影响。后者引发语言样式的变化,促成语言的转型,我们应该给予更多的关注。

在小说中翻译"地理"

——包天笑的《秘密使者》转译史[*]

陈宏淑[**]

摘　要：凡尔纳（Jules Verne, 1828-1905）素以冒险小说及科幻小说闻名，其小说于清末民初传入中国时，扩大了中国读者的视野，也带来了新知识的启蒙作用。*Michel Strogoff* 是其中一部带有地理科学意味的冒险小说，中译本名为《秘密使者》(1904)，描述一位俄皇密使横越西伯利亚达成使命的经历。经笔者研究，发现包天笑（1876-1973）的《秘密使者》译自森田思轩（森田文藏，1861-1897）的日译本《瞽使者》(1891)，此日译本是译自 W. H. G. Kingston (William Henry Giles Kingston, 1814-1880) 的英文译本 *Michael Strogoff: The Courier of the Czar*（1876），而此英文译本则是译自凡尔纳的法文原著 *Michel Strogoff: De Moscou à Irkoutsk* (1876)。在成功厘清此书转译史之后，本研究借由此书观察地理科学在小说中如何被翻译，结果显示中译者及日译者均有强烈动机，致力于将西方新知识带入东方，但是透过地名、注解、单位三个项目可以看出，两位译者希望将西方新文类所蕴藏的现代知识传入自己的国家，却也在翻译时面临地理与小说之间的两难困境。

关键词：凡尔纳；包天笑；森田思轩；《秘密使者》；《瞽使者》

How Geography was Translated in Fiction: The Journey of Jules Verne's *Michel Strogoff*

Hung-Shu Chen

Abstract: Jules Verne (1828-1905) was best known for his adventure and

---

[*] 本研究获科技部专题研究计划（MOST 103-2410-H-845-005-MY3）之经费补助，谨此致谢。
[**] 陈宏淑，台北市立大学，电邮地址：redyamchen@gmail.com。

science-fiction novels. When his novels were introduced into China in the late 19th and early 20th centuries, they broadened Chinese readers' horizons and brought enlightenment to them. *Michel Strogoff*, an adventure novel with geography as a science in the plot describing a courier's journey across Siberia, was one of the examples. It was translated into Chinese indirectly from a Japanese rendition. My investigation reveals that the Chinese version was translated by Bao Tianxiao (1876–1973) from the Japanese version, and the Japanese rendition by Morita Shiken (1861–1897) was in turn derived from W. H. G. Kingston's (1814–1880) English version, and that English version was directly translated from Verne's French original. This study successfully uncovered the relay translation process. Another attempt of this study is to observe how geography as a science in this novel was translated. It shows that with their own agenda, the two Asian translators tried hard to bring new information from the West to the East. Through the conversion of measurements, translation of geographical names, and the comments and annotations added to the text, the Japanese and Chinese translators hoped to empower Japan and China respectively with modern knowledge embedded in the new genre from the West, but they also faced the dilemma between geography and fiction.

Key words: Jules Verne; Bao Tianxiao; Morita Shiken; *Michel Strogoff*; *Michael Strogoff*

一、导　　论

包天笑（1876-1973）是清末民初的通俗小说作家，同时也是译作等身的翻译家。根据陈平原的统计，包天笑自1901年与杨紫驎合译《迦因小传》起，到1916年止，大约出版翻译小说36种或37种（包括合译）。除了林纾（1852-1924）之外，其译作数量无人能出其右。[1] 他翻译过的小说种类很多，但以教育小说最为著称，尤其他为商务印书馆《教育杂志》所译的"教育三记"最为知名。[2] 在开始翻译

---

[1] 陈平原：《二十世纪中国小说史（第一卷）1897-1916》（北京：北京大学出版社，1997），页61。
[2] 此三记分别为《馨儿就学记》（1910）、《埋石弃石记》（1912）、《苦儿流浪记》（1915）。

第一本教育小说之前，他先翻译了言情小说与科学小说。如他自己在《钏影楼回忆录》所说，他真正开始译小说，是从《迦因小传》(1901)与《铁世界》(1903)开始的。[1]他译的第一本科学小说《铁世界》原著是法国作家凡尔纳(Jules Verne, 1828-1905)的作品，之后他又翻译了《秘密使者》(1904)及《无名之英雄》(1904)。连续三本都是凡尔纳的作品，显见凡尔纳的作品十分受到包天笑的青睐，或许也反映了当时凡尔纳小说的热潮。不过有趣的是，《秘密使者》被包天笑(或者是小说林社)定位为地理小说，《无名之英雄》则是国民小说，这似乎与一般人认为凡尔纳作品为科学小说的看法不太符合。

晚清时期的小说分类名称五花八门，往往是通俗文学的刊物为了迎合市民读者的趣味而巧立名目。[2]1905年小说林社出版的《车中美人：艳情小说》附有广告〈谨告小说林社最近之趣意〉，说明该社出版的小说分成了十二类，分别为历史小说、地理小说、科学小说、军事小说、侦探小说、言情小说、国民小说、家庭小说、社会小说、冒险小说、神怪小说、滑稽小说。[3]首先可看出地理小说与科学小说分属不同类别，其次再看其分类后面的说明，地理小说描述的是"北亚荒寒，南非沙漠，《广舆》所略，为广见闻"，而科学小说则扮演了"启智秘钥，阐理玄灯"的角色。尽管凡尔纳最为人称道的往往是科学小说或科幻小说，但是《秘密使者》的故事内容似乎与科学或科幻毫无关系，而是借由故事主角送信给大公爵的旅程，带领读者体会西伯利亚的荒寒地景。小说林社广告词中的"北亚荒寒"，很可能指的就是包天笑所译的地理小说《秘密使者》，而所谓的"南非沙漠"，或许指的是小说林社出版的《非洲内地飞行记》这类的小说，该书描述非洲内地风俗习惯，亦被归类为地理小说。[4]

这些林林总总的文类当中，有些小说类型能蓬勃发展，自成体系，例如侦探小说、科学小说；有些则昙花一现，后继无力，例如地理小说、国民小说。本文想探讨的便是昙花一现的地理小说《秘密使者》，一方面希望厘清此书的转译史，并从中分析当时西方文学作品翻译的传播途径及语文之间的影响，另一方面则试图

---

[1] 包天笑：《钏影楼回忆录（上）》（台北：龙文出版社，1990），页205。
[2] 钱理群、温儒敏、吴福辉：《中国现代文学三十年》（台北：五南图书公司，2002），页106。
[3] 小说林社：〈谨告小说林社最近之趣意〉，收陈平原、夏晓虹（编）：《二十世纪中国小说理论资料（第一卷）1897-1916》（北京：北京大学出版社，1997），页173。
[4] 又名《飞行记》，阿英（1900-1977）将其归类为冒险小说，亦为地理小说。阿英：〈小说管窥录〉，《晚清文学丛钞：小说戏曲研究卷（卷四）》（北京：中华书局，1960），页519。

从这种文类的特性来分析译者在小说中翻译"地理"会遭遇到怎样的困境。笔者经过文本细读及版本比对之后,目前可确认包天笑的《秘密使者》译自森田思轩(森田文藏,1861-1897)的日译本《瞽使者》(1891),而此日译本则是译自 W. H. G. Kingston(William Henry Giles Kingston, 1814-1880)的英文译本 *Michael Strogoff: The Courier of the Czar*(1876),而此英文译本是译自凡尔纳的法文原著 *Michel Strogoff: De Moscou à Irkoutsk*(1876)。在文献探讨之后,笔者将详述这段转译史的始末。

二、相关文献

相较于晚清时期的其他类型小说,地理小说可说是非主流的边缘作品,几乎很少看到中国翻译史的相关专书或论文对此文类加以讨论。至于针对包天笑《秘密使者》的研究,更是付之阙如。许多翻译史相关书籍都会提到晚清科学小说翻译的热潮,其中又必提科学小说作家凡尔纳,并且列出凡尔纳有哪些作品被译为中文,此时《秘密使者》往往也名列其中,因此读者很容易以为《秘密使者》也是科学小说,笔者也一度以为如此。郭延礼的《近代西学与中国文学》便把《秘密使者》列为凡尔纳的科幻小说。[1]刘军的博士论文〈晚清科学幻想小说与"知识型"转变〉也将包天笑翻译的《秘密使者》纳入凡尔纳的科幻小说之列。[2]何静姝的〈由包天笑看晚清儿童文学翻译活动〉亦将《秘密使者》列入包天笑翻译的科学小说。[3]但事实上,包天笑给此书冠上的名称是"地理小说"而非"科学小说"。不过,也是有前人研究指出《秘密使者》为非科幻类的凡尔纳小说,例如陈明哲的硕士论文。[4]卜立德(David E. Pollard)的〈凡尔纳、科幻小说及其他〉也提到这部作品不同于科幻小说,而应归入"地理小说"。[5]

---

[1] 郭延礼:《近代西学与中国文学》(南昌:百花洲文艺出版社,1999),页198。
[2] 刘军:〈晚清科学幻想小说与"知识型"转变〉(北京大学中国语言文学系未出版博士论文,2012),页12。
[3] 何静姝:〈由包天笑看晚清儿童文学翻译活动〉,《兰台世界》2015年第19期(2015年7月6日),页124。
[4] 陈明哲:〈凡尔纳科幻小说中文译本研究——以《地底旅行》为例〉(国立台湾师范大学翻译研究所未出版硕士论文,2006),页26。
[5] 卜立德:〈凡尔纳、科幻小说及其他〉,收王宏志(编):《翻译与创作:中国近代翻译小说论》(北京:北京大学出版社,2000),页138。

卜立德的这篇论文[1]探讨科幻小说在晚清的译介情形,尤其是凡尔纳的作品。论文中讨论了《海底旅行》、《月界旅行》、《环游月球》、《地底旅行》、《造人术》(此书并非凡尔纳的作品)、《秘密使者》、《八十日》、《失落的世界》(此书作者为柯南道尔)、《电冠》(原作不明)。这是笔者找到的文献资料中,难得一篇讨论到《秘密使者》的论文。卜立德列出了包天笑译本中与原著 Michel Strogoff 比较之下增删及改动的部分,虽然他也提到包天笑是以日译者森田思轩的译本为根据,却没有提出日译本的书名,在比对文本时,只谈中译本与原作的差异,却忽略了居中转译的日译本可能扮演的角色。另外,卜立德提到译本中只有一个译者评语,是包天笑以日译本中关于"奇夫齐"(吉卜赛人)的注解为根据,大叹中国人遭受之待遇与吉卜赛人无异。但事实上包天笑在《秘密使者》下册亦增加了几处自己的喟叹之语,主要都是从主角苏朗笳对母亲的情感为出发点,发表包天笑个人对苏朗笳的辩解,解释苏朗笳失信于沙皇是因为深爱母亲,包天笑也借此表达感同身受的孺慕之情。此外,根据本研究的考证结果,森田思轩是以英文译本为底本,卜立德在讨论时也未曾提到英文译本,因此本研究希望借由厘清转译过程,对前人研究加以补充修正。

过去对于包天笑的译者研究,多半着重在他的言情小说及教育小说翻译,前者多数讨论《迦因小传》,后者往往集中在《馨儿就学记》。尽管后人论及晚清科学小说翻译,经常引证包天笑《铁世界》的〈译余赘言〉:"科学小说者,文明世界之先导也。世有不喜科学书,而未有不喜科学小说者。则其输入文明思想,最为敏捷。"[2]但研究包天笑科学小说翻译的学者却极少。陈明哲的硕士论文〈凡尔纳科幻小说中文译本研究——以《地底旅行》为例〉讨论凡尔纳的小说在中国的译介情形,其中谈到包天笑翻译凡尔纳的几本小说,但并未加以深究,因为该论文主要研究的对象是鲁迅(1881-1936)翻译的《地底旅行》。另外有些研究则是主要在讨论晚清科幻小说的翻译系谱,在列出众多名家之际,仅将包天笑列入其中而没有多谈。关于晚清科学小说的主题,这类概览式的研究不少,但包天笑的译作往往只是一笔带过。潘少瑜的〈末日意象的变形与重构:论包天笑的终末小说翻译〉是少数谈论包天笑科学小说翻译的研究,主要讨论包天笑翻译押川春浪《千年后之

---

[1] 卜立德:〈凡尔纳、科幻小说及其他〉,收王宏志(编):《翻译与创作:中国近代翻译小说论》(北京:北京大学出版社,2000),页118-150。

[2] 包天笑:〈译余赘言〉,《铁世界》(上海:文明书局,1903),页1。

世界》及木村小舟〈世界末日记〉这类终末小说时，如何承续西方末日概念，再将其融入东亚在地意象。[1]整体来说，举凡讨论包天笑、凡尔纳、科学小说、科幻小说的研究，极少见到包天笑的地理小说或《秘密使者》翻译的探讨。

三、法英日中转译史

要追溯包天笑1904年《秘密使者》的转译史，首先从他的〈译余赘言〉的第二点开始谈起。他在第一点先提到此书与先前译作《铁世界》同为法国小说家迦尔威尼氏的杰作，并在第二点提到"是书亦自森田思轩本转译而得"，第五点也表明"是书原名瞽使者"。[2]根据包天笑提供的译者姓名及书名，笔者找到1904年之前出版且译者为森田思轩的《瞽使者》，比对文本之后，发现日译本与中译本不仅行文相似，而且章节标题相仿，例如《秘密使者》第一章标题为"莫斯科新宫之夜宴"，第二章为"飞使"，第三章为"尼塞尼之道中"，皆可对应《瞽使者》的第一回"新宮の夜宴"，第二回"飛使"，第三回"ニヅニ一府の途中"。此外，男主角同样名为"苏朗笏"，女主角也都是叫做"那贞"，至此可确认包天笑所言不假，[3]《秘密使者》确实是从森田思轩的《瞽使者》转译而成。

下一个步骤是确定《瞽使者》根据的底本。森田思轩以羊角山人为名在〈例言四则〉中提出这是"佛国ジュール、ヴェルーヌ氏叢書の一"，书名为《ミケル、ストロゴッフ》，并说明此书译述之后连载于《报知新闻》，如今再次编辑，根据"原本"补加遗漏之处，又请思轩居士删润而成此书。[4]相较于包天笑的坦诚相告，森田思轩的这则例言让读者以为此书的底本为法文原著，也以为日译者为羊角山人，而森田思轩只是删润修改者。[5]此书原本题名为《盲目使者》，由森田思

---

[1] 潘少瑜：〈末日意象的变形与重构：论包天笑的终末小说翻译〉，发表于香港中文大学翻译研究中心主办"中国翻译史进程中的译者"第一届中国翻译史国际研讨会，2015年12月17–19日。
[2] 包天笑：〈译余赘言〉，《秘密使者下卷》（上海：小说林社，1904），页1。
[3] 包天笑在序言说明所据底本的日译者姓名及日译本书名，足见他当时颇有译者意识，他后来翻译教育小说时，反而没有注明底本来源（例如《儿童修身之感情》、《苦儿流浪记》），甚至加以在地化而不让读者看出这是译作（例如《馨儿就学记》、《埋石弃石记》）。
[4] 森田思轩：〈例言四则〉，《瞽使者》（东京：报知社，1891），页1。
[5] 无独有偶，森田思轩在先前翻译的《铁世界》的序言中，也声称译者为红芍园主人，自己只是略为加以删润的人。

轩翻译,1887年9月16日至12月30日刊载于《邮便报知新闻》,1888年单行本出版,改名为《瞽使者》,分成上编及下编。根据富田仁的研究,森田思轩的别号包括"红芍园主人"、"大块生"、"独醒子"、"羊角山人"。[1]而森田思轩之所以采用各种笔名,要从《邮便报知新闻》1886年开始设置"新嘉坡通信"小说栏说起,当时为求改革而设小说栏,希望吸引读者产生兴趣而阅读,因此该报刊由包含森田思轩在内的九位译者匿名发表译作,希望借此让读者来鉴定其译作之优劣。[2]

从日本翻译史的相关著作可知,森田思轩虽有"翻译王"之名,但他并非从原典直接翻译,而是从英文译本转译。[3]秋山勇造直言森田思轩无法阅读法语,只能借由英文译本来翻译。[4]小室惠子也提到森田思轩翻译凡尔纳的作品,都是采用从法文原著译成的英文译本作为底本。[5]森田思轩少年时期便开始学英语,先是在大阪的庆应义塾分校,第二年移至德岛,后来转入东京本校,[6]这三年奠定了他的英文基础。[7]因此从他的语文训练背景来看,他比较可能从英文译本转译。事实上,明治时期不少译家都是透过英文译本转译欧洲各国的文学作品,甚至很容易因为不察而误以为英文译本为原作。例如井上勤在1884年翻译出版的《六万英里 海底纪行》,书名页写着"英国ジユールスベル子著",[8]但事实上原作者凡尔纳为法国人而非英国人。鲁迅在其所译《月界旅行》的〈辨言〉中提到自己转译井上勤之日译本《九十七時二十分間月世界旅行》,原作者为"培伦者,名查理士,美国硕儒也",[9]这是因为井上勤在〈凡例〉中提到此书是"米国チカゴ府ドンネリイ・ロイド商會"发行,[10]第一页更写着"米国ジユールスベルン氏原著"。从这

---

[1] 富田仁:《フランス小説移入考》(东京:东京书籍,1981),页54-55。
[2] 仓智恒夫:〈西洋近代小説の日本的翻案——森田思軒と泉鏡花——〉,收芳贺彻、平川佑弘、亀井俊介、小堀桂一郎(编):《講座比較文学第4卷　近代日本の思想と芸術Ⅱ》(东京:东京大学出版会,1974),页158。
[3] 富田仁:《フランス小説移入考》,页20。
[4] 秋山勇造:《埋もれた翻訳》(东京:新读书社,1998),页108。
[5] 小室恵子:〈森田思軒書簡資料の紹介について〉,收笠冈市立图书馆、笠冈市竹乔美术馆(编):《森田思軒資料集2015》(笠冈:笠冈市立图书馆,2015),页4。
[6] 柳田泉:《明治初期の飜譯文学》(东京:松柏館,1935),页503-506。
[7] 森於菟:〈森田思軒の滯歐私信〉,《明治大正文学研究 "鷗外の新研究" 特集》第22号(1957),页116。
[8] 藤元直树指出明治前半期的凡尔纳被认为是英国作家。藤元直树:〈英国作家ジュール・ヴェルヌ明治期翻訳のねじれ〉,《水声通信》第4卷第6号(2008年12月),页164。
[9] 鲁迅:〈科学小说《月界旅行》辨言〉,《鲁迅全集》(北京:人民文学出版社,1973),第十一卷,页10。
[10] 经笔者查找,可能是芝加哥的Donnelly, Lloyd & Co.出版公司。

几个例子也可看出，"佛国ジュール、ヴェルーヌ氏"，"英国ジユールスベル子"，"米国ジュールスベルン氏"，指的都是凡尔纳，但是国籍与姓名译法皆不相同。

　　从上述的错误可以看出，译者在序言当中提供的未必是正确信息，要确认森田思轩并非以法文原著为底本，还需要更确切的证据，此时需要借由文本比对，才能确认森田思轩是根据法文原著还是根据英文译本。凡尔纳的原著出版于1876年，森田思轩在《邮便报知新闻》连载日期为1887年9月16日至12月30日，因此出版日期介于1876年与1887年之间的英文译本都可能是森田思轩根据的底本。根据Arthur B. Evans的研究[1]以及科幻小说百科全书 *Encyclopedia of Science Fiction* 的记载，[2] *Michel Strogoff* 的英文译本有两个，一个是1876年伦敦Sampson Low出版社出版的 *Michael Strogoff: the Courier of the Czar*，译者为W. H. G. Kingston。另一个英文译本是1876年纽约Frank Leslie出版社出版的 *Michael Strogoff: From Moscow to Irkoutsk*，译者为E. G. Walraven。Evans也列出1877年纽约Scribner, Armstrong & Company出版社的英文译本以及1877年纽约Munro出版社的英文译本。不过，根据ibiblio公共图书馆及数字档案（The Public's Library and Digital Archive）关于凡尔纳的计划所描述，[3]凡尔纳当时的作品在法国主要是由Julius Hetzel出版社以及后来的Hachette出版社负责出版，在伦敦的出版社是Sampson Low，在纽约则是由Scribner's出版社[4]直接翻印Sampson Low的版本在美国出版。Scribner's的版本经笔者比对，译文确实是Kingston的版本，而Munro是19世纪恶名昭彰的盗版出版社，[5]很可能是盗印伦敦Sampson Low或纽约Scribner's的版本。

　　森田思轩在《瞽使者》的〈例言四则〉第二则刻意提到前作《铁世界》，似乎

---

[1] Arthur B. Evans, "A Bibliography of Jules Verne's English Translations," *Science Fiction Studies* 32, no. 1 (March 2005), pp. 105-141.

[2] Encyclopedia of Science Fiction, http://www.sf-encyclopedia.com/(accessed on 28 August 2016).

[3] The Jules Verne Page, https://www.ibiblio.org/pub/docs/books/sherwood/Jules_Verne_Page.htm (accessed on 28 August 2016).

[4] Scribner's出版社的正式名称在1876年时为Scribner, Armstrong & Company，1878年时才改名。Jill P. May and Robert E. May, *Howard Pyle: Imagining an American School of Art* (Urbana: University of Illinois Press, 2011), p. 210.

[5] Christine Bold, ed., *The Oxford History of Popular Print Culture: US Popular Print Culture 1860-1920 Volume 6* (New York: Oxford University Press, 2012), p. 85.

有承先启后相互呼应之感。而根据前人研究，[1]森田思轩同年3月26日至5月10日的译作〈佛曼二学士の谭〉（单行本书名改为《铁世界》）也是译自Kingston的英文译本 The Begum's Fortune，出版社也是Sampson Low。前述井上勤译作在书名页注明原作者为"英国ジュールスベル子著"，川户道昭认为这是井上勤以英国发行的英文译本为底本的缘故，而且此底本极可能是英国的サンプソン・ロウ（Sampson Low）出版社发行。[2]将凡尔纳记为英国人的小说其实还不在少数，除了1884年博闻社出版井上勤翻译的《六万英里 海底纪行》之外，还包括1883年春阳堂出版井上勤翻译的《亚非利加内地三十五日间 空中旅行》，1885年九春社出版三木爱华、高须墨浦合译的《拍案惊奇 地底旅行》，1887年春阳堂出版福田直彦译述的《万里绝城 北极旅行》。可见当时在日本流通的凡尔纳作品可能主要是英文译本，而且可能主要是伦敦Sampson Low出版社的版本。

为了确定英文译本是伦敦Sampson Low出版社的Kingston译本，还是纽约Frank Leslie出版社的Walraven译本，笔者将森田思轩的日译本与凡尔纳的法文原著、Kingston的英文译本、Walraven的英文译本一起比对，终于确认森田思轩的日译本是以Kingston的英文译本为底本。首先从书名来看，法文原著书名为 Michel Strogoff: De Moscou à Irkoutsk，Walraven英文译本的副标题为 From Moscow to Irkoutsk，两者的副标题皆为"从莫斯科到伊尔库茨克"，而Kingston英文译本的副标题为 the Courier of the Czar，意即"沙皇的密使"，对照之下，日译本无论是连载时的题名〈盲目使者〉或者是单行本的书名《瞽使者》，都与Kingston英文译本副标题的 Courier（密使）较为接近。另外，书中描写英国记者的肤色，法文原著使用的形容词为 brun，Walraven翻译成 brown，Kingston翻译成 sallow，即为灰黄色或土黄色，而森田思轩译为"颜色淡黄"，[3]比较接近Kingston的用字。又如故事中沙皇打开窗户想透透气，法文原著使用的字是 oxygène，Walraven的用字是 oxygen，Kingston的用字是 air，森田思轩的译文是"空气"，[4]也比较接近Kingston的用

---

[1] 本文有关英译者Kingston的研究资料均引自陈宏淑：〈ヴェルヌから包天笑まで——『鉄世界』の重訳史〉，《跨境/日本语文学研究》第3号（2016），页111–130。
[2] 川户道昭、榊原贵教（编）：《明治翻訳文学全集 新聞雑誌編 27 ヴェルヌ集》（东京：大空社，1996），页367。
[3] 森田思轩（译）：《瞽使者上编》（东京：报知社，1891），页6。
[4] 同上，页12。

字。更明显的证据在皇宫举办宴会的日期，法文原著写的日期为 la nuit du 15 au 16 juillet，Walraven 的英文译本写的是 the night of July 15-16th，Kingston 的英文译本写的却只有 the night of the 15th of July，而森田思轩的日译本写的也仅有"七月十五日の夜"，[1] 与 Kingston 的英文译本相同。至此大概可以确认森田思轩日译本的底本并非 Walraven 的英文译本，[2] 而是 Kingston 的英文译本。

不过，根据文献资料显示，[3] W.H.G. Kingston 可能只是挂名的译者，真正的译者是他的太太 Agnes Kinloch Kingston（1824-1913）。Kingston 主要是以作家立名于世，初期写过历史小说与游记，1850年之后开始撰写少年读物，也编辑以少年为读者对象的刊物，他的少年小说受欢迎的程度仅次于狄更斯。[4] 他在1859年时创办了一份少年刊物 Kingston's Magazine for Boys，刊登他自己写的文章，教育性十分浓厚，此外也刊载了一些翻译作品，这些作品以及翻译凡尔纳作品的译作都是 Kingston 的太太所译。[5] Agnes Kinloch 替先生翻译的这个事实一直至1940年代 Kingston 夫妻的日记被发现才公之于世。尽管 Kingston 一生中写了超过130部作品，但他晚年受债务与疾病所苦，在《铁世界》英文译本 The Begum's Fortune 出版的来年8月便过世了。Kingston 太太在丈夫过世之后自然无法再以丈夫之名翻译作品，出版社 Sampson Low 显然也知道 Kingston 太太一直以来参与翻译的情形，但却不愿让 Kingston 太太以自己名义继续翻译，因为如果之后作品都以 Kingston 太太自己署名为译者，出版社担心会引起读者对先前作品的真正译者有所质疑，因此 Kingston 太太只好改以女儿 Agnes Dundas Kingston（1856-1886）为挂名译者，完成 Kingston 生前她便开始着手的 The Steam House 这部作品的翻译。[6] 以此推论，《铁

---

[1] 森田思轩（译）:《瞽使者上编》,页8。
[2] 根据 César Guarde-Paz 的研究，1922年林纾与毛文钟合译的《瞶目英雄》是根据 Walraven 的英文译本。César Guarde-Paz, "Lin Shu's Unidentified Translations of Western Literature," *Asian Culture* 39 (August 2015), p. 26.
[3] "Kingston, William Henry Giles (1814-1880)," Oxford Dictionary of National Biography, http://www.oxforddnb.com/view/article/15629 (accessed on 26 August 2015).
[4] W. E. Marsden, "Rooting racism into the educational experience of childhood and youth in the nineteenth- and twentieth-centuries," *History of Education* 19, no. 4 (1990), pp. 333-353.
[5] "Kingston, William Henry Giles (1814-1880)," (accessed on 26 August 2015).
[6] Norman Wolcott, "The Victorian Translators of Verne: Mercier to Metcalfe" (Lecture, the Jules Verne Mondial, March 2005), http://www.ibiblio.org/pub/docs/books/sherwood/The%20Victorian%20Translators%20of%20Verne.htm (assessed on 27 August 2015).

世界》及《瞽使者》的英文底本译者并非书上所载的 W. H. G. Kingston，而是他的夫人 Agnes Kinloch Kingston。不过后人对这位女士的了解甚少，只知道她很有音乐天分，曾在欧洲美术馆学习艺术，法语及德语十分流畅。[1]

最后要确认的是 Kingston 的英文译本是否直接从法文原著翻译。这点从文献记载来看是如此，经过笔者比对文本，也可看出英文译本几乎是亦步亦趋跟着法文原文，插图也都相同，因此英文译本直接译自凡尔纳的法文原著 *Michel Strogoff*，大概是毋庸置疑的。凡尔纳有科幻小说之父[2]之美名，他一生出版了80部小说及短篇故事，其中有62部属于"惊异之旅"系列丛书（Voyages Extraordinaires），*Michel Strogoff* 便是其中之一。然而他自己并未将这些小说视为科幻小说，而是定义为"地理小说"。[3]因此严格说起来，凡尔纳关切的主题与其说是科幻，不如说是地理。他利用这些地理小说把读者带到世界的各个角落，乘坐新奇的交通工具，到过去到未来，或许是因为其中虚构幻想的成分对读者更具吸引力，因而后人多半称他的作品为科幻小说。如此看来，包天笑将《秘密使者》定义为地理小说，倒是与凡尔纳的原意不谋而合。

从《秘密使者》这段转译史，以及笔者过去探查包天笑科学小说与教育小说的发现，其实可以再次映证两个值得注意的现象。第一是文本传播的路径。无论是包天笑翻译的科学小说、地理小说或者是教育小说，文本生产的出发地往往都在欧洲，之后传播至美洲及亚洲，美国与欧洲的出版业交流密切，因此往往第一时间就会有英文译本在美国发行或遭到盗版。之后，日本可能直接采用欧洲语文原著或英文译本，译成日文之后可能先在报刊上连载，也可能直接出版单行本。晚清时期倾向从日本求取新知的译者（例如梁启超、包天笑）再以日译本为底本，译成中译本。这些西方来的新文类透过日人翻译，转译成中文，而在东亚各国之间传播

---

[1] Reverend M. R. Kingsford, *The Life, Work, and Influence of W. H. G. Kingston* (Toronto: Ryerson Press, 1947)，转引自同上。

[2] Timothy Unwin 认为 Peter Costello 的著作 *Jules Verne: Inventor of Science Fiction* (London: Hodder and Stoughton, 1978) 最能一言以蔽之，其书名说明了凡尔纳为科幻小说之发明者。Timothy Unwin, *Jules Verne: Journeys in Writing* (Liverpool, UK: Liverpool University Press, 2005), p. 7.

[3] Lionel Dupuy, "L'imaginaire géographique au cœur d'un *Voyage Extraordinaire: Le Superbe Orénoque* de Jules Verne," *Géographie et Cultures*, No. 75 (2010), pp. 175–188，转引自 Lionel Dupuy, "Jules Verne's Extraordinary Voyages, or the Geographical Novel of the 19th Century," *Annales de Géographie*, No. 690 (2013), p. 131。

流通，后续又产生具体的影响。[1]举例来说，根据前人研究及笔者实际比对文本，包天笑的《铁世界》（1903）成为韩国李朝海《铁世界》（1908）的底本，[2]包天笑的《儿童修身之感情》（1905）成为韩国李辅相《伊太利少年》（1908）的底本，包天笑的《苦儿流浪记》（1915）成为台湾《无家的孤儿》（1943）的底本之一。[3]这些例子显示西方作品从欧洲传播至亚洲，再从日本到中国之后，有些文本会继续旅行，延续其传播路径到其他亚洲国家。

第二是语言相似性产生的影响。英文译本与欧洲语文原著的出版时间通常非常接近，以《秘密使者》为例，Kingston的英文译本 *Michael Strogoff* 与凡尔纳的法文原著 *Michel Strogoff* 都在1876年出版；以《铁世界》为例，Kingston的英文译本 *The Begum's Fortune* 与凡尔纳的法文原著 *Les Cinq Cents Millions de la Bégum* 都在1879年出版；以《馨儿就学记》为例，Isabel F. Hapgood（1850—1928）的英文译本 *Cuore: An Italian Schoolboy's Journal* 在1887年出版，仅晚于意大利原作 *Cuore* 一年。这当然也是欧洲与美国出版事业交流频繁的结果，不过语言的相似性或许也让欧洲语种翻译成英文更迅速，而且让这类的双语人才更易觅得。相较之下，日译本的出版时间就与英文译本相隔较久。另外一个语言相似性的影响则在于翻译的忠实度，英文译本通常非常忠于原著，句型用字都看得出来紧贴原文的情形，但日译本与英文译本之间的语言差异性太大，不易句句对译，加上日译者对英文的熟习程度可能不足，或许这是日译本比较会出现"翻案"[4]或"抄译"[5]的原因之一。

厘清了《秘密使者》的转译路径为：法国（凡尔纳）→英国（Kingston）→日本（森田思轩）→中国（包天笑），接下来本文的重点放在日译本及中译本的翻译特点，从地名、注解、单位三个指标，去观察两位译者的策略，并分析包天笑在翻译地理小说这种特殊文类时遭遇的困境与挑战。

---

[1] 罗景文：〈东亚汉文化知识圈的流动与互动——以梁启超与潘佩珠对西方思想家与日本维新人物的书写为例〉，《台大历史学报》第48期（2011年12月），页51—96。
[2] 崔瑞娟：〈中韩近代科学小说比较研究——以凡尔纳的《海底旅行》和《铁世界》为中心〉（山东大学韩国学院亚非语言文学未出版硕士论文，2012）。赵城勉：〈韩国科幻小说百年流变史：从翻译到原创走过一条漫长的道路〉，*list: Books from Korea* 2013夏季号，总第20期，页10—12。
[3] Hung-Shu Chen: "A Hybrid Translation from Two Source Texts: The In-Betweenness of a Homeless Orphan," *Compilation and Translation Review* 8, no. 2 (2015), pp. 89—120.
[4] 日文的"翻案"，意味着对原文的改写幅度很大。
[5] 日文的"抄译"指的是节译、摘译。

四、如何翻译"地理"

地理小说与其他小说最大的不同,当然在于故事中有大篇幅的地理描述,介绍异国的地形、物产、人种、风俗等。其中地名出现的频率特别高,介绍奇风异俗也往往需要加上注解来说明,城市之间的距离或人们使用的货币也常需要用不同的度量衡及货币单位来表示,因此本文选择地名、注解、单位三个项目,作为观察地理小说翻译特点的指标。

面对地名的翻译,同样使用拼音文字的英译者有时直接使用法文原著的地名(例如Tomsk),或是以英文原有的拼法(例如法文原著的Iakoutsk译成英文的Irkutsk)。不过到了日译本和中译本,因为日文和中文不是拼音文字,所以只能用别的符号系统来音译。如果是当时较为广泛使用的地名,译者通常就是萧规曹随,例如"莫斯科"、[1]"乌拉山"、[2]"欧罗巴",[3]日文与中文都是一样的地名;如果是日文中文各有其惯用的地名译法,那么译者就采约定俗成的译法,例如日文译成"露西亚",[4]中文译成"俄罗斯",[5]日文译成"巴里",[6]中文译成"巴黎"。[7]然而,如果是较不普及的地名,日译者森田思轩就会自行翻译,决定适合的汉字,旁边再标注片假名,以音译的方式呈现,例如Tomsk译成"吐士屈",片假名标音为"トムスク"。[8]中译者包天笑则是依照日译本的片假名发音,以发音类似的中文字组成地名,因此"トムスク"译成"吐脉士克",[9]一个片假名对应一个中文字,选用的中文字也参考了日文"吐士屈"当中的"吐"和"士"这两个字。特别值得一提的是,根据前人研究,[10]包天笑在音译人名或地名时是用苏州话发音,在此也再次

---

[1] 森田思轩(译):《瞽使者上编》,页1。包天笑(译):《秘密使者上卷》,(上海:小说林社,1904),页1。
[2] 森田思轩(译):《瞽使者上编》,页13。包天笑(译):《秘密使者上卷》,页10。
[3] 同上。
[4] 森田思轩(译):《瞽使者上编》,页5。
[5] 包天笑(译):《秘密使者上卷》,页4。
[6] 森田思轩(译):《瞽使者上编》,页8。
[7] 包天笑(译):《秘密使者上卷》,页6。
[8] 森田思轩(译):《瞽使者上编》,页1。
[9] 包天笑(译):《秘密使者上卷》,页1。
[10] 陈宏淑:《〈馨儿就学记〉前一章:〈儿童修身之感情〉的转译史》,《翻译学研究集刊》第17辑(2014),页15。

得到验证。"吐"这个字在上海话或北京话的发音都是tu,苏州话的发音则是tou,后者才是接近日文"ト"的发音。更常见的情况是森田思轩不用汉字,直接用片假名音译,例如把Semipolatinsk译成"セミポラチンスク",[1]而包天笑也是音译,译成"瑞迷勃拉庆士克"。[2]把"セ"译成"瑞",同样也是以苏州话的发音来音译的结果。

森田思轩对于Siberia(西伯利亚)的译名有自己的看法,他不采当时较常见的"西伯亚",而改译成"柴伯亚",片假名标音为サーベリヤ。他在〈例言四则〉加以解释,说明他之所以改用"柴"这个汉字取代"西",是因为冠上"西"这个字,容易让读者以为此地的方位在西边,[3]但事实上西伯利亚的位置是在乌拉山以东,一直延伸到太平洋。从森田思轩的说明可以看出,用日文或中文音译地名时,在选用近似音的汉字或中文时,也须考虑到汉字或中文除了表音之外,也有表意的作用。可能是为了避免望文生义的误解,森田思轩绝大多数都是使用片假名来音译地名。然而,当时的中文系统并没有汉语拼音或注音符号,所以包天笑只能使用中文音译地名,因此文中便出现一长串彼此之间无意义关联的中文字,例如"瑞迷勃拉庆士克"、[4]"迦基尔默斯克"、[5]"司泼司壳威"、[6]"克罗士那耶尔士克"、[7]"阿卖尔及耶苦克"。[8]正因为这些中文字彼此没有关联,所以难以产生有意义的连结,很容易混淆或忘记,同一个地名,包天笑有可能译成不同的中文字,故事前面出现的"依客推轮勃尔克",[9]到了后来他又译成了"依客推轮蒲尔克"。[10]可见选用中文字来音译地名,是中文译者伤脑筋的一个困难点。

凡尔纳在地理小说中提供地形、物产、人口、种族等信息,旅途中主角每到一个新地方,凡尔纳往往先介绍该地地理信息。除了地名音译之外,有些与地理知识相关的陌生词语或概念,森田思轩和包天笑也会以注解的方式加以说明,让读者容

---

[1] 森田思轩(译):《瞽使者上编》,页87。
[2] 包天笑(译):《秘密使者上卷》,页63。
[3] 森田思轩:〈例言四则〉,《瞽使者》,页2。
[4] 包天笑(译):《秘密使者上卷》,页3。
[5] 同上,页118。
[6] 同上,页147。
[7] 包天笑(译):《秘密使者下卷》(上海:小说林社,1904),页65。
[8] 同上,页125。
[9] 包天笑(译):《秘密使者上卷》,页11。
[10] 同上,页54。

易明白。例如Perm这个地名,森田思轩以文中加注的方式说明:"ペルム州ハ烏拉山を夾みて露柴兩境に跨がれりペルム府ハ其の首府にして露境の方に属き居るなり",[1]包天笑也以文中加注的方式译出此注解:"按贝尔莫州者,夹乌拉山而横跨俄罗斯本部与西伯利亚两境,贝尔莫府即其首都,属于欧俄"。[2]除了翻译森田思轩的注解之外,包天笑偶尔也会自行补充信息,以较小的字体分成两行在文中夹注。例如:"冬笼:按北方用兵每至冬日休兵不动,谓之冬笼",[3]"按太守即大公爵"。[4]又或者包天笑会改以自己的方式来注解,例如土耳其斯坦的乐器"ドータル"和"コビーズ",[5]前者森田思轩文中夹注为"略ぼ三味線の如き者",包天笑译为"特他耳",文中两行小字夹注为"略似我国之三弦";后者森田思轩文中夹注为"大なる胡弓の如き者",包天笑译为"夸比斯",文中两行小字夹注为"略似中国之胡琴"。[6]

地理小说的译者遭遇的第二个困难点就是这类第一次接触的新名词,此时的解决之道往往就是采用译者与读者的旧经验来链接新知识。类似上述的乐器注解唤起读者旧经验,森田思轩也以注解描述译者的旧经验,说明译者本人曾在沙漠地区看该地人民以革袋盛水,由骆驼背负之情形,而包天笑也如实译出森田思轩的注解。但若译者缺乏旧经验,就可能因为不熟悉新知识而误译。例如回教徒的头巾turban,森田思轩译为"タルバン",文中夹注为"帽子",[7]包天笑先是音译为"他尔本",文中的两行小字夹注为"即欧西各种冠之总称"。[8]而犹太人头上所戴的little caps of dark cloth(黑布小帽),森田思轩译为"黒色の絹頭巾",[9]包天笑跟着译成"黑色头巾"。[10]戴头巾的译成戴帽子的,戴帽子的译成戴头巾的,这样张冠李戴的错误,显示地理小说跟一般以故事情节为主的小说比起来,其译者特别需要跨文化的知识。

---

[1] 森田思轩(译):《瞽使者上编》,页17。
[2] 包天笑(译):《秘密使者上卷》,页13。
[3] 包天笑(译):《秘密使者下卷》,页74。
[4] 同上,页149。
[5] 森田思轩(译):《瞽使者下编》(东京:报知社,1891),页91。
[6] 包天笑(译):《秘密使者下卷》,页52。
[7] 森田思轩(译):《瞽使者下编》,页6。
[8] 包天笑(译):《秘密使者下卷》,页4。
[9] 森田思轩(译):《瞽使者下编》,页6。
[10] 包天笑(译):《秘密使者下卷》,页4。

第三个困难点发生在单位的换算。读者在阅读《秘密使者》时，跟随着主角的旅程，不断地从一个空间移向另一个空间。这种空间的移动，如果没有把长度单位换算出来，读者难以想象西伯利亚之辽阔，亦难以体会威尔喀河之绵延。因此凡尔纳在故事中常会说明从某地到另一地的距离，例如从莫斯科到伊尔库茨克的距离，英文译本的 five thousand two hundred versts 使用了俄国的单位 verst，也就是"俄里"，森田思轩译成"五千二百ヴェルスト（一千三百里）"，[1] 前者是未经换算的5200俄里，括号里是换算成日本单位的1300里。森田思轩提供两种距离表示法，帮助日本读者确切感受主角要横越的距离是如此遥远。故事中出现的各种距离，森田思轩几乎都一一换算，提供日本读者容易感受的长度单位，但是包天笑却不然，他只是原原本本把"五千二百ヴェルスト"译成"五千二百威斯脱"，后面以小字注明"里名"，[2] 没有考虑中国读者是否理解"威斯脱"是怎样的长度单位。只有偶尔几处遇到森田思轩使用日本单位的时候，包天笑才会换算成中国单位，例如把"四间"[3] 换算成"三丈"[4]（正确数字为二丈），把"七八丁"[5]（七八町）换算成"半里"[6]（正确数字应为一里半），这显示包天笑并不是没有单位换算的概念，而是在换算与不换算之间有他的想法。他在先前《铁世界》译文中的单位换算情形非常混乱，有时直接使用日本单位，把"四里二十町"直接译成"四里二十町"，也有时数字不变只改变单位，把"两百间"译成"二百丈"的，显然单位换算是他翻译时的一个难题。[7] 而他在《秘密使者》则几乎全部使用"威斯脱"为单位，不再经过换算。同样的，遇到俄国的货币单位 copeck 及 rouble，森田思轩译成"コペク"[8] 和"ルーブル"，[9] 也都另外在括号内附上换算成日币单位"厘"、"钱"、"圆"的正确数字，但是包天笑则是一律不换算数字及单位，照样使用俄国货币单位"壳贝克"[10]

---

[1] 森田思轩（译）:《謦使者上编》，页29。
[2] 包天笑（译）:《秘密使者上卷》，页17。
[3] 森田思轩（译）:《謦使者上编》，页122。
[4] 包天笑（译）:《秘密使者上卷》，页87。
[5] 森田思轩（译）:《謦使者上编》，页231。
[6] 包天笑（译）:《秘密使者上卷》，页164。
[7] 陈宏淑:〈ヴェルヌから包天笑まで〉，《跨境/日本语文学研究》，页126。
[8] 森田思轩（译）:《謦使者上编》，页97、241。
[9] 同上，页170、243；《謦使者下编》，页112。
[10] 包天笑（译）:《秘密使者上卷》，页70、171。

及"卢布"。[1]包天笑在距离长度与货币单位采取大部分不换算的策略,的确省了不少事,[2]但却也失去传达地理知识的作用。

五、"地理"与"小说"的两难

凡尔纳"惊异之旅"丛书的主题就是探究19世纪文明国度的地理边缘,他不断拓展未知的领域,其文学作品描述的都是进入异地的一趟旅程,而探险与旅行的主题也可用来比喻这位作家的创作之旅。[3] Ron Miller认为凡尔纳一生出版的小说当中,只有十几本称得上是"科学小说",而且往往只是因为偶有延伸至科学的议题。不过换另一个角度来看,我们也可以说他的每一本书都是关于某一门科学,这门科学就是他毕生最感兴趣的地理学。他的所有小说都是带领读者造访世界上各个不同的地方,这也就是为什么他的系列丛书会取名为"惊异之旅"。[4]以此来看,凡尔纳的一些作品更适合称为地理小说而非科幻小说。例如《环游世界八十天》也没有科学幻想的成分,只有一连串充满挫折的旅程,跟 *Michel Strogoff* 颇为类似。凡尔纳对于学术上的地理贡献不大,但他小说中的地理知识,确实都是查证事实,并且向专家学者咨询过后才写出来的。举例来说,俄国地理学家Peter Kropotkin(1842-1921)曾经在1864年在西伯利亚进行多次科学探险,获得相当有价值的地理信息。凡尔纳在写 *Michel Strogoff* 的时候,就求教过Kropotkin关于俄国的地理知识。[5]从文本内容来看, *Michel Strogoff* 毫无幻想成分,难以称为科幻小说,若以狭义的定义来看科学,书中唯一提到的科学现象是今日所称的莱顿弗罗斯特现象(Leidenfrost effect),凡尔纳以此解释为何秘密使者Michel Strogoff的眼睛受到高温灼伤,最后却未真正失明。但若以广义的定义来看科学,也就是把

---

[1] 包天笑(译):《秘密使者上卷》,页121、172;《秘密使者下卷》,页64。

[2] 包天笑直到上卷第172页才以两行小字文中夹注:"一卢布当百壳贝克。"这是因为森田思轩在《瞽使者》也是迟至上编第243页才以括号文中夹注说明卢布为俄国货币名,一卢布为一百壳贝克,大约相当于七十七钱。在此之前两位译者都没有对俄国货币名多加解释。

[3] Timothy Unwin, *Jules Verne: Journeys in Writing*, p. 16.

[4] Ron Miller, "Everything You Know About Jules Verne is Probably Wrong" (17 June 2013) http://io9.gizmodo.com/everything-you-know-about-jules-verne-is-probably-wrong-512554592 (accessed on 17 August 2016).

[5] Ian B. Thompson, "Jules Verne, Geography and Nineteenth Century Scotland" (22 April 2016) http://jv.gilead.org.il/ithompson/geography.html (accessed on 16 August 2016).

地理学视为西方的一种科学,那么或许称之为科学小说也不为过。整体来说,无论 Michel Strogoff 属于地理小说或科学小说,可以看出凡尔纳试图追求"小说"与"地理"的调和。

凡尔纳对地理的热情,促成自己的创作之旅,也促成其作品的转译之旅,他的作品从欧洲出发,经过日本,辗转来到对西方新知大感兴趣的晚清中国。中国与西方地理学知识的接触应该是从明末清初传教士的引进开始,利玛窦的《坤舆万国全图》及艾儒略的《职方外纪》这类的西书给中国带来深远的影响,于是中国人开始有五大洲的新天下观。[1] 但一直到 19 世纪末,地理学译著还是十分有限,传播的范围也仅在一部分知识分子的群体当中。[2] 不过,从 1898 年戊戌政变开始,地理学译著的传播开始加速。根据邹振环的统计,1898 年至 1911 年这段期间西方地理学译著倍增,尤其 1902 年至 1904 年间更是高峰期,最高值出现在 1903 年,该年有 34 种西方地理学译著问世。[3] 1904 年地理小说《秘密使者》的出版,似乎也呼应了这样的氛围。

包天笑在〈译余赘言〉的第三点清楚说明翻译此地理小说与一般地理书之不同:"西伯利亚之地理书,非枯涩无味即繁冗生厌,今此书于小说之中详述西伯利亚风土人情山川景物,使读此书者如游历一周,则亦不无小补。故译者于此恒以笔墨渲染之,使读者精神一振焉。"[4] 显然包天笑希望借由小说的描述,让读者如同身历其境,对异国的地理有更深的认识。从小说林社的广告词亦可看出,地理小说之出版,是为了弥补中国传统地理书《广舆》之不足,也为了增广读者的见闻。显然译者与出版社也都试图调和"小说"与"地理"这两项元素。然而仔细阅读中文译文之后,令人不禁思考,对包天笑而言,究竟"地理"本身就是地理小说的主体之一,还是仅仅作为一种小说的背景(setting)?如果只作为背景,那与一般小说有何差异?当各种地名只能音译成一连串没有关联的中文字,当距离与货币没有换算成中国读者易于感知的数字与单位,一种陌生化与疏离感油然而生,而这种陌生疏离感,似乎无法达到调和的作用。这些细微的地理知识仿佛无关宏旨,从包天笑的译

---

[1] 邹振环:《晚清西方地理学在中国——以 1815 至 1911 年西方地理学译著的传播与影响为中心》(上海:上海古籍出版社,2000),页 28-32。
[2] 同上,页 158-159。
[3] 同上,页 206-207。
[4] 包天笑:〈译余赘言〉,《秘密使者》,页 1。

笔来看,对于人物景色的渲染描写,似乎才是他译文的主轴,也凸显包天笑难以跳脱传统小说的写法。习惯中国传统小说的读者,或许也不在意小说中的地理或科学知识,可能更关注的是小说的曲折情节,以及角色之间的紧张关系。

《孽海花》的作者金一(金天翮,1874-1947)所写的诗〈读秘密使者〉[1]描述了他对此书的内容诠释,其全诗内容如下:

> 新宫夜燕奏笙簧,勘破天颜一种光。禁臠忽传军报绝,直教飞使渡龙荒。
> 战地风云捷足先,尹邢相避又相牵。衣春骓畔鞭头锐,百劫修成忍辱仙。
> 东行豺虎窟中来,姐妹花枝邂逅开。疲马悲嘶人度岭,亚欧天脊起风雷。
> 错认佳儿慰眼看,《可兰》经咒目双刓。愿睁最后青瞳子,一瞬刀光火焰攒。
> 盲人瞎马夜驱驰,侠义相逢电信师。又见棱棺冥室惨,仁罗冢上插花枝。
> 浪传天语闯围城,假使还将真使迎。帐殿披帷呈秘密,裂开双眼看尸横。

他也以"松岑"之名在1905年《新小说》第17号的〈论写情小说与新社会之关系〉一文中提到自己阅读《秘密使者》的感想:"吾读《秘密使者》而崇拜焉,吾安得国民人人如苏朗笏、那贞之勇往进取,夏理夫、傅良温之从容活泼,以探西伯利亚之军事也?"[2] 孙宝瑄的〈忘山庐日记〉则关注《秘密使者》故事中唯一的科学现象:"《秘密使者》所述苏朗笏之目,瞽而复明,皆借科学实理以证之,使读者反悲为喜,而略无缥缈难信之谈,所以可贵。"[3] 不难看出两位读者对这部作品的诠释或是着重在离奇的故事情节及人物刻画,或是看重文中提到的科学现象,而对地理知识未置一词。

地理是一门科学,因而地理与小说似乎先天就有一种矛盾,科学是实事求是,小说则是虚构故事。凡尔纳对西伯利亚的地理描写,都是基于科学的事实,而他对沙皇使者的冒险之旅,则都是基于虚构的想象。陈平原也曾讨论过科学与小说难以两全其美的情况,他提到晚清作家认为科学小说必须首先是"小说",而后才是"科学",否则很容易混同于科学讲义或科普读物。[4] 就像鲁迅在《月

---

[1] 金天羽:《天放楼诗文集》(上海:上海古籍出版社,2007),页56。
[2] 松岑:〈论写情小说与新社会之关系〉,收陈平原、夏晓虹(编):《二十世纪中国小说理论资料(第一卷)1897-1916》,页171。
[3] 孙宝瑄:〈忘山庐日记〉,同上,页574。
[4] 陈平原:〈从科普读物到科学小说——以"飞车"为中心的考察〉,收王宏志(编):《翻译与创作:中国近代翻译小说论》,页269。

界旅行》的〈辨言〉所说:"胪陈科学,常人厌之,阅不终篇,辄欲睡去",惟"假小说之能力",以小说的体裁,方能"浸淫脑筋,不生厌倦"。[1]森田思轩在翻译《铁世界》时因为认为主角马克与佐善之女的恋爱无关宏旨,所以删去男女情爱的情节,只着重科学小说呈现的新世界、新发明、新视野,也导致1887年10月22日《朝野新闻》的评论指出,删去"小女小男の情話",就如同只见枯藤老树而缺少红紫色彩的点缀,颇令人遗憾。[2]藤井淑祯指出这是一种"启蒙"与"人情"的两难困境。"报知丛谈"原本希望扮演启蒙的角色,所以森田思轩在翻译〈佛曼二学士の譚〉时删去主角的恋爱情节,不过到了〈盲目使者〉,沙皇密使苏朗笏与女主角那贞互相扶持的爱情描写并没有被删除,可看出森田思轩在"启蒙"之外,也开始加入"人情"。[3]

对晚清小说家及读者而言,"小说"与"科学"两者要取舍的时候,还是会比较倾向重小说而轻科学。包天笑的译文也展现了这样的倾向,他的译文明显可见中国传统小说的痕迹。故事一开场大段的场景介绍全是包天笑的添加:"银烛光摇,金炉香晕,巨邸广厦间一片歌舞欢笑之声,与笙鼓之音,殆相错杂,此俄国旧都莫斯科之新宫,开夜宴时也。旋闻东厢之隅,有两人切切私语,一为陆军上校之服装,龙姿凤目,状貌雄伟,一为俄国有名之吉泽布中将,亦颇有纠纠之风,两人凭栏俯首,背人细语。"[4]详细的场景描述与人物介绍,是典型中国小说的叙事结构,相较之下,日译本则是直接以两人的对话开场,写作风格完全比照英文译本。此外,包天笑对于故事中女性角色的描写,读来亦有多处仿佛套用中国传统小说对美女的惯用描写。例如他描写主角苏朗笏第一次见到女主角那贞的情形:"女郎者,年可十六七,两眸如漆,乌云覆额,而秋水盈盈",[5]又描述女主角坐在苏朗笏对面,让

---

[1] 鲁迅:〈科学小说《月界旅行》辨言〉,《鲁迅全集》,页10。
[2] 藤元直树:〈明治ヴェルヌ評判記——『鉄世界』編〉,《エクセルシオール》2010年第4号(2010年4月),页114。
[3] 藤井淑祯:〈森田思轩の出発——「嘉坡通信報知叢談」試論——〉,《国語と国文学》第637号(1977年4月),页34-35。
[4] 包天笑的前一本译作《铁世界》也是故事开始就添加一大段场景与人物描写:"夕阳明媚,万木蔚葱,门外绕以铁栏,杂花怒放,阓内细草如毡,风景闲靜可爱。中有斗室,明窗净几,帘幕斜卷。俄闻东壁闃然门启,一年约五十余之老者,体顽而长,髭髯微白,鼻尖眼锐,目光炯炯,望而识为法兰西人。"包天笑(译):《铁世界》,页1。
[5] 包天笑(译):《秘密使者上卷》,页32。

他"得以饱餐秀色"。[1]但日译本对那贞的描述为:"少女八年紀凡そ十六七の間なるへし眸子鳶色にしてオトなしく中に一種の優しき相を含めり",[2]说那贞眼眸为茶色,有一种成熟稳重的温柔。而且苏朗笏"恰も相向ひ合ふて着坐せるか故別に視るともなけれとも",[3]说明他只是恰好在火车上坐在那贞对面,并没有特别想仔细观察那贞。包天笑的修辞所形塑的形象,其实与那贞在故事中坚强独立的女性形象有所差异。姜倩曾提出梁启超(1873-1929)翻译《世界末日记》时,以"皓腕"、"酥胸"、"香腮"、"爱卿"、"君"、"妾"等语词来形容女主角,显见尽管文本的性质是科学小说,梁启超的用字遣词还是脱不了传统才子佳人小说的旧习。[4]从梁启超和包天笑的例子来看,旧式文人翻译新式小说确实还是偏向使用传统小说的技巧。

相较于对小说技巧的偏重,在地理方面包天笑就比较没有下工夫。距离与时间的单位没有改变,数字没有换算,反映出他或许不认为这是重要信息。地名的单纯音译,也未能看出他在选字上花费心思。清朝时期地理书的编纂者或译者,也同样面临近代中西文化碰撞下译名选择的问题。1849年徐继畬(1795-1873)在其编纂的《瀛寰志略》凡例中便指出:"外国地名最难辨识,十人译之而十异,一人译之而前后或异。"[5]他提到因为外国人聚集粤东,所以翻译地名会带上粤东土语,于是"波斯"译成了"白西"、"包社"、"巴社"。徐继畬指出的问题,恰可点出包天笑在1904年的地名翻译问题。包天笑有前后地名不统一的情形,他也以方言土语音译地名,而且在选字方面值得商榷。例如"也尔克苦"[6]的"克苦","推拉勃尔克"[7]的"推拉","哥拉瑞士脱"[8]的"瑞士","拿破齐莫士克"[9]的"拿破齐","士威落墨夫"[10]的"落墨夫",容易在发音或意涵上令人有望文生义的联想。相较之下,比包天笑早半个世纪的徐继畬能译出"西班牙"而非译成"西把尼亚",译出"葡萄牙"

---

[1] 包天笑(译):《秘密使者上卷》,页32。
[2] 森田思轩(译):《瞽使者上编》,页42。
[3] 同上。
[4] 姜倩:《幻想与现实:二十世纪科幻小说在中国的译介》(上海:复旦大学出版社,2010),页188。
[5] 徐继畬:〈凡例〉,《瀛寰志略》(上海:上海书店出版社,2001),页8。
[6] 包天笑(译):《秘密使者上卷》,页52。
[7] 同上,页62。
[8] 同上。
[9] 同上,页99。
[10] 同上,页142。

而非译成"波尔都噶亚"。[1]地理专业者在翻译地名时并非单纯堆砌多个中文字,与小说专业者的差别不言而喻。

明凤英曾经为文讨论过包天笑身为一个小说家的困境,[2]探讨他作为晚清时期旧式士子和第一代职业文人,在政治社会变迁的大时代里,各种文学规范与个人生活需求的因素影响之下,他们这一代的作家面对了哪些问题。而从上述的分析比较,我们不难想象包天笑身为一个西方地理小说的译者,在小说与地理两者之间取舍调和,也同样有他的困境:他个人非地理科学专业,加上中文不像日文有片假名这种表音系统,还有相对于思轩的新闻小说倾向,他的通俗小说倾向容易在修辞上有浮夸的表现。不过这些问题并不能全然归咎于译者,地理小说这种文类本身的矛盾性也是一大主因。若以Katharine Reiss的文本分类[3]来看,"地理学"是属于信息类(informative)的文本,"小说"是属于表达类(expressive)的文本,两者的属性本不相同。信息类文本重点在提供事实,传达信息,而表达类文本着重在抒情达意,以修辞加强文本的美学表现。在一个文本当中要达到两个目的,很容易顾此失彼。尽管地理小说似乎想借由小说的形式,为读者拓展视野并增长地理知识,但就像政治小说、教育小说这类目的性太强烈的文本一样,长篇大论的政治评论、教育思想、地理知识,或许终究只能担任绿叶的角色,衬托红花一般的情节与人物,终究未能成为政治小说、教育小说、地理小说的主体之一,未必能符合这类小说希望启迪民智的动机。

六、结　　语

本文为包天笑的《秘密使者》个案研究,笔者先厘清此书的转译史,并探究文本传播的路径以及语言相似性可能产生的影响。接着,由于地理小说的特殊性,笔者以地名、注解、单位三个指针来讨论译者如何在小说中翻译"地理",并从中分析

---

[1] 徐继畬:〈凡例〉,《瀛寰志略》,页9。
[2] 明凤英:〈小说家的辩言——包天笑的小说和困境〉,《现代中文文学学报》第10卷第1期(2010年7月),页122–133。
[3] Katharina Reiss, "Type, Kind and Individuality of Text: Decision Making in Translation," trans. Susan Kitron, in Lawrence Venuti, ed., *The Translation Studies Reader*, 2nd edition (New York: Routledge, 2004), pp. 168–179.

"地理"与"小说"两个元素结合在这种特殊文类中，对译者造成怎样的困境。从小说林社的广告词可以看出，"地理"是被当作一个宣传营销的卖点，但长串的音译地名，需要注解的新名词，无法体会的距离长度，让地理元素呈现一种陌生疏离感，与小说元素难以调和，似乎仅能发挥背景资料的功用。最终让晚清读者感到兴味盎然的可能仅有小说元素，例如主角苏朗筠百般波折的漫长旅程，与那贞的坚定感情，以及惨遭用刑的惊险情节。

王德威认为晚清小说摆荡于各种矛盾之间，例如精英理想/大众趣味，正统文类/边缘文类，外来影响/本土传统，启蒙理念/颓废欲望，革新/守成，教化/娱乐等，日后中国现代文学里的渴望、挑战、恐惧及困境，都在这个氛围中首次浮现。[1] 包天笑翻译的《秘密使者》，也在这样的氛围下问世，同样徘徊挣扎于这种种矛盾之间。"地理"与"小说"之间暧昧不明的关系，语言之间天生的相似性或差异性，译者的意识形态、文学偏好、跨文化能力，这些因素都发挥了一定的作用，形塑了西方文学作品在中国呈现的面貌。而读者的期待视野，作品后续的影响力，以及这种边缘文类是否形成体系，未必是作者、译者、出版社原先能掌控或预期的。森田思轩的《瞽使者》在中国译成包天笑的《秘密使者》，在日本国内促成泉镜花写出类似作品《瞽判事》及《穷鸟》；[2] 包天笑不久之后译的〈法螺先生谭〉及〈续法螺先生谭〉影响了徐念慈，促使他创作出《新法螺先生谭》；包天笑后来翻译的《埋石弃石记》也启发了叶圣陶以《倪焕之》为著称的一系列长短篇教育小说。这类的例子证明了20世纪初西方文本的跨洲旅行，也证明了西方文本促成了本土创作的新旅程。可惜的是，尽管晚清地理学的研究促成中国中心观念的动摇，夷夏观念的变异，以及时局观与国情观的改变，[3] 但地理小说似乎未能延续或开启这样的旅程，仅能占有晚清翻译小说的边缘位置。不过对包天笑而言，一连串凡尔纳小说的翻译经验，为他后来的翻译事业奠定了基础。而我们探究《秘密使者》的转译史及译者面对的困境之后，对包天笑启蒙时期的翻译尝试以及地理小说的翻译特点也有了更深入的认识。

---

[1] 王德威（著），宋伟杰（译）：《被压抑的现代性：晚清小说新论》（台北：麦田出版，2003），页36。
[2] 须田千里：〈镜花文学第二の母胎〉，《文学》第1卷第1号（2000年1月），页92–108。
[3] 郭双林：《西潮激荡下的晚清地理学》（北京：北京大学出版社，2005），页240–284。

"闹得乌烟瘴气"

——《女性中心说》的翻译和接受

唐欣玉[*]

摘　要：1921-1922年间，李达（1890-1966）、夏丏尊（1886-1946）先后以堺利彦（さかい　としひこ，1871-1933）的日译本《女性中心说》为蓝本，将美国社会学家莱斯特·弗兰克·沃德（Lester F. Ward, 1841-1913）提出的女性中心说翻译到中国。[1]汉译本出版后不久，该理论便在中国知识界产生了广泛影响，并引发激烈讨论，和它同一时期在美国遭受的冷遇形成对照。本文主要以英文原本、日译本、中译本及中文报刊上有关女性中心说的讨论为研究对象，同时结合具体的历史、文化语境，考察这一在美国已遭抛弃的学说被翻译到中国的原因、时人的种种误读以及与本土历史、文化资源的具体结合。研究表明，《女性中心说》从沃德到堺利彦再到夏丏尊和李达的旅行过程，基本上不存在内容上的改写，但著者/译者因具体所处的历史语境、文本生产/复制动机、各自的立场和态度以及希望服务的现实问题不尽相同，对该理论的解读、评价和对未来两性关系的构想也就存在差异。进入接受领域后，此学说又再次被持不同理念的中国读者解构、重组。社会主义者、女权主义者、国族主义者和科学论者纷纷登场，主要从实用而非理论接受的角度，对女性中心说予以肯定或批判。女性中心说也因此成为各种思想、理论、流派论争的战场。

关键词：女性中心说；翻译；接受；误读

---

[*] 唐欣玉，重庆邮电大学外国语学院，电邮地址：dandelion64@hotmail.com。

[1] 女性中心说，又译为女性中心主义，是美国社会学家沃德提出的一种理论。堺利彦、李达、夏丏尊的译本均以"女性中心说"为书名。本文除特指译本时用《女性中心说》，其余皆用"女性中心说"，意指沃德创立的这一学说。

A Chaotic Scene: The Translation and Reception of the Gynæcocentric Theory in China

Tang Xinyu

Abstract: The gynæcocentric theory, put forward by Lester F. Ward (1841–1913) in 1888, was introduced to China via Japan by Li Da (1890–1966) and Xia Mianzun (1886–1946) between 1921 and 1922. In contrast to its being seldom mentioned in the United States during the same period, the theory aroused a heated and prolonged discussion among the Chinese intellectuals. The translators Li Da and Xia Mianzun did not actually agree with Ward's analysis of the causes of inequalities between men and women, although they faithfully translated his theory. Similarly, the readers, including socialists, feminists and nationalists, criticised or approved the theory according to their own values and stances. Behind all the different opinions, there were something in common: the vast majority of readers adopted a pragmatic position, without paying much attention to the theoretical study of the theory, which not only inevitably caused misreading of Ward and his theory, but created difficulties in recognising the weakness of the theory.

Key words: the gynæcocentric theory; translation; reception; misreading

1903年，美国社会学创始人之一莱斯特·弗兰克·沃德(Lester F. Ward, 1841-1913)[1]所著《纯粹社会学》(Pure Sociology)[2]一书问世。该书在探讨社会学的研究任务过程中，于第14章提出了女性中心说理论，其主要内容包括：在生物界，雌性始终居于主导地位，是第一性，雄性为附属物，是第二性；起初生殖与性并无关联，雌性自身便可使种族得以延续，只有当为着促成后代吸取异质要素、提高种族质量时，雄性的作用才得以显现；雌性在择偶时往往选择那些体格强壮、色彩鲜美的雄性，这一淘汰原则促成了雄性之间的竞争和不断发达，但后者尚不足

---

[1] Lester F. Ward 的中译名有"沃德"、"乌德"、"华德"、"瓦特"、"瓦德"等，本文引自原始文献之处悉用原名，其余则用"沃德"。

[2] *Pure Sociology* 一书的中译名有"纯社会学"、"纯理社会学"、"纯粹社会学"、"纯正社会学"等，本文引自原始文献之处悉用原名，其余则用"纯粹社会学"。

以取代雌性的优势地位；人类社会早期，两性关系仍以女性为中心，女性掌握着主动选择权，担负着照顾、保护后代的责任；但随着男性理性的发达、父亲意识的觉醒，女性中心为男性中心替代，女性从此处于屈从地位。[1]和此一时期人们普遍认为女性劣于男性不同，沃德以一位古生物学家和社会学家的身份，从生物发展、人类演化等方面寻求证据，试图证明女性在种族进化及两性关系中一开始便起着主导作用；后来女性失去支配地位、沦为被奴役对象，则为男性压迫所致。此一颠覆时人认识、意在为女性张目的研究，若仅就结论而言，无疑声援了其时正风起云涌的美国女权运动。然而，女性中心说自提出之日起，便不断受到生物学家、人类学家、社会学家的批判（后文将对此作详细讨论），连沃德自己都承认几乎无人接受他的理论。[2]至1916年堺利彦将该学说翻译到日本时，[3]其在美国早已无人问津。不过，这并不妨碍女性中心说在日本和中国的接受。1921-1922年，夏丏尊（1886-1946）[4]和李达（1890-1966）[5]先后以堺利彦的译本为蓝本，将女性中心说引入中国。中国知识界围绕此理论展开了长时期热烈的讨论。本文关注的重点是：这一在美国自提出之日便遭到批判、后来又被抛弃的学说缘何被翻译到中国？是否被误读？又如何与本土的历史、文化语境结合？

一

1920年代，中国学界为构建自己的社会学理论体系，翻译、引介了大量欧美社会学理论，尤其是美国社会学理论。[6]其中主要被译介的社会学家及译著包括爱尔乌德（C. A. Ellwood, 1873-1946）的《社会学及现代社会问题》（*Sociology and Modern Social Problems*）、鲍格达（E. S. Bogardus, 1882-1973）的《社会学概

---

[1] Lester F. Ward, *Pure Sociology* (New York: Macmillan, 1903), pp. 296-297.
[2] Ibid., p. 297.
[3] 堺利彦（解说）、沃德（著）：《女性中心说》（东京：牧民社，1916）。
[4] 堺利彦（解说）、丏尊（译）：〈女性中心说〉，《民国日报》副刊《妇女评论》第1-24期（1921年8月3日至1922年1月11日）（其中第3期、第7期缺稿）。
[5] 堺利彦（解说）、李达（译）：《女性中心说》（上海：商务印书馆，1922）。
[6] 相关研究请参见阎书钦：〈民国学界对美国社会学理论的选择与融合：对民国时期社会学中国化一个侧面的考察〉，收章开沅、严昌洪（主编）：《近代史学刊》第10辑（2013年3月），页107-126；陈新华：《留美生与中国社会学》（天津：南开大学出版社，2009）。

论》(Introduction to Sociology)、白克马(F. W. Blackmar, 1854-1931)与季灵(J. L. Gillin, 1871-1958)的《社会学大纲》(Outlines of Sociology)等美国第二代社会学家及其著述。[1]作为美国早期社会学开拓者之一的沃德,并不在中国社会学者重点关注之列。据笔者目前掌握的资料,其时谈及过沃德的社会学理论的知识分子不多,有易君左(1899-1972)、黄公觉等人。前者认为沃德所著的《文明的心理要素》(Psychic Factors of Civilization)、《动态社会学》(Dynamic Sociology)分别为社会学心理研究学派、综合研究学派的代表作之一,并推荐将沃德的《社会学大纲》(Outlines of Sociology)、《纯粹社会学》作为社会学的主要入门书之一;[2]黄公觉则于1922年在《社会学杂志》上为沃德立传,文末特别强调沃德对美国社会学发展作出的重要贡献。[3]除此之外,几乎再无人对沃德及其社会学理论做过更详细的介绍。而他之所以能进入中国知识分子的视野,则是依赖于他在其社会学著作和其他研究文章中就妇女问题所做的论述。

"五四"时期最早介绍沃德对两性问题的思考的是茅盾(1896-1981)。1920年,他受《妇女杂志(上海)》编辑王蕴章的邀请,翻译了沃德《纯粹社会学》第14章中题为〈历史上的妇人〉("Women in History")这一小节,发表在该年第1期《妇女杂志(上海)》上。[4]其时《妇女杂志(上海)》受新文化运动冲击,刚于1919年12月宣布废除贤妻良母主义的编辑方针,主张以妇女解放作为此后改革的方向。[5]茅盾翻译〈历史上的妇人〉一文,便是回应此一号召的结果。在文中,茅盾忠实地传译了沃德原著中讲述的女性受男性压制的历史及造成此一状况的原因,同时结合中国实际作补充说明。比如原文从词源学角度谈及"woman"、"femina"等词如何歧视、贬低女性时,茅盾有感而发:"即以造字而论,东西的文字可称大不同了,然而造女字时的用意,照现在 Ward 氏所引的例看来,竟有八分相同。"[6]他以"女"、"母"为例,证明汉字造字法及蕴含其中的观念"真可谓野蛮,全没一些尊视母性的意思在内了",[7]希望借由沃德的论述揭示中国女性历来的悲惨处境。至

---

[1] 阎书钦:〈民国学界对美国社会学理论的选择与融合〉,页109、116。
[2] 君左:〈社会学的研究方法〉,《东方杂志》第18卷第21号(1921年11月),页76-77。
[3] 黄公觉:〈美国社会学大家华德传〉,《社会学杂志》第1卷第1期(1922年2月),页1-2。
[4] 雁冰[茅盾]:〈历史上的妇人〉,《妇女杂志》第6卷第1号(1920年1月),页1-10。
[5] 记者:〈本杂志今后之方针〉,《妇女杂志》第5卷第12号(1919年12月),页1-3。
[6] 雁冰:〈历史上的妇人〉,页6。
[7] 同上。

于女性中心说,茅盾未曾提及。不过,同年冯飞编写的《女性论》一书谈及了该学说,[1]但内容极其简略、粗糙。作者自己后来也称该书因时间仓促,"及参考并抽思之不完备","结果非常草率"。[2]这样的著述,自然较难引起关注。

自1921年8月3日起,夏丏尊以堺利彦解说的《女性中心说》一书为原本,以《女性中心说》为题名,将女性中心说介绍到中国。译文以连载的形式发表在刚刚创办的《民国日报》副刊《妇女评论》上,至1922年1月全书刊载完毕。同月,李达同样根据堺利彦译本翻译、也同样题为《女性中心说》的译本随之出版。从公开发行的时间上看,两人似乎是在同一时段进行的翻译。但实际上,据夏丏尊自己讲述,《妇女评论》开始刊载他的译文时,他已经翻译了全书的一半。因为此书最初系为社会经济丛书社翻译,后来该社因事停顿,夏本人也由于事情繁多未能完成剩下的一半译文。时值《妇女评论》同意刊发,才使得他有机会陆续译完全书。[3]至于李达的译本,据译者序言的写作时间,则早在1921年7月6日之前便已完成。[4]值得提及的是,1921年6月,上海共产主义小组创立了新时代丛书社,志在通过编译"文艺、科学、哲学、社会问题、及其他日常生活中不可缺乏之知识","普及新文化运动","为有志研究高深些学问的人们供给下手的途径"和"节省读书界的时间与经济"。[5]李达、夏丏尊同为该社编辑人员,[6]又都翻译了《女性中心说》,但最终新时代丛书社出版的第一种书是李达的译本,而非首先在《妇女评论》上连载的夏丏尊译文。其中原因,不过在于李达最先完成了翻译。1921年10月12日,当时丛书社负责人茅盾写信给周作人(1885-1967),告知对方李达的译文《女性中心说》已交稿。[7]也即是说,新时代丛书社至少在10月就已经决定采纳李达的翻译。因为只有这样,出版社方有充足的时间安排后续的修改、校对、发行等工作。夏丏尊的译本至12月方才完成。在二者同为《女性中心说》译本的情况下,丛书社自然没必要让夏译本赶在1922年1月之前匆忙付印。

---

[1] 冯飞(编):《女性论》(上海:中华书局,1920),页113-114。
[2] 冯飞:《〈妇人问题概论〉序论》,收蔡尚思(编):《中国现代思想史资料简编》(杭州:浙江人民出版社,1982),第1卷,页667。
[3] 夏丏尊:〈女性中心说〉,《民国日报》副刊《妇女评论》第24期(1922年1月11日),页3。
[4] 堺利彦(编)、李达(译):《女性中心说》(上海:商务印书馆,1922)。
[5] 〈"新时代丛书"编辑缘起〉,《民国日报》副刊《觉悟》,第四张(1921年6月24日),页1。
[6] 图书广告,《东方杂志》第19卷第9、10、11期(1922);〈"新时代丛书"编辑缘起〉,页1。
[7] 李玉珍、周春东、刘裕莲(等编):《文学研究会资料(上)》(北京:知识产权出版社,2010),页657。

而李达、夏丏尊之所以翻译《女性中心说》一书，首先缘于"五四"新文化运动这一大的时代背景。在追求思想、文化革新的历史语境下，妇女解放作为社会变革的重要环节，受到了其时绝大多数文人的关注，李达、夏丏尊也不例外。先看前者。1919年10月，李达发表〈女子解放论〉，[1]开启了他后来对妇女问题的持续关注。接下来相继发表了〈告诋毁男女社交的新乡愿〉、[2]〈介绍几个女革命家〉、[3]〈女权运动史〉[4]等。除从事著述外，李达也翻译国外女权著作，先后译有〈社会主义底妇女观〉、[5]〈列宁底妇人解放论〉、[6]〈劳农俄国底妇女解放〉、[7]〈绅士阀与妇女解放〉[8]等。此外，他还主持了共产党创办的第一份女性刊物《妇女声》的主要编辑工作；创办平民女校，培养妇女运动人才。而夏丏尊虽不如李达著译作品丰富，但作为新文化运动的支持者，他对女性的处境颇为同情。就在翻译《女性中心说》期间，他撰写了〈中国文字上所表现的女性底地位〉一文，通过归类、分析字典中带女部首的175个汉字，从文字学角度证明中国女性一向被贱视、被排除在人之外的屈辱地位。[9]

至于为何夏丏尊、李达都选择堺利彦的译本为原本，背后原因则不尽相同。李达本是懂英文的，也直接读过沃德的原本，但他最终选择翻译堺利彦的编述本，原因在于，一方面，他通过文本对比发现，堺利彦完全依照沃德的原本进行解说；另一方面，他认为堺利彦笔法显明顺畅，因此，与其看沃德的原本，不如看堺利彦的编述本。[10]而夏丏尊翻译《女性中心说》并非他的主动选择。1920年，正在湖南第一师范学校任教的他受陈望道(1891-1977)委托，代替陈为社会经济丛书社翻译该书。[11]至于李达和陈望道都倾心于堺利彦的理由，除了作品本身的价值外，还应包括堺利彦与中国革命及中国知识分子的密切关系。作为一名异常活跃的日本早期马克思

---

[1] 李鹤鸣[李达]：〈女子解放论〉，《解放与改造》第1卷第3号(1919年10月)，页18-32。
[2] 鹤鸣[李达]：〈告诋毁男女社交的新乡愿〉，《民国日报》副刊《妇女评论》第7期(1921年9月14日)，页3-4。
[3] 鹤鸣(编述)：〈介绍几个女革命家〉，《民国日报》副刊《妇女评论》第11、12期(1921年10月)，页1。
[4] 李鹤鸣(编)：〈女权运动史〉，《民国日报》副刊《妇女评论》第59期至第70期(1922年11-12月)。
[5] 鹤鸣：〈社会主义底妇女观〉，《民国日报》副刊《妇女评论》第10、11期(1921年10月)。
[6] 李达(转译)：〈列宁底妇人解放论〉，《新青年》第9卷第2号(1921年6月)。
[7] 山川菊荣(著)、李达(译)：〈劳农俄国底妇女解放〉，《新青年》，第9卷第3号(1921年7月)。
[8] 山川菊荣(著)、李达(译)：〈绅士阀与妇女解放〉，《妇女杂志》第7卷第6号(1921年6月)，页22-26。
[9] 丏尊：〈中国文字上所表现的女性底地位〉，《民国日报》副刊《妇女评论》第72期(1922年12月20日)，页1。
[10] 李达：〈译者序〉，收堺利彦(解说)、李达(译)：《女性中心说》(上海：商务印书馆，1922)，页1。
[11] 夏丏尊：〈女性中心说〉，页3。

主义者，堺利彦一直关注中国革命，[1]发表过的相关文章便有〈中国革命的性质〉、〈中国革命的将来〉、〈中国革命的问题〉、〈孙逸仙与板垣伯〉等，[2]早年与章太炎（1869-1936）、张继（1882-1947）、刘师培（1884-1919）、何震[3]等交往颇深，"五四"时期，和中共旅日共产主义小组成员施存统（1899-1970）、[4]戴季陶（1891-1949）[5]往来频繁。与此同时，中国国内的知识分子也开始关注堺利彦，其著述如〈妇人问题之本质〉、[6]〈男女关系的进化〉、[7]〈自由恋爱说〉、[8]〈日本无产政党现状〉、[9]〈社会进化的过程〉、[10]〈家族私有财产及国家之起源〉[11]等相继被翻译到中国。据石川祯浩统计，仅1919-1922年间，"五四"知识分子翻译出版的堺利彦著作大概便有22种。[12]这些作品的输入，为马克思主义在中国的传播作出了重大贡献。堺利彦也因此直接影响和启发了李大钊等人的思想形成。[13]1933年，堺利彦去世，《汉口邮工》有专文介绍其生平，以志哀悼，称先生阒然长逝，"不仅日本劳动者顿失有力导师"，"更为

---

[1] 堺利彦早在1901年便参加社会主义者协会。1903年，与另一位社会主义者幸德秋水（1871-1911）建立"平民社"。1906年，成立了日本社会党。1908年，因赤旗事件入狱。1920年领导创立日本社会主义同盟。1922年参加建立日本共产党。除参与组建机构外，堺利彦还作了大量舆论宣传，如发行《平民新闻》周刊，创办《新社会》杂志等。另外，他翻译了大量西方文献，向日本人介绍欧美社会主义思想、俄国革命动向及西洋乌托邦文学等，如《社会主义纲要》、《共产党宣言》（与幸德秋水合译）、《空想和科学社会主义》、《社会主义学说大要》、《辩证法的唯物论》、《唯物史观解说》、《劳动和资本》、《十月革命》、《理想乡》（今译名《乌有乡消息》）等。就妇女问题而言，除本文关注的《女性中心说》外，堺利彦著译了《妇人问题的解决》、《男女争斗史》、《男女关系的发展》、《自由社会的男女关系》等。

[2] 李彩华：〈堺利彦的社会主义思想及其对中国革命的影响〉，《内蒙古工业大学学报（社会科学版）》2008年第2期（2008年11月），页16。

[3] 万仕国：〈何震年表〉，收冯明珠（主编）：《盛清社会与扬州研究》（台北：远流出版社，2011），页504。

[4] 石川祯浩（著）、张会才（译）：〈施存统与中共日本小组〉，收中共中央党史研究室、中央档案馆（编）：《中共党史资料》第68辑（北京：中共党史出版社，1998），页174、176、180。

[5] 王烨：《国民革命时期国民党的革命文艺运动（1919-1927）》（厦门：厦门大学出版社，2014），页15-16。

[6] 堺利彦（著）、陶父（译）：〈妇人问题之本质〉，收章锡琛（主编）：《新女性》第4卷四月号、五月号（1929），页50-60、26-42；堺利彦（著）、左寿昌（译）：〈妇人问题之本质〉，《河北民国日报》副刊《筇》1929年第12期（1929年3月），页1-6。

[7] 堺利彦（著）、郭须静（译）：〈男女关系的进化〉，《新潮》第1卷第5期（1919年5月），页78-85。

[8] 堺利彦（著）、伯煜（译）：〈自由恋爱说〉，《民国日报》副刊《妇女评论》第12期（1921年10月19日），页2。

[9] 堺利彦（著）、钦荣（译）：〈日本无产政党现状〉，《星期评论（上海民国日报附刊）》第3卷第30期（1929年11月），页9-11。

[10] 堺利彦（著）、[译者未署名]：〈社会进化的过程〉，《微音（上海1928）》第2卷第3期（1930年10月），页55-72。

[11] 堺利彦（讲述）、左寿昌（译）：〈家族私有财产及国家之起源〉，《泰东月刊》第2卷第3期（1928年11月），页1-15。

[12] 李彩华：〈堺利彦的社会主义思想及其对中国革命的影响〉，页16。

[13] 后藤延子（著）、王青等（编译）：《李大钊思想研究》（北京：中国社会出版社，1999），页70。

东亚被压迫民族及劳动者之所共挥追悼痛挽之泪"。[1]以堺利彦在中国知识界如此重要的影响,李达等人选择翻译其编述的《女性中心说》,便不难理解。除此外,李达和陈望道的个人经历与追求也促成他们做出这一决定。李达在翻译《女性中心说》之前,曾于1913-1914年、1917-1920年两度留学日本,并于1917年开始关注和研习马列主义。他曾利用身处日本的便利,就堺利彦文章中令他费解的问题写成书信,委托施存统转交堺利彦,以示请教。[2]陈望道的经历与李达极其相似。1915年至1919年东渡日本求学,期间结识了日本社会主义学者河上肇(1879-1946)、山川均(1880-1958)等,经常阅读他们翻译的马克思主义著作,并参与宣传十月革命及马克思主义等;1920年,翻译了堺利彦与幸德秋水合译的《共产党宣言》。[3]尽管目前尚不能确定陈望道与堺利彦是否有过直接接触,但以陈的留日经历、所从事的翻译活动和堺利彦在当时中日社会主义者中的影响,陈望道不可能不了解其人。因此,当论及妇女问题时,他也和李达一样,关注到堺利彦的著述。

那么,女性中心说又是如何传到日本的? 1903年《纯粹社会学》在美国出版后,日本随即引入该书英文本。至于日文译本,直到1924年才经由石川功翻译而成。[4]不过,包含在《纯粹社会学》一书中的女性中心说,早在1914年高野重三便在《新真妇人》杂志上对其做过介绍;1915年堺利彦在杂志《廿世纪》上再次谈及此学说。[5]1916年,堺利彦将《纯粹社会学》一书第14章,也即讨论女性中心说的部分翻译成日文,书名便为《女性中心说》。不过,堺利彦并不认为自己是在做翻译。他觉得称"解说"、"译述"或"述其大体"[6]更为恰当。通过文本对比可以发

---

[1] 寻真:〈悼堺利彦先生〉,《汉口邮工》1933年第6-7期,页4。
[2] 钱昊平:〈"非孝"青年施存统〉,《新京报》,2011年7月3日,版A12。
[3] 有关陈望道翻译《共产党宣言》的研究,请参见陈力卫:〈让语言更革命——《共产党宣言》的翻译版本与译词的尖锐化〉,收孙江(主编):《新史学:概念·文本·方法》(第二卷)(北京:中华书局,2008),页189-210;大村泉(著)、张立波(译):〈《共产党宣言》的传播·翻译史概观〉,《经济学动态》第6期(2008年6月),页13-17;大村泉(著)、陈浩、张立波(译):〈《共产党宣言》的出版史与中译本的问题〉,收杨凤城(主编):《中共历史与理论研究》第2辑(北京:社会科学文献出版社,2015),页243-268、303-304;王东风:〈译本的历史记忆——陈望道译《共产党宣言》解读〉,收王东风:《跨学科的翻译研究》(上海:复旦大学出版社,2014),页264-288。
[4] 堺利彦在《女性中心说》一书的序言中谈到若宫卯之助也翻译了沃德《纯粹社会学》的全本,并即将出版,但笔者目前未查到该译本。
[5] 水田珠枝:〈レスター・ウォードの《女性中心说》の受容〉,《比较文化研究》第29期(2010年3月),页20。
[6] 堺利彦(解说):〈《女性中心说》序〉,《女性中心说》(东京:牧民社,1916),页1。

现，堺利彦翻译时确是作了一定改写。首先对原文章节结构作了一定调整（见表1），如将沃德原文中论述"受精"（fertilization）、"接合"（conjugation，有性生殖的类型之一）和"男性起源"（origin of the male sex）的三个小节整合到生殖方法这一章；将"女性的屈从"（the subjection of women）和"家庭"（the family）调节到男性优胜部分。

表1

Lester F. Ward			堺利彦	
Reproduction			男性中心説と女性中心説	
The androcentric theory			男性中心説の内容	
The gynæcocentric theory	History of the theory		女性中心説の歴史	
	The biological imperative		自然の命令	
	Reproduction		生殖の方法	生殖と發育
				無性生殖
				兩性の交精作用
				接合作用
				男性の起原
	Fertilization			
	Conjugation			
	Origin of the male sex			
	Sexual selection		男性は派生の附属物	
	Male efflorescence		男性の発達	
	Primitive woman			
	Gynæcocracy		女性猶優勝	
	Androcracy		男性の優勝	父たる資格の要求
				男性支配
				婦人征服
				男性支配下の婦人の境遇
				家族の意義實質
	The subjection of woman			
	The family			

续表

	Lester F. Ward	堺　利　彦
The gynæcocentric theory	Marriage	売買婚及び掠奪婚
	Male sexual selection	男性淘汰
	Woman in history	歴史上の婦人
	The future of woman	婦人の将来
	Recapitulation	以上の摘要

除此外，堺利彦还在每章下设了若干小节，并拟出小标题，较未进一步细分结构的沃德原文层次更清晰、内容更直观。在具体翻译过程中，堺利彦没有逐句传递原文意思，而是以第三人称口吻概述并阐释沃德的主要观点及论据。以 "Although in a humorous vein, I set forth the greater part of the principles and many of the facts of what I now call the gynæcocentric theory"[1]一句为例，堺利彦将其处理为 "ウオードが其の女性中心説を世に發表したのは，此日の講演が全くの始めであつた"。[2] 首先，原文中第一人称 "我" 被置换成 "沃德"；其次，日文谈到了 "此次演讲奠定了日后的女性中心说" 这一主要内容，只是未具体到 "阐述了女性中心说的大部分原则及事实"。最后，堺利彦还删除了部分例证、重复的表述和无足轻重的枝节，如原文中 "原始社会的女性" 这一小节，因与接下来 "女性优胜" 这一节的内容有重合之处，堺利彦便删掉了此部分。不过，就整体内容而言，以上改写并未歪曲、篡改《女性中心说》的基本观点。也有论者认为堺利彦翻译时经常加上他自己对原著的批评，具体的例证是，"堺利彦赞美沃德是个革命性的思想家：就像哥白尼的太阳中心说颠覆了地球中心说，达尔文的演化论颠覆了人类中心论一样，沃德的理论推翻了男性中心的神话"，[3] 但实际上，这并非堺利彦的主观评判，而是沃德自己的说法。在英文原文中，沃德这样阐释女性中心说的意义：

All modern anatomists know how the facts that are now regarded as demonstrating the horizontal position of the ancestors of man, and in general those

---

[1] Ward, *Pure Sociology*, p. 297.
[2] 堺利彦（解说）：《女性中心说》，页11。
[3] 彭小妍：〈以美为尊——张竞生 "新女性中心" 论与达尔文 "性择" 说〉，《中国文哲研究集刊》第44期（2014年3月），页68。

that establish the doctrine of evolution, were treated by the older students of the human body—rejected, ignored, and disliked, as intruders that interfered their investigation.... Indeed, the androcentric theory may be profitably compared with the geocentric theory, and the gynæcocentric with the heliocentric.[1]

对比堺利彦的表述,可以发现,后者唯一改动原文的地方,不过是补充出哥白尼、达尔文这两人的名字。至于进化论代替人类中心说、太阳中心说代替地球中心说以及时人拒绝接受女性中心说等,都是原文中已有的内容。

李达和夏丏尊在翻译时,忠实地传递了堺利彦的译文。李达和夏丏尊都曾留学日本,在翻译《女性中心说》之前,二人均从事过翻译活动。前者翻译过《妇女与社会主义》等,后者1908年便在浙江两级师范学堂担任日文教员及翻译。[2]无论就日文水平还是翻译经验来看,两人都能胜任《女性中心说》的翻译。文本对比也可发现,二人都遵守忠实的翻译标准,不添加、不删改,完整地传递了堺利彦的原意。这里可以看一个例子。

  李译本:在那样长远的年月之内,男性淘汰,只限定于社会上一部分的阶级,使女性美得着种种变化,助长了复杂的性质。因为女性美和男性美一样,完全是第二义性的特征,所以美的表现,绝不是永远继续的。年少的时候,妇人无论如何美,一到年老,艳色没了,美也衰了。而且当时的女性美,以肉体的美为限,而精神的美,全然不顾的。所以美的继续性,比现在的妇人还要少。[3]

  夏译本:男性淘汰如此在长年月间只限于社会一部的阶级,这事使女性美上生出种种的变化,显着地助长女性美底复杂性。原来,女性美也和男性美一样,同为第二义的性的特征,其发现决不是永续的。所以无论在妙龄如何美丽的女子,年龄一大,美也自然地衰退了。并且当时的女性美,纯粹是限于肉体的,与精神全无关系;所以美底继续性,较现在的妇女更少。[4]

两者对比可看出,李达和夏丏尊都采用了直译法,译文也大同小异。如果说两者还存在些微差别的话,那就是李达译本的语言相对更流畅、可读性也更强。夏丏尊译

---

[1] Ward, *Pure Sociology*, p. 302.
[2] 商金林:〈夏丏尊先生的生平〉,《求真集》(合肥:安徽教育出版社,2004),页126。
[3] 堺利彦(解说)、李达(译):《女性中心说》,页93。
[4] 堺利彦(解说)、夏丏尊(译):《女性中心说》(上海:上海文艺出版社,1925),页109。

本则受日语表达影响稍多,如"长年月间"、"一部阶级"、"第二义的性的特征"等便是照搬日语的说法。

　　1924年,夏丏尊在《妇女评论》上的译文集结成单行本,由上海民智书局出版;1925年又由上海文艺出版社收入世界婚姻华文丛书发行了第二版。不过,从叶克平(1912-2000)[1]等论者的反馈看,尽管夏丏尊的译文较李达译本更早与读者见面,但后者在当时的影响要大得多。其中原因,当和李达作为中共创始人之一这一身份以及他在当时思想界、教育界的各种政治、社会实践有关。其译本除多次再版、并为新时代丛书收录外,1933年还被商务印书馆列为"妇女保健必读之书籍"[2]之一,后来又收入何炳松、刘秉麟主编的"社会科学小丛书";《东方杂志》[3]、《学生杂志》[4]《妇女杂志(上海)》[5]等期刊多次为其刊登广告。大量的宣传势必会进一步扩大了李达译本的影响。

二

　　女性中心说随着李达、夏丏尊的翻译来到中国后,引发了持续、激烈的讨论。就时间跨度而言,从1922年7月《妇女杂志(上海)》介绍《女性中心说》一书开始,到抗战最艰难的1943年,有关该学说的辩论文章时时见诸报端。其争论的激烈程度,当时有论者这样描述,"各自执着自己的偏见,各自发表自己的理论,闹得乌烟瘴气"。[6]检视相关著述可以发现,其时争论各方确是缺乏有效的交流与沟通,自说自话的情况非常明显。不过,这也从另一个角度反映了女性中心说如何的"深入人心",要不然也不会出现〈女性中心的主义〉,[7]〈以女性为中心的笔生花〉[8]这样言之无物、文不对题的跟风之作。此外,尽管缺少有组织的论争,从这些散见于各种报刊的论述中,我们仍能发现时人在各种思潮引导下对女性中心说做

---

[1] 叶克平:〈女性中心说的研究(未完)〉,《妇女共鸣》第1卷第1期(1932年1月),页36。
[2] 图书广告,《东方杂志》第30卷第23期(1933年12月),位于页"(妇)二〇"至"(妇)二一"之间。
[3] 图书广告,《东方杂志》第19卷第9、10、11期(1922)。
[4] 〈书报介绍:女性中心说〉,《学生》第9卷第6期(1922年6月),页129。
[5] 〈新书介绍:女性中心说〉,《妇女杂志(上海)》第8卷第7期(1922年7月),页23。
[6] 也耶:〈男性中心与女性中心论〉,《福建妇女》第3卷第1期(1943年11月),页15。
[7] 胡海洲:〈女性中心的主义〉,《妇女杂志(上海)》第12卷第9期(1926年9月),页2-5。
[8] 傅彦长:〈以女性为中心的笔生花〉,《真美善》女作家号(1929年1月),页1-11。

出的主要评价,对未来两性关系的主要构想,以及对沃德的"误读"。

李达翻译《女性中心说》的目的,自然在重建男女两性关系。他批判古今中外男子对女子的征服、奴役,指出后者在道德、风俗习惯、法律、政治、经济上所处的地位,无一不在男子的下层;抨击近代以来的"天赋人权"论,认为无论"人权"也好,"民权"也罢,事实上都仅指男权,未将女权包括在内。结果便造成"人类的社会,就以男子为中心,一切思想行为,适于此种社会,都被采用,不适的都被排斥了。男子有权有势有实力,俨然变成了个独裁君主。女子什么权利自由,被剥夺得干干净净"。[1]在这样的历史语境下,沃德的女性中心说自是有助于打破男子为中心的社会,对人们的习见形成冲击。在《女子中心说》的译者序言中,李达这样谈到:"我先前有一种感想,普通人都以为男性是女性的保护者,女性的人生观,不过是男子的糟粕;我却以为女性是男性的保护者,男子的道德智识事业学问,都是由女性训练创造出来的。只是这种思想,苦于没有证明,现在读了女性中心说,更觉得我的说话,并没有多大的错误。"[2]否定流行的男性中心说,强调男性对女性的依赖,目的自在张扬女性价值。那么,如何才能让处于屈从地位的女性摆脱当前的束缚、获得充分的平等与自由?李达提出的方案是:"有志改造社会的男女们,彼此不可不有阶级的共存的自觉,共同携手参与改造事业,和那共同的社会的敌人奋斗,建设男女两性为本位的共同生活的社会。"[3]也即是说,女性要获得平等与自由,需与那些有志改造社会的男性一道,形成阶级的意识,并参与到实际斗争中去。这一点也是李达"译这书的一点用意了"。[4]

阶级论妇女观形成于"五四"时期,是当时妇女解放思想的重要组成部分。[5]最早用阶级方法分析妇女问题的是李大钊。1919年2月,他在《新青年》上发表〈战后之妇人问题〉,指出女权运动同样带有阶级的性质,中产阶级妇女和无产阶级妇女的要求与利益都根本不同。[6]稍后田汉又提出第三、第四阶级的说法,分别对应李大钊所讲的中产阶级妇女、无产阶级妇女。他认为第四阶级妇女才是真正

---

[1] 李鹤鸣:〈女子解放论〉,页22。
[2] 李达:〈译者序〉,页1-2。
[3] 同上,页3。
[4] 同上。
[5] 相关研究参见王绯:《空前之迹——1851-1930:中国妇女思想与文学发展史论》(北京:商务印书馆,2004),页387-429。
[6] 李大钊:〈战后之妇人问题〉,《新青年》第6卷第2号(1919年2月),页141-147。

彻底的改革论者。[1]此一妇女观得到中国马克思主义者的认同。到1921年，陈独秀（1879-1942）支持的广东共产主义小组创办了《劳动与妇女》杂志，沈玄庐撰写的"发刊大意"上，便将妇女问题与劳动阶级问题统一。[2]

然而，并非所有人都认同从阶级立场讨论妇女问题。首先，原作者沃德就不赞同。沃德在《纯粹社会学》一书中没有谈到具体以何种方式实现两性的平等，不过，可以肯定的是，他不支持社会主义者主张的社会革命。沃德认可阶级斗争和种族斗争是人类历史发展过程的标志，但认为这种斗争是无谓的；他反对自由竞争和个人主义，希望将来能通过一个开明的政府来有计划、有目的地消灭这些斗争；他支持一切旨在改良社会的民众运动，但反对激进的社会变革。[3]其次，"五四"时期另一主流妇女解放思想，即女权主义，同样反对将妇女问题和阶级问题统一起来。在女权主义者看来，"妇女主义的目的，简单的说，是谋男女机会的均等，教育、经济、政治的机会，不因性别不同而加以歧视和区别"。[4]因此，署名君珊的论者在针对女性中心说进行讨论时，提出妇女要从男子手中夺取她们应有的权利和义务。[5]陈学昭（1906-1991）也强烈呼吁妇女自己的问题应该由妇女自己动手解决。她以一向关心妇女问题的夏丐尊为例，指出他在《新女性》杂志上鼓吹妻子在家里的职务是神圣的、只要女子心里不以为苦便不是苦痛的主张，实是从男性的立场、利益出发。她告诫女性，妇女运动如果寄希望于这样的男性代庖，女性只能陷入更深的深渊。因此，她声明，女性与男性还是对抗的，是不能合作的。[6]对此，同样持马克思主义妇女观、也选择了翻译《女性中心说》的陈望道回应道：

> 我们觉得仅仅叫现在的女性做成和现在的男性一样的人不是讨论妇女问题的根本办法。现在的男性，多半不曾得着"人的生活"。……女性底要求如果仅仅限于取得和男性同样的现在已有的生活，这有什么大意思呢？这对于将来社会的建设有什么大利益呢？所以我们对于那些纯乎是"女性主义者"

---

[1] 田汉：〈第四阶级的妇人运动〉，《少年中国》第1卷第4号（1919年10月），页21-22。
[2] 沈玄庐：《劳动与妇女》发刊大意〉，《劳动与妇女》1921年第1期（1921年2月），页1。
[3] 参见Lester F. Ward, "Social Classes in the Light of Modern Sociology Theory," *American Journal of Sociology* 13, no. 5 (March 1908), pp. 617–627。
[4] 高山：〈新人的产生〉，《妇女杂志》第9卷第10号（1923年10月），页15-17。
[5] 君珊：〈女性中心的社会论与妇女解放〉，《蔷薇周刊》1927年第20期（1927年4月），页1。
[6] 陈学昭：〈给男性〉，收章锡琛（主编）：《新女性》第1卷第12号（1926年12月），页897-901。

所发的言论一概要反对。

> 我们不承认那些"把女子提到和男人一样的地位"的谬论；我们不谭[谈]荒谬可笑的什么"男女平权"；我们是主张解放了历来施于女性的种种束缚，让女性自由发展出伊们底能力来。凡思想、制度，能够成为新锁镣的，我们都要不容情的攻击。[1]

女权论者看重的和男性同等的权利，在陈望道看来，实不值一谈。在男性都不自由、都过着非"人的生活"的前提下，女性又能争取到什么样的权利呢？所以，他批判那些把教育问题、权利问题看作妇女运动的先决问题的言论，认为其不懂妇女问题的真义。[2]

至于马克思主义者将采取何种方式实现妇女的自由与权利，冯和法（1910–1997）在分析女性中心说怎样与当前妇女解放相结合时，作了具体总结。他声称妇女问题已经到了一个新的阶段，和资本主义社会里的劳动问题并和起来；[3] 认为那种要求两性平等的女权运动理论，已经不适合社会的发展；妇女斗争的对象已不是男性，而是整个资本主义社会组织；男性劳动者已不是妇女们的敌人，而是妇女们斗争过程中的同盟者。[4] 妇女解放运动要取得成功，就必须和无产阶级运动联合在一起，共同向封建制度、封建势力和基于经济剥削关系上的资本主义社会组织发起进攻。[5] 为了证明此一斗争目标及策略正确有效，1921年，《新青年》刊发"俄国与女子"专号，其中谈到十月革命前后俄国妇女境况的重大转变，从之前被称作"禽兽"，到后来在苏维埃会议中、高等委员会中都占有一席之地。在信仰社会主义的人们看来，俄国妇女之所以能获此平等权利，在于她们和劳动者联合起来，共同推翻了资本主义制度。[6] 而针对有论者仍视男子为女性斗争的对象之一（另两者为国际资本主义、军阀官僚），[7] 社会主义者的回答是，只要推翻资

---

[1]〈宣言〉，《民国日报》副刊《妇女评论》第1期（1921年8月3日），页1–2。需要说明的是，此文在《妇女评论》第1期刊出时作者未署名，但该文确由时任主编陈望道所作，具体参见林鸿、楼峰（主编）:《陈望道全集》（杭州：浙江大学出版社，2011），第5卷，页68–71。

[2] 同上，页1。

[3] 冯和法:〈妇女解放与女性中心说（未完）〉，《劳大周刊》第4卷第9期（1930年11月3日），页14。

[4] 同上，页12。

[5] 冯和法:〈妇女解放与女性中心说（续）〉，《劳大周刊》第4卷第10期（1930年11月10日），页42。

[6] 波忧莲（N. Bukharin）（著）、震瀛（译）:〈俄国"布尔塞维克主义"和劳动的女子〉，《新青年》第8卷第5号（1921年1月），页6–8。

[7] 山川菊荣（著）、立华（译）:〈男性中心说与女性中心说〉，《革命的妇女》第5期（1927年6月），页5。

本主义制度,实现了无产阶级专政,妇女问题会自动得到解决;[1]"轻视女性,视女性为玩物的,不过是那班老爷、少爷们罢了,至于无产者,则决不至此"。[2]

到了1943年,女性中心说的内涵又增添了新内容。施蛰存(笔名也耶,1905-2003)从国家主义立场出发,结合沃德的这一学说分析两性关系当何去何从。针对人们批评女子自私、心胸狭窄,施蛰存指出,即便女性果真具有这些缺点,那也是男性一手栽培的,并非与生俱来;如"施以爱群爱国的思想",便能成功改造女性。[3]他赞同男女平等,但不是出于改善女性处境的需要,而是认为这对国家尤其重要,"抗战之后,建国是更艰苦的工作,本来只有二万万人的力量,如能突然加上二万万的人力,则建国必可早日告成"。[4]因此,施蛰存尤其强调女性的责任。他批评那些"游手好闲,只消耗,不做事"的女性是可耻的,[5]和后来一位署名启新的人在《妇女杂志(北京)》上的观点相呼应。这位论者了解到西康妇女正过着以女性为中心的生活。[6]她们承担了繁重的劳动。从料理家务,到施肥收获,到饲养照顾牛羊,全部由女性负责。她们每天全没有休息的时候,"对社会尽着人的责任";而与之形成对照的是,都市中的女性仅仅是"社会的消耗者"、"男性的玩物"、"简直失了人形的人"。[7]作者希望借此激发城市里的每一位女性都能在抗战最艰难的1943年,如西康女性般为国家贡献自己的力量。此一以女性对社会、国家应尽的义务来界定女性中心主义的做法,和立志打破国家民族界限的阶级论妇女观以及争取女性作为人的权利的女权主义构成冲突,和沃德从两性关系角度进行立论更是相去甚远。

三

除从阶级斗争、女权主义、国家话语等立场对女性中心说进行解读外,其时的知识分子还将该理论置于科学与玄学论争这一大背景下进行讨论。如《东方杂

---

[1] 毓本:〈我底妇女问题观〉,《妇女》第1卷第3号(1927年11月),页5-6。
[2] 王会悟:〈怎样去解决妇女问题〉,《民国日报》副刊《妇女评论》第4期(1921年8月24日),页1。
[3] 也耶:〈男性中心与女性中心论〉,页18。
[4] 同上,页19。
[5] 同上,页18。
[6] 启新:〈以女性为中心的西康妇女〉,《妇女杂志(北京)》第4卷第3期(1943年3月),页24。
[7] 同上。

志》评价《女性中心说》"本科学态度,举生物界昭著事实,证明自然中女性实处于中心地位",认为数千年来以男性为中心的传统思想将"从此粉碎无余地了",称赞该学说为"有功于世道人心的科学上的新发现"。[1]《学生》杂志稍后宣传《女性中心说》的广告词和《东方杂志》上的内容基本一致,也充分肯定其科学价值。[2]除此外,一些知识分子如杜君慧(1904-1981)等也视"瓦特的话,是有科学的根据"。[3]至于为什么是科学的,评判标准为何,作者未曾具体谈及,只是引用沃德本人所讲的"我的这个研究,好像科伯尼克的地动说和达尔文的进化论排除了许多的非难,打破了当时的传说那样,不久也会一扫男性中心说的",希望以此说服读者"相信他(指沃德)"。[4]

然而,女性中心说之所以在美国自提出之日便遭到批判,恰恰是因为其反科学。这里我们先简单了解一下女性中心说的历史。根据沃德自己讲述,女性中心说并非1903年才提出。1888年4月26日,华盛顿的六时俱乐部(The Six O'Clock Club)在维纳德酒店(Willard's Hotel)举行第十四次晚宴。由于当晚出席活动的有美国女权运动家伊丽莎白·凯迪·斯坦顿(Elizabeth Cady Stanton, 1815-1902)、苏珊·布朗威尔·安东尼(Susan B. Anthony, 1820-1906)、Mrs. J. C. Croly(Jennie June, 1829-1901)等人,因此晚会的主题定为男女平等。沃德受邀首先发言。也就是在这次发言中,他提出了女性中心说的核心思想,[5]并于稍后撰写成正式文章,以〈我们更好的另一半〉("Our Better Halves")为标题,发表在期刊 *Forum* 上。[6] 在这篇文章中,沃德和其时的男性中心主义者一样,也以自然主义的性别理论为前提,即将自然的属性类比到两性关系上。但他选择的是男性中心主义者未曾谈及的生物界中存在的"事实",以此证明他的观点。沃德认为,生物界起初是无性生殖,雌性靠自身便能实现繁殖,无需雄性参与。接着再以大麻、天竺葵、蜘蛛、蜜蜂、蝴蝶、鹰、甲壳类、蔓脚类动物等为例,说明无论在植物界还是低等动物界,雌性往往较雄性体格强大,占有优势地位;雄性仅仅起受精作

---

[1] 图书广告,《东方杂志》第19卷第9、10、11期(1922年)。
[2] 〈书报介绍:女性中心说〉,《学生》第9卷第6期(1922年6月),页129。
[3] 君慧:〈生物学上的女性中心观〉,《玲珑》第5卷第10期(1935年3月),页593。
[4] 同上。
[5] Ward, *Pure Sociology*, p. 297.
[6] https://gynocentrism.com/2015/05/15/our-better-halves-1888/ (检索日期:2016年11月30日),原文见 Lester F. Ward, "Our Better Halves," *Forum* 6 (November 1888), pp. 266-275。

用,交配完成后,或死去,或始终受雌性支配、选择。人类社会初期的情形也与生物界类似。女性因掌握着淘汰权,始终居于主导地位,维系着种族的稳定。男性则处于从属地位,其功用在促成种族变化。沃德因此结论,人类要得以进步,种族要得以提升,唯有改善女性的处境。此外,我们从沃德早前发表的其他著述中,也可发现女性中心说的影子。1892年,沃德出版《文明的心理要素》(*The Psychic Factors in Civilization*)。在书中,他着意凸显女性的主要身份和地位,强调女性优势(female superiority)在动物界是普遍现象,再次重申女性自身便可使种族得以延续,仅仅是在革新后代生命力的情况下才需要男性提供帮助;人类由于开始具有审美功能,因此女性往往倾心于那些高大、强壮、英俊的男性,而这又反过来促成男性在赢得女性青睐的竞争中进一步发达。[1] 由此,我们可以得知沃德思想的形成脉络。也即是说,女性中心说的关键术语、概念(如女性优势、女性淘汰、男性淘汰等)及理论框架早已形成。后来的《纯粹社会学》第14章是在此基础上作了更详细的探讨、论证和扩展。

  1888年沃德发表〈我们更好的另一半〉时,女性中心说的追随者便极少。沃德自己提及的有乔治·赖利(Charles V. Riley, 1843–1895)。[2] 另外格兰特·艾伦(Grant Allen, 1848–1899)曾撰文和沃德讨论男女智力上的差异。[3] 而受沃德影响最深的是美国女权运动先锋夏洛特·帕金斯·吉尔曼(Charlotte Perkins Gilman, 1860–1935)。作为沃德的崇拜者,吉尔曼从他那里借用了诸多思想资源,如女性中心说、男性中心说、性别淘汰等。她的著述《男人创造的世界:论男性中心的文化》(*The Man-Made World: Or, Our Androcentric Culture*)也直接沿用沃德的术语。[4] 在吉尔曼看来,女性中心说是沃德对妇女问题的重大贡献,是进化论之后最伟大的理论。[5] 正因为如此,她在19世纪末20世纪初的十多年里,不遗余力地推广、宣传沃德的理论。1897年,吉尔曼出版著名的《妇女与经济》(*Women and Economics*)一书,其中便介绍了沃德在《动态社会学》、〈我们更好的另一半〉中表达的思

---

[1] Lester F. Ward, *The Psychic Factors of Civilization* (Boston: Ginn, 1893), pp. 87–88.
[2] Ward, *Pure Sociology*, p. 297.
[3] Ibid., p. 296.
[4] Charlotte Gilman, *The Man-Made World* (New York: Humanity Books, 2001).
[5] Charlotte Gilman, *The Living of Charlotte Perkins Gilman: An Autobiography* (New York: D. Appleton-Century, 1935), p. 187.

想。[1]《妇女与经济》出版后,在欧美各国产生广泛影响,不仅多次再版,还被翻译成多种文字。沃德的理论也随之得到流传。1904年,吉尔曼在柏林国际妇女大会上,再次介绍了女性中心说。[2]

然而,随着生物学的发展,女性中心说赖以存在的生物学基础被证明是虚妄的。前文已谈到,沃德认为无论植物界还是动物界,雌性在两性关系及生物遗传方面都占主导地位。但随后有生物学家指出,沃德的理论缺乏事实依据,他列举的那些雄性寄居在雌性体内,以及雄性完成受精任务后便死去的例子根本就不存在。[3]至于其以母系社会来证明人类社会初期和生物界一样受女性支配这一点,同样遭到质疑。[4]也即是说,女性中心说从前提到论据到结论,都和当时生物学、人类学的研究相背离。但沃德仍于15年后在《纯粹社会学》中再次重复该理论,其受到批判也就在所难免。当时还发生了一起针对女性中心说的有组织的批评活动。与沃德持对立学术观点的斯坦利·霍尔（G. Stanley Hall, 1844-1924）、埃德蒙·威尔逊（Edmund B. Wilson, 1856-1939）和富兰克林·吉丁斯（Franklin Giddings, 1855-1931）,受《独立》（The Independent）杂志编辑亨利·霍尔特（Henry Holt, 1840-1926）的邀请,撰写针对沃德的批评文章。霍尔特本希望发表这些作品,并请沃德做出回应。沃德拒绝了这一要求,指责霍尔特的做法违背了职业道德,但霍尔和威尔逊的文章最终仍然见诸报端。[5]除这些根本不认可沃德学说的学界人士提出了异议外,吉尔曼也就沃德的一些理论发表了自己的看法。很长一段时间来,吉尔曼一直希望得到沃德的认可,但当有人批评她的著作完全是对沃德学说的阐释时,她又非常强调自己理论的原创性,尤其是那些与沃德主张类似的部分。[6]在女性中心社会何以会结束、男性中心社会何以会形成、如何结束女性的屈从地位等关键问题上,吉尔曼都有不同于沃德的观点;[7]她甚至认为他所讲的女性中心社会很快便为男性中心社会替代的说法非常

---

[1] Gilman, *The Living of Charlotte Perkins Gilman: An Autobiography*, p. 259.
[2] Judith A. Allen, *The Feminism of Charlotte Perkins Gilman: Sexualities, Histories, Progressivism*, p. 93.
[3] Ibid.
[4] Lester F. Ward, *Dynamic Sociology* (New York: Appleton, 1883), vol. 1, p. 657.
[5] Lester F. Ward, *Glimpses of the Cosmos* (New York: Putnam's, 1918), vol. 6, pp. 223-224.
[6] Gilman, *The Man-Made World*, p. 38.
[7] Charlotte Gilman, *Women and Economics: A Study of the Economic Relation Between Men and Women as a Factor in Social Evolution* (San Francisco: Harper Torchbooks, 1966), pp. 125, 127.

荒谬,[1]对他提出的劣等种族和优等种族联姻可以提高种族质量等说法则始终保持沉默。[2]吉尔曼作为沃德的崇拜者尚且不认同其诸多重要观点,女性中心说在美国学术界的失败处境便一目了然。

中国知识分子一开始便认识到该理论缺乏科学依据的人主要有顾绥昌(1904-2002)和周建人(1888-1984)。1923年,就读于江苏省立第三师范学校的顾绥昌在《国风日报》副刊《学汇》上连续五期撰文,从学理上批判女性中心说。[3]他引用生物界的种种反例,层层论证女性中心说的谬误,对沃德的主张进行一一驳斥。首先,针对沃德提出生物界最初的生殖根本无需雄性(男性)参与即可完成,顾指出那只是低等生物才有的单性生殖。如果我们可以称其为女性中心的话,那也只是低等生物才以女性为中心。为谋求种族进化,生物就必须有受精作用,男性因此也扮演了重要角色。接着以雌蟾蜍也有因受精而死的事实,反驳沃德以蔓脚贝为例得出男性寄生于女性体内、完成受精任务后便死亡的观点,认为后者以偏概全。生物界里女性中心说不能成立,植物界也不例外。雄蕊授粉后即死去,以及其他沃德用来说明男性附属于女性、仅为受精而存在的事实,在顾看来,都只是自然的安排,是"天然的设置",是为了保种的需要。最后,沃德为了证明女性中心说在人类社会初期同样成立,借用了巴霍芬(Johann Jakob Bachofen, 1815–1887)提出的人类社会早期系母权社会这一结论,顾绥昌则引用与巴霍芬持对立观点的查尔斯·爱尔伍德(Charles A. Ellwood, 1873–1946)、斯宾塞(Herbert Spencer, 1820–1903)等人的理论,以及摩尔根(Lewis H. Morgan, 1818–1881)田野调查的结果,来说明人类早期是男女混权时代。母权社会的存在遭到否定,女性中心说自然也就不能成立。除顾绥昌外,周建人也从学理上批判沃德的学说缺乏科学依据,指出将能分裂生殖的原始单细胞生物视为女性细胞不恰当,认为雌性在体格上较雄性大、或雄性寄生于雌性体内等现象也不能推导出女性中心说这一结论,否定两性差异存在高下之分、尊卑之别,主张两性平等。[4]顾绥昌和周建人之后,尚有畹兰的〈处女生殖与女性中心主义〉一文,也是从学理切入,不过落脚点已不在理论本身,而在批判当时一些激进的女权运动者。作者指出,处女生殖只能在低等生物中

---

[1] Charlotte Gilman, *Herland* (London: Women's Press, 1979), p. 55.
[2] Ward, *Pure Sociology*, pp. 358–359; Allen, *The Feminism of Charlotte Perkins Gilman*, p. 100.
[3] 顾绥昌:〈女性中心说批评(续)〉,《学汇》第151期(1923年3月27日),页1–2。
[4] 高山:〈评女性中心说〉,《妇女杂志》第10卷第3期(1924年3月),页444–447。

实行,高等生物尚不能做到这一点,更何况人类社会;即便未来能成功,没有父系的遗传,后代也是极不健全的;因此,那些将处女生殖现象作为证实女性中心主义的合理性、扩张女权的科学依据的说法和做法,是行不通的。[1]

综上观之,顾绶昌、周建人等的确发现了沃德学说的一些漏洞。19世纪末20世纪初,西方学界就是否存在母系社会展开过激烈的争论,身处其中的沃德选择了肯定的一方,却无法解释反对者如查尔斯·爱尔伍德提出的异议。至于无性生殖何以成了女性生殖,沃德的说法也含混不清,只谈到如果将能分裂生殖的单细胞视作男性生殖会很荒谬,生物学者也习惯称其为母细胞,[2]而这又和后来生物学家提出的生物界起初并无两性差异的观点相冲突。也即是说,随着生物学、人类学等的不断发展,沃德学说的诸多理论前提和事实依据都丧失了说服力,这也是它在西方学界基本上不再为人认可的根本原因。那些仍然坚持"瓦特的话,是有科学的根据"[3]的论者,如果不是为了服务于某一特定目的的话,则显示出其生物学知识的匮乏。

如果说顾绶昌、周建人等还只是就女性中心说的具体内容展开批判的话,那么,社会主义者则以釜底抽薪的方式对沃德学说的理论前提予以了否定。女性中心说以达尔文的性择理论(sexual selection)为依据,后者认为,同一物种中具有优势的个体是由异性淘汰促成的。[4]沃德以此为出发点,指出母系社会后,男性因理性发达,认识到自己在孕育后代方面所起的重要作用,于是父亲意识觉醒;然后利用之前经由女性淘汰获得的体格等方面的优势将女性置于被奴役地位,并根据男性的审美趣味对女性行使性选择的权力;和生物界雌性偏爱强壮、有勇气的雄性不同,人类社会的男性以女性体弱、貌美等为标准;[5]如此审美趣味引发的女性竞争,只能导致女性日益柔弱、无用,而这又反过来进一步加深了女性受男性控制、摆布的苦难。沃德此一对男女两性地位逆转的原因分析,在日本不乏支持者。泽田顺次郎(1863-1944)、佐濑蝶梦便非常推崇这一学说。他们在讨论女性中心说时,首先便肯定了性淘汰的重要作用。[6]然而,堺利彦不赞同性选择、男性理性发

---

[1] 毕畹兰:〈处女生殖与女性中心主义〉,《康健杂志》第2卷第1期(1934年1月),页58。
[2] Ward, *Pure Sociology*, p. 313.
[3] 君慧:〈生物学上的女性中心观〉,页593。
[4] Charles Darwin, *The Descent of Man, and Selection of Sex* (London: Penguin Books, 2004), p. 243.
[5] Ward, *Pure Sociology*, p. 363.
[6] 泽田顺次郎、佐濑蝶梦:《男の観た女》(东京:天下堂书店,1921)。

达、父亲意识觉醒等要素是男性取得支配地位的原因。作为一名日本早期社会主义者，他提出"主とし男子が経済上の権利を握ったことに帰して居る"。[1]换言之，女性之所以丧失了优势地位，在于被剥夺了经济权。接受了科学社会主义洗礼的中国社会主义者们，也一致认同堺利彦的主张。李达在翻译《女性中心说》时，就谈到当前社会经济的基础已经动摇，正好是男女团结一致完成改造大业的时候。[2]在其他文章中，李达也指出，女子的地位，常随经济的变化而转移；原始母系社会为父系社会所取代，根本原因就在女子丧失了经济权。[3]陈独秀同样认为只有实现了社会主义，妇女问题才能从根本上得到解决；因为社会主义将确保包括妇女在内的每个人都被赋予经济上的独立；一旦妇女拥有了经济独立，那么她们将会拥有尊严，而这正是目前妇女所无法享有的。[4]此一从经济层面解释妇女悲惨处境的观点得到了当时不少论者的支持，后来也反复出现在批判女性中心说的文章中。如叶克平便认为"把女子被征服，及人类的理性的发达，归之于是性的淘汰，未免太失之缺陷了。我们知道：这些原因除了自然的性的关系之外，还有社会的经济的关系之存在，这是不可否认的事实"；[5]周寿园也强调母权时代的结束和消逝在于经济制度的转变。[6]

而对此讨论较为详细的是冯和法1930年发表在《劳大周刊》上的〈妇女解放与女性中心说〉一文。作者一方面对沃德的学说给予很高评价，认为"它破除一切以为男子优胜的成见，而给与女性解放以理论的维护"，[7]另一方面，他也不认同沃德就两性关系处境所做的原因分析。在文中，冯和法反复重申，"男女的性关系，大概是受财产的关系而决定的"；"男子握经济的实权，女子不得不为之从属了"；"性的关系，是建筑于经济的关系之上。因为男子在社会里操纵经济权，故女子成了男子的隶属"。[8]类似表述在文中尚有很多。这表明冯和法事实上并不同意沃德的

---

[1] 堺利彦：〈序〉，《女性中心说》（东京：牧民社，1916），页2。
[2] 李达：〈译者序〉，页3。
[3] 李鹤鸣：〈女子解放论〉，页21。
[4] 陈独秀：〈女子问题与社会主义——在广东女界联合会演辞〉，《广东群报》（1921年1月31日、2月1日）。
[5] 叶克平：〈女性中心说的研究（续）〉，《妇女共鸣》第1卷第2期（1932年2月），页44。
[6] 周寿园：〈新女性讨论专辑（八）〉，上海民立女子中学学生自治会（编）：《新女性》创刊号（1935年5月），页14。
[7] 冯和法：〈妇女解放与女性中心说（续）〉，《劳大周刊》第4卷第10期（1930年），页42。
[8] 冯和法：〈妇女解放与女性中心说（未完）〉，《劳大周刊》第4卷第9期（1930年），页13。

主张。而他之所以持反对态度,则与他的经历、认识息息相关。1927年,冯和法报考了刚刚成立的国立劳动大学。[1]尽管国民党当局对学校控制严格,但冯和法在校期间还是接触到马克思主义,并深受其影响。[2]他于1929年撰写的《农村社会学大纲》(又名《中国农村社会研究》)一书,便是运用马克思主义社会学原理,从生产关系切入,以经济地位为准绳,采用阶级分析的方法,观察农村生产关系的各个方面,也考察农村社会现象和城市社会现象之间的关系,从整体社会现象中去研究农村社会现象的构成、变动和趋势。作者最后得出结论,中国革命的前途,全以农民运动为依归。[3]在此一思想指引下,他在〈妇女解放与女性中心说〉中为读者介绍的妇女问题思想家及他们的著作,如加本特(Edward Carpenter, 1844-1929)的《爱的成年》(*Love's Coming of Age*)、李林才(Meta Stem Lilienthal, 1876-1948)的《将来之妇女》(*Women of the Future*),[4]均是从唯物论立场出发,强调经济因素是两性关系发展的根本动因。

沃德在《纯粹社会学》中实际上也谈及了男性对女性的经济压迫。他指出男性中心社会到来后,男人发现女人的经济价值,并迫使后者为自己服务。[5]而沃德之所以能有如此认识,还要归功于吉尔曼的影响。她的著作《妇女与经济》出版后,吉尔曼赠送了一本给沃德。尽管她后来无不沮丧地列出种种证据,说明沃德并未读过她的书,[6]但沃德确是自此以后开始关注经济因素在两性关系中扮演的角色。继《纯粹社会学》之后,他又在《应用社会学》(*Applied Sociology*)等著述中反复重申这一点。[7]1910年,他还批评安妮·帕里特(Annie G. Porritt, 1861-1932)的〈作为转喻的女性〉("Woman as a Metonymy")一文忽略了经济要素的作用。[8]

---

[1] 冯和法:〈上海澄衷中学校长曹慕管〉,收中国人民政治协商会议全国委员会文史资料委员会(编):《文史资料存稿选编(24)·教育》(北京:中国文史出版社,2002),页497。

[2] 冯和法:〈回忆国立劳动大学〉,收中国人民政治协商会议上海市委员会文史资料委员会(编):《上海文史资料选辑(第80辑)·文史集粹》(上海:上海市政协文史资料编辑部,1996),页139。

[3] 冯和法:《农村社会学大纲》(又名《中国农村社会研究》)(上海:黎明书局,1929)。

[4] 冯和法此处还提到另一位无政府主义者拉巴德(Joseph A. Labadie, 1850-1933)的著作《眺望前方》,笔者目前尚未查到此书原本,特此说明。冯和法:〈妇女解放与女性中心说(未完)〉,页15;冯和法:〈妇女解放与女性中心说(续)〉,页39-40。

[5] Ward, *Pure Sociology*, p. 345.

[6] Allen, *The Feminism of Charlotte Perkins Gilman*, pp. 92–93.

[7] Lester F. Ward, *Applied Sociology* (Boston: Ginn, 1906), p. 232.

[8] Ward, *Glimpses of the Cosmos*, vol. 6, p. 356.

不过，和吉尔曼、堺利彦等人不同的是，沃德认为男性对女性的经济奴役不是女性处于屈从地位、男性中心社会得以形成的根本原因，而是男性中心文化带来的结果。[1]这对于信仰科学社会主义的李达等人来说，无疑是反科学的。

1923年，胡适（1891-1962）在给《科学与人生观》一书写序时，这样评价科学在当时的地位：

> 近三十年来，有一个名词在国内几乎做到了无上尊严的地位；无论懂与不懂的人，无论守旧和维新的人，都不敢公然对他表示轻视或戏侮的态度。那个名词就是"科学"。这样几乎全国一致的崇信，究竟有无价值，那是另一问题。我们至少可以说，自从中国讲变法维新以来，没有一个自命为新人物的人敢公然毁谤"科学"的。[2]

科学具有如此崇高的地位，使得人们往往自觉或不自觉地将其用作支持或反对某一理论、思想的利器。以上"五四"知识分子对女性中心说截然相反的两种态度便可说明这一点。《东方杂志》视其为科学；顾绶昌、周建人批判其反科学；李达等社会主义者在批判的同时，还证明自己的理论更科学、合理。至于各自所谈的科学具备什么样的内涵和评判标准，则并不为彼此知晓或接受。

四

《女性中心说》传入中国后，相关讨论不绝于耳，读者"常常在书报上看见关于女性中心主义的文章"；[3]《红叶周刊》甚至将女性中心说一词列入社会学常识词典。[4]和其他此一时期传入中国的西方女性理论一样，女性中心说自抵达中国之日起，便和中国的妇女解放运动发生了联系。知识分子围绕是否应当建立一个以女性为中心的社会展开了较长时间的论争。

需要首先说明的是，其时也有论者认为中国甚至整个世界都已经是女性为中心的社会。1930年，活跃在当时知识界的婉嵘（原名厉厂樵，1901-1960）在〈女性

---

[1] Gilman, *Women and Economics*, p. 127.
[2] 胡适：《《科学与人生观》序》，《科学与人生观》（上海：亚东图书馆，1923），页2-3。
[3] 畹兰：〈处女生殖与女性中心主义〉，页53。
[4] 吻云：〈常识辞典〉，《红叶（汇订本）》第5册（1931年10月），页29。

中心的国家大事〉一文中指出,中国的国家大事,一方面都是男子包办,另一方面,又"什么事都在女子的手里牵引,操纵"。[1]他以历史上的和亲为例称赞女性在解决民族争端方面的能力高过所谓圣主、名将,又以现实官场中官太太、姨太太掌控着丈夫事业(包括人事任免、友朋关系、廉洁与否等)证明女性事实上左右着一国政治、经济发展。时过七年后,婉嵘这一观点得到署名放涛的论者的应和。后者也根本否定男性中心社会的存在,指出无论在历史上,还是现实中;无论在家庭,还是社会国家层面,女性的地位都始终优于男性。[2]具体而言,一方面,家政都由女性主持,孩子都对母亲亲善;另一方面,女性虽未参政,但这是女性的主动选择。她们宁愿做幕后的控制者,操作政治舞台上的男性。无论汉高祖(刘邦,前256-前195)、唐玄宗(李隆基,685-762),还是爱德华八世(Edward VIII, 1894-1972)、胡佛(Herbert C. Hoover, 1874-1964),都不过是女性的傀儡。在放涛眼里,世界从来都掌握在女性手中,根本不存在女子受压迫的情况。此一不尊重历史、漏洞百出的立论,自是很难经得起推敲。当时也有论者对此类说法予以了回应。如针对有人称电影圈大量使用女明星其实就是以女性为中心这一观点,陈波儿指出这是男性中心主导下的电影畸形发展,是男性审美观的投射。那些喜欢女明星、争当女明星的女性,或已下意识地以男性中心社会的审美观为标准;或感受到社会上两性不平等,但因无力抗争,转而将女明星视为她们的英雄;或认为女明星争取到了女性应有的社会地位。如此以女性为中心的局面,实为女性之羞耻而非荣耀。[3]

除以上异见外,当时大部分知识分子基本上都认同男性中心这一事实。但因主张各异,他们建构的两性关系图景也相去甚远。1934年,摄影家伍千里、金预凡、陈晁德、陈国畸为《良友》拍摄了一组题为《女性中心的美术摄影》作品。[4]图画中,女性不再是"无才"的旧式女子,而是追求新知的新女性;她们不再寻求男性的认同,而是建立起女性同伴关系;女性始终以主体身份存在,男性不过是她们的影子。时隔不久,画家黄苗子(1913-2012)以漫画的形式,配上简单的文字,希望颠倒男性中心社会的现实,谱写了一首女性中心的狂想曲。[5]在他笔下,男性成

---

[1] 婉嵘[厉厂樵]:〈女性中心的国家大事〉,《万人杂志》第1卷第4期(1930年7月),页21。
[2] 放涛:〈谈女性中心社会〉,《论语》第115期(1937年7月),页25-26。
[3] 陈波儿:〈女性中心的电影与男性中心的社会〉,《妇女生活》第2卷第2期(1936年2月),页59-66。
[4] 伍千里、金预凡、陈晁德、陈国畸:〈女性中心的美术摄影〉,《良友》第98期(1934年11月),页5。
[5] 黄苗子:〈女性中心狂想曲〉,《妇人画报》第35期(1935年12月号及1936年1月号合刊),页48。

了"花瓶",被女性观看、享用(见图1、图2);男性成了封建礼教的牺牲品,因担心失去处男之身,不敢不愿和女性往来(见图3);社会上也处处以"男士优先"(Men First)为文明准则(见图4)。作品在博人一笑的同时,充分彰显了男性中心社会里女性的艰难处境,以及作者期望打造一个以女性为中心的社会的理想。

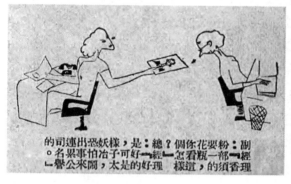

图1

图2

图3

图4

然而,这一"舞起大刀杀尽天下的男人"[1]的极端女权主义观点,迎来了诸多批评。即便是那些要求从男性手中夺回一切做人的权利的一般女权论者,也都旗帜鲜明地反对建构一个以女性为中心的社会。君珊在〈女性中心的社会论与妇女解放〉中,开篇便呼吁男女两性相互合作、相互尊重,否定女性为中心的言论与做法。[2]她主张妇女要从男子手中获取她们应有的权利和义务,但反对女性在

---

[1] 也耶:〈男性中心与女性中心论〉,页19。
[2] 君珊:〈女性中心的社会论与妇女解放〉,页1。

运动中对男性持嫉妒、报复态度，认为以女性为中心的社会同样是错误的。[1]施蛰存同样反对以某一性为中心，提出只有两性互助互励，人类才能幸福，世界才会大同；若一方存心压迫另一方，社会就得不到安宁，进步也就很迟缓。[2]石评梅（1902-1928）也坚持理想、完美的社会是男女两性共同打造的；一个以男性为中心的社会固然有违常理，以女子为中心的社会同样欠完美。[3]一般女权主义者希望争取的，只是男女平等，并不是两性的敌对；他们认为极端女权主义者发表的那些偏激之论，无疑会在两性间树起旗帜，造成男女互相战斗，这样的斗争不仅毫无意义，而且从根本上就是一大谬误。[4]

至于社会主义者，因其秉持马克思主义妇女观，自然也不赞同建立以某一性别为中心的两性关系。早在1919年，李达就提出："凡是社会上的道德、习俗、习惯、法律、政治、经济，必以男女两性为中心，方可算得真道德、真风俗、真习惯、真法律、真政治、真经济，否则是假的，是半身不遂的。"[5]在《女性中心说》的译者序言中，李达也谈到世间没有纯粹男子的社会，也没有纯粹女子的社会，社会本来是由男女两性做中心组织的。[6]夏丏尊也反对女性中心说。他在对带女部首的文字进行研究时，指出有28个指人性缺点的字，都由"女"字构造而成；好像"世间一切的罪恶，都是女性包办似的"；"这也许是'女性中心说'的一种滑稽的证据吧！"[7]作者这里以女性仿佛垄断了人性缺点的事实，讽刺女性中心说的荒谬。茅盾认同沃德对历史上妇人悲惨境遇的描述，却否认后者提出的"女性更优说"（female superiority）。他秉持"一面提倡女子解放，一面却要十二分审慎周详的去批评女子解放运动中的言论和行动"[8]这一稳健主张，批判那些坚持极端自由极端解放的人从生物学上寻求证据、以说明女性天然高出于男性的观念和做法，认为自有人类历史以来女性便受男子压制。[9]在既不轻视女性能力、也不有意拔高的前提下，茅盾主张"这人

---

[1] 君珊：〈女性中心的社会论与妇女解放〉，页1。
[2] 也耶：〈男性中心与女性中心论〉，页18。
[3] 石评梅：〈致全国姊妹们的第二封信〉，《石评梅大全集》（北京：新世界出版社，2012），页105。
[4] 庐隐：〈中国的妇女运动问题〉，《民铎杂志》第5卷第1期（1924年3月）。
[5] 李鹤鸣：〈女子解放论〉，页19。
[6] 李达：〈译者序〉，页2。
[7] 丏尊：〈中国文字上所表现的女性底地位〉，页1。
[8] 记者：〈本杂志今后之方针〉，页14。
[9] 雁冰：〈历史上的妇人〉，页70。

的权力,使妇女也和男人一样,成个堂堂底人,并肩儿立在社会上,不分个你我高低",[1]其追求的是男女无差异的平等。

然而,无论以上论者如何为女性抱不平,抑或反对女性中心说,他们笔下的女性中心说/主义都和沃德所讲的理论相去甚远。这里可以先大致了解一下沃德对女性问题的关注及研究。早在1871年,当他还在乔治华盛顿大学攻读硕士学位时,便谈到女性在文明中所处地位是他关注并反复讨论的问题之一。[2]其早期论述主要围绕妓女问题展开。1870年,沃德在一篇题为〈社会弊端〉("The Social Evil")的文章中,控诉教会制定的不能解除婚姻的规定,认为这导致了卖淫业的发展,也将女性置于奴隶地位。[3]十多年过后,即1881年,沃德不再将妓女问题归咎于教会,而是谴责男性性淘汰;指出男性从女性那夺取了性淘汰的权力后,其不间断、不加选择的性欲和女性的性周期相冲突,由此自然导致妓女行业的产生。[4]1883年,沃德的《动态社会学》出版。此书在开启美国社会学研究、奠定沃德在学界的声誉的同时,也进一步完善了他对妇女议题的思考。在书中,沃德继续探讨卖淫问题,认为男性是通过满足女性的其他欲望如物欲等来换取女性在性方面的付出。[5]此外,沃德将女性的屈从地位纳入他的社会组织及进化体系中进行分析,指出女性由于丧失了性淘汰的主动权,逐渐沦为男性的奴隶和性玩物,不能享受与男性同等的权利,甚至完全被剥夺了公民权、受教育权、选举权等;此一劳动和资源的性别分工促成女性对男性的依赖,女性堕落或退化因此在所难免,一夫多妻、婚姻、卖淫等也就接踵而至。[6]沃德旗帜鲜明地呼吁男女平等、反对性别分工,他也因此成为其时为数不多的女权论者。

在《纯粹社会学》一书中,沃德依照其时生物学、人类学、社会学等领域的部分研究成果,对生物界及人类社会两性关系的变迁及其原因做出了自己的描写、分析和推定。无论他的研究方法和结论存在何种缺陷,不能否认的是,他是在就已经发生的两性关系史进行讨论。尽管沃德同时也是一位女权论者,但他旗帜

---

[1] 佩韦[茅盾]:〈解放的妇女与妇女的解放〉,《妇女杂志》第5卷第11号(1919年11月),页17-22。
[2] Emily Palmer Cape, *Lester F. Ward: A Personal Sketch* (New York: Putnam's, 1922), pp. 28-30.
[3] Ward, *Glimpses of the Cosmos*, vol. 1, pp. 238-241.
[4] Ibid., vol. 3, pp. 75-76.
[5] Ward, *Dynamic Sociology*, pp. 608-614.
[6] Ibid., pp. 607-608, 650.

鲜明地反对建构一个以女性为中心的社会。在《女性中心说》文末，沃德对未来两性关系提出的期望是，建立起男女两性为中心的社会，双方各自自主。[1]但中国知识分子，无论他们赞成还是反对建立一个以女性为中心的社会，显然都曲解了沃德的原意。而之所以会发生这样的误读，和堺利彦的翻译也有一定关系。前文已提及，《女性中心说》系沃德《纯粹社会学》第14章的内容，原标题为"种系演化的动力"（"The Phylogenetic Forces"），和第13章"个体发育的动力"（"The Ontogenetic Forces"），[2]第15章"社会演化的动力"（"The Sociogenetic Forces"）共同构成沃德所述的社会发展动力（The Social Forces）。尽管沃德的确谈起过可以将本章内容拓展为一本专著，[3]但堺利彦在对此章与前后章节关系、与整本书主题有何关联等问题无任何补充说明的情况下，单纯抽取此一部分译为专书，很容易将女性中心说抽离沃德建构的社会学体系。《纯粹社会学》一书探讨的是各种社会力量平衡与不平衡时的种种现象，并分析这些现象的起源和发展，但不提供相应的解决办法。如果将女性中心说置于此一背景下理解，则能减少误读。堺利彦自己当然明白，该理论讲述的是"殊に人间社会の女性支配が男性支配に变迁した、その经路なり原因なりの说明に至っては"，[4]即人类社会两性关系变迁史及原因分析，但他在书中未就《纯粹社会学》一书的主旨、女性中心说在沃德的学说中所处位置等作一总体描述，便直接以女性中心说为标题，进入具体文本处理，确是较容易引起那些未深究书中内容，且社会学知识贫乏的读者望文生义。李达、夏丏尊在从日文本翻译时，也采用了堺利彦的办法，未作任何拓展。

当然，也并非所有"五四"知识分子都未领会《女性中心说》的本意。叶克平就告知读者沃德虽然提出了女性中心说，但并未因此主张人类应重新回到以女性为中心的社会。[5]《妇女杂志（上海）》在承认该学说"有过偏的地方"前提下，指出其可以"使一般人觉悟旧观念的错误，因此明白社会进化的历史和男女关系的

---

[1] Ward, *Pure Sociology*, p. 373.
[2] 此处"种系演化的动力"、"个体发育的动力"系借用彭小妍的翻译，具体参见彭小妍：〈以美为尊——张竞生"新女性中心"论与达尔文"性择"说〉，页67。
[3] Ward, *Pure Sociology*, p. 290.
[4] 堺利彦：〈序〉，页2。
[5] 叶克平：〈女性中心说研究（续）〉，页43。

变化"。[1] 译者李达也承认该理论讲述的是"社会进化的历程"和"男女关系的变化"。[2] 然而，即便作了澄清，时人对女性中心说的误解仍很难纠正。在这以后，仍有论者直接称沃德提出了"生物进化，全赖女性，人类未来之有无猛烈进步，纯恃社会势力是否以女子为中心"、[3] "如不将社会势力之中心，由男性移于女性，人类必无猛烈进步之可期"[4] 等主张。

结　　论

从文本本身看，女性中心说从沃德到堺利彦再到夏丏尊和李达的旅行过程，基本上不存在内容上的改写，但著者/译者因具体所处的历史语境、文本生产/复制动机、各自的立场和态度以及希望服务的现实问题不尽相同，对该理论的解读、评价和对未来两性关系的构想也就存在差异。进入接受领域后，此学说又再次被持不同理念的读者解构、重组。和"五四"时期传入中国的其他西方女性理论如爱伦·凯（Ellen Key, 1849-1926）的母性保护论、倍倍尔（August Bebel, 1840-1913）的科学社会主义妇女观、约翰·穆勒（John Stuart Mill, 1806-1873）的女权学说一样，女性中心说能为时人共同接受的内容非常有限，基本上仅止于"女性处于屈从地位"这一在知识界早已达成的共识。其余绝大部分观点，如生物界女性更优、母系社会女性掌握主动权、性淘汰和父亲意识觉醒是男性中心社会得以形成的根本原因等，则成了各种思想、理论、流派论争的战场。

1926年，张竞生（1888-1970）受女性中心说启发，提出了"新女性中心主义"。[5] 其主要观点是：男子在情爱、美趣与牺牲精神等方面先天缺乏，因此主张以后进化了的社会，当以女性为中心；女性需努力将自己养成为情人、美人、具有牺牲精神的人，这样，男子受其影响，也必成为情人、佳士和英雄；女性可以通过性操纵男性。此一理论提出后，很快得到了部分知识分子的响应。前文谈及的坚持当前已经是女性中心社会的论者，便认为女性之所以能控制男性，一方面在其拥有

---

[1] 〈新书介绍：女性中心说〉，《妇女杂志（上海）》第8卷第7期（1922年7月），页23。
[2] 李达：〈译者序〉，页2。
[3] 康选宜：〈现代女子应有之新人生观〉，《东方杂志》第32卷第7号（1935年4月），页223。
[4] 王世杰：〈新近宪法的趋势——代议制之改造〉，《东方杂志》第19卷第22号（1922年11月），页16。
[5] 张竞生：〈情爱与美趣〉，《京报副刊》，1925年9月11日，页266。

的"女性魅力",如美貌、妩媚、温柔、娇弱等,[1]一方面在男性对性的渴望。[2]和女性中心说一致,"新女性中心主义"仍以达尔文的性择说为理论前提,[3]也认同当前女性的低下地位。差异之处在于,后者主张女性充分利用其女性特质来影响、操控男性,从而建立起一个真正以女性为中心的社会。

---

〔1〕 婉嵘:〈女性中心的国家大事〉,页21。
〔2〕 放涛:〈谈女性中心社会〉,页26。
〔3〕 相关研究参见彭小妍:〈以美为尊——张竞生"新女性中心"论与达尔文"性择"说〉,页57—77。

汤姆斯、粤语地域主义与中国文学外译的肇始

夏　颂[*] 著
陈胤全[**] 译

题　记

与欧洲相比，中国现有的各类作品或许更为浩瀚。这些典籍无论价值为何，都仍待学者对其进行适当评鉴。

——汤姆斯（Westminster Review，1840）

一、前　言

现代的学术界对早期欧洲汉学的描述存在诸多分歧。有学者批评早期欧洲汉学是对中国本土观点的重复，缺乏批判性；[1]有学者则认为，早期欧洲汉学是某位东方学家（orientalist）对他者的噤声。[2]为了更细致、更实证地理解早期汉学实践，本文着眼于汉学活动的一个重要层面——翻译，试图描述译者兼汉学家汤姆斯（Peter Perring Thoms, 1790–1855）于1824年编纂并翻译粤语爱情说唱作品《花笺记》时，如何协调源语文化和目的语文化的关系，进行社会、文学和美学三个层面

---

[*] 夏颂（Patricia Sieber），俄亥俄州立大学（Ohio State University），电邮地址：sieber.6@osu.edu。本文原题为"Location, Location, Location: Peter Perring Thoms (1790–1855), Cantonese Localism, and the Genesis of Literary Translation from the Chinese"，发表于 Lawrence Wang-chi Wong and Bernhard Fuehrer eds., *Sinologists as Translators in the Seventeenth to Nineteenth Centuries* (Hong Kong: The Chinese University Press, 2015), pp. 127–167. 现征得作者、编者及出版社同意授予中文翻译版权，谨此致谢。

[**] 陈胤全，香港中文大学翻译研究中心，电邮地址：leochen@cuhk.edu.hk。

[1] 见 Henri Maspero, "La Sinologie," in Société asiatique, ed., *Le livre du centenaire (1822–1922)* (Paris: Paul Geutner, 1922), p. 261.

[2] Edward Said, *Orientalism* (New York: Paragon, 1978), pp. 21–24, 92–110.

的翻译。汤姆斯最广为人知的活动或许是他参与承印了马礼逊（Robert Morrison, 1782-1834）的《华英字典》(1815-1823)。当时，文辞押韵的《花笺记》既有印刷制品，也有舞台表演，在19世纪上半叶的广东地区流传甚广。[1]汤姆斯使用英国东印度公司赞助为《华英字典》开发的活字，凭借与伦敦出版市场的关系，于1824年在澳门发行了《花笺记》这部才子佳人爱情小说。小说采用双语标题：《花笺 Chinese Courtship in Verse, to Which is Added an Appendix Treating of the Revenue of China Etc》，通过伦敦出版商Parbury, Allen and Kingsbury出版销售。[2]本文力图说明，这本小说不仅以其社会意义、物质载体和美学价值而应被视为汉学发展史上的里程碑，更能够在中国与西方以文本为媒介的互动这一命题上，引起对主流研究范式的反思。

爱德华·萨义德（Edward Said）赋予了"东方学家"这一术语新的含义，将其作为统称，囊括所有涉足"东方文本"（oriental text）的学者，以"文本态度"（textual attitude）为标准，确定这些学者的意识形态定位（ideological location）。此后，学者纷纷将目光投向以帝国主义"英语教学（English lesson）"[3]为名义进行写作的汉学家。但我们会发现，这种对个人追求和国家利益的简单糅合似乎无法用于解释汤姆斯的汉学轨迹。诚然，大多数学者惯称汤姆斯为"业余汉学家"（amateur Sinologist），但实际上，没有人深究对汤姆斯单独讨论是否恰当，以及即便恰当，汤姆斯的这一定位又如何影响他与帝国利益的关系。如果拒以"英国性"（Britishness）这一大而化之的建构来定义所有个人的参与，那么汤姆斯作为印刷工和排版师的职业定位无疑具有双重影响：作为一名同时参与体力劳动和脑力劳动的跨界者，汤姆斯在研究汉学前，既无通常意义上的社会背景，也不曾受官方任命。但作为印刷工，汤姆斯对专业技艺的要求极高，而他在东印度公司的那些来自上流

---

[1] 中国的白话文本，尤其是"才子书"这类作品，不同的印刷版本在内容和文本方面均有很大变动，因为这些故事及其副文本是针对不同的写作和阅读群体进行印刷与重印的。被称为"第八才子书"的粤语说唱作品《花笺》便是一明证。关于该作品现存版本的考据，见梁培炽（编）：《〈花笺记〉会校会评本》（广州：暨南大学出版社，1998），页20—26。

[2] P. P. Thoms, 花笺 *Chinese Courtship in Verse, to which is Added an Appendix Treating of the Revenue of China Etc* (London: Parbury, Allen, and Kingsbury, 1824).

[3] 例如见James L. Hevia, *English Lessons: The Pedagogy of Imperialism in Nineteenth-century China* (Durham and London: Duke University Press, 2003) 及 Lydia H. Liu, *The Clash of Empires: The Invention of China in Modern World Making* (Cambridge, Mass.: Harvard University Press, 2004)。

社会的上司却很难理解这种追求。因此，我们会看到，这名所谓的"业余汉学家"是带着极大的思想严肃性来研究中国文化的。这种思想严肃性通常为自学成才的手工业者所有，但在几乎世代供职于东印度公司的职员中却颇为少见。

此外，汤姆斯毫无英国显贵排外的社交习性。作为一个规模可观的劳动密集型印刷机构的实际领导，汤姆斯在工作上与识字的中国人建立了密切的联系，后者向汤姆斯介绍了许多当地的纯文学（belles-lettres）。虽然一些欧洲人将某些亚洲文本介绍至西方世界的行为或是出于无意，或是出于清晰的帝国主义计划，但正如下文的讨论将证明的那样，汤姆斯选择《花笺记》却是多个文本定位（textual locations）的独特结合：一方面，汤姆斯选择粤语说唱文学中最受推崇的爱情故事，这表明他清楚中国地域文学在主题和形式方面各有何侧重；另一方面，汤姆斯第一次将一个确实存在的中国爱情故事文本译入欧洲语言，他不仅坚持认为同"欧洲的情况恰恰相反"，中国人欣赏"同情、善良和爱这些更美好的道德情感"，[1]而且通过选择韵文这种在欧洲人看来最不可翻译和最难接近的中国文学形式，有意为欧洲补充特定类型的中国文学，并希望作出美学贡献。汤姆斯对中国纯文学的推崇有记录可循，他称自己是"学习中国文学的学生"，这促使他试图进行一种当时罕有的翻译，即完整的、无删减的、异化的翻译，将文本视为服从地域文学文化的美学客体，而非应欧洲一时之需而随机选择的个例。

双语译本的物质载体也显示出汤姆斯对中国纯文学的欣赏。学界之前对汤姆斯工作的讨论集中于他在印刷领域的技术成就。[2]本文认为不应将汤姆斯双语版本里中文文本的存在视作理所当然，并证明文本的"双语"性质本身就具有重要意义。汤姆斯不仅提供了一个几乎没有错误的中文文本——这是很大的成就，因为中文文本由单个字模排印而成——而且参考了《花笺记》的多个中文版本，融合而成一个简单易懂的"阅读版"。因此，通过充分利用18世纪和19世纪初流行于广东地区的各种评点本、论述本和表演本，汤姆斯的中文文本完全尊重了当地多样化的阅读传统。当时欧洲风行生造汉字，或对中文名字进行蹩脚的音译；汤姆斯则恰恰相反，忠于粤语文学的诸多细节，不仅希望译本能向读者传

---

[1] P. P. Thoms, "Preface," *The Affectionate Pair, or The History of Song-Kin* (London: Black, Kingsbury, Parbury, and Allen, 1820), p. iv.
[2] 例如见 Christopher A. Reed, *Gutenberg in Shanghai: Chinese Print Capitalism, 1876-1937* (Honolulu: University of Hawaii Press, 2004), pp. 36-40。

递原文的主题和形式,更希望译本作为文学作品,能在中文的原语世界也重新创造出某些重要的意义。

总而言之,本文以汤姆斯的专业定位、社交群体和美学追求为基础,通过考察汤姆斯和他的翻译策略,来重新检视存在已久的早期汉学实践中关于文化机构"非此即彼"(either-or)二元论的假说。尤其是,汤姆斯的案例能引发我们思考中西广泛"合著(co-authored)"这一思路的可能性——这既包括刘禾所提出的中国人在20世纪对西方知识的适应,[1]也包含Peter J. Kitson最近提出的西方人在19世纪对中国知识的创作。[2]汤姆斯既不神化也不贬低中国文化,而是将中国人与中文文本——而非英国人与英文文本——视为中国语言文化真实、权威的代言人。结合这点来看,"合著"的研究视角便显得更为可行。汤姆斯的上述立场最终也促使他在第一次和第二次鸦片战争爆发前,成为一名武装侵略中国计划的最坚决的反对者。

二、汤姆斯和中国人的文化权威

1814年至1825年期间,汤姆斯旅居澳门,以合约的方式受雇于东印度公司,从事专业印刷。在此期间,汤姆斯对中国文化产生了极大兴趣,并始终热情不减。供职于东印度公司的职员几乎代代世袭,钱财与地产丰裕。汤姆斯却完全不同。他来自国际港口城镇埃克塞特(Exeter),家中以制造椅子为业,既无显赫的祖辈,也未曾想过在东方找一份报酬丰厚的工作以发展家业。他最大的资产是他的专业实力和适应力,这些能力帮助他的行业成功顶住了19世纪机械化的压力。有当代学者指出,因为职业和社会定位的跨度很大,建构一个"手工业者意识形态"的概念来囊括一切需十分谨慎。即便如此,我曾撰文证明,汤姆斯曾自豪地将自己比作东西方的手工业者,将这些人视作重要的文化生产者。[3]

---

[1] Lydia H. Liu, *Translingual Practice: Literature, National Culture, and Translated Modernity — China, 1900–1937* (Palo Alto: Stanford University Press, 1995).
[2] Peter J. Kitson, *Forging Romantic China: Sino-British Cultural Exchange, 1760–1840* (Cambridge: Cambridge University Press, 2013), p. 85.
[3] Patricia Sieber, "Universal Brotherhood Revisited: Peter Perring Thoms (1790–1855), Artisan Practices, and the Genesis of a Chinacentric Sinology," *Representations* 130 (2015), pp. 28–59. 下文提及的生平资料,集中见页30–39。

1810年代初，汤姆斯在伦敦出版界接受了专业训练。他在新兴的多语印刷方式上不断追求更高质量的排版，因而常与手工业同行和公司客户有紧密的合作。这些专业追求使他获得了查尔斯·威尔金斯（Charles Wilkins, 1749-1836）的关注。威尔金斯是南亚语言印刷界的重要人物，在当时担任东印度公司的图书管理员。1814年，在威尔金斯的推荐下，汤姆斯加入马礼逊的《华英字典》项目，负责印刷工作。汤姆斯发现，中国人和欧洲人的紧密合作从理论上讲是违法的，但他和马礼逊都清楚，这一合作对于《华英字典》在逻辑、智识和美学上的成功不可或缺。汤姆斯在抵达澳门后，成立了东印度公司出版社（EIC Press），并领导其发展。暂居澳门期间，他每天都要与中国刻工交流很久。这些交往可能深刻影响到他作为印刷工、译者和汉学家的活动。

把汤姆斯带到澳门的项目，即《华英字典》的出版项目，代表了欧洲对中国语言文字的认知前沿。这一项目由著名的伦敦传道会先驱马礼逊发起，并获得了东印度公司的资金支持。将中国汉字和欧洲字母文字并列排版印刷的技术复杂，几个世纪以来一直困扰着尝试制作字典的人，汤姆斯也十分明白这难题。[1]他迅速地成功开发出一套全新且需要大量劳动力的印刷工艺：以手工雕刻成千上万枚汉字字模，并配以使用他从伦敦带到澳门的欧洲字体活字、刻板及其他材料。1814年至1817年期间，中国刻工完成了该印刷过程中的多项任务。

汤姆斯似乎与中国助手关系友好，[2]不过因为汤姆斯无日记或回忆录可寻，这些助手的身份较难查证。汤姆斯住在东印度公司在澳门的印刷事务部（EIC Printing Office），负责聘用、训练和监督中国员工，让他们帮忙雕刻印刷字典所需的字模。由于东印度公司不能雇佣中国印刷工人，可以推测，中国助手或许也一同住在印刷事务部以躲避侦查，因此除上班时间外，汤姆斯也许有机会与助手在下班时间交流。但1817年，中国差役突然袭击东印度公司的印刷工场。为使中国员工能成功脱身，汤姆斯与差役周旋，以拖延时间，结果身受重伤。在那之后，雇佣中国工人进行印刷工作的行为只得告一段落，汤姆斯另寻他法，转而与葡萄牙人合作。他曾不无遗憾地提到：

---

[1] Georg Lehner, *Der Druck chinesischer Zeichen in Europa: Entwicklungen im 19. Jahrhundert* (Wiesbaden: Harrassowitz, 2004).

[2] 苏精：《马礼逊与中文印刷出版》（台北：学生书局，2000），页99。

现在，我得自己写汉字，并指导葡萄牙工人雕制字模、排版和印刷。这也是为什么许多不甚精致的汉字出现在《中国大观》(View of China)[1]及《字典》部首三十的篇末和正文的开篇。[2]

不过，在1821年左右，至少有一名中国人再次成为汤姆斯的助手，也正是这时，《华英字典》在样式方面最为困难的部分——六种书法字体的列表——得以完成。所以，虽然东印度公司的官员认为刻工属于廉价劳动力，并且会带来法律问题，但在汤姆斯心目中，缺少中国人的专业技术是项目的一大损失。他认为，只有中国刻工才有能力制作出美观的印本。

虽然外国人和中国人的来往有重重限制，但汤姆斯不仅在澳门、广州结识了中国友人，随后还设法向他们展示他们自己制作的部分优美印刷成果。汤姆斯在回到英国后发表的文章中提到："我们〔也就是他自己〕在广东与许多中国人都有往来。"[3]他还与一名广东的印刷工合作，复制商代青铜花瓶的图像："我们印刷所使用的雕版由一名广东的中国艺术家于1820年执刀刻成。读者得以一睹……中国木刻工艺的典范。"[4]读者理应细细品味这些珍稀的中国技艺，因为木刻工艺在英国颇受珍视，而汤姆斯则指出，中国是这项技术的发祥地。1851年，汤姆斯提及了这位中国印刷工的名字："小书册的版画插图由木刻印刷而成，让译者有图可依。木版由名唤'A-LAE'的广东人雕刻，或者说雕琢而成，工艺依照印刷中文书籍所用的雕版。"[5]在另一封信中，汤姆斯提到一位名为"Tsing-lae"的中国神职人员，称他印制了一份中国天文图，[6]而在《万国工业博览会官方目录》(1851)的记载中，这份天文图由一名"广东佛教神职人员 (a Budhist [sic] priest of Canton)"[7]所

---

[1] Robert Morrison, *A View of China for Philological Purposes* (Macau: Printed at the EIC by P. P. Thoms; London: Black, Parbury and Allen, 1817).

[2] P. P. Thoms, "M. Klaproth's Attack upon Dr. Morrison," *Asiatic Journal*, 2nd ser., 2, no. 7 (1830), p. 205. 中国人与汤姆斯及葡萄牙人书写与雕刻的汉字的对比图，见 Reed, *Gutenberg in Shanghai*, pp. 38–39。

[3] P[eter] P[erring] T[homs], "China: Its Early History, Literature, and Language; Mistranslation of Chinese Official Documents; Causes of the Present War," *Westminster Review*, no. 34 (June–September 1840), p. 281.

[4] Thoms, "China: Its Early History, Literature, and Language," p. 275.

[5] P. P. Thoms, *A Dissertation of the Ancient Chinese Vases of the Shang Dynasty from 1743 to 1496 BC* (London: published by the author, and sold by James Gilbert, 1851), p. 8.

[6] P. P. Thoms, Letter to T.J. Pettigrew, *c.*1830, Add. 56230 ff 144–149, British Library, London.

[7] Robert Ellis, *Official Illustrated and Descriptive Catalogue of the Great Exhibition 1851* (London: Spicer Brothers, 1851), part 5, p. 1423.

制。至少根据后一封信所说的"佛教神职人员",我们可以几乎确定,汤姆斯手中的天文图来源于海幢寺。海幢寺是一座大禅寺,位于广州南部珠江上的河南岛。[1]从17世纪一直到19世纪,有一个大型的印刷中心在寺内作业,[2]而海幢寺本身也是为数不多向西方人士开放的休闲区域之一。[3]根据汤姆斯在另一部翻译作品内下的注释,汤姆斯应该不仅拜访过海幢寺,[4]他的一些中国友人还与寺内印刷机构的负责人交情甚深。[5]

除了对印刷技术和美感的专业追求,汤姆斯对中国语言和文学也抱有浓厚的兴趣。不同于那些一边领年薪、一边跟马礼逊学习中文的东印度公司职员,汤姆斯曾在1836年回忆,自己"每天早上8点到晚上8点在印刷间工作,其余时间都用来沉浸在各种文学作品之中"。[6]就书面文本而言,马礼逊的图书室藏书颇丰,无疑成为了汤姆斯接触中国文学的入口。汤姆斯发表的第一篇译作选自著名故事集《今古奇观》,是一则带有佛教寓意的爱情故事。[7]他在导读部分中提到,他"对

---

[1] 卫三畏(Samuel Wells Williams)这样描述该地点:"'海幢寺',河南岛一佛教寺庙,坐落于外国工厂对面,通常被称为'河南寺',是广东最大的佛教寺庙之一。海幢寺占地约七英亩,外墙围绕,寺内有几处庭院、花园,以及一处墓地,用来埋葬僧侣火化后的骨灰。建筑大多由回廊、住房环绕庭院而成,中间为庙宇、亭台或大堂。庭院绿阴如盖,有无数飞鸟休憩……庭院内还有其他神龛,及供僧侣住宿的房间;还有房间供印刷与藏书所用,规模可观……"见 *The Middle Kingdom* (New York: Wiley, 1848), pp. 132–133。

[2] 寺内生产印刷之佛教书籍林林总总,细目见 Andrew C. West, *Catalogue of the Morrison Collection of Chinese Books* (London: School of African and Oriental Studies, 1998), pp. 169–206。

[3] 有关游览规定,见 William C. Hunter, *The Fan Kwae at Canton Before Treaty Days, 1825–1844* (London: Paul, Trench and Co, 1882), p. 29。

[4] 注释提到:"广州著名的'海南寺'内,在花园中专门建有一处用以火化僧侣。火化后,将骨灰收集于罐内,然后埋葬。"见 Thoms, *The Affectionate Pair*, p. 16, note。

[5] Sieber, "Universal Brotherhood Revisited," p. 34.

[6] P. P. Thoms, *The Emperor of China v. The Queen of England* (London: P. P. Thoms, 1853), p. 29.在这份文稿中,汤姆斯提供了一份列表,记录他手中的翻译项目,分别为:Chinese Classical Works and Ancient Records、History of Fiction、Standard History(可能是《三国演义》)、《本草纲目》的序言、博古图以及有关董卓和孔子生平的杂著,页28-29。

[7] 据汤姆斯所记,这是他的第一篇译作,且查尔斯·威尔金斯(Charles Wilkens, 1749-1836)对译作出版作出了极大贡献,他对此表示感谢。威尔金斯是他在东印度公司的赞助人。(Thoms, *The Emperor of China*, p. 29.)[德庇时]对汤姆斯的译作撰写了武断的评论,见"[Review of] P. P. Thoms, *The Affectionate Pair*," Asiatic Journal 13 (January–June 1822), pp. 565–572。德庇时以幽默的语气重新叙述了这则故事,认为他的译法"与汤姆斯严肃的风格相比,是更好的翻译方式,更符合原作者的意图"(页572)。但是,从冯梦龙(1587–1646)自己为这则故事撰写的评论来看,很显然,这则故事原本就是为严肃阅读而创作的。

中文尚知之甚少，万分感激传教士马礼逊博士向他提供了文学和宗教书籍"。[1]所以，几乎可以断定，汤姆斯有机会接触到马礼逊和他的中国助手购于广州和藏于澳门的中文书籍。马礼逊的藏书包括许多白话文学作品，以及多部在海幢寺印刷而成的佛教著作。汤姆斯选择纯文学作为翻译对象，一定与他所交往的中国人士不无关系，因为马礼逊曾明确地表示，作为一个新教徒，他对小说、说唱文学和其他虚构作品也有儒家式的疑虑。尤为重要的是，汤姆斯称《今古奇观》包含了"四十篇饶有趣味的道德故事"，富有"文采巧思"，记叙"风俗习惯"。[2]对"文采巧思"的欣赏，表明汤姆斯熟悉"才子书"的语篇，这同样也是"才子书"一类作品颇受中国读者重视的原因。

虽然汤姆斯涉足中国文学并无官方任命，但他在实现自己文学兴趣的道路上表现得一丝不苟。1823年，汤姆斯完成了《华英字典》六卷的印刷工作，但此时东印度公司大幅削减了印刷预算。即便如此，汤姆斯还是不计报酬，自愿在澳门继续逗留了一年，以完成他的一个印刷项目，也就是一开始提到的《花笺 Chinese Courtship》。他似乎早在1817年就着手翻译此书的部分章节，这在一些文件中曾有提及，如中国当局与东印度公司在上文提到的中国差役突袭事件之后的通信，以及汤姆斯自己的记录，即他曾把《花笺记》至少一幕的译文送呈东印度公司职员。[3]工作合约结束后，跟其他英国旅居者不同，汤姆斯并没有急着返回英国。他心中十分清楚，已经启动的诸多翻译项目——包括《三国演义》的翻译[4]——如果没有中国人的协助，将难以完成；更不用说，如果没有之前他协助开发的大型字模库，双语印刷会有多大的困难。

1825年，汤姆斯回到伦敦，此后毕生都一直支持中国、中国文学、中国人——无论是平民还是文人。很多人利用暂居中国的经历或蹩脚的中文技巧，在英国本

---

[1] Thoms, "Preface," p. iv. 有趣的是，马礼逊和他的传教士朋友米怜（William Milne, 1785-1822）都在各自的回忆录里提到了汤姆斯，称他协助他们印刷宗教材料，这一行为完全不在东印度公司所批准的汤姆斯的活动范围之内。马礼逊的评论见Eliza A. Morrison, ed., *Memoirs of the Life and the Labors of Robert Morrison*, vol. 1 (London: Longman, Orme, Brown and Longmans, 1839), p. 383. 米怜的评论见Robert Philip, *The Life and Opinions of the Rev. William Milne* (London: John Snow, 1840), p. 116.
[2] Thoms, "Preface," pp. iii-iv. 已知第一个选译《今古奇观》的欧洲译者殷弘绪（P. Dentrecolles, 1664-1741）对这些故事的道德价值已有评论。
[3] Thoms, "The Emperor of China", p. 64. 1821年以后，汤姆斯与东印度公司官员的关系变差，所以阅读译文可能是在双方发生冲突之前，并且此事可能也导致东印度公司官员认为汤姆斯在智识方面自视过高。
[4] 关于翻译此书的公告，见Thoms, 花笺 *Chinese Courtship*, p. 340.

土或海外的政府机构中谋求稳妥的工作,但汤姆斯不同,他从没有在学术或准学术环境中担任甚至谋求过一官半职。身为印刷专家和独立平民学者,汤姆斯的经济状况并不稳定,但他仍然在鸦片战争前就坚决反对鸦片巨头的主战行动,通过自由派期刊发表关于中国文学的文章,帮助受困的中国海员讨回拖欠的工钱和(或)返回中国。在这些过程中,他一直坚信中国人的诚实和权威。当支持鸦片贸易的说客称,汉字"夷"只有贬义、意为"野蛮人"时,汤姆斯在诸多印刷媒体上反驳了这一说法。汤姆斯对中文文本的尊重毋庸置疑,但对他来说,他在各种正式及非正式场合中遇见的中国人才最有权为中文的含义作解释。这正如他自己所说:"我们怎么有可能比他们[中国人]更精通他们自己的语言?"[1]在1830年代是否要发动战争的公开论战中,汤姆斯曾将几篇由中国女性创作的诗歌翻译润色,向英国自由派读者展示中国人的人性。[2]1850年代,有中国海员称遭受来自贪得无厌的美国船长、不择手段的英国人或其他到过中国的人士不公平待遇,当法官质疑这些海员的说法是否可信时,汤姆斯作为法庭委派的口译员,每次都会帮他们辩护,力图为他们声称遭受的不公待遇讨回公道。[3]

假使我们将汉学家定义为那些不单纯研究中国,还能够尊重中国人声音的人,那么跟大多数东印度公司同代人比起来,汤姆斯更称得上是一名汉学家。不仅如此,汤姆斯考察中国文化的方式,既不同于上流社会的业余爱好者,也不类似缺乏指导、漠不关心的初学者——这两类人都采取轻松处事、冷眼旁观的态度。与此相反,汤姆斯的做法彰显了手工业专家的价值观,对于这类人而言,博学广识在个人层面、集体层面,及跨文化层面上都弥足珍贵,影响深远。东印度公司的职员常在私下和公开场合贬低汤姆斯在中国文学领域的学术抱负,而反过来,汤姆斯则称,东印度公司旗下"语言学生"(language student)中文能力的欠缺,才是从根本上

---

[1] Thoms, *The Emperor of China*, p. 66.
[2] P[eter] P[erring] T[homs], "By Lady Fung-Seang-Lin," *Monthly Magazine* 21 (April 1836), p. 329, 及 "By Lady Mei-fe," *Monthly Magazine* 21 (April 1836), p. 329; P[eter] P[erring] T[homs], "Lines by Lady Jin-she, from the Chinese," *Monthly Magazine* 21 (May 1836), p. 414. 同一期有题为 "Strictures" 的文章; [Peter Perring Thoms], "Ode by Soo-Hwuy [Su Hui]," *Monthly Magazine* 21 (June 1836), p. 524. 同一期有题为 "The Chinese Government versus Opium" 的文章; [Peter Perring Thoms], "Lady Kae-Yuen," *Monthly Magazine* 22 (July 1836), p. 182. 同一期有斯当东的文章 *Remarks on the British Relations with China* (pp. 88–89). 所有诗歌曾以译文的形式首次出现在《花笺 Chinese Courtship》中。Thoms, 花笺 *Chinese Courtship*, pp. 249–280.
[3] 例如见 "Police — Yesterday," *Morning Chronicle*, Thursday, 30 March 1854。

导致1830年代中英关系迅速恶化的原因之一。在他看来，如果那些学生能"像我一样勤勉地学习中文，他们本可以比我懂得更多，从而不至于让律劳卑勋爵（Lord Napier）陷入不堪境地"。[1]自此我们能够看出，汤姆斯的翻译实践，带有对跨文化交流中利害关系的自觉。在广东的地域美学思想和浪漫主义时期英国的文学理念之间，汤姆斯逐渐成为文化交流的中介。他选择主动介入这一文化交流，并倾向于以全新和富有同情心的角度来理解这些中国文学作品及作家。

三、地域主义转向：选择"第八才子书"

现代学界极少关注汤姆斯的翻译实践。有批评家认为，汤姆斯可以归入最早一批以当地住宿的经历而非书本知识来树立权威的英国译者。他在《今古奇观》译本中为"纸钱"作的一个脚注往往作为典型例子被提出，用以证明忽略书本出处的做法是为了创造一种来自亲身体验、进而在本质上是客观的目击证词。[2]还有批评家认为，汤姆斯的翻译使人得以一窥19世纪早期的英国人如何看待中国诗歌和文化——尽管看待的"方式仍有不足"，且带有"明显的歪曲"，只能作为过渡，上承马戛尔尼使团成员对中国诗歌的零星评论（1793），下接德庇时（又译作戴维斯，John Francis Davis, 1795-1890）的论述（1829），而后者，在这位批评家的分析中，属于较为完整的论述。[3]汤姆斯的翻译在很多方面受到批评，例如对典故的理解尚浅，对中文的掌握不足，英文文法的疏漏，以及整体上粗心大意等。[4]

与其纠缠于汤姆斯译作的缺憾，我试图将汤姆斯的《花笺 Chinese Courtship》

---

[1] Thoms, *The Emperor of China*, p. 64.

[2] James St. André, "Travelling Toward True Translation: The First Generation of Sino-English Translators," *The Translator* 12, no. 2 (2006), pp. 197-198. James St. André认为汤姆斯从不引述任何权威。其实并非如此。在*The Affectionate Pair*一书的注解中，汤姆斯提及至少两处出处。一处被统称为"原文"，注解便引自此处（页46）。另一处列出了一部中文作品的标题（页76）。许多脚注为引述文学典故，虽没有指明出处，但都暗示是引自书面文本（页32、45、46）。

[3] 德庇时对诗歌的论述见其著作*Poeseos sinensis commentarii: The Poetry of the Chinese* (London: J. Cox, 1829)。针对此书及其在文人诗方面探讨不足的简短批评见 Eva Hung, "Chinese Poetry," in Peter France, ed., *The Oxford Guide to Literature in English Translation* (Oxford: Oxford University Press, 2000), pp. 224-225。

[4] K. C. Leung, "Chinese Courtship: The *Huajian ji* in English Translation," *Chinoperl Papers* 20-22 (1997-1999), pp. 269-270, 281. 感谢 Roland Altenburger告诉我这篇文章。K. C. Leung没有对其所批评的汤姆斯的诗歌观点作阐释。

置于纯文学欧译的历史背景中来考察。尤为重要的是，在欧洲汉学领域，汤姆斯对《花笺记》这一文本的选择，以及在处理文本内容的方式上，都不曾有明确的先例可循。哪怕是最富文采的耶稣会传教士马若瑟（Joseph Prémare, 1666—1736），也未曾提及《花笺记》——马若瑟人生中的最后十年都在广州和澳门度过，且对"才子书"兴趣浓厚。[1] 由此可见，虽说早期传教士及其他旅居中国的人士通常会给19世纪的汉学家提供翻译选材的意见，但汤姆斯不太可能受惠于他们的"随身馆藏"（shadow archive）。[2] 汤姆斯或许是在旅居的前三年从共事的中国员工那里得知了这部作品。[3] 正如学者所说，只有受过一些教育的中国男性才会接触白话的"才子"文学。[4]

汤姆斯从中国线人那里所受的影响不仅显著体现在选材上，也体现在对文本的处理方式上。一方面，汤姆斯没有与大多数译入英文的文学翻译一样采取归化的范式，而是选择了异化的策略，尽量贴近原文的美感；另一方面，汤姆斯强调文本的互文性，将《花笺记》视为嵌于文学关系网之中的一部文学作品，而非表现中国历史或习俗的民族志。这样一来，他采取了跨文化和具有深刻地域性的视角，而非无知或带有侵略意味的欧洲中心论观点。促使汤姆斯将《花笺记》视为美学作品进行风格化解读的部分原因，在于这一唱本的多个中文版本在不同程度上强调了文本的结构特点，以及它与白话文学传统中其他文本的互文关系。

18世纪初，《花笺记》的一部评点本将这一地域说唱作品变成了"第八才子书"。[5] 苏州批评家金圣叹（1608—1661）将他评订的《水浒传》和《西厢记》分别

---

[1] Joseph Prémare, "Lettres de Prémare à Fourmont TNR," NAF 4754, f. 16, Bibliothèque nationale de France, Paris.

[2] 有关于此，见 Isabelle Landry-Deron, "L'ombre portée par l'ouvrage de P. Du Halde sur les premiers sinologues français non-missionaires," in Michel Cartier, ed., *La Chine entre amour et haine* (Paris: Institut Ricci, 1998), pp. 33–41；及 Patricia Sieber, "The Imprint of the Imprints: Sojourners, Xiaoshuo Translations, and the Transcultural Canon of Early Chinese Belles Lettres in Europe, 1697–1826," *East Asian Publishing and Society* 3 (2013), pp. 51–52。

[3] 资料见 India Office Records, IOR, Canton Consultations, G/12/206, 1 March 1817, British Library, London。

[4] Mengjun Li, "In the Name of a Love Story: Scholar-Beauty Novel and the Writing of Genre Fiction in Qing China (1644–1911)" (Ph.D. dissertation, The Ohio State University, 2014).

[5] 根据我个人在三个欧洲图书馆（巴黎的法国国家图书馆［Bibliothèque nationale de France, BNF］、伦敦大学亚非学院［School of African and Oriental Studies, SOAS］与慕尼黑的巴伐利亚州立图书馆［Bavarian State Library］）的查阅，我以平行文本最明显的特征为标准，将现存文本分为三大类。首先，（转下页）

称为"第五才子书"和"第六才子书"。此后,其他批评者纷纷重拾"才子书"这一文类,将长久以来孤立存在的诸多白话文本收归在同一类别下。[1] 就《花笺记》而言,一位名叫钟戴苍(约公元1713年)的落榜书生重新评订了早先的一个评点本,使《花笺记》成为"第八才子书",这一说法在粤语文学界得到追捧。在1713年版的序言中,钟戴苍的友人朱广曾进一步阐释了金圣叹的阅读建议,称读者若仔细研读"才子书",会在考试作文时更得心应手。他指出,"风流潇洒"是写作的一项重要特质,阅读金圣叹评《水浒传》和《西厢记》都能使考试文章免于平庸乏味。同时,他对钟戴苍的文采也大加赞赏,认为精读钟氏在《花笺记》里的评点能给读者带来相同的益处。[2] 鉴于洋洋洒洒的前批和腹批为故事章节增色不少,我将这一版本称为"评点本"。

《花笺记》现存的最早版本可追溯到18世纪下半叶,这之后又出现了带有副文本的诸多版本。自乾隆年间出现的诸版本中,评点者钟戴苍撰写了一系列自序,进一步阐述金圣叹对《水浒传》和《西厢记》的评点,为这部被选入不断扩增的"才子书"系列的新文本辩护:尽管歌本地位卑微,但批语写作仍是颇具价值的活动;将评点者对文本的兴趣与"失意"相联系;将文本的底层结构视作天助之笔,以冀对散文写作有所借鉴;通过批语的形式与原作者进行双向交流,复活原作者的意图;将批语写作视为天命;认为写作不可以功名定论,而应靠才华判别。[3]

(接上页)现存最早的印刷本开本较小,带有批注(前言写于1713年),标题为"The Romance of the Flowery Notepaper(花笺记)"。孤本现存于BNF(Chinois 4110)。为了突出这一版带有不同形式的批语(前批与腹批),我将这一版本称为"评点本(commentary edition)"。第二种版本带有插图与注释,以及大量针对唱本中个别诗句的应试风格的论述文(此类现存最早版本出版于1771年)。因此,我将这类版本称为"论述本"。论述本之一《绣像第八才笺注》有多个版本保存至今,尤存于欧洲图书馆。我查阅的是藏于SOAS中Morrison Collection(无日期,应早于1823年,参见West, *Catalogue of the Morrison Collection*, p. 263)和Chinois 4111的版本(无日期),以及藏于BNFS中Smith-Lesouëf 81 (1–4)(无日期)的版本。第三类版本较为廉价,没有注释,有流程图,标题为"花笺"(早于1821年)。我将这类文本称为"表演本"。虽然标题页写明文本有注释,但实际上这类文本没有任何批语,不过,这一版本有着其他各版本均没有的章节。汤姆斯旅居中国南方时,曾协助商人Onorato Martucci(1774-1846)收集书籍,"表演本"出现在Martucci的藏书中。现存最早的"表演本"藏于巴伐利亚州立图书馆。

[1] 见Patricia Sieber, *Theaters of Desire: Authors, Readers, and the Reproduction of Early Chinese Song-Drama, 1300–2000* (New York: Palgrave, 2003), pp. 147–152。

[2] 当代重印的前言见梁培炽:《〈花笺记〉会校会评本》,页57-58。

[3] 原文见《花笺记》,收于伦敦大学亚非学院Morrison Collection, RM 353, p. 1/1A-6A。当代重印版见梁培炽:《〈花笺记〉会校会评本》,页59-61。

同时，钟戴苍在〈总论〉中还关注了文本的细节，谈及以下的话题："顺笔"与"不顺笔"，叙事的不同类型，描写的"略"与"重"，事件的表象和内在含义之间的分歧，每一个细节的意图，与历史的紧密联系，主人公的品质，韵律的不同形式及可唱性，《花笺记》与其他歌本或诸如《西厢记》、《琵琶记》等戏剧相比有何过人之处，金圣叹的优点与不足之处，"风流"之美，"才子佳人"写作的优势，将文本和读者分别拟作"美人"和"才子"，以及该评点本与《花笺记》的其他评点本相比有何价值。他总结说，本书看似易读，实则难读，因此反对背诵，建议阅读时要清楚"手法"和"文心"。[1]

汤姆斯的翻译对这几版"第八才子书"的修辞手法都作了清晰的呼应。举例来说，在选取广东的白话文本时，汤姆斯采取了中国文学领域（Chinese literary field）的深刻地域概念。但与普遍观点相反的是，汤姆斯的这一倾向并非出自对中国正统文学观的忽视。汤姆斯在前言中概括地讨论了诗歌在中国文化中的地位，并相当精准地传达了几个中国的标准：若想在文学领域有所建树，诗歌知识至关重要；诗歌是公开考试的科目之一；中国的诗歌形式较简短，用典比铺陈更常见；就具体作品而言，《诗经》的地位很高，是"古代的民族颂诗"。[2]在中国诗人中，汤姆斯则认为曹子建（即曹植，192-232）是最杰出的诗人之一，并于后来翻译了曹植的传记，作为《三国演义》项目的一部分出版。[3]在当时——即清代的文学作品中，他引用了一部流传甚广的选集《唐诗合解》（1723），来进一步阐释中国诗歌史的不同时代。[4]

尽管汤姆斯熟谙中国正统文学观，但他在前言中极力尊崇粤语文学传统。比起早期《花笺记》评点本出现的17、18世纪时期，或许在19世纪时，广东地区洋溢着更多的地域自豪感，这体现在多种写作形式上，例如经典作品的再版，以及粤语歌谣体诗集的编纂。[5]汤姆斯提到，《花笺记》可能是"由两位广东人共同创作，两

---

[1] 见《花笺记》，收于伦敦大学亚非学院Morrison Collection, RM 353, p. 1/6A-1/28B。当代重印版见梁培炽：《〈花笺记〉会校会评本》，页63-74。
[2] Thoms, "Preface," p. iv.
[3] P[eter] P[erring] T[homs], "Biography of Tsao-Tsze-Këen," *Asiatic Journal*, n.s., 3 (1830), pp. 72-75.
[4] 当代版本见王尧衢（编）：《唐诗合解笺注》（保定：河北大学出版社，2000）。
[5] 关于阮元（1764-1849）编纂的经典作品，见Steven B. Miles, *The Sea of Learning: Mobility and Identity in Nineteenth-Century Guangzhou* (Cambridge, Mass.: Harvard University Asia Center, 2006), pp. 121-123。关于粤语爱情歌谣，见招子庸：《粤讴》（台北：世界书局，1961）。

人都享有极高的文学声誉"。[1]因此,尽管通过被奉为正典的《诗经》和三年一次的科举考试,汤姆斯已经明白精英群体普遍喜爱短诗,但他依然选择了一部其风格为"广东省独具"[2]的作品。然而他在选择这部作品时,并没有从"地域"或"民俗"角度出发,将其作为能让读者一窥地方风情的作品——在半个多世纪前编辑了中国长篇故事《好逑传》译文的托马斯·帕西(Thomas Percy)[3]和与汤姆斯同期的德庇时即采用此法——而是将此书呈现为一部被誉为"第八大中国文学"的"中文流行作品"。[4]

汤姆斯在选材时,十分注重作品的文学性。一个显而易见的证据就是,《花笺记》属于与表演相关的文类"木鱼书",而汤姆斯对这类作品十分了解。尽管汤姆斯没有在前言中提及其他"木鱼书"作品,但我们知道汤姆斯曾为意大利商人Onorato Martucci(1774-1846)担任顾问。[5]旅居中国期间,Martucci大量搜集文本和视觉艺术作品,希望建立一个"中国博物馆"。1810年代后期,他在汤姆斯的指导下搜集了大量"木鱼书",现今已成为世界上最大的早期"木鱼书"收藏。[6]汤姆斯似乎为收藏中的故事撰写过梗概,因为在现存书本的标题页上,精致地写着意大利语的故事情节简介以及发音提示。《花笺记》的情节被浓缩为:"表兄妹的婚姻。"[7]我们可以猜测,促使汤姆斯选择《花笺记》而非其他"木鱼书"作品的原因,或许是因为前者在中国文学界获得了"第八才子书"的称誉。由此可见,汤姆斯在选材时以文学性为标准,没有参照惯常选择北京地域中心的文学作品的正统做法,

---

[1] Thoms, "Preface," p. v. 汤姆斯在序言中提到,《花笺记》的评点者引述了一个传言,即该作品由两名进士(一名解元,一名探花)合著。但不能确定的是,不知汤姆斯是否清楚评点者在此处意图批判将功名高低作为评价文学成就标准这一做法(这一观点又见于 K. C. Leung, "*Chinese Courtship*," p. 273),以及无法肯定汤姆斯是否只是将关注点从批判上移开,转至讨论原文作者身份上而已。

[2] Thoms, "Preface," p. v.

[3] 见 Ling Hon Lam, "A Case of Chinese (Dis)Order? The *Haoqiu Zhuan* and Competing Forms of Knowledge in European and Japanese Readings," *East Asian Publishing and Society* 3 (2013), pp. 71-102。

[4] Thoms, "Preface," p. iii.

[5] 关于Martucci,见Bruno J. Richtsfeld, "Onorato Martucci (1774-1846) und sein 'chinesisches Museum'," *Exotische Welten: Aus den völkerkundlichen Sammlungen der Wittelsbacher, 1806–1848*, Claudia Müller and Wolfgang Stein, ed., (Dettelbach: J. H. Roell, 2007), pp. 157-260。Martucci于1818年抵达澳门,并在此地居留至少三年。

[6] 藏品目录见Wolfram Eberhard, *Cantonese Ballads: Munich State Library Collection* (Taipei: Orient Cultural Service, 1972)。

[7] 见《第八才子花笺》封面手写注释。《第八才子花笺》(日期不明),L. sin. I 62, Bavarian State Library。

也没有随意选择广东地区篇幅较短、粗制滥造的唱本。

受"第八才子书"序言部分的启发,为了强调这种文学性倾向,汤姆斯将《花笺》与其他中国文学作品相提并论,其中最著名的要属《西厢记》。在前言和译文正文中,汤姆斯多次比较两个作品的异同。首先,他提到注释本的"评论者(reviewers)"(即评点者)是如何"称颂它(即《花笺记》),并将其排在另一个爱情故事《西厢》之后"。[1]总的来说,在他看来,两部作品都大受推崇且主题大体相同。其次,他还注意到"这首诗多次提及《西厢》"。[2]这也支持了文学互文性是文本意义的一个重要来源的观点。第三,汤姆斯谈到两个文本在形式方面的差异,指出在《西厢记》中,对白和唱词是交替出现的,且使用不同的韵律。[3]有趣的是,他采纳了《花笺》评点者的观点,认为部分押韵和语义对仗的诗句"被看作是中国诗歌中难度最高的,备受称赞"。[4]因此,尽管他清楚中国诗歌的悠久历史,但他对韵文的阐述还是暗示,《花笺》轻易地结合了难度最大的韵律结构和严丝合缝的故事情节。[5]

因此,汤姆斯的选材是在深入了解之后做出的,这一选择也反映出他所交往的中国人在文学方面的偏好,这些人受过教育,但又不以经典为导向。重要的是,这样的选材不仅显示出他自觉将粤语文学领域视为一个整体,更表明他在阐释故事时采取了文学性的策略。这种选择无法避免,因为《花笺记》与民俗密不可分,例如在《花笺记》开篇便浓墨重彩地写到广东地区农历七月初七庆祝牛郎织女团聚的习俗。但是,不能把汤姆斯的策略看作是抹灭"活人"以彰显"文本态度",他所呈现的故事表明新受追捧的浪漫主义想象力也给中国文学带来了活力。换句话说,在他看来,对人类诸多主题的感知离不开某种类型的抒情文本。

四、风格转向:汉学翻译的新范式

就中文的《花笺记》版本而言,这部作品属于何种文类是有些模糊不清的,

---

[1] Thoms, "Preface," p. v.
[2] Thoms, 花笺 *Chinese Courtship*, p. 7.
[3] Thoms, "Preface," p. vii.
[4] Ibid., pp. ix–x.
[5] Ibid., p. x.

因为将押韵的唱词和叙事相结合并不常见。所以，历代译者和批评家可以自由地选择是去突出这部作品的诗歌性还是叙事性。[1]汤姆斯将《花笺》视为"超出普通长度"的"诗歌",[2]称其"属于叙事诗的类型,给了作者更大的空间去发挥文采"。[3]与此同时,他将这一诗歌技法与希腊语和拉丁语诗歌传统、圣经诗歌传统,甚至暗暗与英语诗歌传统标准进行比较分析,承认短诗或许缺乏"丰富而令人赞叹的想法、创意、多样化意象、思想升华、大胆隐喻",因此可能无法比肩经典和圣经传统,但他手中的这部诗歌,至少从中文原文来看,"不仅有趣,而且多半富有诗意"。[4]

可以说,汤姆斯之所以着迷于《花笺》颇具难度的诗歌特性,部分原因是他想突破前辈汉学家的局限。与其他许多领域的翻译类似,杜赫德（Jean-Baptiste Du Halde, 1674-1743）的《中华帝国全志》（*The Description of China and Chinese Tartary*, 1735）也最早为西方接受中国诗歌提供框架,影响深远。马若瑟翻译了著名的《赵氏孤儿》中的对白,并在题记中提到,唱词的神韵难以翻译。诗歌是译者的最大挑战——这一点体现在19世纪包括斯当东（George T. Staunton, 1781-1859）、德庇时和儒莲（Stanislas Julien, 1797-1873）在内许多人物的早期翻译尝试中。因此,汤姆斯将《花笺》归为一种"诗歌"形式的作品,是在中文与欧洲语言翻译领域内的创举。同时,鉴于一些比汤姆斯社会地位高的人似乎已经断言中国没有值得翻译的诗歌,汤姆斯也开始在持怀疑态度的欧洲人面前为中国诗歌传统辩护。

汤姆斯提出,"[中国]诗歌几乎没有受到关注",[5]为此,他开创主动选材的先例,让作品的独创性成为翻译选材的诱因。与后世那些得意地宣称自己是"原文的首个译本"的高调做法不同,汤姆斯的态度较为低调。同时,从前言来看,他显然熟悉在翻译中国诗歌时会遇到的捉摸不定。他引用东印度公司的中文先驱斯当东关于中国诗歌翻译之困难的评论,并表示赞同：

---

[1] 雷慕沙（J. P. Abel-Rémusat, 1788-1832）始终将这部作品称为"小说"。见J. P. Abel-Rémusat, "[Review of] Hoa-Tsian: Chinese Courtship In Verse," *Journal des savants*, February 1826, pp. 67-68。
[2] Thoms, "Preface," p. iii.
[3] Ibid., p. v.
[4] Ibid., p. vi.
[5] Ibid., p. iii.在对汤姆斯翻译的评论中,雷慕沙同意汤姆斯的观点,认为尚缺乏此类探讨,并补充Semedo是第一个对中国诗歌进行考察的人。见Abel-Rémusat, "[Review of] *Hoa-Tsian*," pp. 67-68。

> 中国诗歌之难，一向未被高估，但归因似有谬误……诗歌之美与诗歌之难大致同源，即意象、隐喻和用典，以及偶尔个别词语的使用。然而这些用法又非陈词滥调或一目了然，正中才思敏捷读者的下怀，充满愉快和恰到好处之感。[1]

接着，为引入和对比自己的翻译策略，汤姆斯评论了为数不多的几部诗集的欧洲语言译本。他批判地分析耶稣会翻译文学作品时采用的策略，力求与历代传教士的翻译实践拉开距离；这样做的还有雷慕沙、儒莲、德庇时，[2]这群人在19世纪初不断发声，声势逐渐浩大。但就汤姆斯而言，尽管长久以来对更高专业化程度的需求推动了新兴学科的发展，但他对前辈的评论并非出于在新兴学科中找准社会定位的做法，而是源自他作为一个自学成才的手工业者与读者的个人实践。汤姆斯没有像儒莲一样全盘否定传教士的翻译，[3]而是对耶稣会翻译中释义（paraphrase）和整合（aggregative）的性质作了实证而透彻的批评。在评论钱德明（Joseph-Marie Amiot, 1718-1793）译注的《御制盛京赋》(*Éloge de la ville de Moukden et ses environs*, 1770）时，他说：[4]

> 虽然选段的翻译很准确，但并没有保留原文的样式，这只能使欧洲读者对中国诗歌的结构形成一个不完整的印象，认为其诗歌形式十分自由。与所选段落相比，接下来这部作品的翻译[即《花笺》]就没那么自由，这是由译者预设的翻译策略决定的。这一策略似乎能最准确地传达原作者的观点和意思。[5]

汤姆斯以类似方式对杜赫德在《中华帝国全志》中选译的《诗经》表示了惋惜，认为其缺乏美学上的精确性和效果：

---

[1] Thoms, "Preface," p. xii.

[2] 例如见 John Francis Davis, "Observations on the Language and Literature of China," in *Chinese Novels* (1822; repr., Delmar, NY: Scholars Facsimiles & Reprints, 1976), pp. 5–6。

[3] 见 Stanislas Julien, Letter to M. Villemain, Paris, 29 March 1838, NAF 20507, f. 329A-330B, Bibliothèque Nationale de France, Paris: "Even for those 'able missionary sinologists' most esteemed by the public (Mailla, Gaubil, Amiot), there is no evidence that they ever translated anything correctly from classical Chinese that had not previously been translated into Manchu."（"即使是那些最受大众推崇的'有才干的传教士'[冯秉正、宋君荣、钱德明]，也没有证据表明他们在没有满洲语译本的情况下正确翻译过任何文言作品。"）

[4] Joseph-Marie Amiot, *Éloge de la ville de Moukden et de ses environs*（《御制盛京赋》）(Paris: Tilliard, 1770).

[5] Thoms, "Preface," pp. xii-xiii.

类似的说法也适用于杜赫德。他在著作中翻译了几首选自《诗经》的诗，译文风格冗长累赘，无法传达原文生动活泼的特点。[1]

从汤姆斯所关注的问题，我们可以看出一种对已有译作的巧妙批评。固然，杜赫德为《中华帝国全志》撰写的前言具有里程碑式的意义，相对于完全由欧洲作者书写的中国，从概念上创造了将"中国作者"译入西方的可能性。[2]但是，虽然在实际的翻译实践中，译者身份通常都比较清楚，而且也不像《中华帝国全志》中的其他一些中文作品那样，被改动到面目全非，但即便是文学翻译，也没有明确体现出前言中所说"中国作者"的"风格"。这种总结式的翻译往往是为了突显具有代表性的中国"样本"，而非突显中国作者作为个体在美学上发出的独特声音。例如，在《赵氏孤儿》及其他戏剧作品中，唱词承担了不少文学意味，但马若瑟在翻译的时候，因为唱词难度大，且他更关注剧本的语法，因而对唱词略而不译。[3]殷弘绪神父（P. Dentrecolles, 1664-1741）曾经选译《今古奇观》的几则故事，试图提供一个道德教化小说的文学范例，但他在翻译时，却随意删去了穿插于叙述中的诗歌。又如钱德明的著作，如果将他的法语文本和中文文本进行对比，会发现钱德明实际上糅合了多部关于清王室起源传奇的清朝作品，以使读者能够理解史诗的形式下用典繁密的语言。总之，正如汤姆斯所言，译文远不能传达原文的诗歌特点。[4]比起欧洲传教士广泛使用节略、迂回、杂糅等翻译手段的做法，[5]汤姆斯在翻译中国纯文学时，率先使用了一种截然不同的翻译策略。

若将《花笺记》的译文归为从美学角度完整重构作者的作品，那么在我看来，汤姆斯的做法是欧洲汉学史上的创举。汤姆斯对风格完整性和作者意图十分感兴趣，这使他得以另辟蹊径。而他之所以能走通，很大程度上有赖于18世纪晚期

---

[1] Thoms, "Preface," pp. xii-xiii.
[2] Sieber, "The Imprint of the Imprints," pp. 60–62.
[3] Jean-Baptiste Du Halde, *The General History of China*, vol. 3 (London: J. Watts, 1736), p. 196; Joseph Prémare, *Notitia Linguae Sinicae* (1831; repr., Hong Kong: Foreign Missions, 1893).
[4] 对照《盛京赋》的中法版本，也会得出与汤姆斯相同的结论，不过法文《御制盛京赋》的翻译情况更为复杂，因为钱德明是从满洲语版本将《盛京赋》译入法语的。(Mark Elliott, Personal communication, November 2007.)
[5] Ronnie Po-chia Hsia, "The Catholic Mission and Translations in China, 1583–1700," in Peter Burke and Ronnie Po-chia Hsia, ed., *Cultural Translation in Early Modern Europe* (Cambridge: Cambridge University Press, 2007), pp. 39–46.

文学领域的各项发展，尤其是文学的彻底美学化和逐渐世俗化；此外，还有赖于当时"作者"常被当作风格化的个体的做法，以及读者利益被定义为阅读愉悦感的观点。汤姆斯的同代人、在华南沿岸更有社会地位的德庇时常常自诩所译的作品是中国文学的代表，并将这些作品与华兹华斯、莎士比亚相类比。[1]但事实上，德庇时的译文不是经常出现过度翻译和错译，[2]就是将唱本中的诗歌唱词略而不译，原因是唱词众所周知的巨大难度和所谓的无关紧要。[3]1822年，德庇时公开支持归化翻译这一主流模式。[4]从此，删节对于德庇时来说变得更可以接受。最终，在由道德与科学和轻佻与美学构成的二元对立中，他贬低了文学的地位。他说到：

> 如果要深刻认识一个民族，并且对于欧洲来说，这个民族在道德或自然科学方面没有可取之处，除了大量借鉴这个民族无穷无尽的通俗文学之外，似乎没有更完备和更令人满意的方式了。[5]

相比之下，汤姆斯颠覆了文学翻译的归化范式，可以说是采纳了异化的策略。德庇时曾严厉批评汤姆斯的直译：

> 一连串发音野蛮粗鲁的异域名字令人厌倦；译文枯燥无味，拘泥字面，十分糟糕；原文即便富有活力和美感，译文读起来也犹如骷髅残渣——这些只能使读者对新事物望而生畏。[6]

在德庇时看来，汤姆斯属于那种激进的、在智识上冒险的手工业者，这些人开

---

[1] Kitson, *Forging Romantic China*, pp. 110–113.

[2] 过度翻译与错译之范例见John Francis Davis, *Laou-seng-erh, or An Heir in Old Age* (London: J. Murray, 1817), pp. 17–18。

[3] [John Francis Davis], "[Review of] *Han Koong Tsew*: Chinese Drama, Poetry, and Romance," *Quarterly Review* 41 (July/November 1829), p. 113.德庇时本人也提到："除非能编纂出一部中文诗歌辞典，否则欧洲没有学者能够胜任这项工作。"

[4] James St. André, "The Development of British Sinology and Changes in Translation Practice," *Translation and Interpreting Studies* 2 (2007), pp. 11–17.

[5] John Francis Davis, "The Drama, Novels, and Romances," in *Chinese Miscellanies: A Collection of Essays and Notes* (London: John Murray, 1865), p. 91. 这篇文章是一次讨论的简本，讨论最初载于1827年的*Quarterly Review*。

[6] [John Francis Davis], "[Review of] P. P. Thoms, *The Affectionate Pair*, and P. P. Thoms, *Chinese Courtship, in Verse*; Chinese Poetry and Novels," *Quarterly Review* 36 (1827), pp. 508–509. 有人（很可能是马礼逊）认为德庇时的评论很不公，于是发表了一篇驳论，后被译出英文并发表，即 A l'Éditeur du *Quarterly Review*, en réponse à un article du mois d'octobre 1827, intitulé "Poésie et romans chinois," *Nouveau Journal Asiatique* 1 (1828), pp. 462–471。

始在英国新兴的公共空间挑战现状。[1]德庇时认为:

> 为了他[汤姆斯]本人的声誉着想,我们应当严肃地建议他放弃中国文化研究,至少等到他更好地掌握自己的语言之后再说。在那之前,我们劝他专心印刷,做好雕刻和排列字符的工作,安分守己,别再冒险从事翻译。[2]

其他同期评论者也认为汤姆斯的译文常常漏失原文的诗意,措辞太过做作;但即便如此,他们还是承认,汤姆斯对每个字词进行释义的尝试,是不小的成就。[3]在某些情况下,汤姆斯能够成功地将诗意含蓄的中文解释清楚,一个突出的例子就是《花笺记》标题的翻译。[4]在另一些情况下,汤姆斯的直译既遵从原文,又确保了英文的明白易懂。例如,汤姆斯将中文短语"断肠"译为"rending the intestines asunder",既传达了不同于英语的诗意比喻,又不会导致短语背后的意思含糊不清。不过汤姆斯的翻译中有时也会出现令英语读者无法理解的隐含意义。例如,他对中文姓名几乎保留不译。我们不知道他是有意识地想要合理地再现中文读音,以供猎奇,还是想要讽刺充斥在欧洲文学中的中国姓名,也不知道他是否清楚姓名背后隐含的典故。不过重要的一点是,汤姆斯提供脚注的地方常常是与故事直接相关的文学喻象,这与一些学者的观点相反。例如,他对男主人公频频引用的《西厢记》作详尽的解释。汤姆斯这样做,是采取了中文评点者的视角,将《花笺记》看作富含无数其他文本的文学领域中的一个文本。在汤姆斯的译本出现之后,其他译者也纷纷将文学典故收入各自的译本。虽然汤姆斯也遗漏了这部爱情小说中的不少修辞,但他是第一个这样做的,且做法最具连贯性。[5]

像这样,在众多文学译作之间,汤姆斯树立了一个崭新且志向高远的标准,那就是试图理解作品本身,而不是将其看作教学工具、民族志概略、展示学识的平台,或可有可无的消遣读物。与此这些做法不同,他试图让单纯为文学而翻译的作品也能占有一席之地。这种翻译范式为其他"才子书"译文所不具备,例如帕西翻译

---

[1] 有关于此的经典著作为 E. P. Thompson, *The Making of the English Working Class* (New York: Pantheon Books, 1963)。
[2] [John Francis Davis], "Chinese Novels and Poetry," p. 511.
[3] 参见 Abel-Rémusat 的批评:"与历史含义完全相同,但没有传达出诗学含义。"(Abel-Rémusat, "[Review of] *Hoa-Tsian*," p. 70.)
[4] 有关于此,亦见 Abel-Rémusat, "[Review of] *Hoa-Tsian*," p. 70。
[5] 关于遗漏的典故,见 K. C. Leung, "*Chinese Courtship*," p. 281。

的《好逑传》(1761)和雷慕沙翻译的《玉娇梨》(1826)。这两位译者的主要兴趣都没有放在叙事的"诗歌性"上——尽管这两部小说,尤其是《玉娇梨》,包含了大量诗歌。[1] 这两个译本也都没有将中文文本的美学特点作为首要关注点。此外,两个译本都没有采纳原作的批语传统——这或许是因为这两部小说内的批注比"第八才子书"要少。帕西的译本收集了来自杜赫德和其他西方语言资源冗长而具考据性质的脚注,以期证明原文本作为历史档案的真实性。与之相对,雷慕沙则删减脚注,将小说视作唯一可行的窗口,借以让人们深入窥探中国人思想的真实情况。[2] 帕西和雷慕沙以不同的方式同时向中国小说赋予了民族志的功能,这掩盖了中国读者赋予这些作品的重要美学意义。因此,汤姆斯敏锐地意识到,翻译是对在源文化中带有突出"美学"特点的"原作"进行换位。就这一点来看,他是第一个清楚地表达以风格为导向的重要性的人。换言之,在将中文文本译入欧洲语言的领域内,汤姆斯创造了文学翻译的概念——虽然他自己在实践上未能一以贯之。这种为了风格而翻译的策略也能从《花笺 Chinese Courtship》中英文文本的排字、排版等物质细节中看出。

五、技术转向:双语排版之美

汤姆斯译本的另一个不凡之处是在一页上同时翻印中文和英文文本。值得注意的是,早在欧洲最初出版中文作品的译本时,就产生了平行翻印欧洲语言和中文的需求。[3] 在汤姆斯之前,双语出版物要么使用较大的木活字,将中文词组或段落散布于西方语言中,要么使用铜板或之后的平版印刷来翻印文段或较短的文本。[4] 雷慕沙很快承认,是汤姆斯首次成功地印制了"诗歌"的双语版本。[5] 雷慕沙自己曾在1817年使用平版印刷术印制《中庸》的四语版本(中文、满文、拉丁文和法文)。[6]

---

[1] 有关《玉娇梨》中诗歌的重要性,见 Mengjun Li, "In the Name of a Love Story," pp. 56-109。
[2] 有关这两部小说在欧洲的翻译史,见 Sieber, "The Imprint of the Imprints"。
[3] 见 Thierry Meynard, S. J., ed., *Confucius Sinarum Philosophus (1687): The First Translation of the Confucian Classics* (Rome: Institutum Historicum Societatis Iesu, 2011), p. 37。
[4] 18世纪上半叶,木活字的雕刻是在巴黎的皇家印刷局进行的;运用木活字最著名的例子是 Étienne Fourmont, *Linguae Sinarum Mandarinicae Hieroglyphicae Grammatica Duplex* (Paris: Bullot, 1742)与 Chrétien Louis Joseph de Guignes, ed., *Dictionnaire Chinois, Français, Latin* (Paris: Imprimerie imperial, 1813)。一个较早的铜板印刷的例子是 T. S. Bayer, *Museum Sinicum* (St. Petersburg: Imperial Academy, 1730)。
[5] Abel-Rémusat, "[Review of] *Hoa-Tsian*," p. 68。
[6] J. P. Abel-Rémusat, trans., *L' invariable milieu* (Paris: Imprimerie royale, 1817)。

他非常清楚，在不同语言的活字间找准公度性，并开发相应的印刷技术，困难重重。不过，我此处想探讨的不是汤姆斯那毋庸置疑的高超印刷技术，而是想探究双语排版如何从整体上加强这个项目对文学性的侧重。

如前文所提，19世纪早期的广东地区流传着不同版本的《花笺记》中文本，其类型包括我所定义的评点本、论述本和表演本。那么汤姆斯接触的是哪一个版本呢？Onorato Martucci 称，汤姆斯曾为他购买过多份表演本，由此可见，汤姆斯非常熟悉这种面向普通读者的廉价文本。但就评点本和论述本而言，还没有类似的证据能证明汤姆斯对它们有所了解。最早的评点本已经是孤本，现存于巴黎，因此可能在19世纪早期就绝迹于市面。不过，从马礼逊及其他西方人的收藏来看，在19世纪仍然可以找到论述本。除去批语，论述本还收录了关于部分唱词的应试论文。汤姆斯在前言中的评论以及文中的注解里，都多次提及他从批语获得知识，这表明他至少熟悉论述本中的介绍性评论。而且，通过考察文本划分和章节顺序，尤其是在最末卷，可以很明显地看出，汤姆斯依照的是论述本而非表演本。[1] 不过最后要说明的是，汤姆斯在其《花笺记》的中文文本中对表演本和论述本都有所提及。

表演本与其他版本的不同之处在于没有任何注解。文本通篇干干净净，以如下形式排列：诗句依照韵律分组，每行一般七个汉字，四行为一节；每行七言诗句后有一空格，用以代替标点。一旦诗句超出七个汉字（韵外字），这种版本会适当缩小多出来的字，将三个字挤入本属于两个字的空间。这种排版方式的实际效果是保持了文本韵律的完整，而每行诗句都以空格结尾，更有助于这种效果。同时，四行一节能使版面显得规整。所以，除去可能会包含两行或四行诗句的最后一节之外，每一部分都由若干包含四行诗句的段落组成。

汤姆斯至少在两个方面沿用了表演本的表现形式：首先，与许多纯文学的早期欧译本不同，他在译本中将脚注删减到最少，将读者的视觉集中在独立的中英文诗句上。其次，他还缩小了韵外汉字的字形，以在视觉上保留对韵律的强调。有趣的是，即便汤姆斯译本每一页的中文诗行数目不尽相同，但始终为偶数，因此在某种程度上与中文版惯用的偶数行排版相呼应。尽管汤姆斯并没有为他的翻译创造出一种韵律格式，[2] 但至少从视觉效果上来说，他通过排版，宣告并强调了《花笺

---

[1] 有关于此，参见 K. C. Leung, "*Chinese Courtship*," pp. 272–273。
[2] K. C. Leung 批评译文没有在听觉效果方面作任何尝试，ibid., pp. 278–279。

记》的文体是"诗歌"。

但在其他方面，汤姆斯的译本和表演本有很大区别。表演本中往往充斥着大量汉字异体字，几乎每行都有。部分字符是在粤语中使用、但在官话中不存在的汉字，但大多数则是标准官话汉字的简写。这或许是由于雕版是木版印刷法中最为昂贵的步骤，简化汉字有助于节省成本。这类版本的整体生产价值无疑表明，成本是一项重要准绳。不过在某些情况下，一些论述本也使用了非标准汉字。相比之下，在字形选择上，汤姆斯更倾向于使用标准汉字，使用频率甚至高过论述本。这或许是因为在帮助马礼逊开发《华英字典》的字模时，汤姆斯可能必须使用标准汉字，不能使用地方异体字。正因如此，他的中文文本将《花笺记》带入了主流汉字的领域。

整体而言，汤姆斯的中文文本创造了我称之为"阅读版"的双语文本，既没有受限于中文文本的主流排版方式，也没有跟随欧译中国文学文本的排版传统。通过这种排版方式，故事本身不再像评点本中那样，只为证明那些关于文学技巧等话题的评述而存在。独立的诗句也并非如在论述本中那样，只是为了提供反过来可以生发文学论述的话题。这种版本也不能像表演本一样具有多种功能，如被当成提词本、唱词本，或是纪念品。这一版本的设计旨在创造一种阅读体验，让读者可以在中文诗句与英文翻译间进行对照。中文诗句与英文译文行行对应，而且都是从左至右行文，只不过中文是竖排，英文是横排。这个注解极少、排版对称的版本，足以让读者享受故事本身——而无需学者考据故事在中国历史中的位置、由见证者描述相关的风俗，或是通过分析语言来发掘诗歌文辞的神秘之处。因此，汤姆斯的《花笺 Chinese Courtship》代表了一种革新：不受东西方学者干涉的中英文诗学的近似性。这一版本意图囊括不同层面的文学趣味，包括情节、意象、风格和版面，以求忠实于"原文的*形式*"[1]（斜体为我所加）。简言之，汤姆斯译本的物质特征突出了他强烈的美学化冲动，而正是这一冲动，将汤姆斯的翻译策略与中国纯文学欧译时广泛采用的教学式的、语言学式的和民族志式的策略区分开来。

六、结　论

本文旨在探究如何通过对汤姆斯个案的研究，来分析翻译活动怎样构成一种

---

[1] Thoms, "Preface," pp. xii–xiii.

汉学实践。虽说汉学史从整体上而言还有很多未曾涉足的领域，但即便如此，对于汤姆斯的研究还是太过寥寥无几——尽管通过梁培炽对"木鱼书"所作的分类和研究，我们知道汤姆斯曾在粤语文学史中担任译者。[1]我认为，不仅汤姆斯本人在汉学史中的地位应比过往所认为的更加重要，他的翻译实践也向许多有关汉学的普遍观念提出了挑战。作为一份文学文本，汤姆斯的译作在许多意义上都是西方汉学史上的先锋，这一点应被完全认可。与其将汤姆斯付出的努力描述为"对中文他者的噤声"，或是毫无立场的"对中文观点的学舌"，不妨将其译作视为具有"创新"和"跨文化"特质的作品。

汤姆斯的译作在技术前沿与概念前沿都颇具创新。他不仅选择一部从未被翻译的作品，而且通过这样的选择，接受了文学等级的地域概念，成功将这一概念与英语世界一方面欣赏较长篇幅的诗歌作品、另一方面欣赏自然主题的文学喜好相融合。所以也可以说，汤姆斯推动了一种新兴观点，即广州不再仅是基于北京的帝国文化的外围，还是海洋世界中的新兴文化中心。因此，人们或许会猜测，汤姆斯的翻译是否最好被视作重构广州的一部分——广州不仅是商品和手工艺品的贸易中心，同时也是东亚、东南亚和欧洲等地文本与文学的集散地。毕竟《花笺记》不仅传至欧洲，在越南和东南亚也有流行，这使得汤姆斯的译文成为某些中国纯文学作品的"世界文学"（world literature）[2]性质的一部分。

而且，如果汤姆斯的确是首个将中文文本视作有明确风格的文学作品并译入欧洲语言的译者，那么值得思考的是，哪些因素共同促使一个在澳门工作的英国印刷工成为这种文学翻译策略的实行者。一方面，可能有人会说，这种对文学性的执着，可能是因为流传于地域书籍文化中的《花笺记》的诸多注本有其文学侧重之处，而汤姆斯对此持开放态度。在这种情况下，他扩充了由金圣叹创立并推广的独立文类，这是欣赏中国纯文学的全新视角。另一方面，汤姆斯自学成才的手工业者身份或许也十分重要。与那些受正式任命的东印度公司译者不同，汤姆斯选择独闯中国文学领域，不受制于机构的需求。因此他没有培训官员学习中文的责任，

---

[1] 梁培炽：《香港大学所藏木鱼书叙录与研究》（香港：香港大学亚洲研究中心，1978），页228-233。
[2] 我借鉴的是David Damrosh对"世界文学（world literature）"的定义："我认为，世界文学不是一个无穷尽的、不可知的文学作品的正典，而是一种流通与阅读的模式……一部作品进入世界文学有两个阶段。首先，作为文学被阅读。其次，向更广大的外部世界传播原文的语言和文化特点。"见David Damrosh, *What is World Literature?* (Princeton and Oxford: Princeton University Press, 2003), pp. 5–6。

不用证明他翻译的文本有何实际用途，也无需以官方身份代表英国人在政治、军事或商业方面的利益。他对知识的好奇虽然被东印度公司的上级称为"无节制的虚荣"，并险些因此丢掉工作，却使汤姆斯开始认真、不带偏见地追求博大精深的中国学识。意大利商人Onorato Martucci也提到过这点，说："自从认识他［汤姆斯］以来，我从未在他关于中国的言谈中听到任何偏颇，或发现任何隐藏的政治动机。"[1] 所以讽刺的是，也许这个经常被形容和隐晦地蔑称为"业余汉学家"的人，在中国文化研究上的心态，可能比他在东印度公司的上级更学术和更专业。

最后我们也许会好奇，汤姆斯的选材能够在多大程度上反映出这不仅仅是个人行为，而是与中国文人合作的结果。很重要的一点是，尽管汤姆斯自身的社会定位让他无缘东印度公司官员之列，他却有更多机会与来自各行各业的中国人交往。而且，汤姆斯或许也从东印度公司的另一个局外人马礼逊那里获得了启示，马礼逊多次坚称，只有受过教育的中国人才能教授欧洲人中文。目前的确仅有间接证据表明汤姆斯与中国人在《花笺记》项目上有所合作，但诸多因素间接地指向了这样一种可能：汤姆斯对《花笺记》的选择与早先欧洲的文学兴趣相去甚远；他所呈现的，是一部置身于充满典故的互文领域中的文学作品；汤姆斯译本的中文部分准确性很高，这表明他对粤语俗语有一定了解。在之后出版的一个作品中，汤姆斯称"受过教育的当地人"是进一步研究中文文本的必要条件。[2] 因此，或许《花笺 Chinese Courtship》代表一种跨文化交流，尽管能看见交流的结果，却无法还原交流的过程。有学者在研究19世纪广东及周边地区其他领域的兴起时，也曾提及这种跨文化交流。[3] 汤姆斯与中国人和中文文本的交流出于个人意愿，却极为严肃；也正是在这一过程中，他开启了以中国为中心的汉学（China-Centric Sinology）之先河，[4] 为将中文译入欧洲语言的文学翻译奠定了基础。

---

[1] 转引自 Richtsfeld, "Onorato Martucci (1774–1846) und sein 'chinesisches Museum'," p. 164。
[2] Thoms, "Preface," *Dissertation*, p. 8.
[3] Fa-ti Fan, "Science in a Chinese Entrepôt: British Naturalists and Their Chinese Associates in Old Canton," *Osiris* 18 (2003), pp. 60–78.
[4] 参见 Sieber, "Universal Brotherhood Revisited"。

稿　　约

《翻译史研究》由香港中文大学中国文化研究所翻译研究中心主办，上海复旦大学出版社出版及发行，每年出版一辑，刊登有关中国翻译史研究的学术论文，并接受有关外国翻译史的译介文章，园地公开，所有原创学术论文均实行匿名审稿，欢迎海内外学者赐稿。稿约开列如下：

一、发表论文以中文为主，一般以3万字为限，特殊情况另行处理。

二、来稿必须未经公开发表，如属会议论文，以未收论文集为限；如有抄袭或侵权行为，概由投稿者负责。

三、所有学术论文先由编辑委员会作初步遴选，获通过的论文会送请专家学者作匿名评审。文中请勿出现足以辨识作者身份的信息。

四、来稿请另页标明中、英文篇名，投稿人发表用的中、英文姓名，并附中、英文摘要（各以200字为限）及中、英文关键词（以5个为限）。

五、来稿格式请遵照后附撰稿体例，并请以Microsoft Word兼容的文稿电子文件投稿。

六、来稿请附个人简介及真实姓名，并附通讯地址、电话、传真或电子邮件等联络数据。

七、来稿一经刊登，即送作者当期刊物两册，并致稿酬。

八、来稿经本刊发表后，除作者本人将其著作结集外，凡任何形式的翻印、转载、翻译等均须预先征得本刊同意。

九、来稿请以附件电邮至：translationhistory@cuhk.edu.hk。

十、《翻译史研究》主编及编委员保留发表最后决定权，并可对来稿文字作调动删改。不愿删改者请于来稿上说明。

联系人：王玿小姐/（852）39437385 / translationhistory@cuhk.edu.hk
香港新界沙田香港中文大学中国文化研究所翻译研究中心

撰 稿 体 例

1. 来稿请用简化字及英式拼写,横式书写。引文请保留原书写样式。
2. 论文如分小节,以一、1. 等序表示。
3. 书刊名及篇名:
   A. 中文书名、期刊名以《》标示,论文篇名采用〈〉。
   B. 西文书名采用斜体,篇名采用引号" "。
4. 数字格式:
   A. 文内数字主要采用阿拉伯数字,如公元年、月、日,及部、册、卷、期数等,例如21世纪、1980年代(或记为20世纪80年代,但为求统一,尽量使用前者)。
   B. 大数字使用千分空,不用千分号。如每2 000人。
   C. 中国年号、古籍卷、页数用中文数字。如光绪十九年。
5. 引文:
   A. 短引文可用引号" "直接引入正文。
   B. 长引文作独立引文,每行起首缩入三格,行末缩入两格,无须加入引号。
   C. 引文中有节略,必须以删节号……表示。
   D. 如作者在引文内表述自己的意见,以方括号[ ]表示。
   E. 引文如非中文,须附上译文,以括号( )在引文后标出;引文如为中文译文,须注明译文出处或在脚注中提供原文。
6. 注释:
   A. 采用同页脚注(页下注),注释号码用阿拉伯数字,置在标点符号后(破折号除外)。
   B. 每一脚注单独成行。
   C. 格式如下:
      (1) 专著:作者:《书名》(出版地:出版者,年份),页码。
            陈平原:《中国大学十讲》(北京:北京大学出版社,2002),页43。

（2）论文集：作者：〈篇名〉，收编者（编）：《书名》（出版地：出版者，年份），页码。

钱理群：〈试论五四时期"人的觉醒"〉，收王晓明（编）：《二十世纪中国文学史论》（上海：东方出版中心，1997），页318。

（3）丛书、多卷书：作者：《书名》（出版地：出版者，年份），册数，卷数，页码。

王栻（主编）：《严复集》（北京：中华书局，1986），第1册，页1–79。

如不同册/卷号出版年份不同，则将出版信息置于册/卷号之后。

（4）期刊论文：作者：〈篇名〉，《刊物名》卷期（年月），页码。

陆钦墀：〈英法联军占据广州始末〉，《史学年报》第2卷第5期（1938年12月），页265–266。

沈国威：〈西方新概念的容受与造新字为译词——以日本兰学家与来华传教士为例〉，《浙江大学学报（人文社会科学版）》2010年第1期（2010年1月），页121–134。

（5）译作：作者（著）、译者（译）：《书名》（出版地：出版者，年份），页码。

刘禾（著）、宋伟杰等（译）：《跨语际实践：文学、民族文化与被译介的现代性》（北京：三联书店，2002），页143。

（6）未出版学位论文或会议论文：

作者：〈论文名〉（学校名未出版博/硕士论文，年份），页码。

游博清：〈小斯当东：19世纪的英国茶商、使者与中国通〉（国立清华大学历史研究所未出版硕士论文，2004），页78。

作者：〈论文名〉，发表于主办方与研讨会名，会议时间。

潘少瑜：〈末日意象的变形与重构：论包天笑的终末小说翻译〉，发表于香港中文大学翻译研究中心主办"中国翻译史进程中的译者"第一届中国翻译史国际研讨会，2015年12月17–19日。

（7）报纸：作者：〈标题〉，《报纸名》，年月日，版次。

禹钟〔沈禹钟〕：〈甲寅杂志说林之反响（1）〉，《申报》，1926年1月25日，版3。

（8）电子数据：作者：〈篇名〉，网址（检索日期）。

横田理博：〈ウェーバーの中国论への余英时の批判についての検讨〉，http://www.lib.uec.ac.jp/limedio/dlam/M352037/9.pdf（检索日期：2007年12月31日）。

（9）再次出现：作者：〈篇名〉或《书名》，页码。

（10）同出处连续出现：同上，页码。

（11）英文专著：Author, *Book* (Place: Publisher, Year), page number.

  Paul A. Van Dyke, *The Canton Trade: Life and Enterprise on the China Coast, 1700–1845* (Hong Kong: Hong Kong University Press, 2005), pp. 35–39.

（12）英文论文集：Author, "Article," in Editor, ed., *Book* (Place: Publisher, Year), page number.

  Lawrence Wang-chi Wong, "Translators and Interpreters During the Opium War Between Britain and China (1839–1842)," in Myriam Salama-Carr, ed., *Translating and Interpreting Conflict* (Amsterdam & New York: Rodopi, 2007), pp. 56–57.

（13）英文丛书、多卷书：

  Clement Egerton, trans., *The Golden Lotus*, 4 vols (London: Routledge and Kegan Paul, 1972).

  Leon Edel ed., *The Complete Tales of Henry James*, vol. 5, *1883–1884* (London: Rupert Hart-Davis, 1963), pp. 32–33.

  Lester F. Ward, *Glimpses of the Cosmos* (New York: Putnam's, 1918), vol. 6, pp. 223–224.

（14）英文期刊论文：Author, "Article," *Journal* Issue No. (Year), page number.

  Patrick Hanan, "The Missionary Novels of Nineteenth-Century China," *Harvard Journal of Asiatic Studies* 60, no. 2 (2000), p. 417.

（15）未出版英文学位论文及会议论文：

  Author, "Dissertation" (Unpublished Ph.D/MA Dissertation, University, Year), page number.

  Yen-lu Tang, "The Crumbling of Tradition: Ma Chien-chung and China's Entrance into the Family of Nations" (Unpublished Ph.D dissertation, New York University, 1987), pp. 32–35.

  Author, "Title" (Paper presented at Conference Name held in Place, date).

Linda A. Teplin, Gary M. McClelland, Karen M. Abram, and Jason J. Washburn, "Early Violent Death in Delinquent Youth: A Prospective Longitudinal Study" (Paper presented at the Annual Meeting of the American Psychology-Law Society held in La Jolla, CA, March 2005).

（16）英文电子数据：

"Biography," on Pete Townshend's official website, http://www.petetownshend.co.uk/petet_bio.html (accessed on 15 December 2001).

（17）英文再次出现：Author (surname), "Article," or *Book*, page number.

Ward, *Pure Sociology*, p. 297.

（18）英文同出处连续出现：Ibid., page number.

7. 括号附注：

A. 重要人物在论文正文、中英文摘要及脚注中首次出现时，须分别以括号注明生卒之公元纪年。

B. 帝王须同时注明生卒之公元纪年及在位之公元纪年。帝王年号首次出现时，须加公元纪年。

C. 外国人名及特别专有名词首次出现时，须以括号附注原文。

图书在版编目(CIP)数据

翻译史研究.2016/王宏志主编.—上海:复旦大学出版社,2017.5
ISBN 978-7-309-12916-8

Ⅰ.翻… Ⅱ.王… Ⅲ.翻译-语言学史-研究 Ⅳ.H059-09

中国版本图书馆 CIP 数据核字(2017)第 067059 号

翻译史研究.2016
王宏志 主编
责任编辑/方尚芩

复旦大学出版社有限公司出版发行
上海市国权路 579 号 邮编:200433
网址:fupnet@fudanpress.com http://www.fudanpress.com
门市零售:86-21-65642857 团体订购:86-21-65118853
外埠邮购:86-21-65109143 出版部电话:86-21-65642845
常熟市华顺印刷有限公司

开本 787×960 1/16 印张 19 字数 303 千
2017 年 5 月第 1 版第 1 次印刷

ISBN 978-7-309-12916-8/H·2701
定价:49.80 元

如有印装质量问题,请向复旦大学出版社有限公司出版部调换。
版权所有 侵权必究